Druck von C. Schulze & Co., G. m. b. H., Gräfenhainichen.

Inhalt.

I. Eröffnung.

Der Vorsitzende Thoma-Heidelberg eröffnete die Beratungen am 23. April 1928 um 9 Uhr 50 Min. Er gedenkt der im letzten Jahre verstorbenen deutschen Staatsrechtslehrer Heinrich Rosin, Karl Rieker und Philipp Zorn. Sodann begrüßt er die neuen Mitglieder Adamowich-Prag, Fleiner-Zürich, Liermann-Freiburg i. B. und Wurmbrandt-Graz.

Schriftführer Nawiasky erstattet den Geschäfts- und Kassenbericht.

II. Erster Beratungsgegenstand:

Wesen und Entwicklung der Staatsgerichtsbarkeit.

1. Bericht vom Geheimen Justizrat Professor **Dr. Heinrich Triepel** in Berlin.

Es herrscht in unserer Vereinigung der gute Brauch, daß den Berichterstattern ein weites Maß von Freiheit gelassen wird in bezug auf den Umfang ihrer Darlegungen und die Art, wie sie diese gestalten. Solche Freiheit gedenke ich reichlich auszunutzen. Vor allem dadurch, daß ich den Wortlaut des uns gestellten Themas nicht ausdehnend, sondern einschränkend auslege. Allerdings hat zu meiner Genugtuung schon dieser Wortlaut eine gewisse Grenze gezogen. Die Aufgabe soll offenbar nicht bestehen in einer Ausbreitung des ganzen Stoffs von Rechtssätzen über die „Staatsgerichtsbarkeit", der im Rechte des Inlands und Auslands zu finden ist, — auch nicht in einer erschöpfenden Behandlung der großen Praxis und der zahlreichen Einzelfragen, die auf jenem Gebiete aufgeworfen worden sind oder aufgeworfen werden können, — auch nicht in einer systematischen Durchdringung des reichen Materials, — endlich auch nicht in ausführlichen Vorschlägen zur Änderung oder Fortbildung des bestehenden Rechts. Das alles würde in der zur Verfügung stehenden Zeit nicht geschehen können, es würde zudem in diesem Kreise hervorragender Sachkenner weithin überflüssig sein, schon weil es in der Literatur nicht an systematischen Arbeiten, wenigstens über große Teile des zu besprechenden Rechtsinstitutes mangelt. Ich darf, um nur einiges zu nennen, auf die aus neuerer Zeit stammenden Abhandlungen von Kelsen über Verfassungsgerichtsbarkeit in Österreich, von Schindler über Verfassungsgerichtsbarkeit in den Vereinigten Staaten und in der Schweiz, auf den stoffreichen Aufsatz von Eiswaldt über die Staatsgerichtshöfe in den deutschen Ländern, auf meine eigene kleine Monographie über die Streitigkeiten zwischen Reich und Ländern in der Festschrift für Kahl hinweisen, ganz zu schweigen von den Lehrbüchern, den Kommentaren und den zahlreichen älteren Schriften über Staatsgerichtshöfe und Ministerverantwortlichkeit. Wollen Sie also von mir keinen Bericht über alle Seiten der als „Staatsgerichtsbarkeit" bezeichneten Einrichtung erwarten, sondern nur einige grundsätzliche Bemerkungen über deren Wesen und Entwicklung, wie es unsere Tagesordnung vorschreibt. Aber auch die „Entwicklung" des Instituts werde ich nicht in einer fortlaufenden pragmatischen oder dogmengeschichtlichen Schilderung behandeln; sondern die geschichtliche Entwicklung soll mir nur dazu dienen, um aus ihr etwas Grundsätzliches über das Wesen der Sache zu entnehmen oder grundsätzliche Auffassungen hierüber in ihr bestätigt zu finden.

Wenn ich also mit dem Thema in Hinsicht auf seinen Umfang wohl zufrieden sein kann, so bin ich dies nicht ebensosehr in bezug auf das hier gebrauchte Wort „Staatsgerichtsbarkeit". Die Bezeichnung wird freilich in der neuesten Literatur mehrfach verwendet, z. B. von Smend in seinem kürzlich erschienenen schönen Buche. Aber gut kann ich den Ausdruck nicht finden. Er ist mißverständlich, schon weil er auf einen Gegensatz hindeutet, der heute kaum noch eine Rolle spielt; nach unserer Gerichtsverfassung sind alle Gerichte Staatsgerichte. Vor allem aber kann er dazu verführen, den Begriff der Einrichtung, auf den er sich bezieht, rein formal, nämlich als die von Staatsgerichtshöfen ausgeübte Gerichtsbarkeit zu bestimmen. Gewiß ließe sich ein solcher formeller Begriff denken. Man hat nicht ganz mit Unrecht die Verwaltungsgerichtsbarkeit, wenigstens nach preußischem Rechte, definiert als Vornahme von Verwaltungsakten in Form der Rechtsprechung durch Verwaltungsgerichte. Man könnte als Gegenstück dazu eine Staatsgerichtsbarkeit konstruieren als Vornahme von Regierungsakten in der Form der Rechtsprechung durch Staatsgerichtshöfe, und das wäre in gewissem Sinne ganz richtig. Allein einmal hätte es doch nur dann einen Wert, wenn man zuvor den Gegensatz zwischen Regierung und Verwaltung genügend entwickelt hätte; sobald man sich aber an diese Aufgabe macht, begibt man sich sofort auf eine Bahn, auf der nur mit sachlicher Sinndeutung etwas zu erreichen ist. Ferner aber ist für die sog. Staatsgerichtsbarkeit die Benutzung besonderer Staatsgerichtshöfe zur Rechtsprechung über gewisse Fragen nicht das Wesentliche. Auf der einen Seite ist nicht jede Entscheidung eines Staatsgerichtshofs ein Akt der „Regierung", auch nicht jede ein Akt der Rechtsprechung in Regierungssachen, nicht einmal jede überhaupt Rechtsprechung, d. h. Rechtsstreitentscheidung; ich darf auf das hinweisen, was ich in der Festschrift für Kahl über den „Zwangsausgleich" ausgeführt habe. Und soweit die Staatsgerichtshöfe Rechtsprechung üben, kann in diesem Rahmen auch Verwaltungsgerichtsbarkeit erscheinen, oder Strafgerichtsbarkeit, oder beides zugleich, wie beim Staatsgerichtshofe zum Schutze der Republik, oder Disziplinargerichtsbarkeit, wie etwa nach dem Hamburger Senatsgesetze, oder sogar gelegentlich Zivilgerichtsbarkeit; man denke an gewisse Möglichkeiten, die sich aus der Bestimmung in Art. 18, Abs. 7 der Weimarer Reichsverfassung ergeben. Staatsgerichtsbarkeit ist nicht Staatsgerichtshofsgerichtsbarkeit, sondern manchmal nur ein kleiner Teil davon. Das schweizerische Bundesgericht ist Zivilgericht, Strafgericht, Kompetenzkonfliktshof und Verfassungsgericht in einer Person, und es gibt Oberhäuser, die, zu Staatsgerichtshöfen „konstituiert", sowohl Straf- wie Verfassungsgerichtsbarkeit ausüben können. Auf der anderen Seite gehören oft Entscheidungen, die in einem Lande von einem Staatsgerichtshofe gefällt werden, in einem anderen Lande in den Zuständigkeitsbereich eines Verwaltungsgerichts oder eines ordentlichen Gerichts oder einer parlamentarischen Körperschaft. Die Prüfung der Verfassungsmäßigkeit von Gesetzen kann ebensowohl einem ordentlichen Gerichte wie einem Staatsgerichtshofe obliegen, und die Entscheidung über die Legitimation der Parlamentsmitglieder — die ich nicht als Gegenstand bloßer Verwaltungsgerichtsbarkeit ansehe — wird bald von den Kammern, bald von einem Staatsgerichtshofe, bald von einem besonderen Wahlprüfungsgerichte gefällt; in Elsaß-Lothringen war es ein Senat des Oberlandesgerichts Colmar, in Danzig ist es der oberste Gerichtshof, der über Einsprüche gegen die Gültigkeit der Parlamentswahlen zu entscheiden hat. Ja, auch im selben Lande können sich Gerichte verschiedener Art in die „Staatsgerichtsbarkeit" teilen; wir wissen ja, wie bei uns im Reiche der Staatsgerichtshof, das Reichsgericht, der Reichsfinanzhof, das Wahlprüfungsgericht auf jenem Gebiete konkurrieren.

Es ist also doch wohl wertvoller, wenn wir die „Staatsgerichtsbarkeit" nicht nach dem Subjekte, sondern nach dem Gegenstande der Entscheidung bestimmen. Und eben deshalb möchte ich wünschen, daß sich statt jenes Ausdrucks eine auf das Sachliche abstellende Bezeichnung einbürgere. Hänel spricht in unserem Zusammenhange von „organischer Rechtspflege", Fleiner und andere von „Staatsrechtspflege". Aber das erste umschreibt den Gegenstand unvollständig, das zweite zu umfassend. Denn nicht alle staatsrechtlichen Fragen, die gerichtsförmig erledigt werden, gehören in den Bereich, den wir im Auge haben; so ist z. B. die Rechtsprechung über Fragen der Staatsangehörigkeit Verwaltungsgerichtsbarkeit, nichts anderes. Ich halte den Ausdruck „Verfassungsgerichtsbarkeit" für den besten, weil er auf das abzielt, was nach meiner Auffassung das Wesentliche an der Einrichtung darstellt.

Auch ist er bereits quellenmäßig geworden; die österreichische Bundesverfassung hat ihn, meines Wissens als erste, in die Gesetzessprache eingeführt.

Allerdings muß ich auch hier wieder sogleich gegen eine formale Ausdeutung des Begriffes Widerspruch erheben. Verfassungsgerichtsbarkeit ist Gerichtsbarkeit in Fragen der Verfassung und zum Schutze der Verfassung. Aber Verfassung ist in diesem Zusammenhange nicht die Verfassung im formellen Sinne, nicht das Verfassungsgesetz oder die Verfassungsgesetze, nicht die Verfassungsurkunde. Ich halte es nicht für förderlich, wenn Kelsen in der erwähnten Abhandlung den Unterschied zwischen Verfassungs- und Verwaltungsgerichtsbarkeit darin erblicken will, daß jene die Verfassungsmäßigkeit, diese die „bloße" Gesetzmäßigkeit von Rechtsakten zu prüfen habe, oder wenn Merkl, in dem gleichen Gedankengange, als Aufgabe der Verfassungsgerichtsbarkeit den Schutz „der höchsten Stufe der Rechtsordnung" bezeichnet. Abgesehen davon, daß diese Begriffsbestimmung vielerlei unberücksichtigt läßt, was meines Erachtens zur Verfassungsgerichtsbarkeit gehört, so muß doch bemerkt werden, und wird auch von Kelsen ausdrücklich zugegeben, daß im letzten Grunde jede Gesetzwidrigkeit der Vollziehungsakte einschließlich der Verordnungen eine Verfassungswidrigkeit bedeutet, da die Forderung der Gesetzmäßigkeit der Verordnungen in der Regel, die Forderung der Gesetzmäßigkeit der Vollziehung häufig durch formales Verfassungsrecht ausgesprochen ist. Somit ergibt sich die rechtstheoretische Grenze zwischen Verfassungs- und Verwaltungsgerichtsbarkeit lediglich aus dem Unterschiede zwischen unmittelbarer und mittelbarer Verfassungsmäßigkeit. Ich meine, daß damit nur wenig gewonnen ist, und daß sich auf diesem Wege nicht nur der Gegensatz der Verfassungs- zur Verwaltungsgerichtsbarkeit, sondern auch ihr Gegensatz zu anderen Arten der Gerichtsbarkeit, etwa zur Straf- oder Disziplinargerichtsbarkeit, so gut wie ganz verflüchtigt.

Verfassungsgerichtsbarkeit ist nicht bloß Gerichtsbarkeit in Fragen der formellen Verfassung. Wer möchte behaupten, daß die Entscheidung über eine Ministeranklage nur dann Verfassungsgerichtsbarkeit sei, wenn der Minister wegen Verletzung der Verfassung, nicht aber, wenn er wegen Verletzung eines Gesetzes angeklagt worden ist? Oder daß die Wahlprüfungsgerichtsbarkeit keine Verfassungsgerichtsbarkeit darstelle, weil oder wenn der Richter dabei das Wahlgesetz, nicht die Verfassung anzuwenden habe? Die Verfassungsgerichtsbarkeit ist Gerichtsbarkeit in Sachen der materiellen Verfassung. Es kann sein, daß das positive Recht eines einzelnen Staats gewisse prozessuale Einrichtungen nur auf den Schutz des formellen Verfassungsrechts gemünzt hat. Ob das zutrifft oder nicht, ist eine Sache der Gesetzesauslegung. Aber das Institut im ganzen genommen, geschichtlich, politisch, rechtlich betrachtet, ist ein Institut, das der Verfassung als dem Inbegriffe der den staatlichen Verband zur Einheit konstituierenden Ordnung in gerichtsförmiger Weise Bestand und Gewähr verschaffen soll. „Gewährleistung" oder „gerichtlicher Schutz" der Verfassung — so wird der Zweck der Einrichtung klar und zutreffend in manchen Verfassungsurkunden des vorigen Jahrhunderts bezeichnet.

Mit dieser Formulierung habe ich ungefähr schon umschrieben, was ich als das Wesen der Verfassung und damit der Verfassungsgerichtsbarkeit ansehe. Verfassung ist Ordnung, rechtliche Ordnung. Sie ist ein in sich geschlossenes System der Rechtssätze, die den Versuch machen, das staatliche Leben zu regeln, soweit es in der Selbsterhaltung und ständigen Selbsterneuerung jenes Verbandes besteht, den wir Staat nennen. Nicht alles staatliche Leben wird von der Verfassung normiert, nicht jede Tätigkeit des Staats in Justiz und Verwaltung. Die Verfassung hat es nur mit den Vorgängen zu tun, in denen sich das geistige Erlebnis der staatlichen Gemeinschaft in seiner Totalität vorbereitet, vollzieht, erneuert, — in Fordern und Gewähren, in Kampf und Verständigung. Verfassung ist, um mit Smend zu sprechen, die Rechtsordnung des staatlichen Integrationsprozesses. Sie ist also das Recht, das sich des Wesentlichen im staatlichen Leben zu bemächtigen strebt. Was freilich „wesentlich" ist, was nicht, das hängt, wie ich glaube, von Wertungen ab, die zeitlich und örtlich bedingt sind. Das Ganze der Integrationsvorgänge läßt sich zwar in absoluten Kategorien formeller Art, wie denen der persönlichen, funktionellen oder sachlichen Integration meistern, wie es Smend so anschaulich getan hat; aber ihr Inhalt wird durch Wertungen bestimmt, die nicht immer die gleichen sind, die vielmehr im Flusse geschichtlicher Entwicklung stehen.

Dasselbe gilt meiner Ansicht nach für den Begriff des Politischen, den wir in die Betrachtung einzuführen haben. Über diesen Begriff ist in neuerer Zeit viel Interessantes und Wertvolles gesagt worden, namentlich von Smend und Carl Schmitt. So bestechend die Erklärung des Politischen bei Carl Schmitt erscheint — ich denke vor allem an seine „Freund-Feind-Theorie" in dem bekannten geistreichen Aufsatze — so vermag ich ihm doch nicht zu folgen. Von anderem abgesehen, schon deshalb nicht, weil er das Wesen des Staats vom Politischen ableitet, während doch eine natürlichere, auf Sprachgefühl und Geschichte gestützte Auffassung suchen wird, das Wesen des Politischen aus dem Staatlichen heraus zu entwickeln. Ich kann mich aber auch nicht damit befreunden, daß zwischen „Politischem" und „Rechtsstaatlichem" ein Gegensatz geschaffen wird. Von dem dezisionistischen Standpunkte aus, von dem Carl Schmitt und Hermann Heller ausgehen, liegt es natürlich nahe, das Politische lediglich in dem über die Existenzform des Staates letztlich Entscheidenden zu erblicken, während alles bürgerlich-rechtsstaatliche, weil es vorzugsweise in Hemmungen und Kontrollierungen der staatlichen Gewalten besteht, als unpolitisch danebengestellt wird. Ich leugne keineswegs diesen Gegensatz, d. h. den Gegensatz zwischen „souveräner" Dezision und bloßer Gewaltenkontrolle als solchen, ich halte es sogar für wertvoll, daß er schärfer als früher herausgearbeitet wird. Aber mir scheint, es sei willkürlich, das „Politische" in Gegensatz zum „Rechtsstaatlichen" zu bringen. Rechtsstaatliches Denken ist nicht unpolitisches Denken, sondern eine besondere Art des politischen Denkens, und die bürgerlich-rechtsstaatlichen Bestandteile einer Verfassung gehören auch zu ihrem „politischen System".

Der Anschauung Smends vom Wesen des Politischen stehe ich näher. Allerdings gebe ich mich auch ihr nicht ganz gefangen. Er hat meine eigene Bestimmung des Politischen: „alles, was sich auf einen Staatszweck bezieht", oder: „was sich auf die Staatszwecke oder deren Abgrenzung gegenüber individuellen Zwecken bezieht", getadelt. Ich meine, daß diese allerdings sehr weite und ein wenig farblose Definition ihr Recht hat und in manchen Zusammenhängen auch ausreicht. Aber ich bekenne gern, daß ein Bedürfnis besteht, aus dem weiteren einen engeren Begriff herauszuschälen, ja ich halte dies in bezug auf den Gegenstand, den wir heute behandeln, sogar für notwendig. Es gibt im staatlichen Leben verschiedene Intensitätsgerade des Politischen. Wir sprechen ja auch von „hochpolitischen" Angelegenheiten und von einer „hohen" oder „großen" Politik, und setzen dem die Angelegenheiten oder Aktionen gegenüber, bei denen entweder die Verbindung mit staatlichen Zwecken eine losere oder die Bewertung des Staatszwecks, um den es sich handelt, eine geringere ist — wobei wiederum keine absoluten, sondern geschichtlich bedingte Maßstäbe angewendet werden müssen. Und es ist in der Tat richtig, daß in einem engeren und spezifischen Sinne politisch nur das ist, was mit den höchsten, obersten, entscheidendsten Staatszwecken, was mit der staatlichen „Integration" in Verbindung steht, was sich auf den Staat als schöpferische Macht bezieht, was, wie Hegel sagt, den „Standpunkt der höchsten konkreten Allgemeinheit" darstellt. So ist denn auch der Gegenstand der Verfassung und damit der Gegenstand der Verfassungsgerichtsbarkeit in diesem Sinne politisch zu nennen.

Darin liegt nun aber im Grunde das ganze Problem der Verfassungsgerichtsbarkeit beschlossen. Die Verfassungsgerichtsbarkeit bezieht sich auf Streitigkeiten, die ihrer Natur nach, weil sie politisch sind, einer Entscheidung in prozeßförmiger Art widerstreben. Ich mußte, während ich diesen Vortrag vorbereitete, oft an die berühmte, so vielfach mißverstandene, aber einen großen Wahrheitskern enthaltende These Rudolph Sohms denken: das Wesen des Kirchenrechts steht mit dem Wesen der Kirche in Widerspruch. Natürlich darf man, von inneren Gründen ganz abgesehen, für unser Gebiet keinen voll entsprechenden Satz aufstellen. Das Wesen des Politischen steht nicht mit dem Wesen des Rechts in Widerspruch. Im Gegenteil: nach der Grundanschauung, von der ich ausgehe, ist ja das Verfassungsrecht gerade das Recht für das Politische. Obwohl es zweifellos Politisches gibt, was nicht rechtlich, mindestens nicht gesetzlich geregelt werden kann und nirgends auf der Welt in dieser Weise geregelt worden ist, so ist doch alles Verfassungsrecht „politisches" Recht. Daher bilden die Verfassungsstreitigkeiten nicht etwa als Rechtsstreitigkeiten einen Gegensatz zu politischen Streitigkeiten. Einen solchen Gegensatz halte ich für völlig schief. Das Politische aus dem Begriffe der Verfassungsstreitigkeiten herausnehmen, heißt die Schale ihres Kerns berauben. Verfassungsstreitigkeiten sind immer politische Streitigkeiten. Wenn man Verfassungsstreitigkeiten auf den Rechtsweg verweist, so ist das keine „Entpolitisierung", wie Wittmayer meint; man kann Verfassungsstreitigkeiten gar nicht entpolitisieren. Trotz alledem, oder auch eben deshalb darf man, ohne paradox zu werden, den Satz aussprechen: das Wesen der Verfassung steht bis zu gewissem Grade mit dem Wesen der Verfassungsgerichtsbarkeit in Widerspruch.

In der Welt des Politischen nämlich, die auch die Welt der Verfassung ist, drängt von Hause aus alles auf Durchsetzung des eigenen Willens durch eigene Macht. Um so stärker, je „politischer" die Sphäre ist, in der sich die Handelnden bewegen. Die fast naturgemäße Entscheidung politischer Streitigkeiten ist Entscheidung durch Kampf, durch Unterdrückung des gegnerischen Willens, in zweiter Linie durch Verständigung, wenn der Kampf nicht lohnt oder aussichtslos erscheint. Je „politischer" die Frage, je mehr das Irrationale im staatlichen Leben, je mehr das Daimonion des Staates in Betracht kommt, um so stärker und um so begreiflicher ist die Abneigung, sich das Gesetz des Handelns von fremder Entscheidung vorschreiben zu lassen. Daher im völkerrechtlichen Verkehr der zähe Widerwille gegen obligatorische Schiedsgerichtsbarkeit, jedenfalls in Fällen, in denen die Streitigkeit stärkere politische Bedeutung hat; daher der Vorbehalt bezüglich der Lebensinteressen und des Ehrenpunktes in allgemeinen Schiedsabkommen. Innerhalb des Sonderlebens des Staates herrscht die gleiche Erscheinung. Politische Gegensätze werden, auch wenn sie auf einen rechtlichen Nenner gebracht werden können, lieber unüberbrückt gelassen, als der Entscheidung eines Dritten unterworfen; ein „Vereinigungsverfahren" wird dem gerichtlichen vorgezogen. Wenn eine Streitfrage erledigt werden muß, zieht man den Zwangsausgleich der Rechtsstreitentscheidung vor. Und zwar den Zwangsausgleich, bei dem der Wille der einen Partei den der andern überwindet. Das alles ist ganz unabhängig von der Staatsform. In der konstitutionellen Monarchie ist es der Fürst, der der Volksvertretung, in der parlamentarischen Monarchie ist es die Volksvertretung, die dem Monarchen ihren Willen aufzuzwingen sucht; in der Demokratie werden die Minderheit und ihre organisatorischen Exponenten von der Mehrheit an die Wand gedrückt. Es ist bezeichnend, daß in den Vereinigten Staaten die dort eingebürgerte Verfassungsgerichtsbarkeit, die doch, wie wir sehen werden, stark objektiviert gehalten ist, gerade von der konsequenten Demokratie angefochten wird; es war eine Forderung in dem bekannten Programm La Follettes von 1924, daß ein mit Zweidrittelmehrheit gefaßter Kongreßbeschluß gesetzesfeindliche Entscheidungen des obersten Bundesgerichtes müsse überrennen können. Je stärker ausgebildet der „politische Instinkt", desto größer die Abneigung gegen Verfassungsgerichtsbarkeit. Es ist schwerlich ein Zufall, daß diese Institution in Mittel- und Kleinstaaten mehr ausgebildet ist als in Großstaaten, daß der „politischste" Staat der Welt, daß England kaum eine Spur davon, jedenfalls kein Verständnis dafür besitzt, daß der preußische Großstaat es nicht einmal zu einem Gesetze über die Durchführung von Ministeranklagen gebracht hat. Und es ist nicht nur eine kleinlich denkende Bürokratie, die sich, wie einst gegen die Einführung der Verwaltungsgerichtsbarkeit, so damals und später auch gegen die Einführung einer Verfassungsgerichtsbarkeit gesträubt hat. Vielmehr zählt diese gerade Männer von größtem politischen Format zu ihren Feinden. In klassischer Form hat B i s m a r c k den Grund seiner Gegnerschaft in einer Rede vor dem Abgeordnetenhause am 22. April 1863 enthüllt: Es darf nicht „von dem einzelnen Urteilsspruche eines Gerichts, wie er sich nach der subjektiven Ansicht der Stimmenden herausstellt, die politische Zukunft des Landes, die Machtverteilung zwischen der Krone und dem Landtage, sowie zwischen den Häusern des Landtags abhängig gemacht werden. Diese staatsrechtliche Frage kann nur von der Gesetzgebung, nur von der Verständigung zwischen den Faktoren der Gesetzgebung entschieden werden.“ Als Parallele darf diesem Ausspruche des deutschen der eines französischen Politikers zur Seite gesetzt werden: „L'esprit subtil“, sagt Benjamin Constant, „l'esprit subtil de la jurisprudence est opposé à la nature des grandes questions qui doivent être envisagées sous le rapport public, national, quelquefois même européen.“

Obwohl sich nun das politische Element der Verfassung der Unterstellung unter ein prozeßförmiges Verfahren widersetzt, haben wir doch eine Verfassungsgerichtsbarkeit erhalten. Freilich um den Preis, daß dieses Rechtsinstitut in so vieler Hinsicht unausgeglichen, brüchig, schillernd, widerspruchsvoll erscheint. Es bedarf der Erklärung, wie es zu einer Verfassungsgerichtsbarkeit gekommen ist.

Daß die Verfassungsgerichtsbarkeit in Deutschland, Österreich und der Schweiz stärker als irgendwo anders entwickelt worden ist, liegt zum Teil natürlich daran, daß dem germanischen Staatsdenken die Notwendigkeit eines Rechtsschutzes auch für das öffentliche Recht immer lebendig geblieben ist. Der Deutsche hält es nicht für ein Unding, mit der öffentlichen Gewalt, und wäre sie die höchste, um sein Recht Prozeß zu führen. Es ist urdeutsch gedacht, wenn wir in einer Verfassung des Kantons Uri — ähnlich auch in der von Unterwalden nid dem Wald — lesen: „Glaubt sich Jemand durch einen Landesgemeindebeschluß in seinen Privatrechten benachteiligt, so kann er das ordentliche Gericht anrufen. Dasselbe hat die Streitfrage zwischen dem Volke und dem Rechtssuchenden gewissenhaft nach den Akten zu entscheiden.“ Was aber die Verfassungsstreitigkeiten in einem engeren Sinn, d. h. die Streitigkeiten zwischen den politischen Gewalten selber anlangt, so war es wichtig, daß der deutsche Konstitutionalismus der Frühzeit, in der die Grundlagen für die Verfassungsgerichtsbarkeit gelegt worden sind, unmittelbar an ständische Gedanken und Organisationsformen anknüpfen konnte. Dem ständischen Wesen und der dualistischen Struktur des ständischen Staates entsprach ja die Auffassung, daß sich Regierung und Stände wie zwei Vertragsparteien gegenüberstanden, deren Zwistigkeiten durch Schieds- oder Richterspruch geschlichtet werden konnten. So hat bei der Einsetzung des württembergischen Staatsgerichtshofs die Erinnerung an das alte württembergische Landgericht sicher eine Rolle gespielt. Ganz ständisch gedacht war es, wenn die kurhessische Verfassung von 1831, die altenburgische aus demselben Jahre und die braunschweigische von 1832 Kompromißgerichte vorsahen, von denen die Streitigkeiten zwischen Regierung und Landtag über die Auslegung der Verfassung entschieden werden sollten. Während diese Gerichte für jeden Streitfall besonders gebildet werden mußten, stellte die gleichzeitig entstandene Verfassung des Königreichs Sachsen für solche Fälle bereits einen permanenten Staatsgerichtshof zur Verfügung; die oldenburgische Verfassung von 1852 gestattete die Wahl zwischen Schiedsgericht und Staatsgerichtshof. Ständischen Ideen entsprang die paritätische Art, in der die Staatsgerichtshöfe überall gebildet wurden. Ständisch gedacht war endlich die gelegentlich auftretende Parität zwischen Fürst und Landtag bei Anklagen vor dem Staatsgerichtshofe; in Württemberg z. B. konnte die Anklage wegen Versuchs des Verfassungsumsturzes oder wegen Verfassungsverletzung von den Ständen gegen Minister und Departementschefs, von der Regierung gegen einzelne Mitglieder der Stände und ihres Ausschusses erhoben werden, — eine Einrichtung, die manchmal auch außerhalb Deutschlands, z. B. in der niederländischen Verfassung begegnet.

Für die Entwicklung der Verfassungsgerichtsbarkeit in den deutschen Ländern war aber außerdem von Bedeutung, daß sie einen Ersatz zu bilden hatte für den Schutz, den der aufgelöste Reichsverband den ständischen Gerechtsamen, aber auch den Landesfürsten gegenüber den Ständen durch die Reichsgerichtsbarkeit geboten hatte. Sogar die Ministeranklage konnte unter diesem Gesichtspunkte betrachtet werden; wenn die Stände früher ihren Landesherrn wegen Missetat oder Rechtsanmaßung vor der Reichsjustiz hatten belangen können, so schufen sie sich in der neuen Verfassung ein Mittel, statt des souverän gewordenen Landesfürsten seinen Minister vor ein Gericht, und zwar nunmehr ein Landesgericht zu ziehen. Es war dann ganz folgerichtig, wenn manche Kleinstaaten, nachdem der Deutsche Bund das Bundesschiedsgericht geschaffen hatte, diesem Bundesorgan schon in ihren Konstitutionen die Verfassungsstreitigkeiten überwiesen, wie Reuß j. L. im Jahre 1850, Oldenburg — wenigstens zur zweitinstanzlichen Entscheidung — im Jahre 1852. Bald nach der Gründung des Norddeutschen Bundes haben die Verfassungen von Reuß ä. L. und Schaumburg-Lippe den Bund für jene Aufgabe in Aussicht genommen, wobei freilich übersehen wurde, daß die Bundes-, wie die nachmalige Reichsverfassung, den Bundesrat für Verfassungsstreitigkeiten nur als Vergleichsinstanz bestellt, deren „Erledigung" aber auf den Weg der Reichsgesetzgebung verwiesen hatte. Heute, wo Art. 19 der Weimarer Verfassung einen echten gerichtlichen Schutz für Verfassungsstreitigkeiten bietet, hat es wieder einen Sinn erhalten, wenn sich manche Einzelstaaten, wie Sachsen und Braunschweig, den Luxus eines eigenen Staatsgerichtshofs sparen, oder wenn sie ihren Staatsgerichtshof nicht als Gericht für Verfassungsstreitigkeiten im engeren Sinne verwenden, wie Württemberg, Baden und Hessen. Im einen wie im anderen Falle schieben sie dann stillschweigend die Erledigung dieser Streitigkeiten dem Staatsgerichtshofe für das Deutsche Reich zu. Manche Kleinstaaten tun dies in ihren Verfassungen ausdrücklich; so Lippe und Mecklenburg-Strelitz. Schaumburg-Lippe und Lippe haben den Reichsstaatsgerichtshof sogar zur Entscheidung über Ministeranklagen bestellt, was ihnen durch § 15 des Reichsgesetzes über den Staatsgerichtshof ermöglicht worden ist.

Bedeutungsvoller als der Hinweis auf die verfassungshistorischen Grundlagen der Verfassungsgerichtsbarkeit ist die Aufdeckung der ideengeschichtlichen Wurzeln, aus denen sie entsprossen ist. Es herrscht kein Zweifel, daß es die von der Aufklärung geborenen und gespeisten Gedanken des Rationalismus gewesen sind, die hier Pate gestanden haben, die Anschauungen, die insbesondere der bürgerliche Liberalismus, namentlich wieder dessen rechtsstaatliche Ausprägung, in Deutschland und den anderen europäischen Staaten gehegt und gepflegt hat. Vor allem war es die rationalistische Theorie der Gewaltenteilung, die für die Verfassungsgerichtsbarkeit bestimmend geworden ist.

Allerdings, diese Theorie ist niemals ganz einheitlich gewesen. Und je nach der Abschattierung, die sie erfuhr, konnte sie der Verfassungsgerichtsbarkeit förderlich oder abträglich werden.

In ihrer strengsten Form betont die Lehre von der séparation des pouvoirs vor allem die gegenseitige Selbständigkeit der drei Gewalten. Das gilt in erster Reihe für Legislative und Exekutive in ihrem Verhältnisse zur richterlichen Gewalt. Zwar soll die Freiheit des Bürgers, der die Gewaltentrennung dienen will, auch durch die Unabhängigkeit der richterlichen Gewalt, ja gerade durch sie gegen Legislative und Exekutive geschützt werden. Aber doch nur insofern, als keine von diesen beiden die Funktion der Rechtsprechung sich anmaßen oder den einzelnen Richter abrufen darf. Denn auf der andern Seite ist es dem Richter verwehrt, sich in die Sphäre der Gesetzgebung oder der Vollziehung einzumischen. Der Richter ist an das gebunden, was die gesetzgebende Gewalt geschaffen, und hat als gültig hinzunehmen, was die Verwaltung in ihrer Sphäre bestimmt hat. Daher die Ablehnung des richterlichen Prüfungsrechts gegenüber Gesetzen und die Abneigung gegen eine Judikatur in Verwaltungssachen. Als die eigentümliche Domäne des Richters gilt die Zivil- und Strafjustiz. Deshalb, und weil die richterliche Gewalt an dem politischen Spiel der anderen Gewalten keinen Anteil zu nehmen hat, ist sie „en quelque façon nulle", spielt sie, nach Ernst von Meiers etwas frivolem Ausdrucke, die Rolle des heiligen Geistes in der Trinitätslehre. Darum ist sie auch nicht dazu da, Streitigkeiten zwischen Legislative und Exekutive zu entscheiden. Zwischen „Prärogative" und Legislative, sagt John Locke, gibt es keinen Richter. Für Exekutive und Legislative gilt der Satz, daß „le pouvoir arrête le pouvoir"; es ist ihre Sache, wie sie sich vertragen und auseinandersetzen, und irgendwie werden sie es vernünftigerweise tun, wofern der Staatswagen nicht stillestehen soll. Wenn also z. B. das Oberhaus auf Anklage des Unterhauses über die Minister zu Gerichte sitzt, so ist das nach Montesquieus gewiß ungeschichtlicher, aber dem rationalistischen Einschlag seiner Lehre entsprechender Auffassung keine Ausübung richterlicher Gewalt, sondern eine Kontrollfunktion des Parlaments gegenüber der Regierung, die ganz allein in jenes System der Gewichte und Gegengewichte gehört, das für das Verhältnis von Legislative und Exekutive eingerichtet ist. Man sieht, von diesem Ufer konnte keine Brücke zur Verfassungsgerichtsbarkeit geschlagen werden.

Es ließ sich aber von dem Ausgangspunkte der konstitutionellen Doktrin noch ein anderer Weg beschreiten. Man konnte bei der Lehre von der Gewaltenteilung den Nachdruck statt auf die schroffe Gegensätzlichkeit der drei Gewalten auf ihre gemeinsame Ableitung aus dem einheitlichen Gesamtwillen der Nation und damit auch auf die Notwendigkeit legen, sie im Interesse der Einheitlichkeit des staatlichen Lebens in Harmonie untereinander und mit jenem Gesamtwillen zu bringen. Daraus entsprang der Gedanke an ein pouvoir modérateur oder régulateur, ein pouvoir arbitre, ein pouvoir judiciaire des autres pouvoirs, der Gedanke an ein Organ des Ausgleichs zwischen den konstituierten Gewalten und zwischen ihnen und dem pouvoir constituant. Nach der liberalen Doktrin Benjamin Constants war die königliche Gewalt mit dieser Aufgabe betraut. Aber vor und nach seiner Zeit ist man auf den Gedanken gekommen, die ausgleichende und entscheidende Funktion auf eine gerichtliche oder gerichtsähnliche Instanz zu übertragen. Fichtes Idee des Ephorats, die er eine Zeitlang gehegt hat, gehört in diesen Zusammenhang. In Amerika hat sie durch Franklins Council of Censors in der pennsylvanischen Verfassung einen organisatorischen Ausdruck gefunden. In Frankreich war es vor allem Sieyès, der an der Idee einer eigenen Verfassungsgerichtsbarkeit jahrzehntelang mit Zähigkeit festgehalten hat. Seine berühmte Rede vom 2. Thermidor des Jahres III enthielt unter anderm die Forderung, es müsse eine „jurie constitution

naire“ eingeführt werden. Und wenn er auch damals nicht damit durchdrang, so ist es ihm doch später in der Konsularverfassung von 1799 gelungen, den „Sénat conservateur“ als ein Verfassungsgericht einzusetzen, das über die Verfassungsmäßigkeit sowohl der Akte des Corps législatif, wie der des Gouvernement zu entscheiden hatte. Die Verfassungen von 1802 und 1804 haben dies beibehalten, und obwohl die Institution von der harten Faust des ersten Bonaparte arg verstümmelt worden war, hat man doch unter dem zweiten Kaiserreich im Jahre 1852 noch einmal an die alte Tradition angeknüpft. In der Mehrzahl der europäischen Staaten haben sich jene Gedanken nur in bescheidenem Umfange ausgewirkt. Sie sind höchstens darin zu erkennen, daß man öfters die Entscheidung über Ministeranklagen nicht dem Oberhause, sondern einem besonderen Staatsgerichtshofe übertrug. Doch ist ihr Einfluß noch in der Mitte des 19. Jahrhunderts in Deutschland zu beobachten, vor allem in der Frankfurter Nationalversammlung. Die Verfassung der Paulskirche unternahm es in einem bisher unerhörten Ausmaße, die Streitigkeiten zwischen den politischen Gewalten der Entscheidung eines grundsätzlich zu diesem Zwecke eingesetzten Gerichtshofs zu unterwerfen. Allerdings scheute sich die Verfassung, den letzten Schritt zu tun; denn sie ließ die Zuständigkeit des Reichsgerichts zur Entscheidung von Verfassungsstreitigkeiten in der obersten Schicht des deutschen Verfassungslebens, d. h. von Streitigkeiten zwischen den Häusern des Reichstags und der Reichsregierung und zwischen ihnen selbst von einer kompromissarischen Einigung der Streitteile abhängen. Allein im Verhältnisse zwischen Reichsgewalt und Landesgewalten wurde solche Einschränkung nicht gemacht. Und der Grundgedanke war jedenfalls der, es solle, wie es Max Duncker nachmals ausgedrückt hat, durch eine hoch und freigestellte richterliche Gewalt, die in Fragen des Rechts auch über dem Reichstage und dem Reichsoberhaupte stehe, „wie einst der Großrichter von Aragonien über König und Ständen“, alles öffentliche Wesen in Deutschland auf dem Boden des Rechts erhalten werden. Man sieht aus dem von Duncker gewählten historischen Beispiele, wie sich hier ständische Ideen mit modernen liberal- rechtsstaatlichen vermählten.

Es gab aber auch noch andere Wege, um von dem Prinzip der Gewaltenteilung ausgehend zu einer Verfassungsgerichtsbarkeit zu gelangen. Man konnte sich nämlich darauf stützen, daß die richterliche Gewalt als solche schon von Haus aus dazu bestimmt sei, ein Gegengewicht sowohl gegen Legislative wie gegen Exekutive zu bilden. Man konnte ihr folglich von vornherein die Rolle eines pouvoir modérateur zuweisen, um die andern Gewalten in dem Rahmen zu halten, der allen Gewalten durch die Verfassung gezogen war, allerdings in erster Linie, soweit es galt, die Exekutive zur Verfassungstreue zu zwingen. Dazu bedurfte es also keines besonderen Staatsgerichtshofs, sondern man konnte sich der ordentlichen Gerichte bedienen, nur daß man vielleicht um der Bedeutung der Sache willen eine oberste Instanz mit der Urteilsfällung betraute. So übertrug denn die erste französische Verfassung von 1791 die Entscheidung über die Anklagen gegen die Minister der Haute Cour nationale; die holländische Verfassung bestellte dafür den Hoogen Rad, die belgische den Kassationshof, manche deutsche Einzelstaaten ihre Oberappellationsgerichte. Man besann sich aber auch darauf, daß der Hauptzweck der Gewaltenteilung gewesen war, für die Freiheit des Bürgers einen Schutz zu bieten. Wenn daher die Regierung die ihr von der Verfassung gegenüber dem Bürger gezogenen Grenzen überschreitet, so ist es Sache des Richters, sie in ihre Schranken zu weisen. Freilich wählte man auch für diese Aufgabe häufig besonders gebildete Gerichte, Staatsgerichtshöfe. So entstand, obwohl mit mancherlei einengenden Verklausulierungen, die Gerichtsbarkeit des schweizerischen Bundesgerichts zur Entscheidung über Beschwerden wegen Verletzung verfassungsmäßiger Rechte der Bürger, die Zuständigkeit des Reichsgerichts der Frankfurter Verfassung zur Annahme von Klagen deutscher Staatsbürger wegen Verletzung der durch die Reichsverfassung ihnen gewährten Rechte, die Zuständigkeit des österreichischen Reichsgerichts, über Beschwerden der Staatsbürger wegen Verletzung der ihnen durch die Verfassung gewährleisteten politischen Rechte zu entscheiden. Es war aber endlich auch möglich, die Sache ganz radikal anzufassen. Verfassungswidrige Willkür der Exekutive kann nicht gebrochen werden, wenn sich die Exekutive auf verfassungswidrige Willkür des Gesetzgebers zu stützen vermag. Der Richter ist dazu berufen, den Bürger in seiner Freiheit auch gegen den Gesetzgeber zu schützen. Und zwar hat jeder Richter diese Aufgabe zu erfüllen, nicht bloß ein Staatsgerichtshof. Von diesem Gedanken haben sich in den Vereinigten Staaten von Amerika die Einzelstaaten wie die Union bestimmen lassen. Sie haben den Schutz der Verfassung gegen Verletzung durch Exekutive und Legislative der ordentlichen Gerichtsbarkeit anvertraut. Die Begründung für diese Gestaltung der Verfassungsgerichtsbarkeit ist in klassischer Form von Alexander Hamilton im „Federalist" gegeben worden. Die große Aufgabe des Richters und seine einzige besteht darin, Recht anzuwenden. Was aber der Gesetzgeber, der, wie der Richter, nur ein Delegatar der Verfassung oder des souveränen Volkes ist, zum Gesetzesinhalte macht, kann nicht Recht sein, wenn es der Verfassung widerspricht. Die Gerichte dürfen verfassungswidrige Gesetze nicht zur Grundlage eines Urteils machen. Indem sie die Verfassung dem verfassungswidrigen Gesetze vorziehen, erfüllen sie ihren Beruf, Recht und nur Recht anzuwenden, und erweisen sie sich zugleich als das natürliche „intermediate body" zwischen Volk und Legislative, als ein Bollwerk der Freiheit gegen Übergriffe der Legislative. In dieser Konstruktion liegt auch die Erklärung für die ganz singuläre Form, in der die Amerikaner die Verfassungsgerichtsbarkeit technisch behandeln. Sie ist bei ihnen nicht, wie anderwärts, als ein Prozeß gestaltet, in dem Exekutive und Legislative, oder Bürger und Exekutive, oder Bundesgewalt und Landesgewalt als Parteien auftreten. Vielmehr entscheidet der Richter „zwischen der Verfassung und dem Gesetze". Über die Verfassungsmäßigkeit staatlicher Akte wird immer nur als über eine Inzidentfrage in Prozessen entschieden, in denen die Gerichte ihre normale Funktion als Zivil- und Strafgerichte erfüllen. Der Richter kommt niemals in die Lage, einen Staatsakt, insbesondere ein Gesetz aufzuheben; er erklärt nur möglicherweise, daß ein Gesetz, weil es verfassungswidrig und folglich ungültig sei, nicht angewendet werden könne; wie Tocqueville einmal gesagt hat: la loi ne se trouve blessée que par hasard. Das Verfahren ist unter den objektiven Verfahrensarten — so möchte ich das nennen — die objektivste. Die Verfassungsgerichtsbarkeit ist nicht mehr ein eigenes Institut, sondern ein Akzessorium zur ordentlichen Gerichtsbarkeit. Da hier die politischen Gewalten niemals unmittelbar in den Rechtsstreit verwickelt werden, so hat die größtmögliche „Entpolitisierung" stattgefunden. Freilich sind die Amerikaner in dieser Beziehung fast völlig isoliert geblieben. Nur das norwegische Recht steht ungefähr auf demselben Boden. Als vor etwa zwanzig Jahren durch Charles Benoist und andere der Versuch gemacht wurde, die amerikanische Einrichtung nach Frankreich zu verpflanzen, mußte dies an der ganz anders eingestellten traditionellen Auffassung der Franzosen von der Gewaltentrennung scheitern.

Alle diese, in doktrineller Grundlegung und organisatorischer Ausführung so verschiedenen Versuche, die politischen Kräfte im Staate durch das Mittel der Verfassungsgerichtsbarkeit auszubalanzieren oder zu neutralisieren, haben nun doch niemals — selbst wenn sie es sich zum Ziele setzten — vermocht, dieser Gerichtsbarkeit ihren politischen Charakter zu nehmen. Naturam expellas furca, tamen usque recurret.

Der politische Grundzug der Verfassungsgerichtsbarkeit zeigt sich am deutlichsten in der Art, wie das Institut der gerichtlichen Entscheidung über Ministeranklagen — oder Anklagen gegen republikanische Staatschefs — entwickelt worden ist. Das Verfahren hatte ja ursprünglich einen vorwiegend strafrechtlichen Charakter, dem Vorbilde des englischen Rechtsgangs beim Impeachment entsprechend. Es hat diesen Charakter in manchen Staaten bis heute behalten. Ein politisches Element hat ihm freilich immer und überall, der Natur der Sache nach, angehaftet; denn es ist stets ein Mittel politischen Kampfes gewesen. Dem entspricht die Organisation der Gerichtsbarkeit und das Verfahren. Auch wo der Minister vor ein Strafgericht gestellt wird, ist dieses Gericht selten das ordentliche Gericht, vielmehr gewöhnlich ein Staatsgerichtshof, dessen Besetzung unter Mitwirkung der Legislatur erfolgt, manchmal sogar zum Teil aus Mitgliedern der Legislatur, oft geradezu nur aus einer Kammer des Parlamentes besteht, wie es das englische Beispiel gelehrt hatte. Zwar sagt die italienische Verfassung von 1848: „Il Senato ... costituito in Alta Corte di Giustizia ... non è corpo politico", und das ist gewiß nicht ohne praktische Bedeutung insofern, als vielerlei, was für den Senat als politischen Körper gilt, auf den Senat als Staatsgerichtshof nicht anwendbar ist: Pairsschub, Vertagung und Schluß durch den König, Prinzip der Diskontinuität, Beschlußfähigkeitsziffer und anderes. Aber trotz allem bleibt der Senat immer ein Teil der politischen Gewalt, ja er wird zur richterlichen Funktion in unserem Falle gerade berufen, weil er politisch orientiert ist, weil man von ihm erwartet, daß er seine politische Erfahrung benutzen wird, um bei der Urteilsfällung die politische Seite der Straftat, sei es als schärfend, sei es als mildernd zu würdigen. Er ist ein politisches Gericht „pel suo spirito", sagt Luzzatti. Denn in Italien, wie in Frankreich urteilt der Senat nicht über die Straftaten, die der Minister während seiner Amtsführung, sondern über die, die er in seiner Amtsführung begangen hat. Daraus erklärt sich auch die uns befremdliche Erscheinung, daß — wiederum dem Prozeß vor dem House of Lords auf Impeachment entsprechend — dem Verfahren vielfach ein diskretionäres Element beigemischt ist. Es ist Benjamin Constants Einfluß, der sich hier ausgewirkt hat. „Politisches Recht", sagt seine Lehre — und um politisches Recht handelt es sich in unserem Falle — verlangt seiner Natur nach ein weites Maß von Freiheit in der Anwendung. Der politische Zweck der Ministeranklage besteht weniger darin, die Minister zu bestrafen, als sie zu beseitigen. Werden die Pairs zu Richtern über die Räte der Krone bestellt, so sollen sie nicht wie gewöhnliche Richter nach formalem Rechte urteilen, sondern „d'après leurs lumières, leur honneur et leur conscience". Die Verfassung der hundert Tage, die von Constant redigiert worden ist, bestimmte in der

Tat: „La Chambre des Pairs ... exerce, soit pour caractériser le délit, soit pour infliger la peine, un pouvoir discrétionnaire.“ Die Charte von 1830 stand auf demselben Standpunkte, und das heutige französische Recht läßt mindestens die Möglichkeit einer entsprechenden Auslegung zu. Auch die belgische Verfassung erklärt, es solle — bis zum Erlasse eines Gesetzes, das niemals ergangen ist — die Deputiertenkammer für die Anklage, der Kassationshof für die Kennzeichnung des dem Minister zur Last gelegten Delikts und für die Festsetzung der Strafe ganz freies Ermessen besitzen. So hat denn auch im Jahre 1830 die französische Pairskammer die Minister Karls X., so hat im Jahre 1918 der Senat den früheren Minister des Innern Malvy wegen Verbrechen bestraft, von denen der Code pénal nichts wußte, und mit Strafen belegt, die dort, jedenfalls für solche Verbrechen, nicht vorgesehen waren. Der Senat hat sich im Jahre 1918 zur Rechtfertigung seines Verfahrens auf sein „pouvoir souverain“ berufen, und das hat nur vereinzelten Widerspruch hervorgerufen. Diskretionär aus politischen Gründen ist ja schon immer die Entscheidung der Kammer, ob sie einen Minister anklagen will oder nicht. In Italien hat das oft eine große Rolle gespielt, weil es sich dort darum handelt, ob ein Beschluß der Kammer, einen Minister nicht vor den Senat als die Alta Corte zu bringen, der ordentlichen Strafgerichtsbarkeit Raum läßt oder nicht. Als im Jahre 1895 Giolitti wegen Siegelbruchs und Aktenbeseitigung, im Jahre 1897 Crispi wegen Teilnahme an Amtsveruntreuung angeschuldigt, von der Kammer aber nicht angeklagt worden waren, hat der Kassationshof beide Male erklärt: mache die Kammer von ihrem Anklagerechte keinen Gebrauch, so sei das ein Zeichen, daß entweder das behauptete Verbrechen nicht begangen worden, oder daß sich die Kammer von der Staatsraison bestimmen lasse, ihr Recht nicht auszuüben. Und die gleiche Staatsraison entscheide darüber, ob die Kammern und ob die Alta Corte beschließen wollen, der ordentlichen Justiz freien Lauf zu lassen. Tun sie es nicht, so haben die Gerichte zu schweigen. Zehn Jahre später, im Falle Nasi (1907) hat sich der Kassationshof sogar auf den Standpunkt gestellt, daß die ordentliche Gerichtsbarkeit von Haus aus schon durch das Anklagerecht der Kammer in bezug auf reati ministeriali, das Wort im technischen Sinne genommen, ausgeschlossen sei. Klage die Kammer nicht an, so gebe sie zu erkennen, daß sie aus politischen Gründen überhaupt einen Prozeß und ein Urteil vermieden sehen möchte, weil es im besonderen Falle der Gesellschaft nützlicher sei, einen Verbrecher der Strafe zu entziehen, als der Gerechtigkeit Genüge zu tun. Man hat diese Entscheidung eine „rechtsfeindliche

Blasphemie" genannt; vermutlich mit Recht. Jedenfalls ist durch sie die Kammer, die den Fall Nasi bereits an die ordentliche Gerichtsbarkeit abgegeben hatte, in die Notwendigkeit versetzt worden, nachträglich doch noch die Anklage beim Senat zu erheben, damit nicht ein schweres Verbrechen der gerechten Sühne entzogen werde, und der Senat hat den Angeklagten dann auch verurteilt. Man sieht, wie hier sogar die Justiz bemüht ist, dem „Politischen" zu einem Siege über das Strafrecht zu verhelfen.

Im allgemeinen hat ja nun aber bekanntlich die gerichtliche Geltendmachung der Ministerverantwortlichkeit ihren kriminellen Charakter nach und nach verloren, und in gleichem Grade, in dem dies geschah, ist sie allmählich völlig zu einer „justice politique" geworden. Namentlich in Deutschland. Als Gegenstand der Anklage erscheint mehr und mehr, statt eines Verbrechens im Sinne des Strafrechts, die Verletzung der Verfassung und des Gesetzes schlechthin, gelegentlich auch, wie früher im Großherzogtum Baden, so noch heute in den Republiken Baden, Hessen und Mecklenburg-Schwerin „schwere Gefährdung der Sicherheit oder Wohlfahrt des Staates". Im einen wie im anderen kommt ein politischer Gedanke zum Ausdruck. Denn auch wo Verfassungs- oder Gesetzesverletzung in ganz allgemeiner Wendung zum Klaggrunde gemacht wird, ist doch offenbar die Meinung die, daß nicht wegen jeder Verletzung jeder einzelnen Bestimmung der Verfassungsurkunde oder eines gewöhnlichen Gesetzes Klage soll erhoben werden dürfen, sondern nur wegen Verletzung der politischen Bestandteile des Verfassungsrechts, politisch in dem Sinne genommen, den wir vorhin zu umschreiben versucht haben. Und wie mit dem Klaggrunde, so steht es mit den Strafen. Nach amerikanischem Muster beschränkt man sie im wesentlichen auf Amtsentziehung, nur selten erschwert durch Aberkennung der Fähigkeit, öffentliche Ämter fortan zu bekleiden; ein wenig Disziplinarrechtliches haftet heute, soweit das deutsche Recht in Betracht kommt, nur den einschlagenden Vorschriften der oldenburgischen Verfassung an. Man sieht, Benjamin Constant hat recht behalten: es kommt nicht so sehr darauf an, den Minister zu bestrafen, als ihn unschädlich zu machen. Daher steht den Kammern auch das Recht zu, die Klage zurückzunehmen, wenn jenes Ziel nicht mehr als politisch erstrebenswert gilt, und es ist durchaus politisch gedacht, wenn die Verfassungen von Baden, Hessen und Mecklenburg-Schwerin dem Landtage zwar die Erhebung der Anklage nur mit Zweidrittelmehrheit, die Rücknahme der Klage aber mit einfacher Mehrheit gestatten; daß Württemberg das Gegenteil vorschreibt, ist ein Zeichen unpolitischer Formenstrenge. Politisch ist es gedacht, wenn manche Verfassungen das Anklagerecht der Volksvertretung erlöschen lassen, nachdem sich diese ihres Rechts mehrere Jahre lang verschwiegen hat; so die Verfassungen von Baden, Hessen, Thüringen, Mecklenburg-Schwerin und Oldenburg, auch im Auslande findet man das mehrfach. Es hat mit der strafrechtlichen Verjährung gar nichts zu schaffen. Auch die Anklage gegen gewesene Minister ist ihres strafrechtlichen Charakters mehr und mehr entkleidet und zu einer rein politischen Maßregel geworden; die Staatsgerichtshöfe sind hier jetzt gewöhnlich auf die bloße Feststellung beschränkt, daß der Angeklagte die Verfassung verletzt habe. In dieser Feststellung liegt heute vielfach das beinahe alleinige Ziel des Anklageverfahrens überhaupt. Denn der politische Zweck, den Minister gegen den Willen des Staatsoberhaupts aus dem Amte zu bringen, konnte in der konstitutionellen Monarchie, wenn überhaupt, nur durch das Mittel verfassungsgerichtlichen Verfahrens erreicht werden; in der parlamentarischen Monarchie und Präsidentschaftsrepublik gibt es einfachere und rascher wirkende politische Methoden, um zu jenem Ziele zu gelangen. Daher denn hier die Ministeranklage zu einem ganz seltenen Ereignisse geworden ist. Wenn man das Institut gleichwohl beibehalten hat, so erklärt sich das zum Teil aus den „erziehlichen" Absichten der Verfassungen, von denen Richard Schmidt einmal in bezug auf frühere Verhältnisse gesprochen hat. Es erklärt sich noch mehr aus der unklaren Konstruktion eines Gegensatzes von parlamentarisch-politischer und juristischer Ministerverantwortlichkeit, am meisten aber vielleicht aus dem Bedürfnisse, über die bedeutsamsten Fragen des Verfassungslebens in schweren Streitfällen auf das Begehren einer großen nationalen Anklagejury durch einen Gerichtshof ein für die Zukunft verbindliches Feststellungsurteil fällen zu lassen. Aus diesem Grunde haben denn auch wohl kleine Republiken mit direktorialem Regierungssystem die Einrichtung beibehalten. Sie hat dort an sich den allergeringsten Sinn. Die Schweiz kennt sie nicht; Sachsen, Braunschweig, Mecklenburg-Strelitz haben sie mit Recht in ihre neuen Verfassungen gar nicht aufgenommen.

Ein Skeptiker könnte versucht sein, auch die „Staatsgerichtsbarkeit", die sich als Verfassungsgerichtsbarkeit in einem engeren Sinne darstellt — unser Reichsgesetz von 1921 spricht hier ex professo von einem Verfahren in „verfassungsrechtlichen Streitigkeiten" — in den Staaten mit modernem Verfassungszuschnitt, namentlich in solchen mit parlamentarischem Regierungssystem als überholt zu betrachten. Es ist in der Tat unbestreitbar, daß eine parlamentarisch stark gebundene Regierung, selbst wenn sie den

Parlamentsparteien gegenüber eine selbständige Meinung besitzt, doch nicht leicht wagen wird, als Kläger gegen die Volksvertretung aufzutreten, und umgekehrt ist es sicher, daß die Volksvertretung heute einen Verfassungsdisput mit der Regierung nicht in einem Prozeßverfahren auszutragen braucht, wenn sie es nicht will; sie kann ja ihren Gegner auf höchst unprozessuale Weise auf die Knie zwingen. Es mag auch sein, daß diese sehr nüchterne politische Erwägung einen der Gründe bildet, weshalb in den außerdeutschen Staaten, den alten wie den neuen, eine Verfassungsgerichtsbarkeit, bei der sich das Parlament und die Regierung als solche in Parteirollen gegenüberstehen, vollkommen unbekannt ist. Aber damit ist die Sache nicht erledigt. Denn erstens sind Regierung und Parlament nicht die einzigen möglichen Gegner in Verfassungsstreitigkeiten, und zweitens liegen die Gründe, von denen sich die Staaten in bezug auf Annahme oder Ablehnung der Verfassungsgerichtsbarkeit bestimmen lassen, viel tiefer.

Die Staaten unterstellen auf der einen Seite einer besonderen Verfassungsgerichtsbarkeit nur das, was nach ihrer Auffassung politischen Charakter besitzt. Was sie als außerhalb der politischen Welt stehend erachten, schieben sie, sofern sie es gerichtsbar machen wollen, der ordentlichen oder der Verwaltungsgerichtsbarkeit zu. Daraus erklärt sich, wie ich meine, die verschiedene Behandlung, die die einzelnen Verfassungen dem Bürger in bezug auf die Verfassungsgerichtsbarkeit angedeihen lassen. Smend hat uns bei unserer letzten Zusammenkunft in München in eindrucksvoller Weise die integrierende Funktion von verfassungsmäßigen Grundrechten auseinandergesetzt. Aber gerade hier scheint mir deutlich zu werden, wie sehr alle Integration von geschichtlich wechselnden Wertungen abhängig ist. Integrierend ist, was ein Volk in einer bestimmten Periode seiner staatlichen Entwicklung als existenzkonstituierend ansieht. Die liberal-rechtsstaatliche Auffassung, von der die Verfassungen des 19. Jahrhunderts in ihrer Mehrzahl beherrscht wurden, sah in den Grund- und Freiheitsrechten viel mehr eine Beschränkung des Staatlichen, als einen Teil des Staatlichen, und es wird sich daraus erklären, daß die meisten Staaten die Streitigkeiten über Grundrechtsverletzungen nicht als Verfassungs-, sondern höchstens als Verwaltungsstreitigkeiten behandelten. Natürlich darf nicht übersehen werden, daß für die Verschiedenheit der Rechtsbildung in diesem Punkte auch manche rein rationale und organisationstechnische Elemente eine Rolle spielen: auf der einen Seite die Furcht vor Überlastung der Staatsgerichtshöfe, auf der anderen der Mangel ausreichender Verwaltungsgerichtsbarkeit und anderes mehr. So läßt sich nicht mit allgemeinen Wendungen erklären, warum gerade die

Schweiz oder Österreich oder der Freistaat Bayern ihren Bürgern das Recht der Verfassungsbeschwerde bei ihren Staatsgerichtshöfen eingeräumt, während andere Staaten dies abgelehnt haben, oder warum die bundesgerichtliche Praxis in der Schweiz in bezug auf den Umfang der von ihr geschützten Bürgerrechte zu einem andern Ergebnisse gekommen ist als die österreichische Praxis. Das bedürfte einer viel gründlicheren Untersuchung, als sie hier geboten werden kann. Bei der Auslegung des Art. 19 der deutschen Reichsverfassung wird man davon auszugehen haben, daß dieser Artikel an die liberal-rechtsstaatliche Entwicklung der Verfassungsgerichtsbarkeit im Deutschland des 19. Jahrhunderts anknüpft, und daß er deshalb unter „Verfassungsstreitigkeiten" in den Ländern die Streitigkeiten zwischen Bürger und Staat über Besitz oder Berücksichtigung individueller Rechte *nicht* begreifen will, auch derer nicht, die in einer Verfassungsurkunde zugesichert oder gewährleistet worden sind.

Auf der andern Seite — der Staat stellt nicht *alles* Politische, oder nicht alles, was er als politisch ansieht, unter die Verfassungsgerichtsbarkeit. Im Gegenteil, immer macht sich die Tendenz des Politischen, vor allem des „Hochpolitischen" geltend, sich der Erfassung durch Richter und Prozeß zu entziehen. Die berühmte „Lücke" der Reichsverfassung, d. h. der Mangel einer Verfassungsgerichtsbarkeit für Streitigkeiten zwischen den höchsten Organen des Reichs — Reichstag, Reichsrat und Reichspräsident — ist schwerlich aus bloßer Vergeßlichkeit ungeschlossen geblieben. Daß man die Staatsgerichtsbarkeit des Reichs für alle Verfassungsstreitigkeiten *in den Ländern* zur Verfügung hält, beruht gewiß in erster Linie auf der Berücksichtigung alter Tradition und säkularer Forderungen. Aber es deutet doch auch darauf hin, daß die Verfassung das staatliche Leben der Länder politisch geringer einschätzt als das Verfassungsleben des Reichs. Sie gewährt den Einzelstaaten *etwa* dasselbe, was der Einheitsstaat in Form der Verwaltungsgerichtsbarkeit den Gemeinden zum Austrag organisatorischer Rechtsstreitigkeiten zu gewähren pflegt. Und wenn die Bismarcksche Reichsverfassung die Entscheidung der Streitigkeiten zwischen Reich und Ländern dem föderalistischen Bundesrate, also einer mehr schiedsgerichtlich und diplomatisch verfahrenden Körperschaft übertrug, während die Weimarer Verfassung dafür den Staatsgerichtshof bereitgestellt hat, so ist das zweite zwar ein Fortschritt im Sinne des rechtsstaatlichen Prinzips, aber es läßt doch erkennen, daß die Bismarcksche Verfassung die politisch-integrierende Bedeutung der Einzelstaaten höher gewertet hat, als es die heutige Verfassung tut. Es ist außerordentlich bezeichnend, daß sich

Preußen im Jahre 1867 einer Verfassungsgerichtsbarkeit für Streitigkeiten zwischen Bund und Ländern widersetzt, daß im Jahre 1919 gerade Preußen die Einführung dieser Institution gefordert hat. Die politische Vormacht des deutschen Bundesstaats hatte als eine unerträgliche Beschränkung empfunden, was das in eine Abwehrstellung gedrängte Preußen gerade als Schutzwehr begehren mußte!

So viel an Politischem nun auch der Verfassungsgerichtsbarkeit des Reichs entronnen ist, so bleibt doch noch genug davon dem Art. 19 der Reichsverfassung und dem Ausführungsgesetze von 1921 verfangen. Der politische Charakter der Einrichtung zeigt sich weniger in der Organisation des Staatsgerichtshofs — diese ist sogar, soweit Verfassungsstreitigkeiten im engeren Sinne in Betracht kommen, so „unpolitisch" wie möglich gestaltet worden — als in den Regeln über seine Zuständigkeit und über sein Verfahren. Und die Erkenntnis des politischen Charakters wird für die Auslegung jener Regeln und für die Handhabung des Verfahrens von Bedeutung sein. Ich muß mich auf ein paar Andeutungen beschränken. Einiges ist schon vorhin gesagt worden.

Für die Streitigkeiten zwischen Reich und Ländern enthält der Art. 19 eine so eindeutige Kompetenzbestimmung, daß eine einschränkende Auslegung des allerdings sehr umfassenden Wortlauts kaum möglich sein wird. Ich darf mich in dieser Hinsicht auf meine Ausführungen in der Festschrift für Kahl beziehen. Für die Deutung der Worte „Verfassungsstreitigkeiten innerhalb eines Landes" haben wir freiere Hand, und wir können hier verwerten, was wir durch unsere allgemeinen Betrachtungen gewonnen haben.

Eine Verfassungsstreitigkeit ist, wie wir sahen, immer eine Streitigkeit, die es mit der Verfassung im materiellen Sinne zu tun hat. Daraus folgt aber noch nicht ohne weiteres, daß jedermann, für den es etwas ausmacht, wie das Verfassungsrecht ausgelegt wird, an einem gerichtlichen Verfahren teilnehmen kann, das die Verfassung doch als ein außerordentliches Mittel zum Schutze der Verfassung eingerichtet hat. Als Partei kann sich an solchem Verfahren nur beteiligen, wer an dem durch die Verfassung geregelten Leben des Staates beteiligt ist. Beteiligt hieran sind freilich heute nicht nur die Regierung und die Volksvertretung in ihrem Gegen- und Zusammenspiel. Der Staatsgerichtshof für das Deutsche Reich hat vollkommen recht, wenn er auch die Landtagsmitglieder, die Fraktionen, die Parlamentsminderheiten, in Fragen des Wahlrechts sogar die außerparlamentarischen Parteien, die nach unserm Wahlsystem nun einmal eine rechtlich umschriebene Funktion bei der Konstituierung der politischen Gewalten besitzen, mit Parteifähigkeit ausstattet, und wenn er andeutet, daß er in Wahlangelegenheiten auch dem einzelnen Staatsbürger Parteifähigkeit zuerkennen würde. Er würde wohl auch, und zwar mit Recht, als parteifähig ansehen eine Volksgruppe, die gegen die Landesregierung wegen verfassungswidriger Einschränkung des Rechtes auf Volksbegehren vorgehen will, selbst wenn in der Landesverfassung nicht ausdrücklich, wie in Mecklenburg-Schwerin geschehen, bestimmt ist, daß durch Volksbegehren ein Verfassungsstreitverfahren eingeleitet werden kann. Dagegen halte ich es für unrichtig, wenn der Staatsgerichtshof die Parteifähigkeit reichsritterschaftlichen Familien zuspricht, die um die Anerkennung ihrer Autonomie kämpfen, oder öffentlich-rechtlichen Korporationen, wie den Landeskirchen, die über die Aufwertung ihrer Ansprüche auf Staatsleistungen prozessieren wollen, oder Gemeinden, die gegen den Erlaß eines Eingemeindungsgesetzes vorgehen. Die Eigenschaft, ein „anerkanntes Organ des Staatskörpers" zu sein, macht eine Körperschaft noch nicht zu einem Elemente des Verfassungslebens, d. h. der den staatlichen Zusammenhalt konstituierenden und aufrechterhaltenden Vorgänge. In den angeführten Fällen hätten die Rechtschutzmöglichkeiten anderswo gelegen, bei der ordentlichen oder der Verwaltungsgerichtsbarkeit; allenfalls wäre der Streit auf einem Umwege, durch Inanspruchnahme der Reichsaufsicht, in das Bett der Verfassungsgerichtsbarkeit zu leiten gewesen. Vermutlich ist die entgegenkommende Haltung des Staatsgerichtshofes daraus zu erklären, daß er jene anderen Möglichkeiten nicht als gegeben oder im Einzelfalle als verbaut betrachtet hat. (In der Tat hatte die sächsische Landeskirche in ihrem Aufwertungsstreit zunächst die Reichsaufsicht in Bewegung setzen wollen, war aber vom Reichsminister des Innern auf Art. 19 der Reichsverfassung hingewiesen worden.) Die Weitherzigkeit des Staatsgerichtshofs in der Anerkennung der Parteifähigkeit wird ihm, fürchte ich, noch zu schaffen machen; schon haben z. B. die Beamtenorganisationen ihren Anspruch angemeldet, gegebenenfalls als Klägerinnen zugelassen zu werden.

Ob der Staatsgerichtshof im Rechte ist, wenn er außer der Landesverfassung auch die Reichsverfassung als möglichen Gegenstand einer Verfassungsstreitigkeit „innerhalb eines Landes" ansieht, kann zweifelhaft sein. Er will es annehmen für solche Vorschriften der Reichsverfassung, die „auf die Landesverfassung oder auf landesverfassungsmäßige Normen einwirken und insoweit eine Ergänzung der Landesverfassung bilden". Das scheint mir reichlich formalistisch gedacht zu sein. Ich meine, daß allerdings Reichsverfassung und Reichsgesetz den Gegenstand einer Verfassungsstreitigkeit innerhalb eines Landes bilden können. Aber nur wenn und soweit sie Normen enthalten, nach denen sich einzelstaatliches Verfassungsleben zu richten hat. Daß dies heute in nicht ganz geringem Maße der Fall ist, brauche ich in diesem Kreise nicht darzulegen.

So ergibt sich in der Tat nicht nur aus dem Landesrechte, sondern auch aus dem Reichsrechte der Umfang der Verfassungsgerichtsbarkeit für die Länder. Das gilt auch in dem Sinne, daß die Zuständigkeit des Reichsstaatsgerichtshofs letztlich immer durch Auslegung des Art. 19 der Reichsverfassung zu bestimmen ist. Gewiß ist es den Einzelstaaten unverwehrt, die Zuständigkeit ihrer eigenen Staatsgerichtshöfe einzuengen. Viele, ich erinnere nur an Bayern und sein Gesetz von 1920, aber auch an Thüringen, Oldenburg, Lübeck, haben es getan, indem sie in Anknüpfung an die alte Tradition nur Regierung und Volksvertretung als Parteien zulassen. Aber es wird dadurch, wie Nawiasky und andere mit Recht annehmen, der Weg vor den Reichsstaatsgerichtshof für andere Streitigkeiten, die Verfassungsstreitigkeiten im Sinne des Art. 19 sind, nicht verbaut. Wenn dies einem Lande unbequem ist, so muß es die Zuständigkeit seines Staatsgerichtshofs durch Landesgesetz erweitern; in Bayern ist man damit zur Zeit am Werke.

Meine Aufgabe war es, über das Wesen der Staatsgerichtsbarkeit zu sprechen. Nicht über das Verfahren vor den Staatsgerichtshöfen. Aber ich muß doch wenigstens mit kurzen Worten darauf hinweisen, daß das Wesen der Verfassungsgerichtsbarkeit, wie ich es zu entwickeln versucht habe, auch für das Verfahren maßgebend sein muß. So sehr es vom Gesetze den Verfahrensweisen des ordentlichen Prozesses angenähert sein mag, so sehr wird doch eine verständige Praxis der Parteien und der Gerichte dessen eingedenk sein, daß es bei politischen Prozessen solcher Art „politisch" herzugehen hat. Es kommt nicht immer darauf an, daß ein Prozeßgegner als Leichnam auf dem Schlachtfelde liegen bleibt. Am wenigsten kann dies das Ziel in den Fällen sein, wo der Streit zwischen den verschiedenen politischen Gewalten geführt wird. Hier muß das Ziel häufiger der Ausgleich von Gegensätzen, die Harmonisierung gestörter Einheitlichkeit, auf der Grundlage einer vom Gerichte herbeigeführten Klärung der Rechtslage, bilden. Ein guter Staatsgerichtshof wird nicht bloß aus Bequemlichkeit, sondern aus politisch richtiger Einstellung gern einen Vergleich herbeizuführen suchen, wie etwa in dem 1922 begonnenen Prozesse des Staatsrats gegen die Regierung in Preußen. Er wird vielleicht die Entscheidung absichtlich unvollständig halten, um eine Tür für weitere Verhandlungen offen zu lassen; so ist es neuerdings in dem sehr interessanten Urteile über die Donauversinkung geschehen. Aus guten politischen Gründen lassen die Parteien oft einen Prozeß versanden. So in der Streitsache Sachsen gegen Reich wegen des Einmarsches im Jahre 1923; auch jetzt scheint es in dem Verfahren der Fall zu sein, das von Preußen gegen das Reich über die Gültigkeit des Gesetzes vom 9. April 1927 in Sachen der Biersteuergemeinschaft angestellt worden ist. Es war politisch zweckmäßig, daß die Urteile des Staatsgerichtshofs bisher ausschließlich Feststellungsurteile gewesen sind und deshalb eine demütigende Vollstreckung nicht zuliessen. Natürlich läßt sich selbst gegen das Reich, wenn es im Prozesse unterlegen ist, ein theoretisch ausgeklügeltes Vollstreckungsverfahren denken, und es hat sogar Gesetzentwürfe und Gesetze gegeben, die eine Vollstreckung gegen die Zentralgewalt eines Bundesstaats genau geregelt haben — ich erinnere an das Ergänzungsgesetz zur Erfurter Unionsverfassung, das ich in meinem Buche über die Reichsaufsicht auszugsweise abgedruckt habe, und an das geltende österreichische Recht. Allein solche Dinge kann man sich immer nur bis zu einem Punkte ausdenken, wo die Sache anfängt, politischer Unsinn zu werden. In normalen Zeiten ist selbst bei Leistungsurteilen eine Vollstreckung überflüssig, weil der Unterlegene entweder freiwillig leisten oder einen politisch gangbaren Weg der Verständigung mit dem Sieger suchen wird.

Das führt mich schließlich zu einer letzten Betrachtung. Je politischer die Angelegenheiten sind, die der Verfassungsgerichtsbarkeit unterstellt werden, um so angemessener wird für diese eine Verfahrensart sein, die dem ordentlichen Prozesse am unähnlichsten ist. Je weniger im Verfahren von Klage, von Parteien, von Einlassungszwang, von Klageabweisung und Verurteilung, von Kassation staatlicher Akte die Rede ist, um so leichter lassen sich politische Fragen, die zugleich Rechtsfragen sind, in justizförmiger Weise erledigen. Ich sprach schon vorhin von objektivem Verfahren. Der Ausdruck wird nicht mißverstanden werden. Was ich meine, deckt sich zum Teil mit dem, was Joseph-Barthélémy als richterliche Prüfung der Verfassungsmäßigkeit von Gesetzen „par voie d'exception", im Gegensatz zu der annullierenden Prüfung „par voie d'action", bezeichnet. Die Amerikaner haben für Verfassungsstreitigkeiten das objektivste Verfahren eingeführt, das sich denken läßt; sie haben den Vorteil freilich erkauft mit dem Nachteil, daß ihre Verfassungsgerichtsbarkeit eine Gelegenheitsgerichtsbarkeit ist, die keine grundsätzlichen Lösungen bringt. Wir Deutsche können uns rühmen, in dem Verfahren des Art. 13, Abs. 2 der Reichsverfassung für einen immerhin beträchtlichen Teil der

Verfassungsstreitigkeiten ein objektives Verfahren geschaffen zu haben, das nach allgemeinem Urteil ausgezeichnet funktioniert. Auch der bekannte Entwurf eines Gesetzes über die Prüfung der Verfassungsmäßigkeit von Vorschriften des Reichsrechts — über den ich nicht im einzelnen sprechen kann — bewegt sich in den Bahnen eines objektiven Verfahrens. Sollten wir daran gehen, den Beschlüssen des Heidelberger und des Kölner Juristentags entsprechend, den Art. 19 der Verfassung auf alle Verfassungsstreitigkeiten innerhalb des Reichsorganismus auszudehnen, so wird dafür zu sorgen sein, daß gerade hierbei nach Möglichkeit ein objektives Verfahren durchgeführt werde. Daß freilich der Verfassungsgerichtsbarkeit auch beim objektivsten Verfahren immer ein politischer Erdenrest ankleben wird, brauche ich nur anzudeuten. Es kann sein, daß die Objektivität des Verfahrens durch eine politisch aufgezogene Organisation des entscheidenden Gerichtshofs wettgemacht wird, daß Parteiregierungen für parteipolitisch abgestempelte Richter sorgen, daß die Verteilung der Richterstellen nach den Stärkeverhältnissen der Parteien im Parlament erfolgt, daß man, wie 1871 in den Vereinigten Staaten geschehen, um eine politisch erwünschte Entscheidung in einem Einzelfalle zu erzielen, eine Art Richterpairsschub vornimmt. Auch in der Haltung der Prozeßparteien kann das politische Element eine bedenkliche Rolle spielen. Es ist möglich, daß ein an sich politisch harmloser Zivil- oder Strafprozeß nur deshalb angestrengt wird, weil in ihm die Verfassungsmäßigkeit eines Gesetzes geprüft werden muß, und daß der Prozeß in Wahrheit nicht von dem, der als Kläger auftritt, sondern von einer politischen Partei oder einer Minderheitsfraktion des Parlaments, die hinter dem Kläger steht, geführt und finanziert wird. Solche Dinge lassen sich nicht vermeiden, weil, was mit Politik zusammenhängt, niemals künstlich von ihr gelöst werden kann. Immerhin, so viel ist gewiß: je „objektiver“ das Verfahren organisiert wird, um so geringer ist die von Vielen so sehr gefürchtete Gefahr, daß sich der Richter an die Stelle der „Regierung“ setzt, die Gefahr, daß man zu einem „Government of the judiciary“ gelangt.

Indessen, ich unterlasse es, auf Fragen de lege ferenda einzugehen. Ob man sich für einen weiteren Ausbau der Verfassungsgerichtsbarkeit, für Stillstand der Bewegung oder gar für Abbau entscheidet, das hängt von Grundüberzeugungen ab, über die wir hier schwerlich zu einer Einmütigkeit gelangen werden. Es gibt unter uns in bezug auf den Rechtsstaat Skeptiker und Enthusiasten, wie es sie schon vor Menschenaltern gegeben hat. Auch unter uns wird der eine, wie einst Sarwey oder Fricker oder Kloeppel, die Verfassungsgerichtsbarkeit als einen „vollkommenen Widersinn“ erklären, ein anderer wird mit

Hänel sagen: es könne „der Standpunkt des Rechts keiner politischen Erwägung zu Liebe die Forderung fallen lassen, auch für die Rechtsstreitigkeiten der obersten Organe des Staats den Weg Rechtens zu organisieren“. Ich mache für meine Person kein Hehl daraus, daß ich mich mehr den Enthusiasten des Rechtsstaats als den Skeptikern zuneige. Wir sind meiner Ansicht nach dem bürgerlichen Rechtsstaate noch längst nicht entwachsen, und wir haben heute den allergeringsten Anlaß, ihn schon zu den Toten zu werfen. Auch in der Sphäre des Politischen hat er seine Rolle nicht ausgespielt, und es besteht namentlich in einem Staate mit vielgliederiger Teilung der politischen Gewalten das Bedürfnis, die schwächeren unter ihnen gegen die stärkeren durch das Recht und in der Form Rechtens zu schützen, — so etwa die Länder gegen das Reich, den Reichsrat gegen das Reichsparlament. Gewiß, das Wesen der Verfassung steht weithin mit dem Wesen der Verfassungsgerichtsbarkeit in Widerspruch, und es gibt eine, freilich schwer feststellbare Grenze für die gerichtsförmige Erledigung verfassungsrechtlicher Streitigkeiten. Allein der Versuch muß gemacht werden, die vorhandene Disharmonie, soweit es möglich ist, harmonisch aufzulösen.

---

1 a. Leitsätze des ersten Berichterstatters.

1. *Das Wesen der Staats-, besser: Verfassungsgerichtsbarkeit ist nicht in formaler Weise zu bestimmen. Es handelt sich um gerichtsförmige Entscheidung von Streitigkeiten über die Verfassung, wobei Verfassung in einem materiellen Sinne zu verstehen ist.*
2. *Verfassungsstreitigkeiten sind immer politische Streitigkeiten. In dieser Tatsache liegt das Problematische der ganzen Einrichtung.*
3. *Die Einführung der Verfassungsgerichtsbarkeit in das Staatsrecht des 19. Jahrhunderts beruht, abgesehen von dem Einflusse ständischer Erinnerungen, auf der Herrschaft des liberal-rechtsstaatlichen Rationalismus, vor allem auf der Theorie der Gewaltentrennung. Diese Theorie konnte aber in sehr verschiedener Weise organisatorisch ausgedeutet und entwickelt werden, weshalb sehr verschiedene Formen der Verfassungsgerichtsbarkeit entstanden sind.*

4. *Der politische Charakter der Verfassungsgerichtsbarkeit zeigt sich am deutlichsten in der Ausgestaltung des gerichtlichen Verfahrens auf Ministeranklage. Er ist aber auch bei der Einrichtung des Verfassungsstreitverfahrens im engeren Sinne deutlich erkennbar und muß bei der Auslegung und Handhabung der Normen über Gegenstand, Parteien und Verfahren in erster Linie berücksichtigt werden.*
5. *Ein „objektives Verfahren" ist bei der Erledigung von Verfassungsstreitigkeiten das dem Gegenstande angemessenste Verfahren.*

Wesen und Entwicklung der Staatsgerichtsbarkeit.

2. Mitbericht von Professor **Dr. Hans Kelsen** in Wien.

I. Das Problem der Rechtmässigkeit.

Staatsgerichtsbarkeit ist Verfassungs-Gerichtsbarkeit und als solche eine gerichtliche Garantie der Verfassung. Sie ist ein Glied in dem System rechtstechnischer Maßnahmen, die den Zweck haben, die Rechtmäßigkeit der Staatsfunktionen zu sichern. Staatsfunktionen haben selbst Rechtscharakter, sie treten als Rechtsakte auf. Es sind Akte, durch die Recht, das heißt aber: Rechtsnormen erzeugt, oder erzeugtes Recht, gesetzte Rechtsnormen, vollzogen werden. Demnach unterscheidet man herkömmlicherweise die Staatsfunktionen in Gesetzgebung und Vollziehung und setzt der ersteren als der Rechtsschöpfung, der Erzeugung, der Produktion des Rechtes die Rechtsanwendung als eine bloße Reproduktion entgegen.

Das Problem einer Rechtmäßigkeit der Vollziehung im Sinne einer Übereinstimmung dieser mit dem Gesetz und sohin das Problem von Garantien dieser Rechtsmäßigkeit ist durchaus geläufig. Dagegen scheint die Rechtmäßigkeit der Gesetzgebung als Forderung der Rechtmäßigkeit der Rechtsschöpfung und der Gedanke von Garantien dieser Rechtmäßigkeit auf gewisse theoretische Schwierigkeiten zu stoßen. Bedeutet es nicht eine petitio principii, die Erzeugung des Rechtes an einem Maßstabe messen zu wollen, der erst mit dem zu messenden Objekte erzeugt wird? Und die Paradoxie, die in der Vorstellung einer „Rechtmäßigkeit des Rechts" zu liegen scheint, wird um so größer, je mehr man — der traditionellen Anschauung folgend — die Gesetzgebung mit der Rechtschöpfung und so hin das Gesetz mit dem Recht schlechthin identifiziert, so daß die unter dem Namen der Vollziehung zusammengefaßten Funktionen, die Rechtsprechung (Gerichtsbarkeit) und die Verwaltung (insbesondere die letztere) sozusagen außerhalb des Rechtes zu stehen scheinen, nicht eigentlich Akte des Rechts, und nur Anwendungen, Reproduktionen des schon vor ihnen irgendwie fertigen, in seiner Erzeugung abgeschlossenen Rechtes darstellen. Meint man, daß das Recht im Gesetz beschlossen sei, dann bedeutet Rechtmäßigkeit schlechthin Gesetzmäßigkeit. Und dann ist eine Ausdehnung des Begriffes der Rechtmäßigkeit durchaus nicht selbstverständlich.

Diese Vorstellung des Verhältnisses zwischen Gesetzgebung und Vollziehung ist jedoch falsch. Beide Funktionen stehen einander nicht im Sinne eines absoluten Gegensatzes von Rechtserzeugung und Rechtsanwendung gegenüber; sondern jede von ihnen stellt sich bei näherer Untersuchung sowohl als Rechtserzeugung als auch als Rechtsanwendung dar. Der in Betracht kommende Gegensatz ist ein relativer, kein absoluter. Gesetzgebung und Vollziehung sind nicht zwei koordinierte Staatsfunktionen, sondern sind nur zwei im Verhältnis von Unter- und Überordnung stehende Stufen des Prozesses der Rechtserzeugung, der mit der Stufe des Gesetzes weder beginnt noch endet. Er setzt sich nach unten über die Stufe der Verordnung, die Stufe des richterlichen Urteiles und Verwaltungsaktes, bis zu den Akten der Vollstreckung dieser beiden letzteren (es sind die Akte der sogenannten Vollziehung), nach oben bis zur Verfassung fort, um — den Bereich einzelstaatlicher Rechtsordnung überschreitend — schließlich in die Sphäre der Völkerrechtsordnung zu gelangen, die sich über allen staatlichen Rechtsordnungen erhebt. Mit dieser Stufenfolge, die hier zunächst nur insoweit in Betracht kommt, als sie sich innerhalb des innerstaatlichen Bereiches entfaltet, sollen natürlich nur die Hauptetappen jenes Prozesses schematisch dargestellt werden, in dem das Recht, sich konkretisierend, seine eigene Erzeugung regelt; und in dem sich mit dem Recht der Staat immer wieder von neuem erzeugt. Verfassung, Gesetz, Verordnung, Verwaltungsakt und richterliches Urteil, Vollstreckungsakt: das sind nur die für die positivrechtliche Gestaltung der modernen Staaten typischen Stadien der Gemeinschaftswillensbildung. Die Realität kann von diesem Idealtypus abweichen. So muß sich zwischen Gesetz und Vollzugsakt nicht notwendig die Verordnung, das ist eine von den Verwaltungsbehörden ausgehende generelle Norm, schieben; und so kann unter Umständen die Verordnung neben dem Gesetz als der von einem parlamentarischen Vertretungskörper beschlossenen generellen Norm, unmittelbar auf Grund der Verfassung, und nicht erst in Durchführung eines Gesetzes ergehen. Und auch andere Modifikationen des typischen Ablaufes des Rechtserzeugungsverfahrens sind nicht ausgeschlossen. Doch soll hier zunächst nur der Typus vorausgesetzt werden.

Indem die Verfassung im wesentlichen bestimmt, auf welche Weise Gesetze zustande kommen, bedeutet die Gesetzgebung dieser Verfassung gegenüber Rechtsanwendung. Im Verhältnis zur Verordnung aber und den anderen unter dem Gesetz stehenden Akten: Rechtsschöpfung. Und so ist die Verordnung Rechtsanwendung gegenüber dem Gesetz, und Rechtsschöpfung gegenüber dem die Verordnung anwendenden richterlichen Urteil und Verwaltungsakt. Diese wiederum Rechtsanwendung nach oben, nach unten aber im Verhältnis zu dem sie vollstreckenden Tatbestand: Rechtsschöpfung. Der Weg, den das Recht von der Verfassung bis zum Vollstreckungstatbestand durchläuft, ist ein solcher steter Konkretisierung. Stellen Verfassung, Gesetz und Verordnung die sich mit Inhalt immer mehr erfüllenden generellen Normen des Rechtes dar, so bedeuten richterliches Urteil und Verwaltungsakt individuelle Rechtsnormen. Für den Gesetzgeber, welcher nur unter der sein Verfahren bestimmenden Verfassung steht, ist die rechtliche Gebundenheit eine verhältnismäßig geringe, die Freiheit, die Möglichkeit schöpferischer Gestaltung, eine verhältnismäßig große. Mit jeder weiteren Stufe verschiebt sich das Verhältnis von Freiheit und Gebundenheit in der Richtung der letzteren. Das heißt: von den beiden Komponenten, die die Funktion bestimmen, verstärkt sich diejenige der Rechtsanwendung, und es verringert sich diejenige der freien Rechtsschöpfung. Jede Stufe der Rechtsordnung stellt nicht nur gegenüber der niederen eine Produktion, sondern auch — gegenüber der höheren — eine Reproduktion von Recht dar. Insofern sie Rechtsanwendung, Rechtsreproduktion ist, ist auf sie die Idee der Rechtmäßigkeit anwendbar. Denn Rechtmäßigkeit ist nur das Verhältnis der Entsprechung, in dem die niedere zur höheren Stufe der Rechtsordnung steht. Die Forderung der Rechtmäßigkeit und spezifischer rechtstechnischer Garantien für sie besteht daher nicht nur in bezug auf den Vollstreckungstatbestand im Verhältnis zu den individuellen Normen des waltungsbefehls, der Verwaltungsentscheidung und des richterlichen Urteils, nicht nur in bezug auf diese Akte der Vollziehung im Verhältnis zu den generellen Normen der Verordnung oder des Gesetzes, sondern auch in bezug auf die Verordnung im Verhältnis zu dem Gesetz und in bezug auf das Gesetz im Verhältnis zur Verfassung. Garantien für die Gesetzmäßigkeit der Verordnung wie für die Verfassungsmäßigkeit des Gesetzes sind daher ebenso möglich, wie Garantien für die Rechtmäßigkeit der individuellen Rechtsakte. Garantien der Verfassung bedeutet somit: Garantie für die Rechtmäßigkeit der unmittelbar unter der Verfassung stehenden Rechtsstufen. Das ist vor allem: Garantie der Verfassungsmäßigkeit des Gesetzes.

Daß die Forderung nach Garantien der Verfassung noch heute — oder eigentlich: erst heute — mit einem größeren Nachdruck erhoben und sohin auch wissenschaftlich in Diskussion gestellt wird, hat seinen Grund nicht nur in dem früher charakterisierten Zustand der Theorie, der die volle Einsicht in den Stufenbau des Rechts oder, was dasselbe ist, in die durchgängige Rechtsnatur der Staatsfunktionen und ihres gegenseitigen Verhältnisses fehlte. Daß die Rechtsordnungen der modernen Staaten eine Fülle von Institutionen aufweisen, die die Gesetzmäßigkeit der Vollziehung sichern, dagegen für die Verfassungsmäßigkeit der Gesetze (und auch die Gesetzmäßigkeit der Verordnungen) nur sehr spärliche oder gar keine Garantien schaffen, geht auf politische Motive zurück, die selbst wieder nicht ohne Einfluß auf die Gestaltung der juristischen Theorie bleiben, von der ja in erster Linie eine Aufklärung über die Möglichkeit und Notwendigkeit solcher Garantien ausgehen muß. Das gilt insbesondere für die modernen parlamentarischen Demokratien Europas, die aus konstitutionellen Monarchien hervorgegangen sind. Die Staatsrechtslehre der konstitutionellen Monarchie ist noch heute, wo diese Staatsform stark in den Hintergrund gedrängt ist, von großem Einfluß: die konstitutionelle Doktrin bestimmt — teils bewußt, wo man die Republik nach dem Muster der Monarchie in der Richtung starker Präsidialgewalt entwickeln will, teils unbewußt — in hohem Maße die juristische Theorie vom Staate. Die konstitutionelle Monarchie ist aus der absoluten hervorgegangen und ihre Doktrin daher vielfach von dem Bestreben geleitet, die Machtminderung, die der ehemals unbeschränkte Monarch durch den Wandel der Verfassung erfahren, möglichst klein und unbedeutend erscheinen zu lassen oder sie gar ganz zu verhüllen. In der absoluten Monarchie ist die Unterscheidung zwischen der Stufe der Verfassung und jener des Gesetzes zwar auch theoretisch möglich. Aber sie spielt praktisch keine Rolle. Denn die Verfassung erschöpft sich in dem Grundsatz, daß jede Äußerung des monarchischen Willens verbindliche Rechtsnorm ist; und da es demnach an einer bestimmten Verfassungsform, das heißt an differenzierenden Rechtsnormen fehlt, die das Zustandekommen von Gesetzen in anderer Weise regeln wie die Abänderung der Verfassung, ist die Verfassungsmäßigkeit der Gesetze kein Problem von irgendwelcher Bedeutung. Mit dem Übergang zur sogenannten konstitutionellen Monarchie vollzieht sich gerade in diesem Punkte eine entscheidende Änderung, die sich in der Bezeichnung „Verfassungs-Monarchie" d. i.

„Konstitutionelle“ Monarchie, sehr charakteristisch anzeigt. In der verstärkten Bedeutung, die nunmehr der Begriff der Verfassung erhält: in der Rechtsnorm, daß Gesetze nur auf eine bestimmte Weise (unter Mitwirkung der Volksvertretung) zustande kommen dürfen (und das ist ja die Regel der Verfassung), in der Tatsache, daß diese Regel nicht so einfach wie andere generelle Rechtsregeln, die Gesetze, abgeändert werden könne, daß dazu eine besondere, schwierigere Form, nicht die gewöhnliche Gesetzesform, sondern die Verfassungsform notwendig sei (erhöhte Majorität, mehrfache Beschlußfassung, besondere Konstituante usw.), drückt sich die entscheidende Rechtsverschiebung aus. Man sollte meinen, daß gerade die konstitutionelle Monarchie der Boden war, auf dem das Problem der Verfassungsmäßigkeit des Gesetzes und sohin der Garantien der Verfassung mit der denkbar größten Energie sich hätte geltend machen müssen. Das gerade Gegenteil ist der Fall! Die konstitutionelle Doktrin hat diesen der Machtstellung der Monarchien gefährlichen Sachverhalt verschleiert. Sie stellt — im Widerspruch zur Rechtswirklichkeit der Verfassung — den Monarchen als den einzigen oder eigentlichen Faktor der Gesetzgebung dar, indem sie das Gesetz als den alleinigen Willen des Monarchen erklärt, die Funktion des Parlamentes aber als eine — mehr oder weniger nebensächliche, minderwertige, unwesentliche — „Zustimmung“ darstellt. Als ein Beispiel für die hier verwendete Methode: Das bekannte „monarchische Prinzip“, das nicht aus der positiven Verfassung deduziert, sondern von außen gleichsam an sie herangebracht wird, um sie in einem bestimmten politischen Sinne zu interpretieren, richtiger: das positive Recht mit Hilfe einer ihm fremden Ideologie umzudeuten. Oder: die berühmte Unterscheidung zwischen Gesetzes-Befehl, der nur vom Monarchen ausgeht, und Gesetzes-Inhalt, der zwischen Monarch und Volksvertretung vereinbart wird. Die Frucht dieser Methode: daß es nicht etwa als technische Unvollkommenheit der Verfassung, sondern als deren tieferer Sinn angesehen wird, daß ein Gesetz als gültig zu betrachten ist, wenn es nur mit der Unterschrift des Monarchen im Gesetzblatt erscheint, ohne Rücksicht darauf, daß die Vorschriften betreffend die Beschlußfassung durch das Parlament erfüllt sind oder nicht. Der entscheidende Fortschritt von der absoluten zur konstitutionellen Monarchie wird so, zumindest theoretisch, beinahe nullifiziert; jedenfalls aber das Problem der Verfassungsmäßigkeit des Gesetzes und ihre Garantien. Die Verfassungswidrigkeit eines — vom Monarchen gefertigten — Gesetzes oder gar dessen Aufhebung aus dem Titel der Verfassungswidrigkeit kann als praktische Rechtsfrage überhaupt nicht in das juristische Bewußtsein dringen. Dazu kommt, daß die konstitutionelle Doktrin — weniger gestützt auf den Wortlaut der Verfassung, als vielmehr auf ihre früher erwähnte Ideologie — für den Monarchen nicht nur die Sanktion der Gesetzesbeschlüsse, sondern auch mit dieser und in dieser die ausschließliche Promulgation der Gesetze in Anspruch nimmt. Indem der Monarch den Parlamentsbeschluß unterzeichnet, soll er das verfassungsmäßige Zustandekommen des Gesetzes beurkunden. Es steht somit wenigstens ein Teil des Gesetzgebungsverfahrens — dieser Doktrin zufolge — unter einer gewissen Garantie. Allein die Kontrollfunktion wird gerade von jener Instanz beansprucht, die selbst der Kontrolle bedürfte. Zwar wird der Akt des Monarchen durch die ministerielle Gegenzeichnung unter Verantwortung gestellt. Aber die Ministerverantwortlichkeit ist in der konstitutionellen Monarchie, sofern sie sich gegen Akte des Monarchen richtet, ohne praktische Bedeutung und kommt, sofern es sich um Mängel des Gesetzgebungsverfahrens handelt, die dem Parlamente anlasten, da sie nur vom Parlamente selbst geltend gemacht werden kann, überhaupt nicht in Betracht.

Die noch heute weit verbreitete und mit den verschiedensten Argumenten verteidigte Ansicht, daß den rechtsanwendenden Organen jede Prüfung der Verfassungsmäßigkeit der Gesetze entzogen bleiben müsse, daß höchstens den Gerichten die Prüfung der gehörigen Kundmachung zustehen dürfe, daß das verfassungsmäßige Zustandekommen der Gesetze durch die Promulgationsbefugnis des Staatsoberhauptes hinreichend gesichert sei, und die positiv-rechtliche Realisierung dieser rechtspolitischen Anschauung in den Verfassungen auch der Republiken von heute, sie geht nicht zuletzt auf die Theorie der konstitutionellen Monarchie zurück, deren politische Ideen mehr oder weniger bewußt auf die Gestaltung der modernen Demokratien von Einfluß waren.

II. Der Begriff der Verfassung.

Soll die Frage beantwortet werden, ob und in welcher Weise die Verfassung garantiert, d. h. die Rechtmäßigkeit der unmittelbar unter der Verfassung stehenden, der verfassungsunmittelbaren Stufen der Rechtsordnung gewährleistet werden kann, muß vor allem ein klarer Begriff der Verfassung gewonnen werden. Und da ist es denn gerade die hier entwickelte Erkenntnis von dem Stufenbau der Rechtsordnung, die allein diese Aufgabe zu erfüllen vermag. Ja, es ist nicht zu viel gesagt, wenn behauptet wird, daß der immanente, seit jeher gemeinte Sinn dieses schon in der antiken Staats- und Rechtslehre verwendeten Grundbegriffs der Verfassung nur von der Stufentheorie her zugänglich ist, weil in ihm der Gedanke einer stufenweisen Abfolge der Rechtsgestaltung mitgesetzt ist.

Wenn man aus den mannigfachen Modifikationen, die der Begriff der Verfassung erfahren hat, den festen, stets unberührt gebliebenen Kern herausschält, so ergibt sich die Vorstellung eines obersten, die ganze Rechts- und Staatsordnung bestimmenden, für das Wesen der (durch diese Ordnung konstituierten) Gemeinschaft entscheidenden Prinzips. Wie immer man den Begriff der Verfassung definiert hat, stets tritt er mit dem Ausspruch auf, das Fundament des Staates zu begreifen, auf dem sich die übrige Ordnung aufbaut. Sieht man näher zu, so zeigt sich, daß mit dem Begriff der Verfassung, der sich in dieser Beziehung mit dem Begriff der Staatsform deckt, vor allem und unter allen Umständen ein Grundsatz gemeint ist, in dem die politische Machtlage ihren rechtlichen Ausdruck findet. Es ist die Regel, die das Zustandekommen der Gesetze bestimmt, der generellen Normen, in deren Vollziehung die Tätigkeit der staatlichen Organe, und zwar der Gerichte und Verwaltungsbehörden erfolgt. Dies: die Regel für die Erzeugung der die staatliche Ordnung vor allem bildenden Rechtsnormen, die Bestimmung der Organe und des Verfahrens der Gesetzgebung, ist der eigentliche, ursprüngliche und engere Begriff der Verfassung. Die Setzung dieser Grundregel ist die unerläßliche Bedingung für die Entstehung der Rechtsnormen, die das gegenseitige Verhalten der die staatliche Gemeinschaft bildenden Menschen regeln, sowie für jene Rechtsnormen, die die zur Anwendung und Durchsetzung dieser Regeln notwendigen Organe und deren Verfahren bestimmen. Aus dem Gedanken, daß die Grundregel der Verfassung das feste und darum möglichst dauerhafte Fundament aller staatlichen Ordnung bildet, ergibt sich die Vorstellung von der Notwendigkeit einer Differenzierung der Verfassungsnormen und der Gesetzesnormen; jene sollen nicht so leicht abgeändert werden können, wie diese. Es entsteht der Begriff der Verfassungsform zum Unterschied von der gewöhnlichen Gesetzesform: das von dem Gesetzgebungsverfahren verschiedene, an erschwerende Bedingungen geknüpfte Verfahren der Verfassungsgebung (Verfassungsänderung). Im Idealfall ist diese spezifische Form auf die Verfassung im engeren und eigentlichen Sinne beschränkt, ist — wie man für gewöhnlich, wenn auch nicht sehr glücklich, zu sagen pflegt — die Verfassung im materiellen Sinne und nur diese auch Verfassung im formellen Sinne.

Ist positivrechtlich eine spezifische, von der Gesetzesform verschiedene Verfassungsform gegeben, dann steht nichts im Wege, diese auch für Normen zu verwenden, die nicht unter den Begriff der Verfassung im engeren Sinne fallen; auf Normen vor allem, durch die nicht die Erzeugung von Gesetzen, sondern der Inhalt von Gesetzen bestimmt wird. Auf diese Weise entsteht ein Begriff der Verfassung im weiteren Sinne. Dieser ist im Spiele, wenn die modernen Verfassungen nicht nur Normen betreffend die Organe und das Verfahren der Gesetzgebung, sondern auch einen Katalog von Grund- und Freiheitsrechten enthalten. Dessen vornehmster, wenn auch vielleicht nicht ausschließlicher Sinn ist, daß mit ihm Grundsätze, Richtlinien, Schranken für den Inhalt künftiger Gesetze errichtet werden. Wird die Gleichheit der Bürger vor dem Gesetz, die Freiheit der Meinungsäußerung, die Glaubens- und Gewissensfreiheit, die Unverletzlichkeit des Eigentums, in der üblichen Form einer verfassungsmäßigen Gewährleistung von subjektiven Rechten der Untertanen auf Gleichheit, Freiheit, Eigentum usw. statuiert, so bedeutet dies vor allem, daß durch die Verfassung bestimmt wird: Gesetze sollen nicht nur auf die vorgeschriebene Weise zustande kommen, sondern dürfen auch keinen Inhalt haben, welcher die Gleichheit, die Freiheit, das Eigentum usw. verletzt. Die Verfassung hat dann nicht nur den Charakter von Prozeß- d. h. Verfahrensrecht, sondern auch den Charakter von materiellem Recht; und die Verfassungswidrigkeit eines Gesetzes kann nicht nur darin bestehen, daß das Verfahren fehlerhaft war, in dem das Gesetz zustande gekommen ist, sondern auch darin, daß der Inhalt des Gesetzes den in der Verfassung aufgestellten Grundsätzen oder Richtlinien widerspricht, die dort gesetzten Schranken überschreitet. Wenn man mit Rücksicht darauf die formelle von der materiellen Verfassungswidrigkeit eines Gesetzes unterscheiden will, so ist dies nur mit der Einschränkung zulässig, daß auch die materielle Verfassungswidrigkeit insofern eine formelle ist, als ein Gesetz, das durch seinen Inhalt mit den in der Verfassung hierfür enthaltenen Vorschriften in Widerspruch gerät, den Makel der Verfassungswidrigkeit verliert, wenn es als Verfassungsgesetz zustande kommt. Es kann sich daher stets nur darum handeln, ob die Gesetzes- oder die Verfassungsform beobachtet ist. Ist positivrechtlich die Verfassungsform von der Gesetzesform nicht differenziert, dann kann natürlich nur diese in Frage kommen. Und dann ist die Aufstellung von Grundsätzen, Richtlinien, Schranken für den Gesetzesinhalt rechtstechnisch bedeutungslos, nur ein zu politischen Zwecken erzeugter Schein; so wie es in spezifischer Verfassungsform gewährleistete Freiheiten sind, sobald — wie dies häufig geschieht — die Verfassung zur Einschränkung dieser Freiheiten die einfache Gesetzgebung ermächtigt.

Die das Gesetzgebungsverfahren betreffenden und die für den Gesetzesinhalt Grundsätze aufstellenden Verfassungsbestimmungen können sich nur in Gesetzen konkretisieren. Verfassungsgarantien sind somit — bei diesem Umfang der Verfassung — nur Mittel gegen verfassungswidrige Gesetze. Allein sobald der Begriff der Verfassung — durch Vermittlung der Idee der Verfassungsform — auf andere Gegenstände ausgedehnt wird als das Gesetzgebungsverfahren und die grundsätzliche Bestimmung des Gesetzesinhalts, ist die Möglichkeit gegeben, daß sich die Verfassung auch in anderen Rechtsgestalten als in Gesetzen konkretisiere; so insbesondere in Verordnungen, ja sogar in individuellen Rechtsakten. Der Inhalt der Verfassung kann die Stufe des Gesetzes überflüssig machen, so wie das Gesetz in einer Weise gestaltet sein kann, daß es keiner Verordnung bedarf, um in individuellen Verwaltungs- oder Gerichtsakten angewendet zu werden. So kann die Verfassung regeln, daß unter ganz bestimmten Bedingungen, generelle Rechtsnormen nicht durch Beschluß des Parlamentes, sondern durch einen Akt der Regierung erlassen werden, die sogenannten Notverordnungen, die dann neben den Gesetzen, mit der gleichen Kraft wie diese, gesetzersetzend und gesetzabändernd unmittelbar unter der Verfassung stehen und sohin verfassungsunmittelbare Verordnungen darstellen (zum Unterschied von den bloß gesetzausführenden Verordnungen); und die daher so wie Gesetze unmittelbar verfassungswidrig sein können, gegen die sich daher ebenso wie gegen verfassungswidrige Gesetze die Verfassungsgarantie zu richten hat. Nichts steht aber auch im Wege, daß in Verfassungsform Normen ergehen, die nicht bloß Grundsätze, Richtlinien, Schranken für künftigen Gesetzesinhalt sind und daher nur, vermittelt durch ein ihnen entsprechendes Gesetz konkretisiert, werden können; sondern die eine Materie so vollständig regeln, daß sie unmittelbar auf konkrete Fälle durch Gerichts- insbesondere aber durch Verwaltungsakte angewendet werden. So wenn die Verfassung in diesem erweiterten Sinne — bestimmt, wie gewisse oberste Vollzugsorgane, Staatsoberhaupt, Minister, oberste Gerichte usw. berufen werden, so zwar, daß es zur Kreation dieser Organe nicht irgendwelcher die Verfassung näher ausführender Normen (Gesetze, Verordnungen) bedarf, sondern in dem Akte der Bestellung: Ernennung, Wahl, Los, die Verfassung selbst unmittelbar zur Vollziehung kommt. In dem üblichen Verfassungsbegriff der Theorie erscheint dieser Gegenstand tatsächlich aufgenommen. Man versteht herkömmlicherweise unter Verfassung (im materiellen Sinne) nicht nur die Normen über die Organe und das Verfahren der Gesetzgebung, sondern auch diejenigen über die Stellung der obersten Vollzugsorgane; und dazu die Bestimmung des prinzipiellen Verhältnisses der Untertanen zur Staatsgewalt, womit nichts anderes gemeint ist als der Katalog der Grund- und Freiheitsrechte, das heißt, juristisch korrekt ausgedrückt: gewisse Grundsätze, Richtlinien, Schranken für den Inhalt der Gesetze. Und dem entspricht auch die Praxis der modernen Staaten, deren Verfassungsurkunden diese drei Bestandteile in der Regel aufweisen. Ist dies der Fall, dann haben nicht nur generelle Normen — Gesetze, Verordnungen — sondern auch individuelle Akte den Charakter der Verfassungsunmittelbarkeit und damit die Möglichkeit, unmittelbar verfassungswidrig zu sein. Der Umfang der verfassungsunmittelbaren Individualakte ist natürlich beliebig ausdehnbar, sofern auf den konkreten Fall direkt anwendbare Rechtsnormen — aus irgendwelchen politischen Motiven — in Verfassungsform gekleidet werden; so wenn man etwa die das Vereinsrecht oder nur die die Stellung der Religionsgesellschaften regelnden Rechtsnormen als Verfassungsgesetze beschließt. Obgleich eine Garantie der Rechtmäßigkeit der diese Gesetze vollziehenden Akte formell den Charakter einer Verfassungsgarantie hat, ist doch offenbar, daß hier, weil der Begriff der Verfassung zu sehr über seinen ursprünglichen, aus der Stufentheorie sich ergebenden Bereich ausgedehnt wurde, auch die spezifische Verfassungsgarantie, deren rechtstechnische Gestaltung im folgenden dargestellt werden soll, die Verfassungsgerichtsbarkeit, nicht ohne weiteres wird Platz finden können. Denn der individuelle Charakter des verfassungswidrigen Aktes würde eine offenkundige Konkurrenz der Verfassungs- mit der Verwaltungsgerichtsbarkeit begründen, die im System jener Maßnahmen steht, die die Gesetzmäßigkeit der Vollziehung insbesondere der Verwaltung garantieren sollen.

In allen bisher erörterten Fällen handelt es sich ausschließlich um verfassungsunmittelbare Akte und daher auch um Tatbestände unmittelbarer, direkter Verfassungswidrigkeit. Von ihnen heben sich deutlich die verfassungsmittelbaren Akte ab, die daher auch nur mittelbar, indirekt verfassungswidrig sein können. Sofern die Verfassung ausdrücklich den Grundsatz der Gesetzmäßigkeit der Vollziehung im allgemeinen, und im besonderen die Forderung der Gesetzmäßigkeit der Verordnungen aufstellt, bedeutet die Gesetz mäßigkeit der Vollziehung zugleich — indirekt — Verfassungs mäßigkeit und umgekehrt. Hervorgehoben sei hier besonders weil es sich um generelle Normen handelt, die gesetzvollziehende Verordnung, deren Gesetzmäßigkeit zu sichern aus später zu erörternden Gründen noch in die Aufgaben der Verfassungsgerichtsbarkeit einbezogen werden kann. Im übrigee sei darauf hingewiesen, daß die direkte von der indirekten Verfassungswidrigkeit nicht immer scharf geschieden werden kann, da sich zwischen beide Typen gewiß Misch- oder Übergangsformen schieben können: so wenn die Verfassung unmittelbar alle oder gewisse Organe der Verwaltung ermächtigt, innerhalb ihres Wirkungskreises in näherer Ausführung der von ihnen anzuwendenden Gesetze Verordnungen zu erlassen. Die Zuständigkeit zur Erlassung solcher Durchführungsverordnungen haben dann die Behörden unmittelbar aus der Verfassung. Daß sie überhaupt Verordnungen erlassen dürfen, geht direkt auf die Verfassung zurück. Was sie aber zu verordnen haben, d. h. der Inhalt ihrer Verordnungen, wird durch die Gesetze bestimmt, die zwischen der Verfassung und diesen Verordnungen stehen, durch welche die Gesetze näher durchgeführt werden. (Daß diese Durchführungsverordnungen gerade hinsichtlich ihrer Verfassungsnähe von den früher erwähnten durchaus verfassungsunmittelbaren, gesetzersetzenden, gesetzabändernden Verordnungen verschieden sind, die nur verfassungs-, nicht auch gesetzwidrig sein können, muß wohl nicht besonders hervorgehoben werden.) Ein anderer Fall: wenn die Verfassung, wie etwa in dem früher erwähnten Katalog von Grund- und Freiheitsrechten, Grundsätze, Richtlinien, Schranken für den Inhalt künftiger Gesetze aufstellt, dann können Verwaltungsakte, die in Anwendung dieser Gesetze ergehen, noch in einem anderen Sinne verfassungswidrig sein, als es je der gesetzwidrige Verwaltungsakt — nämlich indirekt — ist. Statuiert etwa die Verfassung, daß eine Enteignung nur gegen volle Entschädigung stattfinden dürfe, und wird nun in einem konkreten Falle auf Grund eines durchaus verfassungsmäßigen, eine volle Entschädigung normierenden Enteignungsgesetzes — im Widerspruch auch zu dessen Bestimmungen — ohne Entschädigung enteignet, dann ist dieser Verwaltungsakt nicht in dem gewöhnlichen Sinne gesetz- und daher indirekt verfassungswidrig. Denn er verstößt nicht nur gegen das Gesetz und daher gegen den allgemeinen Verfassungsgrundastz der Gesetzmäßigkeit der Vollziehung, sondern auch gegen einen besonderen, in der Verfassung ausdrücklich aufgestellten Grundsatz: bei Enteignungen die volle Entschädigung zu gewähren; er überschreitet diese spezielle, in der Verfassung der Gesetzgebung gezogene Schranke. Daher würde es verständlich sein, wenn man auch gegen gesetzwidrige Akte dieser Art eine Institution in Bewegung setzen wollte, die der Garantie der Verfassung dient.

Das Verfassungsprinzip der Gesetzmäßigkeit der Vollziehung bedeutet nicht nur, daß jeder Vollzugsakt dem Gesetz entsprechen muß, sondern vor allem: daß ein Vollzugsakt nur auf Grund eines Gesetzes, nur ermächtigt durch ein Gesetz, also niemals ohne die Grundlage eines Gesetzes ergehen dürfe. Setzt somit eine staatliche Behörde, Gerichts- oder Verwaltungsbehörde, einen Akt ohne jede gesetzliche Grundlage, dann ist dieser Akt nicht eigentlich gesetzwidrig, da es ja an jedem Gesetze fehlt, an dem der Akt auf seine Gesetzmäßigkeit geprüft werden könnte, sondern er ist gesetzlos und daher als solcher unmittelbar verfassungswidrig. Dabei macht es keinen Unterschied, ob sich dieser gesetzlose Akt nicht einmal selbst auf ein Gesetz beruft oder ob die Berufung offenkundig nur zum Schein erfolgt. So wie wenn etwa die Behörde unter Berufung auf ein Gesetz, das zur Enteignung landwirtschaftlicher Grundstücke zum Zwecke einer Bodenreform ermächtigt, ein städtisches Wohnhaus expropriert. So deutlich sich dieser Fall von dem früher erwähnten einer gesetzwidrig entschädigungslosen Enteignung unterscheidet, so darf man sich doch darüber nicht täuschen, daß im allgemeinen die Grenzen zwischen gesetzlosen und daher unmittelbar verfassungswidrigen und gesetzwidrigen, daher nur mittelbar verfassungswidrigen Akten keine scharfe ist.

Als verfassungsunmittelbare Rechtserscheinungen kommen neben den Gesetzen, gewissen Verordnungen und spezifischen individuellen Vollzugsakten, aber insbesondere auch die Staatsverträge in Betracht. In der Regel enthalten die Verfassungen Vorschriften über das Zustandekommen von Staatsverträgen, indem sie das Staatsoberhaupt zu deren Abschluß ermächtigen, dem Parlamente die Zustimmung, sei es zum Abschluß aller oder doch gewisser Staatsverträge einräumen, die Transformation von Staatsverträgen in Gesetzesform als Bedingung ihrer innerstaatlichen Geltung vorschreiben u. dgl. Da die den Inhalt der Gesetze bestimmenden Grundsätze der Verfassung auch für den Inhalt von Staatsverträgen gelten oder doch gelten können — es wäre auch denkbar, daß Staatsverträge positivrechtlich von diesen nur auf die Gesetzgebung beschränkten Bestimmungen der Verfassung ausgenommen sind — müssen Staatsverträge in ihrem Verhältnis zur Verfassung den Gesetzen als durchaus gleichgestellt angesehen werden. Sie können formell — hinsichtlich ihres Zustandekommens — wie materiell — hinsichtlich ihres Inhalts — unmittelbar verfassungswidrig sein. Wobei es gleichgültig ist, ob der Staatsvertrag einen generellen oder einen individuellen Charakter hat.

Indes läßt sich die Stellung des Staatsvertrags unter dem Gesichtspunkte des Stufenbaues der Rechtsordnung nicht ganz eindeutig bestimmen. Seine Deutung als eine durch die Staatsverfassung bestimmte, ihr unmittelbar unterstellte Methode staatlicher Willensbildung erfolgt von einem Standpunkte, der die Verfassung als höchste Stufe voraussetzt, von einem Standpunkte, den man als Primat der einzelstaatlichen Rechtsordnung bezeichnen kann. Erhebt man sich über ihn, geht man von der Geltung des über den einzelstaatlichen Rechtsordnungen stehenden Völkerrechtes, dem Primat der Völkerrechtsordnung aus, dann erscheint der Staatsvertrag als eine über den vertragschließenden Staaten stehende Teilrechtsordnung, die gemäß einem Rechtssatz des Völkerrechts von einem spezifischen Organ der Völkerrechtsgemeinschaft: einem aus den Repräsentanten der vertragschließenden Staaten zusammengesetzten Organ, erzeugt wird. Hinsichtlich der Berufung des Teilorgans, das als Mitglied des — die Vertragsordnung setzenden — Gesamtorgans fungiert (Staatsoberhaupt, Außenminister, Parlament usw.), delegiert das Völkerrecht die einzelstaatlichen Rechtsordnungen bzw. deren Verfassungen. Von diesem Standpunkte ergibt sich ein Vorrang des Vertrages gegenüber dem Gesetz, ja sogar gegenüber der Staatsverfassung, sofern weder ein einfaches noch ein Verfassungsgesetz einem Staatsvertrag zu derogieren vermag, während das Umgekehrte möglich ist. Ein Staatsvertrag kann — gemäß dem Völkerrecht — grundsätzlich wieder nur durch Staatsvertrag oder andere völkerrechtlich besonders qualifizierte Tatbestände seine Geltung verlieren; nicht aber durch den einseitigen Akt eines der vertragschließenden Teile, nämlich durch ein Staatsgesetz. Setzt sich dieses — und sei es auch ein Verfassungsgesetz — zu einem Staatsvertrag in Widerspruch, so ist es ein rechtswidriges und zwar ein völkerrechtswidriges Gesetz, evtl. ein völkerrechtswidriges Verfassungsgesetz. Es verstößt unmittelbar gegen den völkerrechtlichen Vertrag, mittelbar gegen den Vertragsrechtssatz, den Völkerrechtssatz: Pacta sunt servanda. Völkerrechtswidrig können natürlich nicht nur Gesetze, sondern auch andere Staatsakte sein; und dies nicht nur in dem Sinne, daß sie mittelbar oder unmittelbar den Vertragsrechtssatz, sondern auch andere Regeln des allgemeinen Völkerrechtes verletzen. Nimmt man etwa den Völkerrechtssatz für gegeben an, daß Ausländer nur gegen volle Entschädigung enteignet werden dürfen, ist jede Staatsverfassung, jedes Staatsgesetz, jeder innerstaatliche Verwaltungsakt, jedes innerstaatliche richterliche Urteil, das die entschädigungslose Enteignung seines Ausländers statuiert, völkerrechtswidrig. Zu beachten ist allerdings, daß die Völkerrechtswidrigkeit einzelstaatlicher Rechtsakte vom Völkerrecht selbst nicht unter die Sanktion einer Vernichtung dieser Akte gestellt ist. Das Völkerrecht hat noch kein Verfahren ausgebildet, in dem diese rechtswidrigen Akte von einem internationalen Forum aufgehoben werden können. Werden sie nicht in einem innerstaatlichen Rechtsverfahren vernichtet, bleiben sie gültig. Als völkerrechtliche Sanktion kommt letzlich nur der Krieg gegen den Staat in Betracht, der seinen völkerrechtswidrigen Akt nicht beseitigt. Das ändert nichts daran, daß das Völkerrecht — sein Primat vorausgesetzt — einen Maßstab für die Rechtmäßigkeit aller einzelstaatlichen Rechtsakte, deren höchste, die Verfassung, inbegriffen, darzustellen vermag.

III. Die Garantien der Rechtmässigkeit.

Nachdem der Begriff der Verfassung und sohin das Wesen der Verfassungsmäßigkeit und Verfassungswidrigkeit hinreichend geklärt ist, kann die Frage geprüft werden, welches die Garantien sind, die zum Schutze der Verfassung in Betracht kommen können. Es sind die allgemeinen Garantien, die die moderne Rechtstechnik im Hinblick auf die Rechtmäßigkeit von Staatsakten im allgemeinen entwickelt hat. Es sind solche, präventiver und solche repressiver, persönlicher und sachlicher Natur.

Die Garantien präventiver Natur wollen schon von vornherein das Zustandekommen rechtswidriger Akte verhindern, die repressiver Natur gegen den nun einmal gesetzten rechtswidrigen Akt reagieren, seine künftige Wiederholung verhindern, den durch ihn verursachten Schaden gutmachen, den rechtswidrigen Akt beseitigen und evtl. durch einen rechtmäßigen ersetzen. Es können sich auch beide Momente in ein und derselben Garantiemaßnahme verbinden. Zu den rein präventiven Garantien, deren Möglichkeit natürlich sehr groß ist, zählt und kommt vor allem hier in Betracht: die Organisation der rechtsetzenden Behörde als Gericht; d. h.: die in spezifischer Weise (durch Unabsetzbarkeit, Unversetzbarkeit) garantierte Unabhängigkeit des Organs, die darin besteht, daß das Organ in Ausübung seiner Funktion von keiner individuellen Norm (Befehl) eines anderen Organs, insbesondere keines sonst vorgesetzten Organs oder eines Organs einer anderen Behördengruppe rechtlich verpflichtet werden kann. Daraus folgt, daß das richterliche Organ nur an die generellen

Normen, vor allem nur an die Gesetze und gesetzmäßigen Verordnungen gebunden ist. (Die dem Gericht eingeräumte Befugnis der Prüfung von Gesetz und Verordnung ist eine andere Frage). Die noch vielfach verbreitete Vorstellung, daß in dieser Weise nur die Rechtmäßigkeit der Rechtsprechung garantiert werden könne, beruht auf der irrigen Voraussetzung, daß zwischen Rechtsprechung und Verwaltung vom juristischen, rechtstheoretischen oder rechtstechnischen Standpunkt irgendeine prinzipielle Scheidung bestünde. Gerade in bezug auf die für die Forderung der Rechtmäßigkeit der Funktion maßgebende Beziehung zu der Norm höherer Stufe ist ein solcher Unterschied zwischen Verwaltung und Rechtsprechung — ja nicht einmal zwischen Vollziehung der Gesetzgebung — nicht zu finden. Der Unterschied zwischen Gerichtsbarkeit und Verwaltung besteht ausschließlich in der organisatorischen Stellung der Gerichte. Beweis dafür: die Verwaltungsgerichtsbarkeit, die entweder darin besteht, daß Akte der Verwaltung, das sind Akte, die sonst normalerweise von Verwaltungsbehörden gesetzt werden, von Gerichten, d. h.: als Gerichten organisierten Behörden gesetzt werden: oder darin, daß diese Akte, nachdem sie von Verwaltungsbehörden gesetzt wurden, von einem Gericht auf ihre Rechtmäßigkeit kontrolliert, demgemäß im Falle ihrer Rechtswidrigkeit kassiert und evtl. sogar reformiert, d. h. durch einen rechtmäßigen Akt ersetzt werden. Der ganze traditionelle Gegensatz von Gerichtsbarkeit und Verwaltung, der ganze darauf aufgebaute Dualismus des staatlichen Behördenapparates, das ist des Apparates der staatlichen Vollzugsbehörden, ist nur historisch zu erklären und wird — wenn nicht alle Symptome trügen, die schon jetzt einen Ausgleich dieser Apparate anzeigen — im Laufe der kommenden Entwicklung verschwinden. Und auch nur historisch ist zu erklären, warum man in der Unabhängigkeit eines Organs gegenüber der individuellen Norm eines anderen eine Garantie der Rechtsmäßigkeit seiner Funktion erblickt.

Die Organisation des rechtsetzenden Organs als Gericht ist nicht nur die charakteristischeste präventive Garantie des zu setzenden Aktes, sondern auch die erste in der Gruppe der hier sogenannten persönlichen Garantien. Die anderen sind: die straf- oder disziplinarrechtliche, sowie die zivilrechtliche Verantwortung des Organs, das den rechtswidrigen Akt gesetzt hat. Die sachlichen Garantien, die zugleich einen ausgesprochen repressiven Charakter haben: die Nichtigkeit oder Vernichtbarkeit des rechtswidrigen Aktes.

Nichtigkeit bedeutet, daß ein Akt, der mit dem Anspruch auftritt, d. h., dessen subjektiver Sinn es ist, ein

Rechts- und speziell ein Staatsakt zu sein, dies objektiv nicht ist und zwar darum nicht, weil er rechtswidrig ist, das heißt: nicht den Bedingungen entspricht, die eine Rechtsnorm höherer Stufe ihm vorschreibt. Dem nichtigen Akt mangelt jeder Rechtscharakter von vornherein, so daß es keines anderen Rechtsaktes bedarf, ihm diese angemaßte Eigenschaft zu nehmen. Ist ein solcher anderer Rechtsakt nötig, dann liegt nur Vernichtbarkeit, nicht Nichtigkeit, vor. Dem nichtigen Akte gegenüber ist jedermann, Behörde wie Untertan, befugt, ihn auf seine Rechtmäßigkeit zu prüfen, ihn als rechtswidrig zu erkennen, und demgemäß als ungültig, unverbindlich zu behandeln. Nur sofern die positive Rechtsordnung diese Befugnis, jeden Akt, der mit dem subjektiven Sinne eines Rechtsaktes auftritt, zu prüfen und über seine Rechtmäßigkeit zu entscheiden, einschränkt, indem sie diese Befugnis unter bestimmten Bedingungen nur ganz bestimmten Instanzen vorbehält und nicht jedermann unter allen Umständen überläßt, kann ein Akt, dem irgendein rechtlicher Mangel anhaftet, nicht schon a priori als nichtig, sondern nur als vernichtbar gelten. Mangels solcher Einschränkung müßte jeder fehlerhafte Rechtsakt als nichtig, d. h. als Nichtrechtsakt angesehen werden. Tatsächlich enthalten die positiven Rechtsordnungen sehr weitgehende Einschränkungen der — von vornherein jedermann zustehenden — Befugnis, rechtswidrige Akte als nichtig zu behandeln. Im allgemeinen werden in dieser Richtung private Rechtsakte und behördliche Rechtsakte verschieden behandelt. Im großen und ganzen besteht die Tendenz, einen von der staatlichen Behörde gesetzten Akt auch bei vorhandener Rechtswidrigkeit so lange als gültig und verbindlich bestehen zu lassen, als er nicht durch einen anderen behördlichen Rechtsakt beseitigt wird. Die Frage, ob ein behördlicher Akt rechtswidrig sei oder nicht, soll nicht ohne weiteres von dem Untertan oder dem Staatsorgan entschieden werden, an den sich dieser Akt, Gehorsam heischend, richtet; sondern von der Behörde selbst, die den Akt gesetzt hat, dessen Rechtmäßigkeit angefochten wird, oder von einer anderen Behörde deren Entscheidung in einem bestimmten Verfahren herbeigeführt wird. Diesem von der positiven Rechtsordnung mehr oder weniger weitgehend akzeptierten Prinzip, das man als Selbstlegitimation des behördlichen Aktes bezeichnen kann, sind gewisse Grenzen gesetzt. Keine positive Rechtsordnung kann bestimmen, daß schlechthin jeder Akt, der mit dem Anspruch auftritt, ein behördlicher Rechtsakt zu sein, als solcher insolange zu gelten habe, als er nicht durch einen anderen behördlichen Akt wegen Rechtswidrigkeit aufgehoben wird. Denn würde ein solcher Akt etwa von einem Menschen gesetzt werden, dem in keiner Weise die Qualität einer Behörde zukommt, wäre es offenbar sinnlos, erst ein behördliches Verfahren zu dessen Vernichtung einleiten zu müssen. Andererseits ist es aber auch nicht möglich, jeden Akt schon a priori nichtig sein zu lassen, der von einer unzuständigen oder nicht gehörig zusammengesetzten Behörde oder in einem fehlerhaften Verfahren gesetzt wurde. Das rechtstheoretisch wie rechtstechnisch sehr schwierige Problem der absoluten Nichtigkeit interessiert jedoch für die Frage der Verfassungsgarantien nur insoweit, als festgestellt werden muß, daß die positivrechtlich niemals ganz auszuschließende Nichtigkeit auch für jene Akte in Betracht kommt, die unmittelbar unter der Verfassung stehen, und daß daher auch die Nichtigkeit derselben in einem gewissen Sinne eine Verfassungsgarantie darstellt. Nicht jeder Akt, der sich selbst als Gesetz bezeichnet, muß von den Untertanen oder den rechtsanwendenden Behörden als ein Gesetz angesehen werden. Es kann zweifellos Akte geben, die nur den Schein von Gesetzen haben. Fragt man aber, welches die Grenze ist, die den a priori nichtigen Akt eines Scheingesetzes von einem fehlerhaften, aber gültigen Gesetzesakt, einem verfassungswidrigen Gesetze trennt, so kann die Rechtstheorie diese Frage nicht mit einer allgemeinen Formel beantworten. Nur die positive Rechtsordnung könnte sich dieser Aufgabe unterziehen, tut dies freilich in der Regel aber nicht; oder doch nicht bewußt und präzis. Sie überläßt meist die Beantwortung dieser Frage jener Behörde, die zu entscheiden hat, wenn jemand, als Untertan oder Staatsorgan, dem in Betracht kommenden Akt, als einem bloßen Scheingesetz, den Gehorsam verweigert hat. Damit ist aber der fragliche Akt aus der Sphäre der absoluten Nichtigkeit in die bloßer Vernichtbarkeit getreten. Denn in der Entscheidung der Behörde, daß der Akt, dem der Gehorsam verweigert wurde, kein Rechtsakt gewesen sei, kann nur die Vernichtung dieses Rechtsaktes, mit der Wirkung ex tunc erblickt werden. Nicht anders liegt es, wenn die positive Rechtsordnung ein Minimum von Bedingungen statuiert, die erfüllt sein müssen, damit der Rechtsakt nicht a priori nichtig sei. So wenn die Verfassung etwa bestimmte, daß alles, was im Gesetzblatt als Gesetz kundgemacht ist, ohne Rücksicht auf andere Rechtswidrigkeiten als Gesetz insolange zu gelten habe, als es nicht von der hierzu berufenen Instanz aufgehoben ist. Denn die Feststellung, ob die Minimalbedingung erfüllt sei oder nicht, muß schließlich doch durch eine Behörde authentisch erfolgen, da sich ja sonst jedermann mit der bloßen Behauptung, die Minimalbedingung sei nicht erfüllt, dem Gehorsam gegenüber jedem Gesetz entziehen könnte. Vom Standpunkt des positiven Rechts ist die Stellung desjenigen, an den sich ein Akt mit dem Anspruch auf Gehorsam wendet, ausnahmslos diese: er kann, wenn er den Akt für nichtig hält, ihm den Gehorsam verweigern, jedoch nur auf eigene Gefahr, d. h. auf die Gefahr hin, daß er wegen Ungehorsam zur Verantwortung gezogen wird, und daß die Behörde, vor der er zur Verantwortung gezogen wird, diesen Akt nicht für nichtig hält, bzw. die Minimalbedingung für erfüllt erklärt, die von der positiven Rechtsordnung hinsichtlich der Gültigkeit des Aktes, vorbehaltlich seiner späteren Vernichtbarkeit, vorgeschrieben sind. Nimmt sie aber die Minimalbedingung nicht als erfüllt an, dann bedeutet ihre Entscheidung: die Kassation des Aktes mit Rückwirkung auf den Zeitpunkt seiner Setzung. Diese Deutung ist darum geboten, weil die Entscheidung das Ergebnis eines Verfahrens ist, das die — zunächst nur von der Partei behauptete — Nichtigkeit des Aktes zum Gegenstand hat, die Nichtigkeit daher vor Abschluß des Verfahrens keineswegs als gegeben gelten kann, da noch die Möglichkeit besteht, daß das Verfahren zu einer die Nichtigkeit verneinenden Entscheidung führen kann; und da die Entscheidung notwendigerweise einen konstitutiven Charakter haben muß; auch dann, wenn sie ihrem Wortlaute nach die Nichtigkeit ausspricht. Vom Standpunkt des positiven Rechtes, das ist aber: vom Standpunkte der über den angeblich nichtigen Akt entscheidenden Behörde, kommt somit stets nur Vernichtbarkeit in Betracht; und sei es auch nur in dem Sinne, daß sich der Tatbestand der Nichtigkeit als Grenzfall der Vernichtbarkeit (Vernichtung mit rückwirkender Kraft) darstellen läßt.

Die Vernichtbarkeit des rechtswidrigen Aktes bedeutet die Möglichkeit, ihn mit seinen Rechtswirkungen zu beseitigen. Die Vernichtung kann nun verschiedene Grade haben, und zwar sowohl was ihren sachlichen, als auch, was ihren zeitlichen Bereich betrifft. In ersterer Hinsicht sind die folgenden Möglichkeiten gegeben: die Vernichtung (Kassation) des rechtswidrigen Aktes bleibt auf einen (konkreten) Fall beschränkt. Handelt es sich um einen individuellen Akt, so versteht sich dies von selbst. Anders, wenn eine generelle Norm vorliegt. Die Kassation einer generellen Norm bleibt auf einen konkreten Fall beschränkt, wenn die Rechtsordnung bestimmt, daß die Behörden (Gericht oder Verwaltung) von denen die Norm angewendet zu werden verlangt, diese Anwendung im konkreten Falle zu versagen befugt oder verpflichtet ist, wenn sie diese Norm für rechtswidrig hält, und im vorliegenden Falle so zu entscheiden oder verfügen hat, als ob die von ihr für rechtswidrig erkannte generelle Norm nicht in Geltung stünde. Im übrigen aber bleibt diese in Geltung und ist in anderen Fällen von anderen Behörden anzuwenden, wenn diese entweder zu solcher Prüfung und Entscheidung betreffend die Rechtmäßigkeit der anzuwendenden Norm nicht befugt sind oder, zwar befugt, die Norm für rechtmäßig halten. Indem die Behörde, die zur Anwendung der generellen Norm berufen ist, deren Geltung für den konkreten Fall durch ihr Erkenntnis der Rechtswidrigkeit beseitigen kann, hat sie die Macht, die generelle Norm zu kassieren; denn die Beseitigung der Geltung einer Norm und ihre Kassation sind ein und dasselbe. Nur daß eben diese Kassation eine bloß partielle, auf den Einzelfall eingeschränkte ist. Das ist ja die Stellung, die nach vielen modernen Verfassungen die Gerichte (nicht aber die Verwaltungsbehörden) gegenüber den Verordnungen haben; in manchen Staaten auch gegenüber den Gesetzen (z. B. in den Vereinigten Staaten von Amerika). Doch ist eine solch weitgehende Befugnis der Gerichte den Gesetzen gegenüber keineswegs die Regel. Meist dürfen die Gerichte nur die Rechtmäßigkeit, das ist die Verfassungsmäßigkeit der Gesetze, nicht nach allen Richtungen prüfen. Ihre Prüfungsbefugnis ist in der Regel recht eingeschränkt. Die Gerichte dürfen nur die gehörige Kundmachung des Gesetzes untersuchen und demgemäß die Anwendung desselben auf den konkreten Fall nur aus dem Grunde einer in der Kundmachung gelegenen Rechtswidrigkeit verweigern.

Der Mangel und die Unzulänglichkeit solcher auf den Einzelfall beschränkten Kassation rechtswidriger Normen liegt auf der Hand. Es ist vor allem die fehlende Einheitlichkeit und die sich daraus ergebende Rechtsunsicherheit, die sich sehr unangenehm fühlbar machen, wenn das eine Gericht eine Verordnung oder gar ein Gesetz als rechtswidrig unangewendet läßt, während ein anderes Gericht das Gegenteil tut, die Verwaltungsbehörden aber — sofern auch sie zur Anwendung dieses Gesetzes berufen sind — diese überhaupt nicht verweigern dürfen. Eine Zentralisation der Befugnis, generelle Normen auf ihre Rechtmäßigkeit zu prüfen, ist gewiß in jeder Hinsicht zu rechtfertigen.

Entschließt man sich aber, die Prüfung einer einzigen Behörde zu übertragen, dann ist auch die Möglichkeit gegeben, die Einschränkung der Kassation auf den Einzelfall aufzugeben. Man hat es dann mit einer Vernichtung der generellen Norm zur Gänze, d. h. für alle möglichen Fälle zu tun, auf die die Norm ihrem Sinne nach zur Anwendung zu kommen hätte. Daß eine solche weitgehende Vollmacht nur einer höchsten Zentralinstanz übertragen werden kann, versteht sich von selbst.

In zeitlicher Hinsicht kann die Wirkung der Kassation auf die Zukunft beschränkt sein, oder aber sich auch auf die Vergangenheit erstrecken, d. h.: die Vernichtung des rechtswidrigen Aktes kann mit oder ohne Rückwirkung erfolgen. Solche Differenzierung hat natürlich nur Akten gegenüber einen Sinn, die eine dauernde Rechtswirkung haben; sie ist also vor allem mit Bezug auf die Kassation genereller Normen aktuell. Mit Rücksicht auf das Ideal der Rechtssicherheit wird man im allgemeinen die Kassation einer generellen Norm aus dem Grunde ihrer Rechtswidrigkeit nur pro futuro, d. h. vom Zeitpunkt der Kassation wirksam werden lassen. Ja, hier ist soger die Möglichkeit in Erwägung zu ziehen, die Wirksamkeit der Kassation mit einem späteren Zeitpunkte eintreten zu lassen. Sowie dem Inkrafttreten einer generellen Norm, eines Gesetzes oder einer Verordnung etwa, aus guten Gründen eine vacatio legis vorangeschickt wird, so könnte auch, aus ähnlichen Erwägungen, das Außerkrafttreten einer generellen Norm durch Kassation erst nach Ablauf einer bestimmten Frist nach der kassatorischen Entscheidung als wünschenswert erscheinen. Dennoch können Umstände die Rückwirkung der Kassation einer generellen Norm notwendig machen. Dabei ist nicht nur an den schon früher erwähnten Grenzfall einer unbeschränkten Rückwirkung gedacht, wo die Vernichtung eines Aktes dessen Nichtigkeit gleichkommt: wenn der rechtswidrige Akt nach dem freien Ermessen der zur Kassation berufenen Behörde oder gemäß den für die Gültigkeit des Aktes positivrechtlich vorgeschriebenen Minimalbedingungen als bloßer Scheinrechtsakt erkannt werden muß. Hier kommt vor allem die Möglichkeit in Betracht: die Rückwirkung der grundsätzlich nur pro futuro wirksamen Kassation einer generellen Norm auf gewisse Einzelfälle oder auf eine bestimmte Kategorie von Fällen zu beschränken, d. h.: eine beschränkte Rückwirkung der Kassation eintreten zu lassen; worauf in einem späteren Zusammenhange noch zurückzukommen sein wird.

Für die rechtstechnische Durchführung der Vernichtung eines Aktes ist auch von Bedeutung, ob die Kassation nur von dem Organ selbst erfolgen kann, das den rechtswidrigen Akt gesetzt hat, oder ob hierzu ein anderes Organ berufen ist. Es sind vor allem Prestigerücksichten, die zur Wahl der ersteren der beiden Modalitäten führen. Man will vermeiden, daß die Autorität der Behörde, welche die rechtswidrige Norm gesetzt hat, und welche als ein höchstes Organ gilt, oder doch unter der Aufsicht und Verantwortung eines höchsten Organs die Norm gesetzt hat (zumal dann, wenn es sich um eine generelle Norm handelt), dadurch leide, daß eine andere befugter scheint, die Akte der ersteren zu kassieren und sich dadurch über sie, die ja als „höchste" gelten soll, stellt. Nicht nur die „Souveränität" des Organs, das den rechtswidrigen Akt gesetzt hat, auch das Dogma von der „Trennung der Gewalten" wird ins Treffen geführt, um die Kassation des Aktes der einen Behörde durch den einer anderen zu vermeiden. Dies dann, wenn es sich um Akte der höchsten Verwaltungsbehörden handelt und die zur Kassation berufene Instanz daher außerhalb der Verwaltungsorganisation stehen und sowohl hinsichtlich ihrer Funktion als auch hinsichtlich ihrer Stellung den Charakter einer unabhängigen rechtsprechenden Behörde, also eines Gerichtes haben müßte. Bei der mehr als fragwürdigen Unterscheidung zwischen Gerichtsbarkeit und Verwaltung ist der Hinweis auf „Trennung der Gewalten" in diesem Falle ebensowenig stichhaltig, wie die Berufung auf die „Souveränität" eines Organs. Beide Argumente spielen allerdings eine besondere Rolle bei der Frage der Verfassungsgarantien. Unter dem Vorwande, daß die „Souveränität" des den rechtswidrigen Akt setzenden Organs oder daß die „Trennung der Gewalten" gewahrt bleiben müsse, stellt man die Aufhebung des rechtswidrigen Aktes in das Ermessen dieses Organs selbst, läßt man nur einen unverbindlichen Antrag auf Aufhebung von seiten der Interessenten zu (eine sog. „Vorstellung"). Oder aber es gibt ein regelrechtes Verfahren, das zur Aufhebung des rechtswidrigen Aktes durch seinen Urheber führen soll, aber der das Verfahren einleitende Antrag verpflichtet die Behörde nur zur Durchführung des Verfahrens, nicht aber dazu, es in bestimmter Weise, nämlich mit der Kassation des angefochtenen Aktes zu beenden. Diese Kassation bleibt in dem, wenn auch gesetzlich gebundenen aber durch kein höheres Organ kontrollierten Ermessen desjenigen Organ selbst, das den rechtswidrigen Akt gesetzt hat. Endlich wäre noch ein dritter Fall zu erwähnen, der allerdings schon den Übergang zu dem zweiten hier vorgeführten Typus bildet: zur Entscheidung der Frage der Rechtmäßigkeit des Aktes wird wohl eine andere Behörde berufen; die Kassation des rechtswidrigen Aktes aber bleibt doch dem Organ vorbehalten, das den Akt gesetzt hat. Doch kann dieses Organ durch das Erkenntnis des anderen rechtlich verpflichtet werden, den als rechtswidrig erkannten Akt zu kassieren. Die Erfüllung dieser Verpflichtung kann sogar an eine Frist gebunden sein. Daß auch diese Modifikation keine hinreichende Garantie bietet, bedarf wohl keines näheren Beweises. Eine solche ist nur gegeben, wenn die Kassation des rechtswidrigen Aktes unmittelbar durch ein Organ zu erfolgen hat, das von demjenigen, das den rechtswidrigen Akt gesetzt hat, völlig verschieden und von ihm unabhängig ist. Hält man an der üblichen Einteilung der Staatsfunktionen in Gesetzgebung, Rechtsprechung (Gerichtbarkeit) und Verwaltung, sowie an der sich daran anschließenden Gliederung des staatlichen Behördenorganismus in drei Organgruppen: einen gesetzgebenden, einen rechtsprechenden (Gerichts-) und einen Verwaltungsapparat fest, so muß man unterscheiden, ob die Kassation des rechtswidrigen Aktes innerhalb desselben Behördenapparates bleibt, also ob z. B. ein Verwaltungsakt oder ein gerichtliches Urteil aus dem Grunde der Rechtswidrigkeit wiederum nur durch einen Verwaltungsakt oder ein gerichtliches Urteil, d. h. durch den Akt einer derselben Organgruppe angehörigen Behörde, einer höheren Verwaltungsbehörde im einen Fall, einer höheren Gerichtsbehörde im anderen Fall, kassiert wird; oder ob die Kassationsbehörde einer anderen Organgruppe angehört. Die als „Instanzenzug" bezeichnete Garantie der Rechtmäßigkeit von Staatsakten gehört zum ersten Typus, die Verwaltungsgerichtsbarkeit ist ein Beispiel für den zweiten. Charakteristisch für die modernen Rechtsordnungen ist, daß die Rechtmäßigkeit von Gerichtsakten beinahe ausnahmslos durch Mittel des ersten Typus garantiert wird. In der sog. Unabhängigkeit der Gerichte erblickt man eben an sich schon eine Garantie für die Rechtmäßigkeit des zu setzenden Aktes.

Mit der Kassation des rechtswidrigen Aktes ergibt sich die Frage seiner Ersetzung durch einen rechtmäßigen. In dieser Richtung sind technisch zwei Möglichkeiten zu unterscheiden es kann die zur Kassation des rechtswidrigen Aktes berufene Behörde auch die Befugnis haben, an Stelle des angefochtenen fehlerhaften, den rechtmäßigen zu setzen, also nicht bloß zu kassieren, sondern auch zu reformieren. Es kann aber auch die Setzung des rechtmäßigen Aktes jener Behörde überlassen bleiben, deren rechtswidriger Akt kassiert wurde. Ist sie dabei an die Rechtsanschauung gebunden, die die Kassationsinstanz in ihrem Erkenntnis — etwa in der Form von Gründen — ausgesprochen, dann liegt darin eine Einschränkung ihrer Unabhängigkeit; was, sofern Kassation des Urteils eines Gerichts vorliegt, nicht unerheblich für die Beurteilung der richterlichen Unabhängigkeit als einer spezifischen Garantie der Rechtmäßigkeit der Vollziehung ist.

IV. Die Garantien der Verfassungsmässigkeit.

Von den im vorhergehenden dargestellten rechtstechnischen Maßnahmen, die den Zweck haben, die Rechtmäßigkeit der Staatsfunktionen zu gewährleisten, kommt als wirksamste Garantie der Verfassung vor allem die Vernichtung des verfassungswidrigen Aktes in Betracht. Nicht als ob andere Mittel nicht auch zur Sicherung der Rechtmäßigkeit der unter der Verfassung stehenden Akte verwendet werden könnten. Zwar, die präventive, persönliche Garantie, die Organisation des den Akt setzenden Organs als Gericht, steht von vornherein außer Frage. Die Gesetzgebung, auf die es hier in erster Linie ankommt, kann keinem Gericht übertragen werden; nicht so sehr wegen der Verschiedenheit der Funktionen der Gesetzgebung und der Gerichtsbarkeit, als vielmehr darum, weil die Organisation des Gesetzgebungsorgans wesentlich von anderen Gesichtspunkten her bestimmt wird als dem der Verfassungsmäßigkeit seiner Funktion. Hier ist der große Gegensatz von Demokratie und Autokratie allein entscheidend. Dagegen kommen die repressiven Garantien der staats- und zivilrechtlichen Verantwortlichkeit des den rechtswidrigen Akt setzenden Organs durchaus in Betracht. Sofern es sich um die Gesetzgebung handelt, freilich nicht für das Parlament als solches oder die an der Beschlußfassung beteiligten Mitglieder desselben. Ein Kollegialorgan ist aus verschiedenen Gründen kein geeignetes Subjekt straf- oder zivilrechtlicher Verantwortlichkeit. Doch können die am Gesetzgebungsprozeß beteiligten Einzelorgane, das Staatsoberhaupt, die Minister, für die Verfassungsmäßigkeit des Gesetzes zur Verantwortung gezogen werden, zumal wenn die Verfassung bestimmt, daß das Staatsoberhaupt oder nur die Minister mit der Promulgation bzw. deren Gegenzeichnung die Verantwortung für die Verfassungsmäßigkeit des Gesetzgebungsverfahrens übernehmen. Tatsächlich steht ja das den modernen Verfassungen eingentümliche Institut der Ministerverantwortlichkeit auch im Dienst der Verfassungsmäßigkeit der Gesetze. Daß die persönliche Verantwortlichkeit des Organs auch für die Garantie der Gesetzmäßigkeit von Verordnungen, insbesondere auch der Rechtmäßigkeit der individuellen unmittelbar unter der Verfassung stehenden Akte verwendet werden kann, versteht sich von selbst. In letzterer Hinsicht kommt besonders auch die Haftung für den durch den rechtswidrigen Akt verursachten Schaden in Betracht. Doch ist die Ministerverantwortlichkeit — wie sich aus der Verfassungsgeschichte leicht erweisen läßt — an und für sich kein sehr wirksames Mittel; alle persönlichen Garantien aber insofern unzulänglich, als sie die Weitergeltung des rechtswidrigen Aktes, insbesondere auch des verfassungswidrigen Gesetzes unberührt lassen. Bei einem derartigen Rechtszustande kann eigentlich gar nicht davon die Rede sein, daß die Verfassung garantiert ist. Dies ist erst dann der Fall, wenn die Möglichkeit besteht, den verfassungswidrigen Akt zu vernichten.

1. Das Verfassungsgericht.

In keinem anderen Falle von Rechtmäßigkeitsgarantie wie gerade in dem der Verfassungsgarantie liegt es so nahe, die Vernichtung des rechtswidrigen Aktes dem Organ selbst zu überlassen, das den rechtswidrigen Akt gesetzt hat. Und in keinem Falle wäre diese Modalität so unangebracht, wie gerade in diesem. Denn die einzige Form, in der sie noch einigermaßen als wirksame Garantie der Rechtmäßigkeit angesehen werden kann, Feststellung der Rechtswidrigkeit durch ein anderes Organ, und Verpflichtung zur Aufhebung des rechtswidrigen Aktes seitens desjenigen Organs, das den rechtswidrigen Akt gesetzt hat, ist hier darum nicht praktikabel, weil das Parlament seiner ganzen Natur nach wirksam nicht verpflichtet werden kann. Ihm zuzumuten, ein von ihm beschlossenes Gesetz aus dem Grunde seiner — von einer anderen Instanz ausgesprochenen — Verfassungswidrigkeit aufzuheben, wäre eine politische Naivität. Das Gesetzgebungsorgan fühlt sich in Wirklichkeit begreiflicherweise nur als freier Schöpfer des Rechts, und nicht als ein durch die Verfassung gebundenes Organ der Rechtsanwendung, obgleich es letzteres der Idee nach ist. Soll auch dieses letztere Moment zur Geltung kommen, dann darf man nicht das Parlament selbst zum Garanten dieser Idee machen. Nur ein vom Gesetzgeber verschiedenes, von diesem und daher auch von jeder anderen staatlichen Autorität unabhängiges Organ muß berufen werden, die verfassungswidrigen Akte des Gesetzgebers zu vernichten. Das ist die Institution eines Verfassungsgerichtes. Der erste Einwand, den man dagegen zu erheben pflegt, ist begreiflicherweise, daß eine solche Institution mit der Souveränität des Parlamentes oder — wo unmittelbare Volksgesetzgebung besteht — gar mit der Volkssouveränität unvereinbar sei. Allein ganz abgesehen davon, daß von der Souveränität eines einzelnen Staatsorgans überhaupt nicht die Rede sein kann, Souveränität, wenn überhaupt, so höchstens der staatlichen Ordnung zukommt, muß dieses ganze Argument in sich zusammenfallen, sobald man zuzugeben gezwungen ist, daß das Verfahren der Gesetzgebung durch die Verfassung im wesentlichen nicht anders bestimmt wird, als das Verfahren der Gerichte und Verwaltungsbehörden durch die Gesetze, daß die Verfassung in keinem anderen Sinne über der Gesetzgebung, wie die Gesetzgebung über Gerichtsbarkeit und Verwaltung steht, und daß daher die Forderung der Verfassungsmäßigkeit der Gesetze rechtstheoretisch wie rechtstechnisch keine andere Forderung ist, wie die der Gesetzmäßigkeit der Rechtsprechung und Verwaltung. Hält man gegenüber dieser Einsicht die Behauptung der Unvereinbarkeit der Verfassungsgerichtsbarkeit mit der Souveränität des Gesetzgebers aufrecht, so verbirgt sich dahinter nur die Tendenz der im Gesetzgebungsorgan sich äußernden politischen Macht, sich durch die Normen der Verfassung — in offenkundigem Widerspruch zum positiven Recht — nicht einschränken zu lassen. Man mag dies unter Umständen für wünschenswert halten; mit juristischen Argumenten läßt sich ein derartiger Standpunkt nicht vertreten.

Und nicht viel anders steht es mit dem zweiten Einwand, den man gewärtigen muß, wenn es gilt, das Institut der Verfassungsgerichtsbarkeit zu verteidigen: die Berufung aus das Prinzip der Trennung der Gewalten. Vorweg muß zugegeben werden, daß die Aufhebung eines Aktes der Gesetzgebung durch ein anderes als das Gesetzgebungsorgan selbst einen Eingriff in die gesetzgebende Gewalt darstellt, wie man sich gewöhnlich auszudrücken pflegt. Wie problematisch aber diese ganze Argumentation ist, zeigt die Erwägung, daß das Organ, dem die Aufhebung der verfassungswidrigen Gesetze übertragen ist, auch wenn es als „Gericht“ bezeichnet wird, und kraft seiner „Unabhängigkeit“ organisatorisch ein Gericht ist, dennoch seiner Funktion nach nicht eigentlich nur als Gericht tätig ist. Sofern man Gerichtsbarkeit und Gesetzgebung überhaupt voneinander funktionell trennen kann, ist der Unterschied zwischen beiden Funktionen zunächst darin zu erblicken, daß durch die Gesetzgebung generelle, durch die Rechtsprechung nur individuelle Normen erzeugt werden. Daß auch dieser Unterschied kein prinzipieller ist, und daß insbesondere auch der Gesetzgeber (speziell das Parlament) individuelle Normen setzen kann, soll hier außer acht bleiben. Wird einem „Gericht“ die Befugnis übertragen, ein Gesetz aufzuheben, dann wird es zur Setzung einer generellen Norm ermächtigt. Denn die Aufhebung eines Gesetzes hat den gleichen generellen Charakter wie die Erlassung eines Gesetzes. Aufhebung ist ja nur Erlassung mit einem negativen Vorzeichen gleichsam. Aufhebung von Gesetzen ist somit selbst Gesetzgebungsfunktion und ein gesetzaufhebendes Gericht: selbst Organ der gesetzgebenden Gewalt. Man könnte somit in der Aufhebung eines Gesetzes durch ein Gericht ebenso wie einen „Eingriff“ in die gesetzgebende Gewalt die Übertragung der gesetzgebenden Gewalt auf zwei Organe verstehen. Und bei einer Übertragung der gesetzgebenden Gewalt auf zwei Organe fühlt man sich nicht immer gedrängt, von einem Widerspruch zum Prinzip der Trennung der Gewalten zu sprechen. So, wenn z. B. in der Verfassung konstitutioneller Monarchien die Gesetzgebung, das ist die Erzeugung genereller Rechtsnormen, zwar in der Regel dem Parlament in Verbindung mit dem Monarchen übertragen wird, für gewisse Ausnahmefälle dem Monarchen (in Verbindung mit den Ministern) die Erlassung von gesetzersetzenden und gesetzabändernden Verordnungen (Notverordnungen) vorbehalten ist. Es würde zu weit führen, hier auf die politischen Motive einzugehen, aus denen dieses ganze Prinzip der Trennung der Gewalten entstanden ist. Obgleich nur auf diese Weise der wahre Sinn dieses vor allem auf die politische Machtlage in der konstitutionellen Monarchie abgestellten Prinzips ersichtlich wird. Soll es auch für die demokratische Republik einen vernünftigen Sinn haben, dann kommt von seinen verschiedenen Bedeutungen nur jene in Betracht, die besser als in dem Worte „Trennung" in dem der „Teilung" der Gewalten zum Ausdruck kommt. Es ist der Gedanke der Aufteilung der Macht auf verschiedene Organe, nicht so sehr zum Zweck ihrer gegenseitigen Isolierung, als vielmehr zu dem ihrer gegenseitigen Kontrolle. Und dies nicht nur zu dem Zwecke, um eine der Demokratie gefährliche, allzu große Machtkonzentration in in einem Organ zu verhindern, sondern insbesondere um die Rechtmäßigkeit der Funktion der verschiedenen Organe zu garantieren. Dann aber bedeutet die Institution der Verfassungsgerichtsbarkeit nicht nur keinen Widerspruch zum Prinzip der Trennung der Gewalten, sondern gerade im Gegenteil dessen Bestätigung.

Angesichts dieser Sachlage ist die Frage, ob das zur Aufhebung verfassungswidriger Gesetze berufene Organ ein „Gericht" sein kann, ganz belanglos. Seine Unabhängigkeit gegenüber dem Parlament sowohl als gegenüber der Regierung ist eine selbstverständliche Forderung. Denn Parlament und Regierung sind ja (als die am Gesetzgebungsverfahren beteiligten Organe) von dem Verfassungsgericht zu kontrollieren. Zu erwägen wäre höchstens, ob sich aus der Tatsache, daß die Aufhebung von Gesetzen selbst als Funktion der Gesetzgebung anzusehen ist, für die Zusammensetzung und Berufung des Verfassungsgerichtes irgendwelche besondere Konsequenzen ergeben. Dies ist jedoch nicht der Fall. Denn alle jene politischen Erwägungen, die für die Frage bestimmend sind, wie das den staatlichen Willen im Gesetzgebungsverfahren bildende Organ beschaffen sein soll, sie kommen nicht eigentlich in Betracht, wenn es die Aufhebung von Gesetzen gilt. Hier macht sich der Unterschied zwischen der Erlassung und der bloßen Aufhebung eines Gesetzes geltend. Die Aufhebung eines Gesetzes aus dem Grunde seiner Verfassungswidrigkeit erfolgt wesentlich in Anwendung der Verfassungsnormen. Hier überwiegt das Moment der Bindung, hier tritt das für die Gesetzgebung charakteristische Moment der freien Schöpfung sehr zurück. Der positive Gesetzgeber: das Parlament, evtl. in Verbindung mit der Regierung, ist nur hinsichtlich seines Verfahrens durch die Verfassung gebunden, hinsichtlich des Inhalts der von ihm zu erlassenden Gesetze nur ausnahmsweise, und nur durch allgemeine Grundsätze, Richtlinien usw. Der negative Gesetzgeber aber, das Verfassungsgericht, ist bei seiner Funktion wesentlich durch die Verfassung bestimmt. Und gerade in diesem Punkte gleicht seine Funktion der der Gerichte überhaupt; sie ist überwiegend Rechtsanwendung und daher in diesem Sinne echte Gerichtsbarkeit. Für die Bildung dieses Organs kommen somit keine wesentlich anderen Prinzipien in Betracht als für die Organisation von Gerichten bzw. Organen der Vollziehung.

Irgendein für alle möglichen Verfassungen gleich praktikabler Vorschlag läßt sich in dieser Hinsicht nicht machen. Die besondere Gestaltung des Verfassungsgerichtes wird sich der Besonderheit der jeweiligen Verfassung anpassen müssen. Nur so viel kann bemerkt werden, daß die Zahl seiner Mitglieder, da die Judikatur überwiegend Rechtsfragen zum Gegenstand hat, da es sich um die rein juristische Arbeit der Verfassungsinterpretation handelt, nicht allzu groß sein soll. Im übrigen muß es genügen, hier auf einige besonders charakteristische Berufungsarten hinzuweisen. Weder die bloße Wahl durch das Parlament, noch die alleinige Ernennung durch das Staatsoberhaupt, resp. die Regierung, sind ganz empfehlenswert. Erwägenswert eine Kombination zwischen beiden, etwa Wahl durch das Parlament, auf Grund eines Vorschlags der Regierung, die für jede zu besetzende Stelle mehrere Kanditaten namhaft macht, oder umgekehrt. Von größter Bedeutung ist, daß bei der Zusammensetzung des Verfassungsgerichts juristische Fachmänner entsprechend berücksichtigt werden. Dies könnte etwa in der Weise geschehen, daß den Rechtsfakultäten oder einer gemeinsamen Kommission aller Rechtsfakultäten des Landes ein Vorschlagsrecht wenigstens für einen Teil der besetzenden Stellen eingeräumt werde. In dieser Richtung würde auch wirken, wenn dem Gerichte selbst das Recht eingeräumt würde, für jede freiwerdende Stelle einen Vorschlag zu erstatten oder diese Stelle durch Wahl (Kooptierung) zu besetzen. Das Gericht hat selbst das größte Interesse, seine Autorität durch Aufnahme hervorragender Fachleute zu verstärken. Wichtig ist auch, daß von der Mitgliedschaft im Verfassungsgericht ausgeschlossen werden: Mitglieder des Parlamentes oder der Regierung, weil deren Akte durch das Gericht kontrolliert werden sollen. So wünschenswert es wäre, alle parteipolitischen Einflüsse von der Judikatur des Verfassungsgerichtes fernzuhalten, so schwierig ist gerade die Verwirklichung dieses Postulates. Man kann sich der Tatsache nicht verschließen, daß auch Fachleute — bewußt oder unbewußt — von politischen Erwägungen motiviert werden. Ist diese Gefahr besonders groß, dann ist es beinahe besser, an Stelle eines inoffiziellen und unkontrollierbaren parteipolitischen Einflusses die legitime Beteiligung der politischen Parteien bei der Bildung des Gerichtes zu akzeptieren. Etwa in der Weise, daß ein Teil der Stellen durch Wahl seitens des Parlamentes besetzt wird, und daß bei dieser Wahl die verhältnismäßige Stärke der Parteien zu berücksichtigen ist. Werden die anderen Stellen mit Fachleuten besetzt, können diese den rein fachlichen Erwägungen viel ungehinderter Raum geben, da dann ihr politisches Gewissen durch die Mitwirkung der zur Wahrung der politischen Interessen Berufenen entlastet wird.

2. Der Gegenstand der verfassungsgerichtlichen Prüfung.

a) Den Gegenstand der Judikatur des Verfassungsgerichtes bilden in erster Linie die Gesetze, deren Verfassungswidrigkeit in irgendeiner Weise geltend gemacht wird. Unter den Gesetzen sind die als solche bezeichneten Akte des Gesetzgebungsorgans, in den modernen Demokratien also der zentralen Parlamente zu verstehen; in einem Bundesstaate aber nicht nur die Bundes-, sondern auch die Landes-(Gliedstaats-) gesetze. Dabei soll der Prüfung durch das Verfassungsgericht jeder Akt unterworfen sein, der die Form des Gesetzes aufweist, auch wenn sein Inhalt nicht gerade eine generelle, sondern eine individuelle Norm ist; etwa das Budget oder sonstige Akte, die die traditionelle Theorie aus irgendwelchen Gründen trotz ihrer Gesetzesform nur als Verwaltungsakte zu charakterisieren geneigt ist. Soll deren Rechtmäßigkeit einer Kontrolle unterliegen, kommt hierfür keine andere Instanz in Betracht, als das Verfassungsgericht. Aber auch andere Akte des Parlamentes, die nach der Verfassung irgendeinen rechtsverbindlichen Charakter haben, ohne die Form von Gesetzen annehmen zu müssen (weil sie etwa keiner Kundmachung durch das Gesetzblatt bedürfen), z. B. autonome Geschäftsordnung oder Budgetbewilligung (wenn diese nicht in der Gesetzesform zu erfolgen hat) und ähnliches sollen von dem Verfassungsgericht auf ihre Verfassungsmäßigkeit geprüft werden können.

Ebenso aber auch alle Akte, die subjektiv mit dem Anspruch auftreten, Gesetz zu sein, es aber mangels irgendeines wesentlichen Erfordernisses objektiv nicht sind, vorausgesetzt natürlich, daß sie jenseits der Grenze absoluter Nichtigkeit stehen, also überhaupt zum Gegenstande eines sie beurteilenden Rechtsverfahrens gemacht werden. Dazu kommen noch Akte, die zwar ihrem subjektiven Sinne nach nicht Gesetze sein wollen, die aber nach der Verfassung hätten Gesetze sein sollen, und — z. B. um der Kontrolle durch das Verfassungsgericht auszuweichen — verfassungswidrigerweise eine andere Gestalt, etwa die eines nicht publizierten Parlamentsbeschlusses oder einer Verordnung, angenommen haben. Wäre z. B. dem Verfassungsgericht nur die Prüfung von Gesetzen übertragen, und würde die Regierung einen Gegenstand, der nach der Verfassung nur durch Gesetz zu regeln ist, durch eine Verordnung regeln, weil sie ein entsprechendes Gesetz nicht erzielen kann, dann müßte diese das Gesetz verfassungswidrigerweise ersetzende Verordnung vor dem Verfassungsgericht anfechtbar sein. Der Fall, daß ein Parlament — es handelt sich um das Parlament eines Gliedstaates — eine bestimmte Materie durch einen nicht kundgemachten Parlamentsbeschluß zu regeln versuchte, da ein gleichinhaltliches Gesetz vom Verfassungsgericht aufgehoben worden wäre, hat sich tatsächlich ereignet. Die Anfechtbarkeit auch solcher Akte vor dem Verfassungsgericht muß möglich sein, wenn nicht eine Umgehung der Verfassungsgerichtsbarkeit möglich sein soll. Und dieser Grundsatz muß sinngemäß für alle anderen Objekte der verfassungsgerichtlichen Prüfung gelten.

b) Die Zuständigkeit des Verfassungsgerichts sollte nicht auf die Prüfung der Verfassungsmäßigkeit von Gesetzen beschränkt sein. Zu den verfassungsunmittelbaren Akten, deren Rechtmäßigkeit ausschließlich in ihrer Verfassungsmäßigkeit besteht, gehören — wie schon aus früheren Ausführungen hervorgeht — alle Verordnungen, die nach der Verfassung an Stelle von Gesetzen erlassen werden können. Es sind dies insbesondere die sog. Notverordnungen. Eine Kontrolle der Verfassungsmäßigkeit solcher Verordnungen ist um so nötiger, als jede Verfassungsverletzung hier eine Überschreitung der politisch so wichtigen Grenzlinie zwischen dem Machtbereich der Regierung und dem des Parlamentes bedeutet. Je enger die Bedingungen sind, an die die Verfassung die Erlassung derartiger Verordnungen knüpft, desto größer ist die Gefahr der Verfassungswidrigkeit bei der Handhabung dieser Bestimmungen, desto notwendiger die Verfassungsgerichtsbarkeit. Überall wo auf Grund der Verfassung Notverordnungen erlassen werden, wird deren Verfassungsmäßigkeit im einzelnen Falle erfahrungsgemäß, mit Recht oder mit Unrecht, leidenschaftlich bestritten.

Die Möglichkeit, solche Streitfragen durch eine höchste Instanz zu entscheiden, deren Objektivität außer Zweifel ist, muß von größtem Werte sein. Zumal dann, wenn es — weil es die Umstände erfordern — wichtige Lebensgebiete sind, die durch solche Notverordnungen geregelt werden müssen.

Die Prüfung der Verfassungsmäßigkeit von gesetzersetzungen gesetzabändernden Verordnungen durch ein Verfassungsgericht versteht sich von selbst, da solche Verordnungen ihrem Range nach in der Stufenleiter der Rechtserscheinungen den Gesetzen gleichstehen und mitunter ja „Gesetze“ oder Verordnungen „mit Gesetzeskraft“ heißen. Allein es empfiehlt sich auch, nicht nur die Verfassungsmäßigkeit solcher, sondern auch die Verfassungsmäßigkeit von gesetzesvollziehenden, von sog. Durchführungsverordnungen der Judikatur des Verfassungsgerichtes zu unterwerfen. Daß es sich bei diesen Verordnungen nicht mehr um verfassungsunmittelbare Akte handelt, daß deren Rechtswidrigkeit unmittelbar Gesetz- und nur mittelbar Verfassungswidrigkeit ist, geht aus den früheren Ausführungen hervor. Wenn hier vorgeschlagen wird, die Verfassungsgerichtsbarkeit auf diese Akte auszudehnen, so geschieht dies nicht so sehr mit Rücksicht auf die früher aufgezeigte Relativität des Gegensatzes von direkter und indirekter Verfassungswidrigkeit, sondern im Hinblick auf die natürliche Grenze, die zwischen generellen und individuellen Rechtsakten besteht.

Bei der Absteckung der Kompetenz der Verfassungsgerichtsbarkeit ist vor allem auf eine zweckmäßige Abgrenzung von der in den meisten Staaten schon bestehenden Verwaltungsgerichtsbarkeit Bedacht zu nehmen. Rein theoretisch könnte die Kompetenz eines Verfassungsgerichts, entsprechend dem Begriff der Verfassungsgarantie, in der Weise bestimmt werden, daß man ihm die Entscheidung über die Rechtmäßigkeit aller verfassungsunmittelbaren Akte überträgt. Dabei würde aber zweifellos dem Verfassungsgericht die Judikatur in Angelegenheiten übertragen werden, die heute in vielen Staaten in die Zuständigkeit der Verwaltungsgerichtsbarkeit fallen; so, wenn es sich um die Rechtmäßigkeit von individuellen Verwaltungsakten handelt, die — aus Gründen, die in früherem Zusammenhange dargelegt wurden — einen verfassungsunmittelbaren Charakter haben. Andererseits würde aber die Kontrolle von Rechtsakten, die heute in der Regel nicht zur Verwaltungsgerichtsbarkeit gehört, auch von der Verfassungsgerichtsbarkeit nicht erfaßt werden, wenn diese tatsächlich nur auf die Prüfung verfassungsunmittelbarer Akte beschränkt werden würde. Gerade die Durchführungs-Verordnungen sind es, die hier insbesondere in Betracht kommen. Soll eine Kassation gesetzwidriger Verordnungen möglich sein, dann ist das Verfassungsgericht gewiß hierzu die geeignetste Instanz. Und zwar nicht nur darum, weil es damit der bisher üblichen Kompetenz der Verwaltungsgerichte keine Konkurrenz macht, deren Judikatur in der Regel auf die Kassation individueller Verwaltungsakte beschränkt ist, sondern besonders darum, weil zwischen der Entscheidung über die Verfassungsmäßigkeit von Gesetzen und der über Gesetzmäßigkeit von Verordnungen eine innere Verwandtschaft besteht, hergestellt durch den generellen Charakter des zu prüfenden Aktes. Es sind somit zwei Gesichtspunkte, die bei der Bestimmung des Umfanges der Verfassungsgerichtsbarkeit miteinander konkurrieren: Der reine Begriff der Verfassungsgarantie, demzufolge alle verfassungsunmittelbaren Akte vor das Forum des Verfassungsgerichts zu bringen wären, und der Gegensatz von generellem und individuellem Akt, demzufolge neben den Gesetzen auch die Verordnungen der Kassation durch das Verfassungsgericht unterworfen werden sollen. Es gilt, unter Vermeidung aller doktrinären Vorurteile, beide Prinzipien, den Bedürfnissen der konkreten Verfassung entsprechend, miteinander zu verbinden.

c) Zieht man die Verordnungen in den Bereich der Judikatur des Verfassungsgerichtes, dann ergeben sich für die Abgrenzung seiner Zuständigkeit insofern gewisse Schwierigkeiten, als verschiedene Typen genereller Normen von Verordnungen nicht leicht zu unterscheiden sind. Angeführt seinen hier: die generellen Normen, die im Bereich der Gemeindeautonomie, sei es durch Beschlüsse der Gemeindevertretung, sei es durch Akte des Gemeindevorstandes gesetzt werden; dann generelle Rechtsgeschäfte, deren Verbindlichkeit erst mit einem behördlichen Akt eintritt, z. B. Eisenbahntarife privater Unternehmungen, Statuten von Aktiengesellschaften, Tarifverträge zwischen Arbeitgebern und Arbeitnehmern, die alle einer ministeriellen Genehmigung bedürfen; u. dgl. Zwischen der ausschließlich und allein von einer staatlichen und zwar zentralen Verwaltungsbehörde ausgehenden generellen Rechtsnorm, das ist der Verordnung im engsten und eigensten Sinne des Wortes, und einem generellen Rechtsgeschäft Privater sind eben eine Fülle von Zwischenstufen möglich. Jede Grenzziehung zwischen ihnen muß daher immer wieder einen mehr oder weniger willkürlichen Charakter haben. Unter diesem Vorbehalt sei hier empfohlen, nur jene generellen Normen als „Verordnungen" der Prüfung des Verfassungsgerichtes zu unterwerfen, die ausschließlich von Behörden ausgehen, gleichgültig ob es sich dabei um zentrale oder lokale

Behörden, um Staatsbehörden im engeren Sinne des Wortes, um Provinzial-, Landes- oder auch nur um Gemeindebehörden handelt. Auch die Gemeinde ist nur ein Glied des Staates, ihre Organe nur dezentralisierte Staatsorgane.

d) Wie im vorhergehenden dargestellt wurde, sind — vom Standpunkt des Primates der einzelstaatlichen Rechtsordnung — auch Staatsverträge als verfassungsunmittelbare Staatsakte anzusehen. Sie haben in der Regel generellen Charakter. Soll ihre Rechtmäßigkeit kontrolliert werden, dann ist ein Verfassungsgericht gewiß eine Instanz, die hierfür ernstlich in Betracht kommt. Juristisch steht jedenfalls nichts im Wege, daß die Verfassung eines Staates dem Verfassungsgericht die Kompetenz überträgt, die Verfassungsmäßigkeit von Staatsverträgen zu überprüfen, und solche Verträge im Falle ihrer Verfassungswidrigkeit zu kassieren. Es sind nicht geringe Argumente, die für eine solche Ausdehnung der Verfassungsgerichtsbarkeit auf Staatsverträge sprechen würden. Da der Staatsvertrag eine dem Gesetz gleichwertige Rechtsquelle ist, insbesondere dem Gesetz durch Vertrag derogiert werden kann, bietet die Vertragsform die Möglichkeit, gesetzabändernde Normen zu schaffen. Daß solches nur auf verfassungsmäßigem Wege geschehen soll, ist gewiß ein eminentes Interesse; von besonderer Bedeutung dabei die Rücksicht auf die den Gesetzes- und Vertragsinhalt bestimmenden Grundsätze der Verfassung. Auch völkerrechtlich steht einer derartigen verfassungsgerichtlichen Kontrolle von Staatsverträgen nichts im Wege. Wenn das Völkerrecht, wie man annehmen muß, die einzelnen Staaten ermächtigt, in ihrer Verfassung die Organe zu bestimmen, die allein Staatsverträge gültig abschließen, d. h. in einer für den vertragschließenden Teil verbindlichen Weise abschließen können, kann es nicht dem Völkerrecht widersprechen, wenn eine Verfassung Institutionen schafft, die die Vollziehung dieser völkerrechtlich zugelassenen Normen, betreffend den gültigen Abschluß von Staatsverträgen, garantieren sollen. Der Rechtssatz, daß ein Vertrag nicht einseitig durch einen der beiden vertragschließenden Staaten aufgehoben werden könne, kommt hier nicht in Betracht, da er unter der selbstverständlichen Voraussetzung steht: daß der Vertrag überhaupt gültig geschlossen wurde. Will ein Staat mit einem anderen einen Vertrag abschließen, muß er sich um dessen Verfassung kümmern. Hat er es sich selbst zuzuschreiben, wenn er mit einem unzuständigen Organ des anderen Staates den Vertrag abgeschlossen hat, so ist ihm nicht weniger zur Last zu legen, daß der abgeschlossene Vertrag in irgendeinem anderen Punkte mit der Verfassung seines Partners in Konflikt steht und daher nichtig oder vernichtbar ist. Auch wenn man annehmen würde, daß das Völkerrecht das zum Vertragsschluß zuständige Staatsorgan in der Person des Staatsoberhaupts unmittelbar bestimmt und daß es einen Völkerrechtssatz gibt, demzufolge kein vertragschließender Staat verpflichtet ist, sich eine Überprüfung der Rechtmäßigkeit des Vertrages und dessen ganze oder teilweise Kassation durch eine Behörde des anderen Staates gefallen zu lassen, so würde dies die Gültigkeit entgegengesetzter Verfassungsbestimmungen nicht berühren. Völkerrechtlich läge bei Kassation des Vertrages nur ein letztlich unter der Sanktion des Krieges stehender Vertragsbruch vor. Eine ganz andere, keine juristische, sondern eine politische Frage ist es allerdings, ob es im Interesse der Vertragsfähigkeit eines Staates liegt, wenn die von ihm abgeschlossenen Staatsverträge unter dem Risiko der Kassation durch ein Verfassungsgericht stehen. Wägt man die innerpolitischen Interessen, die für die Ausdehnung der Verfasssungsgerichtsbarkeit auf Staatsverträge sprechen, gegen die außenpolitischen Interessen ab, die zu einem Ausschluß der Staatsverträge von der Verfassungsgerichtsbarkeit drängen, dann können unter Umständen wohl die letzteren das Übergewicht bekommen. Sicherlich wäre es vom Standpunkte einer nicht bloß auf die Interessen des Einzelstaates, sondern der durch die Völkerrechtsordnung konstituierten Staatengemeinschaft gerichteten Betrachtung zweckmäßig, die Kontrolle über die Rechtmäßigkeit von Staatsverträgen (zugleich mit der Judikatur über ihre Erfüllung) auf eine internationale Instanz zu übertragen und jede einzelstaatliche Gerichtsbarkeit in dieser Richtung, als einseitig, auszuschließen. Doch ist dies eine Frage, die außerhalb des Bereiches dieses Berichtes und vielleicht auch der Möglichkeiten liegt, die die rechtstechnische Entwicklung des Völkerrechtes in der Gegenwart bietet.

e) Was schließlich die Frage betrifft, inwieweit auch individuelle Rechtsakte der Judikatur des Verfassungsgerichtes unterworfen sein sollen, so scheiden von vornherein alle richterlichen Akte aus. In der Tatsache, daß ein Rechtsakt durch ein Gericht gesetzt wird, erblickt man, wie bereits früher erwähnt, schon an und für sich eine hinreichende Garantie für seine Rechtmäßigkeit. Daß diese sich mittelbar oder unmittelbar als Verfassungsmäßigkeit darstellt, ist im allgemeinen kein hinreichender Anlaß, das Verfahren aus dem Bereich der ordentlichen Gerichtsorganisation heraus an ein spezifisches Verfassungsgericht zu leiten. Auch die von Verwaltungsbehörden gesetzten individuellen Rechtsakte sollen — selbst im Falle ihrer Verfassungsunmittelbarkeit —

nicht der Judikatur des Verfassungsgerichtes unterworfen werden, sondern die Kontrolle ihrer Rechtmäßigkeit wenigstens grundsätzlich im Bereich der Verwaltungsgerichtsbarkeit finden. Dies vor allem im Interesse einer deutlichen Abgrenzung zwischen der Kompetenz der Verfassungs- und Verwaltungsgerichtsbarkeit, zur Verhinderung von Kompetenzkonflikten und Doppelkompetenzen, deren Gefahr bei dem nur sehr relativen Gegensatz von direkter und indirekter Verfassungsmäßigkeit nicht gering ist. Bleiben für die Verfassungsgerichtsbarkeit nur die individuellen Rechtsakte, die vom Parlament gesetzt werden; tragen sie die Form des Gesetzes oder des Staatsvertrages, fallen sie aus dem Titel der Prüfung dieser Akte in die Zuständigkeit des Verfassungsgerichts; doch könnte man diese auf sie auch dann ausdehnen, wenn sie der Gesetzes- oder Vertragsform entbehren, ja sogar auch der Verfassungsunmittelbarkeit entbehren: wenn sie rechtsverbindlichen Charakter haben; da es sonst an jeder anderen Möglichkeit der Kontrolle ihrer Rechtmäßigkeit fehlt. Die Zahl der hier in Betracht kommenden Fälle dürfte im übrigen nur sehr gering sein. Natürlich verschlägt es auch nichts, wenn man — aus Gründen des Prestiges oder aus anderen Rücksichten — auch gewisse individuelle Akte des Staatsoberhauptes oder der Regierung — sofern man sie überhaupt einer Rechtskontrolle zu unterwerfen wünscht — nicht in die Zuständigkeit der Verwaltungs-, sondern der Verfassungsgerichtsbarkeit stellt. Schließlich sei darauf hingewiesen, daß es unter Umständen zweckmäßig sein kann, dem Verfassungsgericht die Entscheidung über die Ministeranklage zu übertragen, es als zentrale Kompetenz-Konflikts-Instanz zu benutzen oder ihm sonstige Funktionen zu geben, um die Errichtung von Spezialgerichten zu ersparen (z. B. Wahlgerichtsbarkeit). Im allgemeinen empfiehlt es sich, die Zahl der obersten, mit Rechtsprechung betrauten Behörden möglichst gering sein zu lassen.

f) Es scheint sich von selbst zu verstehen, daß als Gegenstand der verfassungsgerichtlichen Judikatur nur Normen in Betracht kommen, die zum Zeitpunkt der verfassungsgerichtlichen Entscheidung noch in Geltung stehen. Denn eine bereits außer Geltung gesetzte Norm braucht nicht mehr aufgehoben zu werden. Indes zeigt nähere Betrachtung auch die Möglichkeit, daß bereits aufgehobene Normen der Prüfung des Verfassungsgerichtes unterworfen werden. Tritt die generelle Norm — und nur um solche handelt es sich hier — ohne jede Rückwirkung der aufhebenden Norm außer Kraft, dann muß die aufgehobene auch nach der Aufhebung von den Behörden auf alle jene Tatbestände angewendet werden, die unter der Geltung der aufgehobenen Norm gesetzt wurden. Soll diese Anwendung wegen der Verfassungswidrigkeit der aufgehobenen Norm erfolgen — es ist vorausgesetzt, daß die fragliche Norm nicht durch das Verfassungsgericht aufgehoben wurde —, dann bedarf es einer authentischen Feststellung dieser Verfassungswidrigkeit und einer Vernichtung des letzten Restes der noch vorhandenen Geltung der — pro futuro — außer Kraft getretenen Norm. Dies kann nur durch Urteil des Verfassungsgerichtes geschehen.

Die Kassation einer verfassungswidrigen Norm durch ein Verfassungsgericht — hier sind vor allem generelle Normen gemeint — ist streng genommen nur notwendig, wenn die verfassungswidrige Norm jünger ist als die Verfassung. Denn ist es nicht das jüngere Gesetz (die jüngere generelle Norm), das sich zu der älteren Verfassung, sondern ist es die jüngere Verfassung, die sich zu einem älteren Gesetz in Widerspruch setzt, dann derogiert — nach dem Grundsatz der lex posterior — die Verfassung dem Gesetz; eine Kassation des Gesetzes scheint daher überflüssig, ja sogar logisch unmöglich zu sein. Das bedeutet, daß die rechtsanwendenden Behörden, und zwar Gerichte ebenso wie Verwaltungsbehörden, mangels irgendeiner positivrechtlichen Einschränkung, das Vorhandensein eines Widerspruches zwischen der jüngeren Verfassung und dem älteren Gesetz zu prüfen und ihrer Prüfung gemäß zu entscheiden haben. Die Situation der Behörden, insbesondere der Verwaltungsbehörden, denen die Verfassung in der Regel jede Möglichkeit einer Prüfung von Gesetzen nimmt, ist in diesem Falle eine ganz andere als gewöhnlich. Und das ist besonders bemerkenswert in einer Periode von Verfassungsänderungen, zumal solcher grundlegender Natur, wie sie nach dem großen Kriege für eine Reihe von Staaten eingetreten sind. Insbesondere haben die Verfassungen der neu entstandenen Staaten das alte, auf ihrem Gebiete früher geltende materielle Recht — Zivil-, Straf-, Verwaltungsrecht — meist rezipiert, und zwar mit der Einschränkung: soweit es nicht mit der neuen Verfassung in Widerspruch steht. Da es sich hierbei häufig um sehr alte, unter der Geltung ganz anderer Verfassungen zustande gekommene Gesetze handelt, ist die Möglichkeit eines Widerspruches derselben zu den neuen Verfassungen gar nicht gering. Natürlich nicht in bezug auf die Verfassung im engsten Sinne des Wortes: die Art des Zustandekommens der älteren Gesetze steht nicht in Frage, nur mehr die ihrer Abänderung. In hohem Maße aber ist ein Widerspruch in bezug auf die den Inhalt der Gesetze bestimmenden Grundsätze der jüngeren Verfassung möglich. Bestimmt diese etwa, daß es keine Vorrechte des Geschlechtes geben dürfe, und kann sie nicht so interpretiert werden, daß dies nur für die künftig zu erlassenden, nicht aber für die früheren bzw. von der Verfassung rezipierten Gesetze gelten solle, und muß man als Sinn der Verfassung eine unmittelbare, nicht erst durch zu erlassende Abänderungsgesetze zu bewirkende Derogation der älteren Gesetze annehmen: dann kann die Frage der Vereinbarkeit älterer Gesetze mit der jüngeren Verfassung juristisch überaus schwierig und politisch sehr bedeutsam sein. Ihre Entscheidung der vielleicht sehr schwankenden Rechtsanschauung der vielen rechtsanwendenden Behörden zu überlassen, kann bedenklich erscheinen. Und demgemäß ist es durchaus erwägenswert, auch die Prüfung der Vereinbarkeit älterer, durch die Verfassung nicht ausdrücklich aufgehobener Gesetze mit der Verfassung den rechtsanwendenden Behörden zu entziehen und dem zentralen Verfassungsgericht zu übertragen. Was nichts anderes bedeutet als: der jüngeren Verfassung die derogatorische Kraft gegenüber älteren, von ihr rezipierten, zugelassenen, nicht ausdrücklich aufgehobenen Gesetzen zu entziehen, und durch die Kassationsbefugnis des Verfassungsgerichts zu ersetzen.

3. Der Maßstab der verfassungsgerichtlichen Prüfung.

Nach der Frage nach dem Gegenstand der verfassungsgerichtlichen Judikatur, d. i. den Rechtsakten, deren Rechtmäßigkeit zu prüfen, in die Zuständigkeit des Verfassungsgerichtes gestellt werden soll, ist auch die Frage aufzuwerfen, nach welchem Maßstab diese Prüfung zu erfolgen, welche Normen das Verfassungsgericht seiner Entscheidung zugrunde zu legen habe. Diese Frage beantwortet sich zum größten Teile schon durch das Objekt der Prüfung. Denn es versteht sich von selbst, daß die verfassungsunmittelbaren Akte auf ihre Verfassungsmäßigkeit, die verfassungsmittelbaren Akte, insbesondere die Verordnungen, auf ihre Gesetzmäßigkeit hin, im allgemeinen ausgedrückt: alle Akte daraufhin geprüft werden müssen, ob sie der Norm höherer Stufe entsprechen. Dabei versteht sich ebenso von selbst, daß sich die Prüfung sowohl auf das Verfahren zu beziehen hat, in dem der zu prüfende Akt erzeugt wurde, als auch auf den Inhalt desselben, sofern auch in dieser Hinsicht die Normen höherer Stufe etwas bestimmen.

Zwei Punkte bedürfen immerhin näherer Erörterung. Der eine betrifft die Möglichkeit, völkerrechtliche Normen als Prüfungsmaßstab zu verwenden. Es kann der Fall sein, daß einer der auf seine Rechtmäßigkeit zu prüfenden Akte nicht zu einem Gesetz und auch nicht zu der Verfassung, sondern zu einem Staatsvertrag oder einer Regel des allgemeinen Völkerrechts in Widerspruch steht. Widerspricht ein einfaches Gesetz einem älteren Staatsvertrag, dann ist darin eine Rechtswidrigkeit auch vom Standpunkt der Staatsverfassung zu erblicken, die den Staatsvertrag als Form der Staatswillensbildung einsetzt, indem sie bestimmte Organe zum Abschluß von Staatsverträgen ermächtigt. Im Sinne einer solchen Verfassung darf ein Staatsvertrag — das ergibt sich aus dem Begriff des Vertrages, den die Verfassung akzeptiert hat — nicht durch einfaches Gesetz aufgehoben oder abgeändert werden. Ein vertragswidriges Gesetz ist daher — zumindest indirekt — verfassungswidrig. Daß auch ein verfassungsänderndes Gesetz rechtswidrig sei, wenn es einen Vertrag verletzt, kann nur von einem höheren Standpunkte als dem der Staatsverfassung, kann nur vom Primat der Völkerrechtsordnung aus behauptet werden. Denn das allein ist die Position, die den Staatsvertrag als eine über den vertragschließenden Staaten stehende Teilordnung erkennen läßt. Und von ihr aus ergibt sich — wie früher bereits dargelegt — auch ohne weiteres die Möglichkeit, daß durch einzelstaatliche Rechtsakte, insbesondere durch die der Prüfung des Verfassungsgerichtes unterworfenen Gesetze, Verordnungen usw., nicht nur das partikulare Völkerrecht eines Vertrages und sohin indirekt der Vertragsrechtssatz, sondern auch andere Rechtssätze des allgemeinen Völkerrechtes verletzt werden. Soll nun das Verfassungsgericht auch die Kompetenz haben, die seiner Prüfung unterworfenen Staatsakte wegen Völkerrechtswidrigkeit zu kassieren? Gegen die Kassation vertragswidriger Staatsgesetze, d. i. einfacher Gesetze (und der diesen Gesetzen gleichgestellten niederen Rechtsakte), kann kein ernstlicher Einwand erhoben werden. Eine derartige Judikatur des Verfassungsgerichts bewegt sich durchaus auf dem Boden der Verfassung, der auch — das darf nicht übersehen werden — der Boden des Verfassungsgerichts selbst ist. Ebenso möglich ist die Kassation von Gesetzen (und ihnen gleichgestellter und unterstellter Staatsakte) aus dem Grunde, weil sie eine Regel des allgemeinen Völkerrechts verletzen, unter der Voraussetzung: daß die allgemeinen Regeln des Völkerrechts — wie dies in einigen neueren Verfassungen geschehen ist — von der Verfassung (unter der Bezeichnung „die allgemein anerkannten“ Regeln des Völkerrechts) ausdrücklich anerkannt, d. h. als Bestandteil der staatlichen Rechtsordnung rezipiert werden. In diesem Falle ist es der Wille der Verfassung, daß diese Normen des Völkerrechts auch von der

Gesetzgebung respektiert werden. Ein völkerrechtswidriges Gesetz ist nicht anders zu beurteilen, als ein verfassungswidriges. Dabei ist es gleichgültig, ob die von der Verfassung rezipierten Rechtsnormen des Völkerrechts im Range von Verfassungsgesetzen rezipiert werden oder nicht. Ihre Rezeption erfolgt jedenfalls in dem Sinne, daß sie durch einseitiges Gesetz nicht beseitigt werden können. Durch solche Rezeption soll doch der Respekt vor dem Völkerrecht zum Ausdruck kommen, und es wäre das gerade Gegenteil, wenn trotz solch feierlicher Rezeption jedes einfache Gesetz das Völkerrecht verletzen könnte, ohne daß hierin — vom Standpunkt der das allgemeine Völkerrecht rezipierenden Verfassung — eine Rechtswidrigkeit bzw. ein Vernichtungsgrund zu erblicken wäre.

Anders gestaltet sich allerdings die rechtliche Situation, wenn die staatliche Verfassung eine solche Anerkennung des allgemeinen Völkerrechtes nicht enthält. Denn für das einzelstaatliche Organ, als welches ja das Verfassungsgericht nur fungiert, kann Geltungsgrund der von ihm bei der Prüfung von Staatsakten anzuwendenden völkerrechtlichen Normen nur die diese Normen rezipierende, d. h. für den internen Bereich des Einzelstaates in Geltung setzende Staatsverfassung sein; eben jene Verfassung, durch die das Verfassungsgericht selbst eingesetzt und jederzeit wieder aufgehohen werden kann. So sehr es zu wünschen wäre, daß alle Verfassungen — dem Beispiel der deutschen und österreichischen folgend — die Regeln des allgemeinen Völkerrechts rezipieren, um ihre Anwendung durch ein staatliches Verfassungsgericht zu ermöglichen, so muß man doch feststellen, daß, wo dies nicht der Fall ist, dem Verfassungsgericht die rechtliche Grundlage fehlt, ein Gesetz als völkerrechtswidrig zu erklären; und daß selbst bei Rezeption der Regeln des allgemeinen Völkerrechtes durch die Verfassung die Kompetenz des Verfassungsgerichtes vor einem verfassungsändernden Gesetz ihr Ende findet; sofern die Verfassungsänderung darin besteht, daß die Anerkennung der allgemeinen Regeln des Völkerrechts, bzw. die Anweisung an das Verfassungsgericht, diese Normen anzuwenden, wieder aufgehoben wird. Anderen Verfassungsgesetzen gegenüber bleibt die Möglichkeit des Verfassungsgerichts, die von der Verfassung rezipierten Regeln des Völkerrechts anzuwenden, bestehen. Gewiß ist die tatsächliche Möglichkeit nicht ausgeschlossen, daß ein Verfassungsgericht die Regeln des allgemeinen Völkerrechtes auch ohne daß sie vor seiner Verfassung rezipiert sind, den von ihm auf ihre Rechtmäßigkeit zu prüfenden Staatsakten gegenüber anwendet. Ein Verfassungsgericht, das ein Gesetz trotz mangelnder Rezeption der Regeln des allgemeinen Völkerrechts wegen deren Verletzung kassieren wollte, könnte rechtlich nicht mehr als Organ des Staates angesehen werden, durch dessen Verfassung dieses Gericht errichtet wurde, sondern als das Organ einer über diesem Staat stehenden höheren Rechtsgemeinschaft; und auch dies nur der Intention nach. Denn die Verfassung der Völkerrechtsgemeinschaft enthält keine Normen, durch die das Organ eines Einzelstaates zur Anwendung der Regeln des allgemeinen Völkerrechts berufen würde.

Ist somit die Möglichkeit der Anwendung völkerrechtlicher Normen durch das Verfassungsgericht in der eben dargestellten Weise beschränkt, so muß die Anwendung anderer als rechtlicher, irgendwelcher überpositiver Normen als ausgeschlossen gelten. Man findet mitunter die Behauptung, daß es noch über der Verfassung jedes Staates irgendwelche natürlichen Rechtsregeln gebe, die auch von den rechtsanwendenden Behörden des Staates zu respektieren wären. Handelt es sich dabei um Prinzipien, die in der Verfassung oder irgendeiner anderen Stufe der Rechtsordnung verwirklicht sind und nur im Wege eines abstraktiven Verfahrens aus dem Inhalt des positiven Rechts gewonnen werden, dann ist deren Formulierung als selbständige Rechtssätze eine ziemlich belanglose Angelegenheit. Ihre Anwendung erfolgt mit den Rechtsnormen, in denen sie verwirklicht sind, und nur in ihnen. Handelt es sich aber um Normen, die noch in keiner Weise positiviert sind, sondern erst, weil sie die „Gerechtigkeit" darstellen, zu positivem Rechte werden sollen (wenngleich die Verfechter dieser Prinzipien sie in einer mehr oder weniger klaren Vorstellung schon für „Recht" halten), dann liegt nichts anderes vor, als rechtlich nicht verbindliche Postulate (die in Wahrheit nur der Ausdruck bestimmter Gruppeninteressen sind), gerichtet an die mit der Rechtserzeugung betrauten Organe. Und zwar nicht nur an die Organe der Gesetzgebung, bei denen die Möglichkeit, solche Postulate zu verwirklichen, eine beinahe unbeschränkte ist, sondern auch an die Organe der niederen Stufen der Rechtserzeugung, wo diese Möglichkeit zwar in demselben Maße abnimmt, als ihre Funktion den Charakter der Rechtsanwendung hat, aber dennoch, und zwar in eben dem Maß gegeben ist, als freies Ermessen besteht; bei Rechtsprechung und Verwaltung also, wenn es gilt, zwischen mehreren Interpretationsmöglichkeiten zu wählen. Eben darin, daß die Berücksichtigung oder Realisierung dieser Prinzipien, die bisher trotz aller Bemühungen keine auch nur einigermaßen eindeutige Bestimmung gefunden haben, in dem Prozesse der Rechtserzeugung nicht den Charakter einer Rechtsanwendung im technischen Sinne des Wortes haben und aus den angeführten Gründen auch gar nicht haben können, eben darin liegt die Antwort auf die Frage, ob sie von einem Verfassungsgericht angewendet werden können. Und nur formal, nur zum Scheine anders verhält es sich, wenn — was mitunter geschieht — die Verfassung selbst den Hinweis auf derartige Prinzipien enthält, indem sie die Ideale der „Gerechtigkeit", „Freiheit", „Gleichheit", „Billigkeit", „Sittlichkeit" usw. anruft, ohne jede nähere Bestimmung, was damit gemeint ist. Sofern hinter solchen Formeln mehr als die übliche politische Ideologie gefunden werden soll, mit der sich jede positive Rechtsordnung zu bekleiden bemüht ist, so bedeutet die Delegation von Gerechtigkeit, Freiheit, Gleichheit, Billigkeit, Sittlichkeit usw. mangels einer näheren Bestimmung dieser Werte auch nichts anderes, als daß der Gesetzgeber wie der Gesetzvollzieher ermächtigt werden, den ihnen durch Verfassung und Gesetz gelassenen Spielraum nach freiem Ermessen zu erfüllen. Denn die Anschauungen über das, was gerecht, frei, gleich, sittlich usw. ist, sind je nach dem Interessentenstandpunkt so verschieden, daß — ist nicht einer von ihnen positiv-rechtlich festgelegt — jeder beliebige Rechtsinhalt mit iner der möglichen Anschauungen gerechtfertigt werden kann. Jedenfalls aber bedeutet die Delegation der fraglichen Werte nicht und kann nicht bedeuten: daß die mit der Rechtserzeugung betrauten Organe der Gesetzgebung wie der Vollziehung von der ihnen stets obliegenden Anwendung des positiven Rechts enthoben werden, sofern dieses mit ihrer subjektiven Anschauung von Gleichheit usw. in Widerspruch steht. Die fraglichen Formeln haben somit im allgemeinen keine große Bedeutung. Verzichtet man auf sie, so ändert sich an der tatsächlichen Rechtslage nichts.

Gerade im Bereich der Verfassungsgerichtsbarkeit aber können sie eine höchst gefährliche Rolle spielen, und zwar wenn es gilt, die Verfassungsmäßigkeit von Gesetzen zu prüfen. Richtet die Verfassung an den Gesetzgeber die Aufforderung, seine Tätigkeit im Einklang mit der „Gerechtigkeit", „Freiheit", „Billigkeit", „Sittlichkeit" usw. zu entfalten, dann könnte man in diesen Worten Richtlinien für den Inhalt künftiger Gesetze erblicken. Gewiß nur zu Unrecht, da solche Richtlinien nur vorliegen, wenn eine bestimmte Richtung angegeben, wenn irgendein objektives Kriterium in der Verfassung selbst gegeben ist. Indes wird sich die Grenze zwischen derartigen, nur dem politischen Schmuck der Verfassung dienenden Formeln und der üblichen Bestimmung des Inhalts künftiger Gesetze im Katalog der Grund- und Freiheitsrechte leicht verwischen lassen; und es ist daher die Möglichkeit keineswegs ausgeschlossen, daß ein Verfassungsgericht, zur Entscheidung über die Frage der Verfassungsmäßigkeit eines bestimmten Gesetzes angerufen, dieses Gesetz mit der Begründung kassiert, daß es ungerecht sei, denn „Gerechtigkeit" sei ein verfassungsmäßiger Grundsatz und daher vom Verfassungsgericht anzuwenden. Das bedeutete aber, daß dem Verfassungsgericht eine Machtvollkommenheit eingeräumt wird, die schlechthin als unerträglich empfunden werden muß. Was die Mehrheit der Richter dieses Gerichtes für gerecht ansieht, kann im vollkommenen Widerspruch zu dem stehen, was die Mehrheit der Bevölkerung für gerecht hält, und steht unzweifelhaft im Widerspruch zu dem, was die Mehrheit des Parlaments für gerecht gehalten, das eben dieses Gesetz beschlossen hat. Daß es der Sinn der Verfassung nicht sein kann, durch den Gebrauch eines nicht näher bestimmten, so vieldeutigen Wortes wie jenes der „Gerechtigkeit" oder eines ähnlichen, jedes vom Parlament beschlossene Gesetz von dem freien Ermessen eines politisch mehr oder weniger willkürlich zusammengesetzten Kollegiums,. wie es das Verfassungsgericht ist, abhängig zu machen, versteht sich von selbst. Soll daher eine solche von der Verfassung gewiß nicht intendierte und politisch höchst unangebrachte Machtverschiebung vom Parlament zu einer außerhalb desselben stehenden Instanz vermieden werden, die zum Exponenten ganz anderer politischer Kräfte werden kann als jener, die im Parlament zum Ausdruck kommen, dann muß sich die Verfassung, wenn sie ein Verfassungsgericht einsetzt, jeder derartigen Phraseologie enthalten; und, wenn sie Grundsätze, Richtlinien, Schranken für den Inhalt der zu erlassenden Gesetze aufstellen will, diese so präzise wie möglich bestimmen.

4. Das Ergebnis der verfassungsgerichtlichen Prüfung.

Nun Objekt und Maßstab der Prüfung umschrieben sind, die das Verfassungsgericht vorzunehmen, ist das Ergebnis zu bestimmen. Aus den früheren Darlegungen ergibt sich, daß eine wirksame Garantie der Verfassung nur erreicht werden kann, wenn der zur Prüfung gestellte Akt, im Falle er für rechtswidrig befunden wird, unmittelbar durch das Urteil des Verfassungsgerichts vernichtet wird. Dieses Urteil muß, auch wenn es sich auf generelle Normen bezieht — und das ist ja gerade der Hauptfall — kassatorischen Charakter haben. Mit Rücksicht auf die weittragende Bedeutung, die die Aufhebung einer generellen Norm, insbesondere eines Gesetzes hat, ist in Erwägung zu ziehen, ob das Verfassungsgericht nicht ermächtigt werden soll, die Kassation aus formalen Gründen, d. h. wegen Rechtswidrigkeit des Verfahrens, nur für den Fall vorzunehmen, als es sich um besonders gewichtige, „wesentliche“ Mängel handelt; wobei die Beurteilung der Wesentlichkeit am besten in das freie Ermessen des Gerichts gestellt bleibt, da es sich nicht empfiehlt, die sehr schwierige Unterscheidung von wesentlichen und unwesentlichen Mängeln generell in der Verfassung selbst vorzunehmen. Im Interesse der Rechtssicherheit ist zu erwägen, ob die Möglichkeit einer Kassation insbesondere genereller Rechtsnormen und vor allem der Gesetze und Staatsverträgen nicht an eine in der Verfassung bestimmte Frist von etwa drei bis fünf Jahren, gerechnet vom Zeitpunkt des Inkrafttretens der aufzuhebenden Norm, geknüpft werden soll. Es ist gewiß im höchsten Maße bedenklich, ein Gesetz und vollends einen Staatsvertrag wegen Verfassungswidrigkeit zu kassieren, wenn es sich um Normen handelt, die schon viele Jahre unangefochten in Geltung gestanden sind.

Jedenfalls empfiehlt es sich aber, im Interesse der Rechtssicherheit der Kassation genereller Normen grundsätzlich keine Rückwirkung einzuräumen. Zumindest in dem Sinne: daß alle auf Grund der generellen Norm bis zum Zeitpunkt ihrer Kassation ergangenen Rechtsakte durch die Kassation unberührt bleiben. Jede Rückwirkung des kassatorischen Urteils wäre nur dann ausgeschlossen, wenn alle Tatbestände, die unter die generelle Norm fallen, sofern sie vor der Kassation dieser Norm entstanden sind, auch nach deren Kassation nach ihr zu beurteilen wären, weil die generelle Norm nur pro futuro, d. h. für jene Tatbestände aufgehoben wird, welche sich nach der Kassation ergeben. Doch besteht vom Standpunkt der Rechtssicherheit kein unbedingtes Bedürfnis, daß auf Tatbestände, die unter der Geltung des noch nicht kassierten Gesetzes (Verordnung usw.) entstanden sind, hinsichtlich deren aber kein behördlicher Akt vor der Kassation gesetzt wurde, auch nach dieser die bereits kassierte Norm angewendet werde. Aus dem folgenden wird sich zeigen, daß die hierin gelegene, beschränkte Rückwirkung bei einer gewissen Gestaltung des verfassungsgerichtlichen Verfahrens sogar notwendig ist.

Wird eine generelle Norm unter Ausschließung oder doch unter der eben charakterisierten Einschränkung der Rückwirkung kassiert, bleiben somit durch die Kassation die Rechtswirkungen, die die generelle Norm vor ihrer Kassation gehabt hat, oder doch zumindest jene Rechtswirkungen, die sich in der Anwendung der Norm durch die Behörden geäußert haben, unberührt, dann muß nach der Kassation auch jene Rechtswirkung aufrecht bleiben, die die kassierte Norm bei ihrem Inkrafttreten gegen die bisher den gleichen Gegenstand regelnden

Normen ausgeübt hat: Die Rechtswirkung der Aufhebung entgegenstehender Normen nach dem Grundsatze lex posterior derogat priori. Dies bedeutet, daß mit der Kassation etwa eines Gesetzes durch das Verfassungsgericht keineswegs jener Rechtszustand von selbst wieder auflebt, der bis zum Inkrafttreten des kassierten Gesetzes bestanden hat. Das den gleichen Gegenstand regelnde Gesetz, das seinerzeit durch das nunmehr kassierte Gesetz verdrängt wurde, wird durch die Kassation nicht ins Leben gerufen. Das heißt: durch die Kassation entsteht sozusagen ein rechtsleerer Raum. Eine Materie, die bisher durch generelle Normen geregelt war, ist nunmehr ungeregelt; wo bisher rechtliche Gebundenheit bestanden, besteht nunmehr rechtliche Freiheit. Das kann unter Umständen sehr unerwünschte Folgen haben. Zumal dann, wenn ein Gesetz nicht etwa wegen seines Inhalts, sondern nur wegen irgendwelcher bei seinem Zustandekommen unterlaufener Formfehler aufgehoben wurde; und insbesondere, wenn die Neuerstellung eines den Gegenstand regelnden Gesetzes längere Zeit in Anspruch nimmt. Dem zu begegnen, empfiehlt sich, die Möglichkeit zu schaffen, das kassierende Urteil erst einen gewissen Zeitraum nach seiner Kundmachung in Wirksamkeit treten zu lassen. Doch bietet sich, abgesehen von dieser später noch zu erörternden Möglichkeit auch ein anderes Mittel: das Verfassungsgericht wird ermächtigt, in seinem eine generelle Norm kassierenden Urteil auszusprechen, daß mit dem Wirksamwerden der Kassation eben jene generellen Normen wieder in Geltung treten, die bis zum Zeitpunkte des Inkrafttretens der kassierten Norm in Geltung waren. Dabei empfiehlt sich, es dem Ermessen des Verfassungsgerichts zu überlassen, in welchen Fällen es von dieser Ermächtigung Gebrauch machen will, den alten Rechtszustand wieder aufleben zu lassen. Bedenklich wäre, wenn die Verfassung das Wiederaufleben des alten Rechtszustandes für den Fall der Aufhebung einer generellen Norm als allgemeine Regel zwingend vorschreiben würde. Eine Ausnahme macht vielleicht die Kassation eines Gesetzes, dessen Inhalt in nichts anderem als der Aufhebung eines bis dahin in Geltung gestandenen Gesetzes besteht. Die verfassungsgerichtliche Kassation eines solchen Gesetzes könnte ja nur einen Sinn haben, wenn die einzige Rechtswirkung, die das zu kassierende Gesetz hat: die Aufhebung des älteren Gesetzes, aufgehoben würde. Das bedeutet aber: die Ingeltungsetzung dieses Gesetzes. Im übrigen aber könnte eine generelle Bestimmung der ersterwähnten Art nur unter der Voraussetzung in Erwägung gezogen werden, daß die Verfassung die Kassation einer generellen Norm — speziell eines Gesetzes oder eines Staatsvertrages — nur innerhalb der früher erwähnten Frist vom Zeitpunkt des Inkrafttretens der aufzuhebenden Norm zuließe. Dies würde verhindern, daß längst überholte, mit den geänderten Zeitumständen unvereinbare Rechtsnormen wieder in Geltung treten. Eine derartige Befugnis, generelle Normen positiv in Geltung zu setzen, würde allerdings der Funktion des Verfassungsgerichts — wenn es sich auch dabei nur um Normen handelt, die schon einmal vom regulären Gesetzgeber in Geltung gesetzt wurden, dann aber wieder außer Geltung getreten waren — in einem noch höheren Maße einen gesetzgeberischen Charakter verleihen, als die Aufhebung von generellen Normen durch kassatorisches Urteil hat.

In der Formulierung des verfassungsgerichtlichen Urteils wird es einen Unterschied machen, ob es sich auf einen Rechtsakt — speziell auf eine generelle Norm bezieht — die Augenblick des Urteils noch in voller Geltung steht — das im ist der Normalfall — oder ob diese Norm zu diesem Zeitpunkt schon aufgehoben ist, aber auf ältere Tatbestände noch angewendet werden muß. Das Urteil des Verfassungsgerichts hat hier — wie bereits früher erwähnt — nur mehr einen Rest der Geltung aufzuheben; nichtsdestoweniger hat es konstitutiv-kassatorischen Charakter. Immerhin kann die Formel in diesem Falle lauten: statt „das Gesetz wird aufgehoben": „das Gesetz war verfassungswidrig"; die Wirkung des Urteils: daß damit die Anwendung des für verfassungswidrig erklärten Gesetzes auch auf die älteren Tatbestände ausgeschlossen wird. Keinen Unterschied muß es ausmachen, ob die vom Verfassungsgericht geprüfte generelle Norm jünger oder älter ist als die Verfassung, mit der die Norm in Widerspruch steht. Das Urteil lautet in beiden Fällen auf Kassation der verfassungswidrigen Norm.

Hervorgehoben muß noch werden, daß die Kassation nicht notwendig ein ganzes Gesetz, eine ganze Verordnung ergreifen muß, sondern sich auch auf einzelne Bestimmungen beschränken kann. Vorausgesetzt natürlich, daß der Rest des Gesetzes oder der Verordnung ohne die aufgehobene Bestimmung noch anwendbar ist, oder nicht seinen Sinn in unerwarteter Weise ändert. Dabei muß es dem Ermessen des Verfassungsgerichtes überlassen bleiben, ob es nur einen Teil oder aber — aus den erwähnten Gründen — lieber das ganze Gesetz aufheben will.

5. Das verfassungsgerichtliche Verfahren.

Schließlich wären noch die Hauptgrundsätze des verfassungsgerichtlichen Verfahrens zu erörtern.

Von größter Bedeutung ist die Frage: in welcher Weise das Verfahren vor dem Verfassungsgericht eingeleitet werden kann. Von der Regelung dieser Frage hängt in erster Linie das Ausmaß ab, in dem das Verfassungsgericht seine Aufgabe als Garant der Verfassung zu erfüllen vermag. Die stärkste Garantie böte sicher die Zulassung einer actio popularis: Das Verfassungsgericht ist verpflichtet, auf jedermanns Antrag hin ein Verfahren zur Prüfung der Rechtmäßigkeit der seiner Judikatur unterworfenen Akte, also insbesondere der Gesetze und Verordnungen, einzuleiten. Daß auf diese Weise das rechtspolitische Interesse nach Beseitigung rechtswidriger Akte auf das radikalste befriedigt würde, steht außer Zweifel. Allein dennoch kann eine solche Lösung des Problems nicht empfohlen werden. Die Möglichkeit mutwilliger Anfechtung, die Gefahr einer unerträglichen Überlastung des Verfassungsgerichts wären zu groß. Aus der Fülle der hier in Betracht kommenden anderen Möglichkeiten seien die folgenden hervorgehoben: alle rechtsanwendenden Behörden haben das Recht und die Pflicht, falls sie eine der Kontrolle durch das Verfassungsgericht unterworfene Norm anzuwenden und Bedenken gegen die Rechtmäßigkeit derselben haben, ihr den konkreten Einzelfall betreffendes Verfahren zu unterbrechen und beim Verfassungsgericht den begründeten Antrag auf Prüfung und eventuelle Aufhebung dieser Norm zu stellen. Diese Befugnis kann auf gewisse höhere oder höchste Behörden — Verwaltungsbehörden und Gerichte —, Minister und höchste Gerichte usw. — sie kann überhaupt nur auf die Gerichte beschränkt werden (obgleich der Ausschluß der Verwaltung angesichts der immer zunehmenden Justizmäßigkeit ihres Verfahrens nicht mehr ganz zu rechtfertigen wäre). Hebt das Verfassungsgericht die angefochtene Norm auf, dann — und nur dann — hat die anfechtende Behörde diese Norm auf den konkreten Fall, der den Anlaß der Anfechtung gegeben, nicht mehr anzuwenden, diesen Fall so zu entscheiden, als ob die — im allgemeinen nur pro futuro — aufgehobene Norm schon für diesen tatsächlich noch unter ihrer Geltung entstandenen Fall nicht mehr gegolten hätte. Solche Rückwirkung der Kassation ist technisch darum nötig, weil sonst die rechtsanwendenden Behörden kein unmittelbares und daher vielleicht kein genügend starkes Interesse hätten, das Verfassungsgericht in Bewegung zu setzen. Ist dieses allein oder auch nur hauptsächlich auf die Anträge der rechtsanwendenden Behörden angewiesen, dann muß diesen Anträgen mit der Prämie der — beschränkten — Rückwirkung ein Anreiz gegeben werden.

Eine sehr zweckmäßige Ausdehnung der Anfechtungsmöglichkeit in der Richtung zur actio popularis bedeutet es, wenn man den Parteien im Gerichts- wie Administrativverfahren die Möglichkeit einräumt, behördliche Akte — Urteile oder Verwaltungsakte — aus dem Grunde anzufechten, daß sie zwar unmittelbar rechtmäßig, aber in Vollziehung einer selbst rechtswidrigen Norm, erfolgten, die der Kontrolle durch das Verfassungsgericht unterliegt. Also wenn es sich etwa um die an sich rechtmäßige Vollziehung eines verfassungswidrigen Gesetzes oder einer gesetzwidrigen Verordnung handelt. Nur wenn sich die zur Entscheidung im Gerichts- oder Verwaltungsverfahren angerufene Gerichts- oder Verwaltungsbehörde der Rechtsanschauung der Partei anschließt, und demgemäß das Verfahren unterbricht, um den Antrag auf Prüfung des Gesetzes oder der Verordnung beim Verfassungsgerichtshof zu stellen, kann es zur Anfechtung des von der Partei indirekt anfechtbaren Aktes kommen.

Eine besondere Gestaltung kann die Einleitung des verfassungsgerichtlichen Verfahrens im Bundesstaat erhalten, indem hier gegen Rechtsakte, die vom Bunde ausgehen, den Landes-(Gliedstaats-)Regierungen, gegen Rechtsakte, die von einem Land (Gliedstaat) ausgehen, der Bundesregierung ein Anfechtungsrecht eingeräumt werden kann. Die verfassungsgerichtliche Prüfung kommt hier vor allem mit Rücksicht auf die für die Verfassung des Bundesstaates charakteristische inhaltliche Bestimmung der generellen Rechtsnormen in Betracht, die in der Kompetenzabgrenzung zwischen Bund und Land (Gliedstaat) besteht.

Eine völlig neue, aber ernstester Prüfung durchaus würdige Institution wäre die Aufstellung eines Anwaltes der Verfassung (Verfassungsanwalts) beim Verfassungsgericht, der — nach Analogie des Staatsanwalts im Strafverfahren — von Amts wegen das Verfahren zur Überprüfung jener Akte einzuleiten hätte, die, der Kontrolle des Verfassungsgerichts unterworfen, vom Verfassungsanwalt für rechtswidrig erachtet werden. Daß die Stellung eines solchen Verfassungsanwaltes mit allen nur denkbaren Garantien der Unabhängigkeit gegenüber der Regierung wie dem Parlament auszustatten wäre, versteht sich von selbst.

Was speziell die Anfechtung von Gesetzen betrifft, wäre es von größter Wichtigkeit, sie auch einer — irgendwie qualifizierten — Minorität des Parlaments einzuräumen, das das verfassungswidrige Gesetz beschlossen hat. Dies um so mehr, als die Verfassungsgerichtsbarkeit — wie später noch zu zeigen — in den parlamentarischen Demokratien notwendig in den Dienst des Minoritätenschutzes treten muß.

Schließlich muß noch der Möglichkeit gedacht werden, daß das Verfassungsgericht die Prüfung einer — seiner Kontrolle unterworfenen — generellen Norm von Amts wegen einleitet, weil es diese Norm in irgendeinem Falle anzuwenden hat, aber Bedenken gegen ihre Rechtmäßigkeit trägt. In eine solche Situation kann das Verfassungsgericht nicht nur dann kommen, wenn es, etwa zur Prüfung der Gesetzmäßigkeit einer Verordnung aufgerufen, auf die Verfassungswidrigkeit des Gesetzes stößt, mit dem die Verordnung in Widerspruch stehen soll, sondern insbesondere dann, wenn es auch über die Rechtmäßigkeit gewisser individueller Rechtsakte zu entscheiden zuständig ist, bei denen unmittelbar nur ihrer Gesetz-(Verordnungs-, Staatsvertrags-)mäßigkeit, ihre Verfassungsmäßigkeit daher nur mittelbar in Frage steht. Es wird in solchen Fällen, ebenso wie die zur Anfechtung bei ihm befugten Behörden das Verfahren über den konkreten Fall unterbrechen und — diesmal von Amts wegen — in die Prüfung der Norm eingehen, die es auf den konkreten Fall hätte anwenden sollen. Kommt es zu ihrer Kassation, dann hat es — ebenso wie die anfechtenden Behörden in dem analogen Fall — die bei ihm anhängige Rechtssache, bezüglich deren das Verfahren wieder aufgenommen wird, so zu entscheiden, als ob die aufgehobene Norm für sie nicht mehr gegolten hätte.

Für den Fall, als das Verfassungsgericht auch über die Rechtmäßigkeit individueller Staatsakte, insbesondere solcher der Verwaltungsbehörden, zu entscheiden hat, muß es natürlich auch von denjenigen Personen angerufen werden können, die durch den rechtswidrigen Akt in ihren — rechtlich geschützten — Interessen verletzt wurden. Ist hier auch die Möglichkeit gegeben, den individuellen Rechtsakt beim Verfassungsgericht wegen Rechtswidrigkeit der generellen Norm anzufechten, in deren — unmittelbar rechtmäßigen — Vollziehung er erfolgte, dann ist den Privatparteien in einem noch stärkeren Grade als im Falle einer Anfechtung im Administrativverfahren die Möglichkeit indirekter Anfechtung genereller Normen — insbesondere der Gesetze und Verordnungen — vor dem Verfassungsgericht selbst gegeben.

Für das Verfahren vor dem Verfassungsgericht wird im allgemienen das Prinzip der Öffentlichkeit und Mündlichkeit empfohlen, obgleich es sich dabei vornehmlich doch nur um reine Rechtsfragen handelt und das Schwergewicht offenbar in den juristischen Ausführungen der Schriftsätze ruhen muß, die die Prozeßparteien dem Gerichte zur Vorbereitung seiner Entscheidung überreichen dürfen, ja vielleicht einzubringen verpflichtet werden können. Das öffentliche Interesse an den das Verfassungsgericht beschäftigenden Angelegenheiten ist so groß, daß die nur bei einer mündlichen Verhandlung vor dem Gericht voll gewährleistete Öffentlichkeit des Verfahrens nicht grundsätzlich ausgeschlossen sein darf. Ja, es wäre sogar die Öffentlichkeit der Beratung des Urteils durch das Gerichtskollegium selbst in Erwägung zu ziehen.

Als Prozeßparteien sind dem Verfahren zuzuziehen: die Behörde, deren Akt angefochten wird, um ihr Gelegenheit zu geben, die Rechtmäßigkeit ihres Aktes zu verteidigen, und diejenige Instanz, von der die Anfechtung ausgeht; eventuell auch die Privatpartei, deren bei einem Gericht oder einer Verwaltungsbehörde anhängige Rechtssache den Anlaß zu dem verfassungsgerichtlichen Verfahren gegeben, bzw. die Privatpartei, die zu einer unmittelbaren Anfechtung vor dem Verfassungsgericht legitimiert ist. Die Behörde wird durch deren Chef, Vorsitzenden oder einem ihrer, womöglich rechtskundigen, Beamten vertreten. Für Privatparteien empfiehlt sich — wegen der eminent juristischen Natur — Anwaltszwang.

In dem Urteil des Verfassungsgerichts ist — wenn der Anfechtung stattgegeben ist — die Kassation des angefochtenen Aktes in der Weise auszusprechen, daß die Aufhebung als durch das Urteil selbst bewirkt erscheint. Bei der Kassation von Normen, deren Geltung an eine Kundmachung gebunden ist, muß auch der Akt der Aufhebung — also hier das Urteil des Verfassungsgerichts — und zwar in der gleichen Weise kundgemacht werden, wie die aufgehobene Norm. Obgleich die Möglichkeit nicht von der Hand zu weisen ist, dem Verfassungsgericht ein eigenes Organ zur selbständigen Publikation seiner aufhebenden Erkenntnisse zu geben, empfiehlt es sich doch, die Kassation einer Norm in demselben Organ zu publizieren, mit dem sie in Kraft gesetzt wurde. Daraus ergibt sich, daß die jeweils für die Kundmachung eines Gesetzes, einer Verordnung, eines Staatsvertrags verantwortliche Behörde auch zur Kundmachung des die betreffende Norm aufhebenden Urteils des Verfassungsgerichts verpflichtet werden soll. Daher hat das Urteil des Verfassungsgerichts auch diese Verpflichtung unter genauer Bezeichnung der zur Kundmachung zuständigen Behörde auszusprechen. Die Wirksamkeit der Aufhebung tritt erst mit dieser Kundmachung ein. Speziell bei Gesetzen (und wohl auch bei Staatsverträgen) soll das Verfassungsgericht in der Lage sein, die Wirksamkeit der Aufhebung erst nach Ablauf eines bestimmten Zeitraumes nach der Kundmachung eintreten zu lassen, schon um dem Parlament Gelegenheit zu geben, an Stelle des verfassungswidrigen ein verfassungsmäßiges Gesetz zustandezubringen, ohne daß die durch das aufgehobene Gesetz geregelte Materie durch längere Zeit ungeregelt bleibt, d. h. ohne daß der schon früher erwähnte rechtsleere Raum entsteht. Ist die Anfechtung des Gesetzes von einer rechtsanwendenden Behörde — Gericht oder Verwaltungsbehörde — aus Anlaß der Anwendung des Gesetzes auf einen konkreten Fall ausgegangen, dann ergibt sich in der Frage der Rückwirkung eine gewisse Schwierigkeit. Wenn das angefochtene Gesetz erst eine bestimmte Zeit nach der Kundmachung der Aufhebung im Gesetzblatt außer Kraft treten, wenn es also bis zu diesem Zeitpunkte von den Behörden noch angewendet werden soll, dann kann man die anfechtende Behörde nicht gut von der Anwendung des Gesetzes auf den konkreten Fall befreien, der den Anlaß zur Anfechtung geboten hat. Dies bedeutet, daß das Interesse der rechtsanwendenden Behörden an der Anfechtung verfassungswidriger Gesetze vor dem Verfassungsgericht wieder etwas vermindert wird. Um so mehr rückt die früher erörterte Möglichkeit näher, mit der sofortigen Aufhebung des Gesetzes den bis zum Inkrafttreten des aufgehobenen Gesetzes bestandenen Rechtszustand wieder aufleben zu lassen. Bei dieser Modalität kann die prozeßtechnisch erforderliche Rückwirkung des aufhebenden Erkenntnisses auf den die Anfechtung veranlassenden Fall ohne weiteres eintreten, und zugleich hat das Gesetzgebungsorgan die nötige Muße, um ein neues, den Anforderungen der Verfassung entsprechendes Gesetz vorzubereiten.

V. Die juristische und politische Bedeutung der Verfassungsgerichtsbarkeit.

Solange eine Verfassung der — im vorhergehenden dargelegten — Garantie der Vernichtbarkeit verfassungswidriger Akte ermangelt, fehlt ihr auch der Charakter voller Rechtsverbindlichkeit im technischen Sinne. Wenn man sich dessen auch im allgemeinen nicht bewußt ist — weil eine politisch gebundene juristische Theorie dieses Bewußtsein nicht aufkommen läßt —, so bedeutet doch eine Verfassung, derzufolge auch verfassungswidrige Akte und insbesondere verfassungswidrige Gesetze gültig bleiben müssen, weil sie aus dem Grund ihrer Verfassungswidrigkeit nicht aufgehoben werden können, von einem rechtstechnischen Standpunkte aus nicht viel mehr, als einen unverbindlichen Wunsch. Jedes beliebige Gesetz, jede einfache Verordnung, ja jedes generelle Rechtsgeschäft privater Parteien übertrifft eine solche Verfassung, die über allen diesen Rechtsformen steht, übertrifft sie, aus der alle diese niederen Stufen der Rechtsordnung ihre Geltung holen, an Geltungskraft. Denn die Rechtsordnung sorgt dafür, daß jeder Akt, der sich zu einer Norm niederer Stufe als jene der Verfassung in Widerspruch setzt, vernichtet werden kann.

Und dieser geringere Grad an rechtlich realer Geltungskraft steht in einem krassen Mißverhältnis zu dem Schein einer bis zur Starrheit getriebenen Festigkeit, den man der Verfassung durch die Festsetzung erschwerender Bedingungen ihrer Abänderbarkeit verleiht. Allein wozu diese Vorsichten, wenn die Normen der so gut wie unabänderlichen Verfassung beinahe unverbindlich sind? Gewiß, auch eine Verfassung, die kein Verfassungsgericht oder eine ähnliche Institution zur Vernichtung verfassungswidriger Akte einsetzt, ist nicht ganz rechtlich irrelevant. Ihre Verletzung kann, wo wenigstens das Institut der Ministerverantwortlichkeit besteht, hinsichtlich bestimmter, an der Erzeugung der verfassungswidrigen Akte beteiligter Organe, deren Verschulden vorausgesetzt, eine Reaktion zur Folge haben. Aber ganz abgesehen davon, daß diese Garantie — wie bereits hervorgehoben — an und für sich nicht sehr wirksam ist, da sie die Geltung des verfassungswidrigen Gesetzes unberührt läßt, kann als Sinn der das Gesetzgebungsverfahren und den Gesetzesinhalt bestimmenden Normen — der Verfassung also — nicht etwa angenommen werden, daß sie einen einzig möglichen Weg der Gesetzgebung und eine wirkliche Richtung für deren Inhalt angeben. Die Verfassung sagt zwar, ihrem Wortlaut und subjektiven Sinne nach, daß Gesetze so und nur so zustande kommen sollen, und daß sie diesen oder jenen Inhalt haben oder nicht haben dürfen. Aber ihr objektiver Sinn ist: auch wenn Gesetze auf einem anderen Wege zustande kommen, und auch wenn ihr Inhalt gegen die gewiesenen Richtlinien verstößt, sollen sie gelten. So muß man die Verfassung deuten, wenn auch verfassungswidrige Gesetze gelten sollen; denn auch diese müssen sich — als gültige Gesetze — auf eine Verfassung stützen können, müssen ihre Geltung irgendwoher: also nur aus der Verfassung holen, müssen irgendwie, weil gültig, auch verfassungsmäßig sein. Das heißt aber, daß der in der Verfassung ausdrücklich angegebene Weg der Gesetzgebung und die hier aufgestellten Richtlinien, nicht — wie es scheinen mag — eine eindeutige Bestimmung sind, sondern im Sinne einer Alternation verstanden werden müssen: entweder so, aber wenn nicht so, dann auch — beinahe beliebig — anders. Daß Verfassungen, die der Garantie der Vernichtbarkeit verfassungswidriger Akte entbehren, tatsächlich nicht so verstanden werden, ist seltsamerweise gerade die Wirkung jener hier schon wiederholt angedeuteten Theorie, die den wahren Sachverhalt aus politischen Motiven verhüllt, die nicht eigentlich politischen Interessen entspringen, deren Ausdruck diese Verfassungen sind. Eine Verfassung, deren die Gesetzgebung betreffenden

Vorschriften verletzt werden können, ohne daß dies eine Vernichtung der verfassungswidrigen Gesetze zur Folge hätte, hat gegenüber den tieferstehenden Schichten der innerstaatlichen Rechtsordnung keine andere Geltungskraft, als das Völkerrecht gegenüber der einzelstaatlichen Rechtsordnung. Setzt sich die letztere mit irgendeinem ihrer Akte — von der Verfassung bis zum letzten Verwaltungsakt — zum Völkerrecht in Widerspruch, so kann das an der Gültigkeit dieser Akte nichts ändern. Allerdings: der durch die Völkerrechtsverletzung getroffene Staat kann letzten Endes gegen den das Völkerrecht verletzenden Staat Krieg führen. Es ist nur eine Strafsanktion, die einsetzt; so wie die der Verfassungsgerichtsbarkeit entbehrende Verfassung auf ihre Verletzung nur mit der Strafsanktion reagieren kann, die das Institut der Ministerverantwortlichkeit bietet. Diese geringe Geltungskraft des Völkerrechts ist es, die manche Autoren — freilich zu Unrecht — dazu veranlaßt, ihm überhaupt den Rechtscharakter abzusprechen. Und ganz ähnliche Motive wie jene, die sich der Errichtung eines mit kassatorischer Befugnis ausgestatteten internationalen Gerichtes und der dadurch zu bewirkenden rechtstechnischen Erstarkung des Völkerrechts entgegensetzen, sind es, die der mit der Funktion eines Verfassungsgerichts verbundenen Erhöhung der Geltungskraft der Verfassung widerstreben.

All dies muß man sich vergegenwärtigen, um die Bedeutung ermessen zu können, die die hier erörterte Frage der Verfassungsgerichtsbarkeit hat.

Neben dieser allgemeinen, für jede Verfassung gültigen Bedeutung hat sie aber auch eine besondere, je nach der spezifischen Gestaltung der Verfassung. So vor allem für die demokratische Republik. Zu deren Existenzbedingungen gehören: Kontrolleinrichtungen. Gegen die mannigfachen, zum Teil berechtigten Anwürfe, der diese Staatsform gerade in neuerer Zeit ausgesetzt ist, kann sie sich nicht besser verteidigen, als durch einen Ausbau aller Garantien, die für die Rechtmäßigkeit der Staatsfunktionen gegeben werden können. In demselben Maße, als deren Demokratisierung fortschreitet, muß auch deren Kontrolle verstärkt werden. Unter diesem Gesichtspunkt ist hier auch die Verfassungsgerichtsbarkeit zu beurteilen. Indem diese das verfassungsmäßige Zustandekommen und insbesondere auch die Verfassungsmäßigkeit des Inhalts der Gesetze sichert, leistet sie die Funktion eines wirksamen Schutzes der Minorität gegen Übergriffe der Majorität, deren Herrschaft nur dadurch erträglich wird, daß sie rechtmäßig ausgeübt wird. Die spezifische Verfassungsform, die im wesentlichen darin zu bestehen pflegt, daß die Verfassungsänderung an eine erhöhte Majorität gebunden ist, bedeutet: daß gewisse fundamentale Fragen nur unter Mitwirkung der Minorität gelöst werden können. Die einfache Majorität hat — wenigstens in gewissen Belangen — nicht das Recht, ihren Willen der Minorität aufzuzwingen. Nur durch ein verfassungswidriges, weil nur mit einfacher Majorität zustande gekommenes Gesetz kann gegen den Willen der Minorität in deren verfassungsmäßig geschützte Interessensphäre eingegriffen werden. Die Verfassungsmäßigkeit der Gesetze ist daher ein eminentes Interesse der Minorität; gleichgültig, welcher Art diese Minorität ist, ob es sich um eine klassenmäßige, eine nationale oder religiöse Minorität handelt, deren Interessen durch die Verfassung in irgendeiner Weise geschützt sind.

Dies gilt insbesondere für den Falle einer Verschiebung des Verhältnisses zwischen Majorität und Minorität, wenn eine Majorität zur Minorität wird, aber noch stark genug bleibt, um jenen qualifizierten Beschluß zu verhindern, der zu einer legalen Verfassungsänderung erforderlich ist. Wenn man das Wesen der Demokratie nicht in einer schrankenlosen Majoritätsherrschaft, sondern in dem steten Kompromiß zwischen den im Parlament durch Majorität und Minorität vertretenen Volksgruppen erblickt, dann ist die Verfassungsgerichtsbarkeit ein besonders geeignetes Mittel, diese Idee zu verwirklichen. In der Hand der Minorität kann schon die bloße Drohung mit der Anfechtung vor dem Verfassungsgericht ein geeignetes Instrument sein, verfassungswidrige Interessenverletzungen durch die Majorität, letzten Endes: Diktatur der Majorität, zu verhindern, die dem sozialen Frieden nicht minder gefährlich ist, wie die Diktatur einer Minderheit.

Die größte Bedeutung aber erlangt die Verfassungsgerichtsbarkeit im Bundesstaat. Man geht nicht zu weit, wenn man behauptet, daß dessen politische Idee rechtlich überhaupt erst mit der Institution des Verfassungsgerichts vollendet wird. Das Wesen des Bundesstaates besteht — sieht man darin kein staatsmetaphysisches, sondern ganz realistisch ein organisationstechnisches Problem — darin: daß die Gesetzgebung und Vollziehung einer als Staat geltenden Rechtsgemeinschaft geteilt sind zwischen je einem zentralen Organ mit Kompetenz für das ganze Staatsgebiet bzw. Staatsganze, genannt „Bund", „Reich" usw. und mehreren lokalen Organen mit Kompetenz bloß für Teilgebiete bzw. Glieder, genannt „Gliedstaaten", „Länder", „Kantone" usw., wobei an der zentralen Gesetzgebung und eventuell auch an der zentralen Vollziehung mittelbar (durch Lokalparlamente gewählte oder durch Lokalregierungen designierte) oder unmittelbar berufene (vom Volk des Teilgebietes) gewählte Repräsentanten der Glieder beteiligt sind. Der Bundesstaat stellt einen spezifischen Fall von Dezentralisation dar. Die Normierung dieser Dezentralisation bildet den wesentlichen Gehalt der Gesamtverfassung. Diese bestimmt vor allem, welche Materien durch zentrales Bundesgesetz und welche durch lokales Gliedstaats-(Landes-)Gesetz zu regeln sind; desgleichen, in welchen Angelegenheiten der Bund und in welchen die Gliedstaaten zur Vollziehung zuständig sind. Die Kompetenzaufteilung ist der politische Kern der Bundesstaatsidee. Rechtstechnisch bedeutet dies, daß die Verfassung nicht nur, wie im Falle des Einheitsstaates, den Weg der Gesetzgebung bestimmt und gewisse Richtlinien für den Inhalt der Gesetze aufstellt, sondern daß sie auch den sachlichen Geltungsbereich der Gesetze — der Reichs- wie der Landesgesetze — begrenzt. Jede Verletzung dieser durch die Verfassung gezogenen Grenzlinien ist eine Verletzung des Fundamentalgesetzes des Bundesstaates, die Wahrung der zwischen dem Bund und den Gliedstaaten durch die Verfassung gezogenen Kompetenzgrenze eine politische Lebensfrage. Und als solche wird sie auch im Bundesstaat empfunden, der stets ein Schauplatz leidenschaftlichster Kämpfe um die Kompetenz ist. Wenn irgendwo, so besteht hier das Bedürfnis nach einer objektiven Instanz, die diese Kämpfe auf friedlichem Wege schlichtet, nach einem Forum, vor dem diese Streitigkeiten als Rechtsfragen aufgeworfen und als solche entschieden werden. Es ist nichts anderes als ein Verfassungsgericht. Denn jede Verletzung der Kompetenz des Bundes durch einen Gliedstaat, des Gliedstaates durch den Bund ist eine Verfassungsverletzung, eine Verletzung der Bund und Länder, Reich und Gliedstaaten zu einem Ganzen zusammenfassenden Bundesverfassung. Diese Gesamtverfassung, deren wesentlichsten Bestandteil die Kompetenzaufteilung bildet, darf nicht mit der unter ihr stehenden Sonderverfassung des Bundes (Reiches) verwechselt werden, die ebenso wie die Verfassungen der Gliedstaaten (Länder) nur die Verfassung einer Teilgemeinschaft ist, wenn es auch dasselbe Organ sein mag, das zur Abänderung der Gesamtverfassung wie der Bundes-(Reichs-)Verfassung berufen ist.

Handelt es sich um kompetenzwidrige Gerichts- oder Verwaltungsakte, so bietet der Instanzenzug im

Gerichts- oder Verwaltungsverfahren der Gliedstaaten oder des Bundes die Möglichkeit, solche Akte aus dem Titel ihrer Gesetzwidrigkeit zu beseitigen. Ob diese Garantie hinreicht, um wirksam zu verhindern, daß Akte der Bundesverwaltung in die Kompetenz der Gliedstaaten, Akte der Gliedstaatsverwaltung in die Kompetenz des Bundes eingreifen, muß dahingestellt bleiben. Zumal dann, wenn es an einem Bund und Gliedstaaten gemeinsamen obersten Verwaltungsgericht fehlt, das freilich, sofern es die Kompetenz-, d. h. die Verfassungsmäßigkeit der Akte zu kontrollieren hat, schon selbst — zumindest indirekt — als Verfassungsgericht fungiert. Wegen der für den Bundesstaat charakteristischen Gegensätzlichkeit der Interessen zwischen Bund und Gliedstaaten und dem hier bestehenden starken Bedürfnis nach einer objektiven, gleichsam schiedsrichterlichen Instanz, die als Organ der Gesamtgemeinschaft zwischen den grundsätzlich koordinierten Rechtsgemeinschaften des Bundes und der Gliedstaaten fungiert, muß die Frage der einem Verfassungsgericht hier zuzuteilenden Kompetenz etwas anders beurteilt werden, als in einem zentralistischen Einheitsstaat. Das bundesstaatliche Verfassungsgericht mit der Rechtskontrolle auch individueller Verwaltungsakte — jedoch nur hinsichtlich ihrer Kompetenzmäßigkeit — zu betrauen, erscheint durchaus diskutabel. Selbstverständlich aber müßte die Forderung sein, Gesetze und Verordnungen des Bundes wie der Gliedstaaten vor einem Verfassungsgericht anfechten zu können, das durch seine paritätische Zusammensetzung hinreichend Objektivität garantiert, und das — als Organ der Gesamtverfassung und nicht als einseitiges Organ des Bundes oder der Gliedstaaten — solche Gesetze und Verordnungen aus dem Grunde, weil sie die Gesamtverfassung verletzen, vor allem also wegen ihrer Kompetenzwidrigkeit, zu kassieren befugt ist.

Es gehört zu den Paradoxien der Bundesstaatstheorie, daß sie den Grundsatz: Reichsrecht bricht Landesrecht, als angeblich dem Wesen des Bundesstaates entsprechend vertritt und schon damit allein die Notwendigkeit eines Verfassungsgerichts für den Bundesstaat verschleiert hat. Es läßt sich leicht zeigen, daß nichts der Idee des Bundesstaates so zuwider sein kann, wie jener Grundsatz, der die politische und rechtliche Existenz der Gliedstaaten von dem Belieben des Bundes — also einer bloßen Teilgemeinschaft — abhängig macht, dem er ermöglicht, durch einfaches Gesetz, ja durch einfache Verordnung in die Kompetenz der Gliedstaaten, im Widerspruch zur Gesamtverfassung, einzugreifen, sich Gliedstaatskompetenzen verfassungswidrig zu arrogieren. Soll die Idee des Bundesstaates gewahrt bleiben, die in der Gesamtverfassung ihren Ausdruck gefunden hat, dann darf Reichsrecht ebensowenig Landesrecht brechen, wie Landesrecht Reichsrecht, sondern dann ist das eine wie das andere, dann sind beide in ihrem gegenseitigen Verhältnis in gleicher Weise nach der Gesamtverfassung zu beurteilen, die ihre Geltungsbereiche gegeneinander abgrenzt. Ein Rechtsakt des Bundes, der die ihm von der Gesamtverfassung vorgezeichnete Grenze überschreitend, in den verfassungsmäßig gewährleisteten Bereich der Gliedstaaten eindringt, hat ebensowenig juristische Existenzberechtigung, wie der Rechtsakt eines Gliedstaates, der die Bundeskompetenz verletzt. Dieser Grundsatz allein entspricht dem Wesen des Bundesstaates und kann nicht anders verwirklicht werden, als durch ein Verfassungsgericht. In dessen natürliche, weil aus der Idee des Bundesstaates sich ergebende Kompetenz müßte schließlich auch gehören, über alle Pflichtverletzungen zu entscheiden, deren sich nicht nur die Gliedstaaten, sondern auch der Bund dadurch schuldig machen kann, daß ihre zuständigen Organe in Ausübung ihres Amtes die Gesamtverfassung verletzen. Dasjenige, was man Bundes-(Reichs-)Exekution zu bezeichnen pflegt und was für Theorie und Praxis des Bundesstaates ein so schwieriges Problem darstellt, es dürfte — gleichgültig, ob in der primitiven Form einer kollektiven Erfolgshaftung der Gemeinschaft als solcher oder in der technisch fortgeschritteneren einer individuellen Schuldhaftung des verantwortlichen Organs — nur als Vollstreckung eines Urteils erfolgen, das das Verfassungsgericht gefällt und in dem es die Verfassungswidrigkeit des Verhaltens, sei es des Bundes, sei es eines Gliedstaates, festgestellt hat.

Die Aufgaben, die sich einem Verfassungsgerichte im Rahmen eines Bundesstaates bieten, lassen besonders deutlich die Verwandtschaft hervortreten, die zwischen der Verfassungsgerichtsbarkeit und einer zwischenstaatlichen, der Wahrung des Völkerrechts dienenden Gerichtsbarkeit — schon mit Rücksicht auf die gegenseitige Nähe der Rechtsstufen — besteht, um deren Garantien es sich handelt. Und so, wie die eine den Krieg zwischen den Völkern überflüssig machen will, bewährt sich die andere — in ihrem letzten Sinne — innerhalb des Einzelstaates als eine Garantie des politischen Friedens.

2a. Leitsätze des Mitberichterstatters.

1. *Staatsgerichtsbarkeit ist Verfassungs-Gerichtsbarkeit; als solche ein Glied in dem System der Maßnahmen, die den Zweck haben, die Rechtmäßigkeit der Staatsfunktionen zu sichern.*
2. *Verfassungsgerichtsbarkeit will grundsätzlich die Rechtsmäßigkeit der verfassungs-unmittelbaren Rechtsakte (Normen), so der Gesetze, der gesetzersetzenden (verfassungsunmittelbaren) Verordnungen usw. und dadurch die Verfassung garantieren.*
3. *Die Garantien der Rechtmäßigkeit sind: a) präventive oder repressive; b) persönliche oder sachliche.*

   Verfassungsgerichtsbarkeit ist im wesentlichen eine Garantie repressiven und sachlichen Charakters.

   Unter den sachlich-repressiven Garantien kommen hier in Frage: Nichtigkeit des rechtswidrigen Aktes, seine Vernichtung (Kassation) und eventuell seine Ersetzung durch einen rechtmäßigen Akt (Reformation).

   Verfassungsgerichtsbarkeit zielt im wesentlichen auf Vernichtung des rechtswidrigen Aktes.
4. *Die Vernichtung des rechtswidrigen Aktes kann — wenn es sich um eine generelle Norm handelt — die Geltung der rechtswidrigen Norm: a) nur für einen einzelnen Fall oder für alle Fälle, auf die die generelle Norm zur Anwendung gelangen soll; b) nur für die nach der Aufhebung eintretenden Tatbestände oder auch auf alle oder gewisse vor der Aufhebung eingetretenen Tatbestände (d. h. mit oder ohne oder mit beschränkter Rückwirkung) aufheben; c) die Vernichtung des rechtswidrigen Aktes kann erfolgen von dem Organ, das diesen Akt gesetzt hat, oder von einem anderen Organ.*

   Verfassungsgerichtsbarkeit bedeutet die Kassation der rechtswidrigen Norm mit oder ohne Beschränkung auf einen konkreten Fall, mit oder ohne Rückwirkung, durch ein anderes Organ als jenes, das den rechtswidrigen Akt gesetzt hat; und zwar durch ein Gericht, d. h. durch eine in spezifischer Weise unabhängige Behörde.
5. *Bei der Zusammensetzung des Verfassungsgerichtes, das als Kollegialorgan gebildet wird, ist vor allem auf die Ausschaltung parteipolitischer Einflüsse und auf juristische, speziell verfassungsrechtliche Fachkenntnisse Bedacht zu nehmen.*

6. *Den* ***Gegenstand*** *der verfassungsgerichtlichen Judikatur hat zu bilden:*

Vor allem die ***Gesetze*** *(Bundes- und Landesgesetze) und verfassungsunmittelbaren (gesetzersetzenden)* ***Verordnungen.*** *Doch empfiehlt es sich, auch alle anderen (gesetzvollziehenden) Verordnungen — und zwar mit Rücksicht auf die innere Verwandtschaft, die zwischen Gesetz und Verordnung als generellen Normen besteht — der Prüfung und Entscheidung des Verfassungsgerichtes zu unterwerfen.*

Die Prüfung von ***Staatsverträgen*** *und ihre Kassation wegen Verfassungswidrigkeit zu übertragen, empfiehlt sich im allgemeinen — aus außenpolitischen Gründen — nicht.*

Individuelle *Rechtsakte (Normen) sollen, soferne sie von* ***Gerichten*** *gesetzt werden, von der Kontrolle durch das Verfassungsgericht ausgeschlossen werden. Ebenso individuelle Rechtsakte, die von* ***Verwaltungsbehörden*** *ausgehen; auch wenn sie verfassungsunmittelbaren Charakter haben. Letzteres im Interesse einer zweckmäßigen* ***Abgrenzung der Verfassungs- von der Verwaltungs-Gerichtsbarkeit.***

Dagegen empfiehlt es sich, individuelle Rechtsakte des ***Parlaments*** *der Judikatur des Verfassungsgerichtes zu unterwerfen.*

7. *Als* ***Gegenstand*** *verfassungsgerichtlicher Judikatur kommen nicht nur generelle Normen in Betracht, die zum Zeitpunkte der Entscheidung des Verfassungsgerichtes noch in Geltung stehen, sondern auch solche, die zwar — nicht vom Verfassungsgericht selbst, sondern von einer anderen Instanz —* ***schon aufgehoben*** *sind, aber, da ohne Rückwirkung aufgehoben, auf Tatbestände zur Anwendung kommen sollen, die noch unter der Geltung der aufgehobenen Norm entstanden sind.*

Es empfiehlt sich, der Entscheidung des Verfassungsgerichtes auch die Frage der ***Derogation eines älteren Gesetzes (Verordnung) durch die jüngere Verfassung*** *zu unterwerfen.*

8. *Als* ***Maßstab*** *der verfassungsgerichtlichen Judikatur hat zu gelten:*

a) *Die* ***Verfassung*** *gegenüber den verfassungsunmittelbaren Akten (Verfassungsmäßigkeit der Gesetze und der verfassungsunmittelbaren Verordnungen usw.).*

b) Ausnahmsweise das Gesetz: gegenüber den verfassungsmittelbaren, d. h. gesetzausführenden Verordnungen.

c) Das allgemeine Völkerrecht: Wenn dessen Regeln (die „allgemein anerkannten Regeln des Völkerrechtes") als Bestandteil der staatlichen Rechtsordnung anerkannt sind; sowie partikuläres Völkerrecht (Staatsverträge) soferne die Prüfung der Staatsvertragswidrigkeit von Gesetzen, Verordnungen usw. in die Zuständigkeit des Verfassungsgerichtes gestellt ist.

d) Jedenfalls darf nur positives Recht den Maßstab der verfassungsgerichtlichen Prüfung und Entscheidung bilden.

9. *Das Ergebnis der verfassungsgerichtlichen Judikatur soll sein: Die Kassation des rechtswidrigen Aktes, nicht seine Reformation.*

Die Kassation von generellen Normen (Gesetzen, Verordnungen usw.) durch das Verfassungsgericht ist ein richterliches Urteil, das legislativen Charakter hat. (Das Gericht als negativer Gesetzgeber.)

Es empfiehlt sich, dem Verfassungsgerichte die Möglichkeit zu geben, bei Kassation einer generellen Norm unter gewissen Umständen zu bestimmen, daß bis auf weiteres jene generelle Norm wieder in Geltung trete, die vor der aufgehobenen Norm gegolten hat.

Ferner empfiehlt sich, der Kassation durch das Verfassungsgericht im allgemeinen keine rückwirkende Kraft zu geben. Ausnahme: Für den Fall, als das verfassungsgerichtliche Verfahren durch Antrag einer rechtsanwendenden Behörde eingeleitet wird, wobei die Rückwirkung der Kassation sich insbesondere auf den konkreten Fall zu beschränken hat, der den Anlaß zur Einleitung des Verfahrens vor dem Verfassungsgerichte gegeben hat.

10. *Das verfassungsgerichtliche Verfahren kann eingeleitet werden: Durch actio popularis, durch Antrag bestimmter Behörden oder Parteien, durch Parlamentsminorität, von Amts wegen: sei es durch das Gericht selbst, sei es durch einen Verfassungsanwalt usw.*

Das Verfahren des Verfassungsgerichtes soll grundsätzlich öffentlich und mündlich sein. Als Prozeßparteien sind die Organe zuzuziehen, deren Akte auf ihre Rechtmäßigkeit geprüft wird, ebenso Privatparteien, soweit dies zum Schutz ihrer rechtlichen Interessen erforderlich. Das Urteil des Verfassungsgerichtes, durch das generelle Normen kassiert werden, ist im Gesetzblatte kundzumachen. Es empfiehlt sich, dem Verfassungsgerichte die Möglichkeit zu geben, die Kassation einer generellen Norm eine bestimmte Zeit nach der Kundmachung des Erkenntnisses in Geltung treten zu lassen (vacatio legis).

---

3. Aussprache über die Berichte zum ersten Beratungsgegenstand.

Laun-Hamburg: Meine Herren! Die beiden Referate, die wir gehört haben, haben eine solche Fülle allgemeiner Probleme berührt, daß es sehr schwer möglich wäre, auf alles einzugehen, umso mehr, da wir doch hoffen wollen, daß in dieser kurzen Zeit, die uns zur Verfügung steht, sehr viele das Wort ergreifen werden. Ich will daher, obwohl wir keine Beschränkung der Redezeit beschlossen haben, sehr kurz sein. Ich stimme im wesentlichen all dem zu, was heute Herr Triepel ausgeführt hat, und kann mich darauf beschränken, nur zu einem sehr wichtigen Punkte etwas zu bemerken. Es handelt sich um die Gleichstellung von Verfassung und Politik, die Herr Triepel in einem gewissen Sinne vorgenommen hat.

Bekanntlich ist das Wort „politisch" so vieldeutig, daß man damit sehr schwer operieren kann. Aber auch wenn man von dieser Vieldeutigkeit ganz absieht und jene Bedeutung annimmt, die im Sinne der Ausführungen des Herrn Triepel gelegen ist, so scheint es mir doch, daß die Gleichstellung, die er vorgenommen hat, nicht zulässig ist. Man kann nicht sagen, daß gerade nur das, was die Verfassung betrifft, „politisch" ist, alles andere nicht oder weniger. Nehmen wir etwa an, ein Teil der Staatsbürger wünscht die trennbare, ein Teil die untrennbare Ehe, so kann diese Frage unter Umständen hochpolitisch sein; trotzdem betrifft sie nicht die Verfassung, sondern ist eine familienrechtliche Frage de lege ferenda. Oder ein Teil der Staatsbürger will die Todesstrafe, der andere nicht — das ist doch auch keine Verfassungsfrage, sondern eine strafrechtliche Frage de lege ferenda, kann aber im höchsten Grade zu einer politischen Frage werden. Oder etwa der Bau von Wohnungen durch öffentliche Körperschaften, der Achtstundentag, der Religionsunterricht in den Schulen, in mehrsprachigen Staaten etwa die Gerichtssprache, die Sprache der Behörden usw.: das sind lauter verwaltungsrechtliche, nicht Verfassungsfragen und können doch unter Umständen sehr politisch sein.

Es handelt sich offenbar um etwas anderes. Wir nennen Politik im wesentlichen einen Tatbestand des kausalen sozialen Geschehens und zwar den, den man etwa als den Kampf um die Macht bezeichnet. Wenn nun dieser Kampf um die Macht gerade ein solches Objekt herausgegriffen hat, das nicht systematisch zur Verfassung gehört, sondern zum Zivil-, Straf- oder Verwaltungsrecht, so ist dieses Objekt eben trotzdem der Zankapfel der Parteien und im Augenblick „politischer" als alles andere. Ich glaube daher, daß wir den Begriff der Verfassung irgendwie anders bestimmen müssen und zwar, meines Erachtens etwa in der folgenden Weise.

Die Verfassung betrifft drei Dinge: erstens das Staatsgebiet, das heißt den örtlichen Geltungsbereich der staatlichen Befehle, der alle Menschen des ganzen Erdballs umfaßt unter der Voraussetzung, daß sie sich in diesen örtlichen Geltungsbereich begeben; zweitens das Staatsvolk, das heißt den persönlichen Geltungsbereich der staatlichen Befehle für bestimmte Menschen, die ihnen immer unterstehen, gleichgültig, ob sie sich in dem Gebiete dieses Staates befinden oder nicht; drittens endlich die Bildung des obersten Willens im Staate, das heißt eben jener Befehle, welche innerhalb dieses örtlichen und persönlichen Geltungsbereiches verbindlich sein sollen. Die obersten Befehle sind in Staaten, in denen es eine besondere Verfassungsgesetzgebung neben der gewöhnlichen gibt, die Normen über das Zustandekommen der Verfassungsgesetze, in Staaten, in denen diese Trennung nicht besteht, die Normen über das Zustandekommen der Gesetze schlechthin. Das Organ, welches diese Normen erläßt, ist nicht etwa nur das Parlament oder im Falle der Volksabstimmung das Volk. Auch die Regierungen sind an der obersten Willensbildung beteiligt, denn die Regierung ist dasjenige Organ, welches das Parlament einberuft, die Wahlen ausschreibt, die Volksabstimmung durchführt, die Gesetzesanträge einbringt, die Gesetze kontrasigniert und verkündet. Die Normen über diese Organe gehören also auch zur „Verfassung". Zur Kompetenz des Organs, welches den obersten Willen bildet, ist auch die Erlassung der Normen über die Tragweite der Verbindlichkeit der gesetzlichen Befehle zu rechnen, daher insbesondere auch die Regelung der Frage, ob einfache Gesetze, die der Verfassung widersprechen, an sich nichtig sind oder nur unter der Bedingung unwirksam werden, daß ein Verfassungsgericht sie als nichtig erklärt. Demzufolge sind auch die Normen über das Verfassungsgericht ein Teil der „Verfassung". Zu diesen Materien kommt endlich noch die Frage der Durchsetzung oder Exekution dieser Normen, das heißt des Vorgehens gegen ungehorsame Organe. Damit scheint mir der Kreis der „Verfassung" materiell gegenüber allem anderen abgegrenzt. Alles andere ist nicht „Verfassung", sondern „Verwaltung", und ein Gericht, das andere Fragen zu beurteilen hat, ist nicht „Verfassungs"-, sondern „Verwaltungsgericht" — das alles in materiellem Sinne gemeint.

Nun kann allerdings ein Gesetz die Worte „Verfassung" und „Verfassungsgericht" in einem anderen Sinn gebrauchen, aber sobald wir das untersuchen, haben wir es nicht mehr mit dem materiellen Begriff „Verfassung" zu tun, sondern mit dem formellen, von dem uns heute Herr Kelsen genug ausgeführt hat. Wenn etwa ein Artikel der schweizerischen Verfassung das Schlachten von Tieren ohne vorherige Betäubung verbietet, so ist das ein Bestandteil der „Verfassung" im formellen und nicht im materiellen Sinn. Welche materiell-rechtlichen Wirkungen sich an die Aufnahme solcher Sätze, die nicht Verfassung im materiellen Sinn sind, in die Verfassung im formellen Sinn knüpfen, ist nach dem positiven Recht des einzelnen Staates zu beurteilen. Dagegen die Abgrenzung des Begriffs der Verfassung, die ich versucht habe nach den drei Gesichtspunkten: Volk, Staat, und oberste Willensbildung vorzunehmen, bezweckt eine materielle Begriffsbildung, die vom positiven Recht unabhängig ist. Sie kann daher nur de lege ferenda Bedeutung beanspruchen, soweit wir aussprechen wollen, wie ein Verfassungsgericht zweckmäßig eingerichtet wäre, welche Kompetenzen ihm etwa übertragen werden sollten. Es können aber diese wie alle Erwägungen de lege ferenda unter Umständen auch in die Interpretation der lex lata hineingetragen werden, wenn das positive Recht gestattet, im Zweifel anzunehmen, daß der Gesetzgeber seine Worte gerade in dem behaupteten Sinn gebraucht hat.

Tatarin-Tarnheyden-Rostock: Ich möchte gerne auf einige praktische Konsequenzen der uns heute entwickelten Gesichtspunkte zu dem Problem der Staatsgerichtsbarkeit hinweisen. In diesen zwei Referaten hat sich ja der Gegensatz der Meinungen, der sich schon bei den letzten Tagungen gezeigt hat, deutlich wieder offenbart. Nun, der erste Referent will die Verfassung im materiellen Sinn verstehen und sieht Verfassungsstreitigkeiten immer als politische Streitigkeiten an. Dementsprechend erscheint bei ihm als der praktisch wichtigste Fall der Fall der Ministeranklage. Der zweite Referent will die Staatsgerichtsbarkeit allein im Sinne einer Nachprüfung der Rechtmäßigkeit verstehen, und zwar der Rechtmäßigkeit im formellen Sinn, entsprechend dem formellen Begriff der Verfassung, der Übereinstimmung mit der Verfassungsurkunde. Er will alle Staatsakte auf ihre Verfassungsmäßigkeit durch die Verfassungsgerichtsbarkeit nachprüfbar machen, sofern sie nicht etwa der Verwaltungsgerichtsbarkeit zufallen. Dabei geht er aus von einer Illusion, die für eine ganze Richtung entscheidend ist: daß wir den Rechtsstaat haben und daß dieser Rechtsstaat restlos verwirklicht werden kann, das heißt mit andern Worten, daß der Staat sich völlig deckt mit der Rechtsordnung, deren Grundlagen in der Verfassung formell festgelegt sind. Das ist nun der Punkt, an dem ich mit meinem Zweifel einsetzen möchte. Darauf allein kann meiner Ansicht nach die Staatsgerichtsbarkeit, wie der erste Herr Referent das historisch dargetan hat, nicht aufgebaut sein. Das zeigt sich im Grunde genommen auch aus den Ausführungen des Herrn Kelsen selbst; nämlich unter Punkt VI seiner Thesen entschlüpft seiner Erfassung eigentlich der wichtigste Teil des Staatsunrechts — und darin zeigt sich eben in gewissem Sinne die Gegensätzlichkeit der zwei Referate — den der erste Herr Referent vielleicht für den wichtigsten hält, d. h. gerade die Ministeranklage in weiterem Sinne bzw. die Klage gegen die Regierung. (Kelsen: Das ist nicht der wichtigste Fall!) Aber jedenfalls einer der wichtigsten Fälle. Darauf läuft es, glaube ich, doch im Grunde genommen hinaus. Dieser wichtigste Fall oder einer der wichtigsten Fälle ist hier also nicht erfaßt. Herr Kelsen geht nämlich stark von seinen eigenen Konstruktionen aus und von der österreichischen Verfassung, die ja von ihm zum Teil mit geschaffen worden ist. In Österreich mag es noch bis zu einem gewissen Grade möglich sein — wie das im Punkt VI seiner Leitsätze festgestellt worden ist —, die individuellen Akte, Rechtsakte der Verwaltungsbehörden überhaupt der Staatsgerichtsbarkeit zu entziehen, weil hier eben für die Verwaltungsgerichtsbarkeit grundsätzlich die Generalklausel besteht. Das haben wir aber in Deutschland nicht oder nur ganz vereinzelt, z. B. ist die Generalklausel rein durchgeführt in Hamburg und Bremen, mit einigen Beschränkungen in Württemberg und z. T. in den mitteldeutschen Ländern, aber im größten Teile Deutschlands besteht die Verwaltungsgerichtsbarkeit für die Beanstandung von Akten der Regierung nicht. Diese entschlüpfen somit der Nachprüfung und damit ist das, was Herr Kelsen vermeiden will: die Diktatur der Majorität und ihrer Regierung tatsächlich stets ein drohendes Gespenst. Ich möchte hier auf die Erfahrungen gerade aus dem Lande, in dem ich Staatsrecht lehre, hinweisen. In Mecklenburg ist einerseits das Gesetzwerden des schon längst eingebrachten Vorschlags, eine Generalklausel für die Zuständigkeit der Verwaltungsgerichtsbarkeit zu schaffen, verhindert worden, auf der andern Seite hat sich Mecklenburg einen eigenen Staatsgerichtshof geschaffen, für dessen Anrufung aber nur die Regierung, dann das Parlament, beides Mehrheitsfaktoren, ferner ein Volksbegehren in Frage kommen (Meckl. Schwer. Verf. §§ 70, 62 II III, 45 II); damit ist die Staatsgerichtsbarkeit für Fälle, die für das Staatsleben wesentlich sind, in denen tatsächlich ein großer Teil der Bevölkerung in seinen verfassungsrechtlichen Garantien geschädigt wird, von Landes wegen ausgeschaltet. Das hat sich in vielen Fällen gezeigt, indirekt auch in dem allgemein bekannten Falle der Entscheidung des Reichs-Staatsgerichtshofes über die Splitterparteien, die so oder anders auch Mecklenburg-Schwerin betroffen hätte, die aber dort bisher ignoriert worden ist, weil nach Ansicht der Regierung es sich um eine Landesverfassungsstreitigkeit handelt, der Staatsgerichtshof in Mecklenburg-Schwerin aber nur angerufen werden kann durch die genannten Faktoren. (Die entsprechende Entscheidung des inzwischen angerufenen Staatsgerichtshofs für das deutsche Reich bleibt abzuwarten). So besteht für viele Fälle der Verfassungswidrigkeit bzw. des Staatsunrechts auf der Grundlage des reinen Positivismus die Schwierigkeit, sei es der Verwaltungsgerichtsbarkeit sei es der Staatsgerichtsbarkeit zu ihrem Recht zu verhelfen, und wir haben gesehen, wie auch im Reich der Külzsche Gesetzentwurf, der die Lücke der Art. 19 und 70 RV. ausfüllen wollte, im Verfassungsausschuß des letzten Reichstags einfach begraben worden ist. So hat Herr Kelsen zwar ganz mit Recht ausgesprochen, die Staatsgerichtsbarkeit sei eigentlich die Vollendung der Demokratie, aber die Demokratie vollendet sich eben nicht; damit bleibt aber für den größten Teil Deutschlands der Rechtsstaat zum Teil auf dem Papier stehen. Wir haben eine Spannung zwischen Postulat und Wirklichkeit, die vielleicht de lege ferenda auf dem Kelsenschen Wege teilweise überwunden werden könnte. Ganz, glaube ich, ist das auch auf diesem Wege nicht möglich; allein mit der formellen Nachprüfung der Verfassungsmäßigkeit (im Sinne der Übereinstimmung mit der Verfassungsurkunde als der Verfassung im formellen Sinn) und zumal nur derjenigen Staatsakte, die Herr Kelsen im Punkt VI aufzählt, d. h. der Verfassungsmäßigkeit der Gesetze, der Staatsverträge, in gewissen Fällen vielleicht der Rechtsakte des Parlaments, ist nicht auszukommen. Die Gefahr dieses Punktes liegt gerade bei den Akten der Regierung, und zwar betreffen die Schwierigkeiten sowohl die Zuständigkeit als die materielle Seite.

Andererseits halte ich es für sehr gewagt, mit Herrn Triepel von vornherein die Verfassungsstreitigkeiten mit politischen Streitigkeiten zu identifizieren und die Verfassung hierbei im materiellen Sinne zu verstehen, wie das ja der neuesten Smendschen Theorie entsprechen würde, nach der die Verfassung eigentlich die Sinnzusammenhänge darstellt, die hinter der geschriebenen Verfassungsurkunde stehen. Eine solche Theorie beraubt das

Staatsleben seiner festen Grundlage, die doch die Verfassungsurkunde in dem Sinnzusammenhange des Staatsganzen darstellt. Die Staatstheorie Smends halte ich für durchaus berechtigt, aber seine Verfassungstheorie kann ich nicht billigen. Denn für die Verfassung besteht eben das wichtige Kulturgut dieser festen Urkunde, die der ruhende Pol in der Flucht der Erscheinungen ist, an dem auch Verfassungs- und Verwaltungsgerichtsbarkeit einzusetzen haben. Die Sinnzusammenhänge des Ganzen kommen zweifellos auch zu Worte, aber nicht prima facie, sondern erst dort, wo sich im Verfassungsrecht Lücken, mißverständliche Stellen zeigen, wo eben eine Interpretation nötig ist. Hier gilt es dann, juristische Wege einzuschlagen, die Probleme auf juristische Weise zu erfassen. Wenn aber auch vom Positivismus auszugehen ist — darin hat Herr Kelsen recht — so handelt es sich doch in letzter Linie auch darum, Kriterien zu finden, die über den nackten Buchstaben hinausgehen. Mit dem Buchstaben allein kommen wir tatsächlich nicht durch. Und was gerade die Regierung betrifft, so ist folgendes zu sagen: Wenn man auch sonst die Absicht hätte, in der Rechtsordnung das System einer geschlossenen Nachprüfbarkeit von Staatsakten auf ihre Verfassungsmäßigkeit im formellen Sinne durchzuführen, so wird sich bei der Klage gegen die Regierung zeigen, daß das tatsächlich nicht ausreicht, schon allein deshalb, weil die Regierung die Staatsleitung ist und in gewissen Fällen über die Bindung des Staates an Normen hinwegschreiten muß, was wiederum nur dort zulässig ist, wo entweder mißverständliche Ausdrücke, Widersprüche, Lücken des Gesetzes vorliegen oder wo grundsätzlich Ermessensfreiheit besteht, die der Regierung zweifellos gegeben sein muß. Aber auch hier glaube ich, daß ein „objektives Verfahren" allein nicht genügt, das heißt bloße formale Garantien des verfassungsgerichtlichen Verfahrens, wie sie Herr Triepel gefordert hat, sondern daß auch hier das Gericht vor allem die Dinge vom Standpunkte ihrer Bindung an die Verfassung im formellen Sinne zu beurteilen hat, und daß erst secunda facie dann jene Sinnzusammenhänge und Wertgesichtspunkte in Frage kommen, eben dort, wo juristische Auslegung erforderlich wird.

Endlich — um nochmals zu Herrn Kelsen zurückzukehren — auch bei der Generalklausel werden noch viele Fälle von der Verwaltungsgerichtsbarkeit nicht erfaßt werden: die eben, in welchen es sich um ein nicht pflichtmäßiges Ermessen der Regierung handelt. Denn Verwaltungsgerichtsbarkeit soll grundsätzlich nur die Rechtmäßigkeit im formellen Sinne nachprüfen. Dieses Kriterium versagt aber gerade an der Spitze. Das ist der Punkt, in dem ich glaube, dem ersten Herrn Referenten das Seine geben zu müssen, wenn ich auch grundsätzlich meine, daß wir hier von der Verfassung im formellen Sinne auszugehen haben.

W. Jellinek-Kiel: Der erste Herr Referent hat in seiner Eigenschaft als Herausgeber des Archivs des öffentlichen Rechtes mich damit betraut, die Dezemberentscheidungen des Staatsgerichtshofs über die Splitterparteien zu erörtern. Das führt mich dazu, die Entscheidungen und das, was sich daran anschloß, zum Ausgangspunkte einiger Bemerkungen zu machen. Ich möchte dabei gleich anknüpfen an das, was Herr Tatarin-Tarnheyden sagte. Mir ist nicht ganz klar geworden, wieso in Mecklenburg-Schwerin eine Lücke sein soll. Denn wie kann Mecklenburg-Schwerin verhindern, daß der Staatsgerichtshof für das Deutsche Reich angerufen wird? (Rufe: Sehr richtig!) Das ist ja gerade das, was der erste Herr Referent heute betonte, daß sich von Reichswegen diese Frage entscheiden muß und nicht von Landeswegen. Ich kann also eine Lücke für Mecklenburg-Schwerin nicht sehen.

Nun der Hauptpunkt! Diese Entscheidungen des Staatsgerichtshofs sind ein klassischer Beleg für eine der Schlußbemerkungen des ersten Herrn Referenten, die dahin ging, daß der Staatsgerichtshof möglichst keine Befehle erteilt, keine Leistungsurteile fällt, sondern nur Feststellungen vornimmt. In allen drei Fällen, nämlich in dem hessischen, hamburgischen und mecklenburg-strelitzschen Wahlfall, wurde nur festgestellt, daß gewisse Bestimmungen der Landesgesetze mit dem Reichswahlgesetz nicht in Einklang stehen. Irgendwelche Folgerungen wurden daraus nicht gezogen, es zu tun wurde den Ländern überlassen, und die verschiedenen Länder haben auch verschiedene Folgerungen gezogen. Mecklenburg-Strelitz war der Ansicht, daß der Landtag zu bestehen aufgehört habe. Der Präsident hat eine Sitzung einberufen, in der er dies mitteilte; er hat nicht einmal mehr das Wort zur Debatte darüber erteilt. Dort war man also ohne weiteres der Ansicht, daß mit der Entscheidung das Todesurteil über den Landtag ausgesprochen sei. In Hamburg war man ähnlicher Ansicht, nur daß darüber noch debattiert wurde, allerdings ohne daß auch nur ein einziger — soviel ich mich entsinne — auf den Gedanken kam, zu fragen, ob die Rechtsauffassung richtig ist, daß, wenn ein in irgendeinem unbedeutenden Punkte ungültiges Wahlgesetz erlassen wurde, damit die ganze Wahl des Landtages ungültig ist, oder ob nicht doch von den Bürgern gültig gewählt wurde. Den richtigen Standpunkt — und damit kritisiere ich zugleich die beiden genannten Auffassungen — hat Hessen eingenommen. In Hessen ist das Wahlprüfungsgericht zusammengetreten — man spricht dort vom „Staatsgerichtshof", in Mecklenburg-Strelitz und in Hamburg gibt es keinen Staatsgerichtshof, wohl aber in Hessen im Sinne eines Wahlprüfungsgerichts — und dieses hat in einem Punkte richtiger entschieden, indem es zunächst der Ansicht war, daß durchaus nicht der Landtag ohne weiteres als ungültig gewählt anzusehen sei. Nun kommt aber ein wichtiger Punkt, nämlich die Entscheidung des hessischen Staatsgerichtshofs in der Sache. Diese Entscheidung ist lehrreich, sowohl in Beziehung auf das, was der erste Herr Referent, wie auf das, was Herr Kelsen gesagt hat. Der hessische Staatsgerichtshof stellte folgendes fest: Man müsse zugeben, daß durch diese ungültigen Bestimmungen des hessischen Wahlgesetzes möglicherweise von den beiden anfechtenden Splitterparteien eine einen Sitz nicht erlangt habe. Mit anderen Worten: hätte es diese einengenden Bestimmungen mit den 7000 Unterschriften und der 5000 Mark-Abgabe nicht gegeben, so hätte wahrscheinlich eine von diesen Parteien einen Sitz im Landesparlament errungen. Nun sollte man meinen, daß infolgedessen die Wahl — allerdings nicht ex tunc, sondern ex nunc — für ungültig erklärt wurde. Das geschah aber nicht, sondern der hessische Staatsgerichtshof, der in seiner Minderzahl aus Richtern und in der Mehrzahl aus Abgeordneten besteht, sagte, soweit ich mich entsinne, ungefähr so, daß die Entscheidung darüber nicht formal-juristisch getroffen werden dürfe, sondern politisch, und das bedeutet in diesem Zusammenhange, daß man fragen muß, ob sich, wenn dieser eine Abgeordnete in den Landtag gewählt worden wäre, die Mehrheitsverhältnisse im Landtage geändert hätten. Das wurde verneint, es wurde gesagt, dieser eine Mann hätte die Mehrheitsverhältnisse nicht geändert, und obgleich wohl alle rein juristisch entscheidenden Staatsgerichtshöfe oder Wahlprüfungsgerichte in einem solchen Falle die Wahl für ungültig erklärt hätten, hat der hessische Staatsgerichtshof nicht einmal darauf Rücksicht genommen, daß dieser eine Mann zumindest im Landtag hätte reden können, sondern erklärt, die ganze Wahl sei doch trotz des nicht unerheblichen Fehlers gültig. Was lehrt uns diese Entscheidung? Vor allem, wie gefährlich es ist, wenn das Wort „politisch" in eine juristische Entscheidung kommt. In diesem Falle bedeutet das Wort „politisch" trotz aller Verklausulierungen doch soviel, daß eben nicht nach Rechtsgrundsätzen, sondern nach andern Grundsätzen, nach nicht eindeutig bestimmbaren Grundsätzen entschieden wurde, nach dem Spruche: *stat pro ratione voluntas*. So war doch diese Entscheidung und deswegen möchte ich an den ersten Herrn Referenten die Bitte richten, zu versuchen, statt des Wortes „politisch" ein anderes Wort einzuführen, das durchaus dem entspricht, was der erste Herr Referent sagen wollte; aber das Wort selbst ist sehr gefährlich. Wenn ich versuchen soll zu deuten, worin die Schwierigkeit liegt und das Mißverständliche: es hängt zusammen mit einer philosophischen Auseinandersetzung Rickerts. Rickert weist darauf hin, daß es zwei grundverschiedene Dinge sind, ob man etwas auf Werte bezieht oder ob man etwas wertet. Die Gefahr besteht darin, daß Herr Triepel zwar das erste meint: man soll immer alles mit dem Staat und seinem Leben in Verbindung bringen, aber daß er leicht mißverstanden wird und daß man meint, der Staatsgerichtshof solle auch aus rein parteipolitischen, höchst subjektiven Wertungen heraus seine Entscheidungen treffen. Daher bitte ich zu versuchen, ein besseres Wort als dieses bedenkliche Wort „politisch" zu prägen und hier zu verwenden.

Und nun glaube ich, daß die Entscheidung des hessischen Staatsgerichtshofs auch sehr lehrreich für die Ausführungen des zweiten Herrn Referenten ist. Der zweite Herr Referent hat gesagt: Wie kann man denn überhaupt von der Verfassung als der obersten Norm sprechen, wenn nicht das ganze Verfassungswerk gekrönt wird durch ein für Verfassungswidrigkeiten vorgesehenes kassatorisches Urteil, das von einem Gerichtshof gefällt wird! Er sagte in eindrucksvoller Weise, daß, wenn man dies verneine, man so sagen müsse: Es gibt einmal die schöne, große Verfassungsurkunde, in der bestimmt ist: In den und den Formen soll die staatliche Willensbildung vor sich gehen. Daneben gibt es aber noch eine andere, ganz kurze Klausel, die sagt: Wenn Du beim Erlaß von Vorschriften die Verfassung verletzest, so soll deine Vorschrift dennoch gültig sein. Ist das nicht genau so, wenn wir ein Urteil des Staatsgerichtshofs nehmen? Der Staatsgerichtshof kann sich auch irren nnd hat sich gerade im hessischen Fall nach meiner Überzeugung geirrt. Müßte man da nicht sagen: was hat die ganze hessische Verfassung für einen Wert, wenn daneben die Generalklausel besteht: Du hessischer Staatsgerichtshof kannst und darfst falsch entscheiden und auf diese Weise die ganze Verfassung über den Haufen werfen! Das ist eben das Bedenkliche. Quis custodiet custodes? Wer wird die Wächter bewachen? Man müßte dann sagen: auch der Staatsgerichtshof ist noch nicht das Höchste, es müßte noch eine zweite Instanz darüber geben — und so ginge es ins Unendliche weiter.

Und nun ein anderer Punkt! Es hat großen Eindruck auf mich gemacht, wie Herr Triepel davon sprach, daß er schwanke zwischen den beiden Möglichkeiten, den politischen Gewalten freie Bahn zu lassen oder einen Gerichtshof zur Entscheidung solcher Streitigkeiten zu bestellen. Ich habe mir überlegt, ob man das nicht mit gewissen neuen Lehren oder älteren Lehren, die in neuer Gewandung jetzt erscheinen, in Verbindung bringen kann. Und da ist es schon früher eine häufig erörterte Frage gewesen, wer mächtiger ist: der Staat oder das Recht; ob der Gesetzgeber allmächtig ist oder ob es auch Grenzen für den höchsten Gesetzgeber gibt. Es ist das etwas, was schon früher erörtert wurde unter dem Gesichtspunkt der Schranken des Rechtes oder unter der Kapitelüberschrift „Recht und Staat". Es ist dann das Problem durch jene bekannte Rede des Freiherrn Marschall von Bieberstein unter dem Titel eines „Kampfes des Rechtes gegen die Gesetze" uns nahe gebracht worden und in der neuesten Schrift Carl Schmitts, dem groß angelegten Werke über Verfassungslehre, scheint mir dieser Gegensatz aufzuleben in der Scheidung der Verfassung in die echte Verfassung und das Verfassungsgesetz. Die echte Verfassung, die hinter dem Verfassungsgesetz steht, bedeutet etwas anderes als die zufällige Verfassungsurkunde. Daran könnte man vielleicht anknüpfen und sagen: Dort, wo diese durch keine Regeln bindbaren Kräfte sich befinden — also das, was Schmitt als Verfassung im Gegensatz zum Verfassungsgesetz bezeichnet —, besteht nicht die Möglichkeit, einen Verfassungsgerichtshof mit Entscheidungsbefugnis auszustatten; denn diese höchste, diese letzte Gewalt wird die politische Gemeinschaft nicht aufs Spiel setzen können. Dagegen, soweit es nur untergeordnete Verfassungsgesetze sind — die Verfassungsgesetze sind noch nicht die höchsten, sondern auch nur sekundäre Normen —, dort also, wo dies der Fall ist, besteht meines Erachtens keine Schwierigkeit, die Verfassungsgerichtsbarkeit einzurichten, und da würde ich mich auch ohne weiteres dafür aussprechen. Mit dieser Einschränkung würde ich sogar sagen, daß man die Verfassungsgerichtsbarkeit als Ergänzung des Artikels 107 unserer Reichsverfassung ausgestalten müßte, und soweit nicht die Verwaltungsgerichtsbarkeit reicht, müßte die Verfassungsgerichtsbarkeit eingeführt werden.

Vielleicht ist es mir gestattet, noch auf einen ganz andern Punkt hinzuweisen, nämlich auf die Frage, die, wie ich erwarte, morgen zur Debatte stehen wird, ob wir einjährig oder zweijährig tagen sollen. Ich selbst war vielleicht bei der schriftlichen Abstimmung dafür, daß man zweijährig tage, möchte aber jetzt doch einer andern Ansicht Ausdruck geben und sagen, daß ich nach der großen Anregung des heutigen Vormittags diese Ansicht revidiert habe und daß ich auch die, die morgen für die zweijährige Tagung zu stimmen beabsichtigen, bitten möchte, sich nochmals zu überlegen, ob man es nicht beim einjährigen Zusammenkommen belassen sollte. Unsere Tagungen bringen soviel Anregung, daß es ein Verlust wäre, wenn wir die zweijährige Tagung einführen wollten.

Merkl-Wien: Meine Herren Vorredner haben hochinteressante Detailfragen unseres Problems zur Diskussion gestellt, erst der unmittelbare Herr Vorredner ist meines Erachtens auf den Kern der Frage, nämlich auf die Frage des Wesens der Verfassungsgerichtsbarkeit näher eingegangen. Es sei mir gestattet, gerade diese Kernfrage etwas eingehender zu erörtern.

Es tut mir ungemein leid, bei meinen Ausführungen in erster Linie gegen eine wissenschaftliche Autorität vom Range des Herrn Professors Triepels polemisieren zu müssen; es tut mir um so mehr leid, als Herr Professor Triepel als hochwillkommener Gast aus Berlin kommt und ich ihm hier auf heimischem Boden als Gegenredner entgegentreten muß. Selbstverständlich dürfen und wollen meine Ausführungen nicht im entferntesten als solche persönlicher Natur verstanden werden und selbstverständlich sind sie durchaus getragen von der Hochachtung vor der wissenschaftlichen Autorität Herrn Triepels.

Herr Professor Triepel hat in seinem ganzen Referate eine auffällige Skepsis gegen das Problem, das er sich gestellt hat, zum Ausdruck gebracht, es ist sein Referat dort, wo er nicht bloß referierend, sondern wertend zu dem Probleme der Verfassungsgerichtsbarkeit Stellung nimmt, im Grunde eine Polemik gegen diese Institution.

Herr Professor Triepel hat nach seiner ganzen Kriegführung gegen die Institution der Verfassungsgerichtsbarkeit mit ihr einen halben Frieden geschlossen, indem er bei der Unterscheidung zwischen den Skeptikern und den Enthusiasten der Verfassungsgerichtsbarkeit sich doch mehr den Letzteren zuzählen zu sollen glaubte. Ich glaube, die wahre Liebe zu der Verfassungsgerichtsbarkeit ist das nicht, was aus seinem Referate hervorgetreten ist. Herrn Triepels Skepsis spricht vor allem schon aus seinen Leitsätzen. „Verfassungsstreitigkeiten sind immer politische Streitigkeiten. In dieser Tatsache liegt das Problematische der ganzen Einrichtung!" Nun wollte ja das Referat eine Problemlösung geben. Es kann natürlich nicht der Weisheit letzter Schluß sein, daß das Problem problematisch, d. h. ungelöst bleibt. Es ist also diese Formulierung des zweiten Leitsatzes meines Erachtens auch im Sinne des Herrn Professors Triepel nicht ganz wörtlich zu nehmen, aber gleichwohl der Ausdruck einer Skepsis gegen die Einrichtung der Verfassungsgerichtsbarkeit. Es ist, wenn ich Herrn Professor Triepel recht verstanden habe, seine Meinung, daß die Verfassungsgerichtsbarkeit an sich oder in ihrer Integration ein Widerspruch gegen das Wesen der Verfassung sei.

Sollen wir diese denkbar schärfste Kritik der Verfassungsgerichtsbarkeit auf ihre wissenschaftliche Berechtigung prüfen, so müssen wir uns doch nochmals des Wesens der Verfassungsgerichtsbarkeit besinnen. Die Verfassungsgerichtsbarkeit ist, wie Herr Professor Triepel in seinen Thesen sagt, die gerichtsförmige Entscheidung von Streitigkeiten über die Verfassung, wobei er Verfassung im materiellen Sinne des Wortes verstanden wissen will. Der Wissenschaft steht es natürlich frei, einen Begriff nach Belieben zu bestimmen; nur steht sie freilich unter dem Leitstern einer begriffsökonomisch rationellen, heuristisch wertvollen Begriffsbestimmung. Unter diesem Gesichtspunkte scheint mir schon die Abstellung der Verfassungsgerichtsbarkeit auf die Entscheidung von Verfassungsfragen im materiellen Sinne des Wortes einigermaßen bedenklich, und zwar deswegen, weil die positiv-rechtliche Einrichtung der Verfassungsgerichtsbarkeit doch vorzugsweise auf bestimmte Institutionen der Verfassung im formellen Sinne des Wortes abgestellt ist. Die Gerichte, die als Staatsgerichte oder Verfassungsgerichte nicht bloß positivrechtlich, sondern auch von der Rechtswissenschaft bezeichnet werden, sind nach ihrer Kompetenzordnung zum großen Teile mit Fragen befaßt, die wir nicht zur Verfassung im materiellen, wohl aber zur Verfassung im formellen Sinne des Wortes rechnen, welch letztere selbstverständlich weit über den Bereich der Verfassung im materiellen Sinne hinausgreifen kann. Wenn also die rechtswissenschaftliche Begriffsbestimmung der Verfassung sich an die positivrechtlichen Erscheinungen hält, so scheint es mir doch sicherlich zweckmäßiger, den Begriff der Verfassungsgerichtsbarkeit auf die Verfassung im formellen Sinne des Wortes abzustellen, und zwar erscheint dann die Verfassungsgerichtsbarkeit als die gerichtsförmige oder justizbehördliche Überprüfung von Akten auf ihre Übereinstimmung mit der Verfassung, eine Überprüfung, die entweder in einem objektiven oder einem subjektiven Verfahren einem Strafverfahren oder einem Verfahren, das auf die Nichtigerklärung oder Vernichtung eines Aktes hinausläuft, erfolgen kann. In der Begriffsbestimmung des Herrn Professors Triepel gibt des weiteren die Abstellung der Verfassungsgerichtsbarkeit auf Verfassungsstreitigkeiten zu Bedenken Anlaß. Meines Erachtens ist es eine positivrechtliche Zufälligkeit, ob ein Verfassungsgericht gerade für Verfassungsstreitigkeiten zuständig erklärt wird. Der Begriff der Verfassungsgerichtsbarkeit wird zu sehr verengt, wenn man die Frage, ob Verfassungsgerichtsbarkeit vorliegt oder nicht, von dem Zufall abhängig macht, ob ein derartiger prozessualer Anhub vorgesehen ist oder nicht. Es wäre ohne weiteres denkbar und es ist auch in Verfassungen verwirklicht, daß das Verfassungsgericht ex offo über Verfassungsfragen zu urteilen hat. Wenn die Verfassungsgerichtsbarkeit in dem Umfange verwirklicht würde, den Herr Professor Kelsen in seinem Referate heute angedeutet hat, dann würde sie weit über den Bereich von durch Parteien anhängig gemachten Streitigkeiten hinausgehen, und ich zweifle doch nicht, daß man alle die Judikate dieses Gerichtes als Akte der Verfassungsgerichtsbarkeit gelten lassen würde. Damit wäre aber die Unterscheidung von Verfassungsstreitigkeiten und sonstigen Verfassungsrechtssachen als für die Verfassungsgerichtsbarkeit unwesentlich anerkannt. Ich glaube also, daß es nicht darauf ankommt, ob über einen Akt eine Streitigkeit entstanden ist, sondern allein darauf, daß ein Gericht darüber zu entscheiden hat, ob ein Akt, der mit dem Prätexte der Vollziehung der Verfassung auftritt, tatsächlich mit der Verfassung im Einklange steht. Verfassungsgerichtsbarkeit ist also die gerichtliche Kontrolle von Staatsakten auf ihre Verfassungsmäßigkeit.

Nicht bloß unbefriedigt, sondern auch unklar wird endlich die Begriffsbestimmung, der Verfassungsgerichtsbarkeit, wenn sie mit dem Begriffsmerkmal des „Politischen" belastet wird; an diesem Punkte haben schon mehrere Vorredner mit ihrer Kritik eingesetzt. Selbstverständlich muß ich es mir versagen, auch nur andeutend auf das Verhältnis zwischen Recht und Politik zu sprechen zu kommen. Es ist denkbarerweise jede Rechtseinrichtung Realisierung politischer Forderungen und umgekehrt kann jede Rechtseinrichtung zum Zielpunkte politischer Kritik werden. Es ist eine Abgrenzung der Verfassungsgerichtsbarkeit von verwandten Akten, die aber nicht als solche der Verfassungsgerichtsbarkeit anzusehen wären, meines Erachtens geradezu unmöglich, wenn für die Verfassungsgerichtsbarkeit der „politische" Charakter als wesentlich angesehen wird. Es wäre zumindest noch näher in der Begriffsbestimmung anzuführen, in welchem Sinne der politische Einschlag zu verstehen ist. Man könnte etwa meinen, daß es bloß auf politische Revelanz ankäme. Ich möchte mir da die Bemerkung gestatten — etwas ähnliches hat bereits Herr Laun angedeutet — daß nicht bloß eine Reihe von Fragen der Gesetzgebung politische Revelanz hat, sondern auch eine Reihe von Verwaltungsakten und von Urteilen, während andererseits bei manchen Akten eines Verfassungsgerichts politische Revelanz nicht anzutreffen ist. Ich möchte daran erinnern, daß ein freisprechendes Urteil, das ein österreichisches Geschworenengericht gefällt hat, zu der Revolte des 15. Juli 1927 Anlaß gegeben hat. Das war sicher ein strafgerichtliches Urteil von größter politischer Revelanz. Andererseits gibt es Verfassungsgerichtsurteile, denen jede politische Revelanz fehlt. Es sei das nur als einer der Beweise dafür angedeutet, daß das Merkmal des „Politischen" die actio finium regundorum zwischen Verfassungsgerichtsbarkeit und anderweitigen Akten der Gerichtsbarkeit sowie sonstigen Staatsakten einfach unmöglich macht und das Problem der Verfassungsgerichtsbarkeit mit einer Crux beschwert, die das Problem wirklich unlösbar macht.

Verfassungsgerichtsbarkeit ist meines Erachtens, wie Herr Professor Triepel in dankenswerter Weise aus einer meiner Schriften zitiert hat, der gerichtsförmige Schutz der höchsten Stufe der Rechtsordnung — das ist der Verfassung. Somit erscheint die Verfassungsgerichtsbarkeit als **Garantie** der Verfassung und findet ihren systematischen Ort in einem umfangreichen System von Staatseinrichtungen, die sämtlich der Garantie der Verfassung dienen. Es wäre demnach ein Mißverständnis, Verfassungsgerichtsbarkeit und Verfassungsgarantien zu identifizieren. Es gibt bekanntlich Garantien, die von parlamentarischen Organen, ferner solche, die von Regierungsorganen, endlich auch solche, die von Gerichten gehandhabt werden. Es ist eine Garantie der Verfassungsmäßigkeit von Staatsakten durch parlamentarische Organe, wenn z. B. der Präsident des Hauses verfassungsmäßig oder etwa durch das Geschäftsordnungsgesetz berufen ist, bei einem Verfassungsgesetz ausdrücklich zu enunzieren, daß es mit der erforderlichen $^2/_3$-Mehrheit oder einer sonstigen Mehrheit zum Beschlusse erhoben worden ist. Wenn eine derartige Enunziation ausdrücklich erfolgen muß, so liegt darin eine gewisse Sicherung der Erfüllung dieser Forderung. Es ist andererseits eine Garantie der Verfassung in der Hand eines Regierungsorganes, wenn der Staatspräsident zur sogenannten Ausfertigung oder Beurkundung eines Gesetzes berufen ist und wenn er verpflichtet ist, diese Beurkundung oder Ausfertigung zu verweigern, wofern nach seiner Rechtsanschauung der ihm zur Unterfertigung vorgelegte Gesetzestext den Erfordernissen der Verfassung nicht entspricht. Endlich ist eben die Verfassungsgerichtsbarkeit eine Garantie der Verfassung durch richterliche Organe. Es wurde eingehend ausgeführt, wie verschiedene Erscheinungsformen wiederum diese gerichtliche Garantie der Verfassung aufweisen kann.

Erkennt man, daß die Gesetzgebung und eine Reihe anderer Staatsakte, namentlich Staatsverträge usw. ihrem Wesen nach nichts als eine Vollziehung der Verfassung als der übergeordneten Stufe der Rechtsordnung sind, dann erscheint die Verfassungsgerichtsbarkeit selbst in ihrer auffälligsten Gestalt der Überprüfung von Akten der Gesetzesstufe in vollster Harmonie mit dem Gedanken des Rechtes; nicht weniger als die Verwaltungsgerichtsbarkeit, indem diese Verwaltungsakte auf ihre Übereinstimmung mit der nächsthöheren Stufe der Rechtsordnung, mit der Gesetzgebung und den den Gesetzen paritätischen Akten überprüft und damit die Rechtmäßigkeit, im besonderen die Gesetzmäßigkeit von Verwaltungsakten sicherstellt. Es erscheint geradezu als nächstliegende rechtspolitische Forderung, wenn man überhaupt Garantien der Rechtmäßigkeit einführt, Garantien der Verfassungsmäßigkeit, d. s. Garantien der Übereinstimung von Staatsakten mit der höchsten Stufe der Rechtsordnung einzuführen, wenngleich in der rechtsgeschichtlichen Entwicklung, wahrscheinlich infolge der Tatsache, daß die Rechtsnatur der Verfassung und die Rechtsvollzugsnatur der Gesetzgebung erst spät zum Bewußtsein gekommen ist, gerade diese rechtspolitisch nächstliegende Forderung von Garantien am spätesten verwirklicht worden ist, soweit sie überhaupt schon verwirklicht ist. Daher kann man sagen, daß die Verfassungsgerichtsbarkeit es ist, die das Verfassungsrecht eigentlich erst aus einem jus dispositivum zu einem jus cogens macht, daß der die Verfassung Anwendende, der Gesetzgeber, insolange irgendwelche Kontrollen oder Garantien der Verfassungsmäßigkeit nicht Platz greifen, von Rechtswegen die Wahlmöglichkeit hat zwischen der Beachtung der Bestimmungen der Verfassung, die ihm gewissermaßen als jus dispositivum entgegentreten, und anderen Wegen, die ihm einzuschlagen beliebt. Es hat in interessanter und sicherlich zutreffender Weise Professor Jellinek aufmerksam gemacht, daß dann selbstverständlich die Frage weiterer Garantien für die Rechtmäßigkeit der Akte dieser Garanten der Verfassung in Frage kommt. Der Mangel, ja die Unmöglichkeit, solcher weiterer Garantien, gewissermaßen von Garantien zweiter Potenz, schließt aber doch nicht die Einrichtung der Verfassungsgerichtsbarkeit aus. Wo diese Garantie erster Potenz gegeben ist, kann man, wenn auch nicht von einer idealen Realisierung, so doch von einer Wandlung des Verfassungsrechtes zum zwingenden Recht, von einer echten Verbindlichkeit der Verfassung für den Gesetzgeber und sonstige Verfassungsvollzieher sprechen.

Herr Professor Triepel hat u. a. auch ausgeführt, daß der eigentliche Rechtsweg nur der Weg der ordentlichen Gerichtsbarkeit, die Strafgerichtsbarkeit und die Zivilgerichtsbarkeit sei. Ich glaube, daß das eine willkürliche Beschränkung des Begriffes des Rechtsweges ist. Der Verwaltungsrechtsweg ist ebenso ein Rechtsweg wie der Rechtsweg der ordentlichen Gerichtsbarkeit, und die Verfassungsgerichtsbarkeit ist ebenso dem Wesen nach Gerichtsbarkeit wie die Zivil- und Strafgerichtsbarkeit. Sie erscheint mir eigentlich als die Krönung der Justizorganisation, ebenso wie die Verfassung die Krone des Rechtsgebäudes ist.

Im ganzen gelange ich mit Professor Kelsen zu der rechtspolitischen Forderung nach möglichster Erweiterung der Verfassungsgerichtsbarkeit. Die Erweiterung der Verfassungsgerichtsbarkeit müßte vor allem in einer Erleichterung der Anrufung des Verfassungsgerichtshofes bestehen. Es ist einer der größten Mängel der österreichischen Verfassungsgerichtsbarkeit, die im übrigen eine relativ fortgeschrittene Gestalt aufweist, daß sie die Gesetzesprüfung von subjektiven politischen Momenten, von dem Ermessen der Bundesregierung oder einer

Landesregierung abhängig macht. Es wäre in bezug auf die Legitimation zur Anrufung des Verfassungsgerichtes zu fordern, daß ebenso wie zur Veranlassung der Verordnungsprüfung ordentliche Gerichte auch zur Veranlassung der Gesetzesprüfung in der Lage wären. Ich selbst würde sogar um einen Schritt weitergehen und ein allgemeines Antragsrecht zur Überprüfung von Akten auf ihre Verfassungsmäßigkeit für alle Behörden postulieren.

Noch wichtiger vielleicht als die Frage der Initiative der Verfassungsgerichtsbarkeit erscheint mir für eine volle Erfüllung der Funktion der Verfassungsgerichtsbarkeit die Zusammensetzung des Verfassungsgerichtes. Auch in diesem Punkte ist die österreichische Verfassungsgerichtsbarkeit sehr problematisch. Der Verfassungsgerichtshof ist eine Versammlung wenigstens partiell parlamentarischen Charakters. Es hat zwar die österreichische Verfassung eine gewisse Schranke gezogen, indem zwei Drittel der Mitglieder des Verfassungsgerichtshofes der Inkompatibilitätsbestimmung unterliegen, daß sie nicht Mitglieder einer parlamentarischen Körperschaft sein dürfen. Dies ist aber ein sehr wenig zufriedenstellender Ausgleich mit den Forderungen politischer Reinlichkeit — ein Ausgleich, mit dem sich die Interessenten der Kumulierung der Mitgliedschaft in einer parlamentarischen Körperschaft und im Verfassungsgerichtshofe offenbar deswegen abgefunden haben, weil sie durch diese Ausgleichsquote auf ihre Rechnung kommen, weil ihnen diese Quote zugleich Sitze im Verfassungsgerichte und in der parlamentarischen Körperschaft gestattet. Das sind rechtspolitische Mängel in der Gestaltung der Verfassungsgerichtsbarkeit. Ich würde sehr radikal sein und mich für eine völlige Inkompatibilität zwischen parlamentarischer und gerichtlicher Funktion aussprechen. Das Wünschenswerteste wäre vielleicht, wenn parteilose Personen allein als Verfassungsrichter fungieren, wenn eine Inkompatibilität zwischen der Zugehörigkeit zu einer politischen Partei und der Mitgliedschaft im Verfassungsgerichtshof statuiert wäre. Das ist allerdings eine ideale Forderung, die niemals auf Realisierung rechnen kann.

Ungeachtet der großen politischen Widerstände erscheint mir ein Ausbau der Verfassungsgerichtsbarkeit erstrebenswert, erstens in bezug auf den Kreis der Akte, die der Verfassungsgerichtsbarkeit unterliegen, zweitens in bezug auf den Kreis jener Personen, die ein Verfahren des Verfassungsgerichtes provozieren können und endlich eine weitgehende Einschränkung in bezug auf die Mitgliedschaft im Verfassungsgerichtshofe, um politische Einflüsse von der Rechtsprechung des Verfassungsgerichtes fernzuhalten.

Ich habe mit diesen Ausführungen zu erkennen gegeben, daß ich die Institution der Verfassungsgerichtsbarkeit nicht nur bejahe, sondern auch außerordentlich schätze, und zwar hauptsächlich einerseits wegen ihres Dienstes für den Gedanken der Rechtmäßigkeit und andererseits wegen ihrer politischen Funktion als Stütze des demokratisch-republikanischen Systems. Denn mir erscheint die Verfassungsgerichtsbarkeit als eine jener Institutionen, die unter anderen geeignet ist, die jetzt so viel besprochene Krise des Parlamentarismus zu bekämpfen, die geeignet ist, mit der Institution des Parlamentarismus zu versöhnen, die insbesondere berufen ist, den sogenannten Parlamentsabsolutismus zu brechen, sofern er überhaupt besteht. In der auf die Kontrolle der Gesetzgebung erstreckten Verfassungsgerichtsbarkeit kommt nämlich besonders sinnfällig zum Ausdruck, daß auch die Funktion des Parlamentes nur Rechtsanwendung und zwar Verfassungsvollzug ist. Eine Einrichtung, die dazu bestimmt und geeignet ist, die Verfassungsmäßigkeit der Staatstätigkeit zu gewährleisten, dient damit zugleich der Erhaltung und Vertiefung der in den Verfassungen der deutschen Staaten begründeten demokratisch-republikanischen Staatsform.

Thoma-Heidelberg: Die beiden Herren Referenten sind sozusagen von zwei Seiten her in den Wald eingedrungen und haben Schneisen des Durchblicks geschlagen, um sich schließlich auf einem Platze zu treffen, von wo aus nun weiter zu gehen sein wird. Herr Triepel hat mehr ein Bild der historischen Entwicklung und allmählichen Erstarkung der Idee und Forderung einer Verfassungsgerichtsbarkeit, wie er treffend anstatt Staatsgerichtsbarkeit nun sagt, gezeichnet, Herr Kelsen hat den Gegenstand rechtstheoretisch behandelt. Wenn ich aus dem reichen Gedankengewebe des ersten Herrn Referenten einen Faden herausheben und entwickeln darf, wie ich ihn verstanden habe, so war mir besonders belehrend und einleuchtend sein Nachweis, daß in den Postulaten der Gewaltenteilung, wie wir sie bei Locke, Montesquieu und einem Großteil der konstitutionellen Doktrin finden, die Verfassungsgerichtsbarkeit überhaupt keine Stätte hat. Sie wollen eine Kräfte-Balance zwischen Exekutive und Legislative, einen Kampf, in dem der Stärkere durch die größere Macht für sich das bessere Recht erwirbt. Die Rechtsprechung soll auf andere, mindere Fragen beschränkt bleiben und sich hier nicht einmischen. Triepel hat aber zugleich gezeigt, wie innerhalb der konstitutionellen Doktrin doch auch ein anderer Gedanke und eine andere Auffassung stark werden in dem Augenblick, in dem man sich den Kampf als beendet denkt, so daß nun die ganze Verfassung als eine Ordnung von Kompetenzen der verschiedenen Gewalthaber erscheint, zwischen denen das Recht gelten soll, über die demnach jetzt ein Gericht gesetzt werden kann, das beurteilt, wie weit die Kompetenz eines jeden solchen Organs der Regierung oder der Legislative reicht. Triepel hat dabei stärker, als wir es erwartet haben, den Ton auf die Ministeranklage gelegt, und sie ganz allgemein als überwiegend politisches Institut aufgefaßt. Nun ist richtig, daß manche wesentlichen Verfassungen ihre Staatsgerichtshöfe ermächtigen nicht nach reinem Recht, sondern auch mit Rücksicht auf politische Meinungen und Gesichtspunkte über eine Ministeranklage zu entscheiden. In Deutschland aber war die Sache im ganzen doch so und ist auch heute so, daß der Minister nur wegen Gesetzesverletzung angeklagt werden kann. Die Sache wird im deutschen Verfassungsrecht aus dem Politischen heraus in das rein Juristische gezogen. Wir haben nur eine deutsche Verfassung, welche es ermöglicht, eine Ministeranklage auch auf den Vorwurf schlechter Regierung zu stützen, nämlich die badische. Im übrigen war und ist man in Deutschland bestrebt, aus der Ministeranklage und überhaupt aus der Verfassungsgerichtsbarkeit das Politische herauszunehmen und den so oder anders gestalteten Verfassungsgerichtshof zu einem rein juristisch judizierenden Gericht zu machen. Eine derartige Bestrebung kann allerdings erst voll zum Ziele führen, wenn der Machtkampf zwischen den selbständigen Trägern politischer Gewalten verfassungsrechtlich geschlichtet ist und an Stelle des konstitutionellen Dualismus ein Monismus der Gewalt getreten ist. Das ist — was paradox klingen mag, aber offenbar richtig ist — der Fall in der Demokratie. Obwohl der Parteienstaat ihr Ergebnis ist und je nach dem Ausfall der Wahlen die eine oder andere Gruppe nun legitim in der Macht sitzt, so steht doch hinter allem als oberste zusammenfassende Rechtsgrundlage das Plebiszit. Bei ihm liegt die oberste legitime Entscheidung in der Demokratie, mag das nun ausgedrückt sein in der Verfassung oder nur ideell hinter ihren Artikelnstehen. Alle anderen Gewalthaber wie Präsidenten, erste und zweite Kammern, Regierungen usw. erscheinen nur als Träger von umgrenzten Kompetenzen, und zwischen Trägern von Kompetenzen handelt es sich allerdings um echte Rechtsstreitigkeiten. Der politische Machtkampf ist sozusagen entschieden, indem die oberste Entscheidung in die Hand der Aktivbürgerschaft gelegt und die Kompetenzverteilung juristisch geregelt ist. Über die Grenzen dieser verteilten Kompetenzen kann man rein juristisch streiten. Demnach ergibt sich nun die Frage: Ist es in einem Staatswesen und in einem Volke, welches, wie die abendländischen Völker überhaupt, ganz besonders aber das deutsche und das österreichische Volk, entschlossen ist, sein öffentliches Leben nach Regeln des Rechtes und nicht der Gewalt sich entwickeln zu lassen, erträglich, daß bei Fragen über die Grenze der Kompetenzen zwischen den verschiedenen Gewaltträgern doch Majorisierungen, Gewaltakte, irrtümliche Auslegungen usw. sich durchsetzen können, anstatt daß wie in den Gebieten der Zivil- und Strafjustiz und weitgehend auch der Verwaltungsjustiz ein Gerichtshof die juristischen Grenzen der Kompetenzen in unparteilicher Weise festsetzt. Ist es im „Rechtsstaat", den wir doch alle postulieren, statthaft, daß man in dieser Sphäre auf den Weg des Rechts verzichtet und hier dem Spiel der Macht noch eine Lücke offen läßt? Gibt es Gründe, welche besagen: So ehrwürdig der Gedanke des Rechtsstaates ist, so ist es doch richtiger, ihn nicht auf die Spitze zu treiben, und ihn nicht in die höchste politische Sphäre zu ziehen, sondern zu verzichten auf den vielleicht doch immer mißglückenden Versuch, den Staat mit irgendeiner Gerichtskammer überhöhen zu wollen. Das ist das große Problem, und ich möchte mir erlauben, es jetzt ganz zuzuspitzen unmittelbar de lege ferenda für das Deutsche Reich. Wir haben — das haben beide Herren Referenten und dann noch in ganz besonders interessanter Weise durch Analyse des Bundesstaates Herr Merkl ausgeführt — wir haben in Deutschland und in Österreich die Gewohnheit, das Rechtsstaat-Prinzip in die hohe Sphäre des Politischen in ganz bedeutendem Maße hineinzubringen. Beide Verfassungen bestimmen, daß Verfassungsstreitigkeiten in den „Ländern", die doch immerhin Staaten sind oder waren, vor die Staatsgerichtsbarkeit des Gesamtstaates gebracht werden können, ferner Streitigkeiten zwischen diesen Ländern und endlich Streitigkeiten zwischen Ländern und Reich. So ist eine Gerichtsinstanz über die Länder gesetzt, durch welche sie ganz besonders stark mediatisiert werden und als rechtssuchende Subjekte innerhalb des Staates erscheinen wie andere Personen auch, die sich dem Urteil eines Gerichts schlechthin zu beugen haben. Dagegen ist das Rechtsstaatprinzip noch nicht ausgedehnt auf Verfassungsstreitigkeiten zwischen den obersten Organen des Reichs. Auch in Österreich nicht! Gewiß, die österreichische Verfassung hat verschiedene Klauseln, welche auch Verfassungsstreitigkeiten des Bundes vor den Verfassungsgerichtshof bringen, aber nur im Wege des Enumerativprinzips. Es handelt sich im großen und ganzen um Prüfung der Verfassungsmäßigkeit von Gesetzen und Verordnungen, was auch für Deutschland geplant und leider immer noch nicht Wirklichkeit geworden ist. Damit allein aber ist die Lücke noch nicht geschlossen. Es fehlt der generelle Satz: Über Verfassungsstreitigkeiten innerhalb des Deutschen Reiches entscheidet auf Antrag eines der streitenden Teile der Staatsgerichtshof des Deutschen Reiches. — Da sich nun die Herren Referenten, auch Herr Triepel in seinen

Schlußworten, im wesentlichen für das Prinzip des Rechtsstaates ausgesprochen haben, so entsteht die Frage für uns — und ich darf sie aufwerfen, da exegetische Fragen zwischen uns jetzt nicht aufgeklungen sind und wir sehr wohl eine Frage de lege ferenda erörtern können —: kann vom Standpunkte des objektiv wägenden staatsrechtlichen Wissenschaftlers aus geradezu das Postulat aufgestellt werden, daß die Lücke geschlossen und die Generalklausel in Art. 19 hineingesetzt wird? Können wir das? Herr Merkl würde freudig zustimmen. Herr Kelsen wahrscheinlich auch.

Nun ist aber die Frage zu prüfen: Ist denn wirklich eine solche Verfassungsstreitigkeit eine juristische Streitigkeit, oder ist sie nicht vielmehr immer auch eine politische? Herr Triepel hat uns die Lehre vorgetragen, Verfassungsstreitigkeiten seien immer politische Streitigkeiten. In der Diskussion ist dies bestritten worden.

Nun darf ich mir nicht erlauben, dem Schlußwort des Herrn Triepel vorzugreifen, meine aber, daß manche der Redner, die gegen seine Lehre polemisiert haben, diese zu harmlos und nicht in ihrer ganzen Tiefe erfaßt haben. Als politisch kann man eine Verfassungsstreitigkeit in dreifachem Sinne bezeichnen. Angenommen, z. B. eine Reichstagsmehrheit behandle ein vor sie gebrachtes Volksbegehren als verstoßend gegen die aus Art. 73 Abs. 4 hervorgehenden Beschränkungen des Initiativrechts, so daß weder ein Reichstagsbeschluß noch ein Volksentscheid darüber stattfinden dürfe, und es habe nun (nach Einführung der Generalklausel) auf Klage der Initianten der Staatsgerichtshof zu entscheiden, so kann dieser Streit als „politisch" bezeichnet werden:

1. Insofern, als er politisch wichtig erscheint. Insofern aber ist das zu fällende Urteil nur (wie es Herr Jellinek treffend bezeichnet hat) auf politische Werte bezogen und nicht selbst politisch wertend. Insofern hört also diese Verfassungsstreitigkeit trotz ihrer politischen Wichtigkeit nicht auf, eine reine Rechtsstreitigkeit (Auslegung des Art. 73) zu sein.

2. Nun könnten aber über die Auslegung des Art. 73 Abs. 4, z. B. über den Begriff „Abgabengesetze", Meinungsverschiedenheiten bestehen, derart, daß sowohl die eine wie die andere Meinung auf plausible, in sich logisch einwandfreie Begründungen gestützt wird. Dann würde sich wieder erweisen, daß — worauf ich schon unter nahezu allgemeinem Beifall hingewiesen habe, als ich auf unserer ersten Tagung in Berlin die Ehre hatte über das Problem des erweiterten richterlichen Prüfungsrechts zu referieren, wobei ich auf die richtige methodologische Behandlung der Frage größeren Wert legte als auf ihre Bejahung oder Verneinung, von der ich eben zeigte, daß sie von einem Werturteil

abhängt — es würde sich erweisen, daß die Richter des Staatsgerichtshofs sich in der Lage sehen, so oder anders zu entscheiden, je nach der Bewertung, die sie den einander gegenüberstehenden Instituten oder Prinzipien (hier etwa: Repräsentativprinzip oder plebiszitäre Gegengewichte) zubilligen. Sie sollen dabei nicht nach subjektivem Gutdünken vorgehen, sondern die Objektivität der der Verfassung immanenten Bewertung zu ermitteln suchen. Aber die Subjektivität ist dabei nicht völlig auszuschalten, und insofern findet dann eine politische Bewertung durch die Richter statt und erweist sich der Streit als ein politischer, weil sich die juristische Entscheidung nicht finden läßt ohne Regreß auf dieses politische Urteil. So hat es Herr Triepel wohl gemeint mit seiner Lehre, daß in jeder Verfassungsstreitigkeit eine politische Streitigkeit stecke.

(Zwischenruf des Herrn Triepel: Ich meine es noch anders! Auch so wie sie, aber auch anders.)

3. Nun kommt die dritte Möglichkeit, daß man bei Auslegung der Verfassungsurkunde auf Unklarheiten stößt, bei denen die Kompetenzverteilung wirklich eine Lücke hat und also dem Staatsgerichtshof die vom Verfassungsgesetzgeber offen gelassene Entscheidung zugeschoben würde, welches der beiden streitenden Organe das politisch stärkere sein soll. Hier wird der Richter, wenn er auch danach strebt, objektiv zu urteilen, noch unmittelbarer als in dem vorhin erörterten Fall (Z. 2) zu einer subjektiven Entscheidung gezwungen.

Somit komme ich zu dem Ergebnis, daß eine Verfassungsstreitigkeit zwar nicht, wie Herr Triepel anzunehmen scheint, notwendig und immer, aber doch möglicherweise und häufig unter der Hülle eines Rechtsstreites zu einer politischen Streitigkeit wird, bei der das Urteil von politischen Werturteilen der Richter abhängt.

Damit zeigt sich nun erst die ganze Schwierigkeit des Problems, ob es sich empfiehlt, auch die Verfassungsstreitigkeiten des Reiches vor den Staatsgerichtshof zu weisen.

Die erste Frage ist: Wird man imstande sein, seinen Verfassungsgerichtshof aus Männern zu bestellen, denen man ein solches Vertrauen entgegenbringt, daß man sagt: in einem solchen Falle werden sich diese Männer gewiß, auch wenn sie eine Bewertung vornehmen müssen, niemals von irgendwelchen subjektiven politischen oder gar parteipolitischen oder macht- oder wirtschaftspolitischen Voreingenommenheiten oder Vorurteilen leiten lassen? Wird man solche Richter finden, zu denen man ein so hohes Vertrauen haben kann, denen man sich unterwerfen kann, weil sie in einem gewissen Sinne trotz der politischen Einschläge ein objektives Urteil fällen werden, oder wird man solche Richter nicht finden?

Meine Überzeugung geht dahin, daß sich in Deutschland ein Gerichtshof von solcher Haltung und Befähigung immer wird bilden lassen. Im hohen Richtertum, in der Professorenschaft, ja in den Parlamenten selbst finden sich genug Persönlichkeiten, die eines solchen Vertrauens wert und einer solchen Stellung gewachsen sind.

Es ist nun aber zweitens zu prüfen, ob sich gegen die Generalklausel nicht Bedenken staatspolitischer Natur und drittens ob sich nicht Gegenbedenken gerade auch vom Standpunkt des Rechtsstaats erheben.

Die staatspolitischen Bedenken könnten darin begründet sein, daß eine allumfassende Verfassungsgerichtsbarkeit, insoweit als sie selbst politische Entscheidung in sich schließt, eine Ausschaltung der politischen Entscheidungsgewalt des Parlaments, des Volksentscheids und des Reichspräsidenten bedeutet. Das würde sich besonders fühlbar machen, wenn sich die von einigen hochgeschätzten Mitgliedern unserer Vereinigung vertretende Lehre von den Grenzen des verfassungsändernden Gesetzes und von der Tragweite der Grundrechte durchsetzen sollte, insbesondere die Doktrin vom materiellen Sinne des Art. 109, Abs. 1 — wovon ich aber nicht weiter reden will in Beherzigung des englischen Sprichwortes: „Don't awake the sleeping dogs".

Das andere Bedenken entspringt dem Zweifel, ob dann, nachdem dem Staatsgerichtshof eine so überragende Stellung zugewiesen ist, die Faktoren der Macht auf die Dauer bereit sein werden, die richtigen innerlich und äußerlich unabhängigen und hochbefähigten Leute in den Gerichtshof hineinzusetzen oder ob sie nicht vielleicht umgekehrt darauf Bedacht nehmen würden, nur solche Persönlichkeiten in den Gerichtshof zu entsenden, von denen sie annehmen können, daß sie einmal im gegebenen Falle in ihrem Sinne entscheiden werden? Entsteht da nicht die Gefahr, daß, anstatt daß durch den Staatsgerichtshof die Verfassungsstreitigkeiten entpolitisiert werden, im Laufe der Jahrzehnte die Ernennung der Richter politisiert wird? Auch und gerade auch die Ernennung der Richter des Reichsgerichts und des künftigen Reichsverwaltungsgerichts im ganzen, weil sich ein Teil der Beisitzer des Staatsgerichtshofes immer aus deren Reihen rekrutieren wird? Wegen derartiger Bedenken müssen wir den beiden Referenten sozusagen die Gewisensfrage stellen, wie sie denn nun, auf Ja oder Nein, zu dem Postulate stehen, die Verfassungsgerichtsbarkeit auf Streitigkeiten zwischen den Organen des Reiches auszudehnen. Ich selbst kann diesen Bedenken kein ausschlaggebendes Gewicht beilegen, weil ich glaube, daß die Entscheidungen des Staatsgerichtshofes sich doch vorwiegend auf der Linie objektivjuristischer Kompetenzentscheidung halten werden und das politische Entscheidungsmoment immer nur sekundär hereinspielen wird und nur ganz ausnahmsweise in aufdringlicher, den Staatsgerichtshof mit einer Art souveräner Verantwortlichkeit belastender Weise. Wenn ich persönlich meine Ansicht aussprechen darf, so würde ich trotz all der Bedenken — darin stimme ich allen bisherigen Rednern zu — es doch wagen zu sagen, daß man von Staatsrechts wegen, um der Rechtsidee willen, die Forderung nicht sinken lassen soll, in fortschreitendem Maße auch die Verfassungsstreitigkeiten zwischen den Kompetenzträgern der souveränen Mächte des Deutschen Reiches und des österreichischen Bundes der Judikatur geeignet geformter Verfassungsgerichte zu unterstellen, daß man also in diesem Sinne einen Ausbau der Verfassungsgerichtsbarkeit postulieren soll.

Herrfahrdt-Greifswald: Meine Herren! An der Spitze der beiden Referate standen zwei Definitionen des Verfassungsbegriffs, auf der einen Seite der vom Politischen her orientierte, auf der anderen Seite der rein juristische Verfassungsbegriff, was den beiden Referaten ihren völlig verschiedenen Charakter gegeben hat. Der Kelsenschen Lehre, daß Gegenstand der Rechtswissenschaft das Recht und nur das Recht ist, könnte man in paradoxer Zuspitzung den Satz gegenüberstellen: Gegenstand der Rechtswissenschaft ist gerade nicht das Recht, sondern diejenigen Fragen, in denen es kein Recht mehr gibt, in denen wir aber trotzdem für die Rechtsprechung eine Antwort haben müssen, die wir aus Normen anderer Natur, z. B. ethischen, herleiten müssen, aus rechtsähnlichen Normen, die Aussicht bieten, dadurch, daß sie in der Rechtsprechung angewendet werden, Recht zu werden. Man kann dann die Gesamtheit all dieser Normen, die angewendet werden sollen, als Recht bezeichnen. Aber ein solcher Rechtsbegriff steht erst am Ende der Rechtswissenschaft. Am Anfang stehen die Lücken, und es ist Aufgabe der Wissenschaft, sie auszufüllen, indem sie Recht schafft. Das Vorhandensein von Recht und Lücken ist in den verschiedenen Rechtsmaterien sehr verschieden verteilt, und je nachdem kann ich der Kelsenschen Methode mehr oder weniger folgen, nicht weil ich Methodenreinheit als logische Forderung anerkenne, sondern weil sie der richtige Weg zur Erreichung des Zieles der Rechtssicherheit sein kann. Da, wo unbestrittene Normen vorhanden sind und sich tatsächlich durchsetzen, ist es allerdings im Sinne der Rechtssicherheit das Richtige, diese Normen anzuwenden unter Ausscheidung von politischen und ethischen Maßstäben. Nur in diesem Sinne kann ich der Forderung der Methodenreinheit folgen. Das Verfassungsrecht ist aber eines der Rechtsgebiete, in denen die

Lückenhaftigkeit besonderst groß ist, teils weil Fragen überhaupt nicht geregelt sind, etwa weil sich die Schöpfer der Verfassung über eine Regelung nicht einigen konnten, teils weil eine Lösung zwar auf dem Papier da ist, aber nur als zweideutige, aus Kompromissen entsprungene Formel.

Aus dieser Lückenhaftigkeit des Staatsrechtes ergibt sich die besondere Lage des Problems der Verfassungsgerichtsbarkeit: Sollen wir die Methoden der Rechtsprechung ausdehnen auf dieses Gebiet, in dem wir fast überhaupt nichts mehr vom positivem Recht vor uns haben, sondern alle wesentlichen Streitigkeiten darauf beruhen, daß kein Rechtssatz oder nur ein scheinbarer Rechtssatz, eine zweideutige Formel vorhanden ist? Die Frage, ob es richtig ist, die Rechtsprechung auf dieses Gebiet des noch nicht vorhandenen Rechtes auszudehnen, wird verschieden zu beurteilen sein nach den verschiedenen geschichtlichen Lagen. In einer Lage etwa, in der ein Reichspräsident sich als Repräsentant einer großen geschichtlichen Aufgabe fühlt und ihm starke Parteien als Träger anderer geschichtlichen Aufgaben gegenüberstehen, da wird es unmöglich sein, zwischen diesen großen Kräften im Wege der Rechtsprechung entscheiden zu wollen. Es gibt aber auch andere geschichtliche Lagen — und ich möchte glauben, daß gerade die Gegenwart eine solche Lage darstellt — nämlich Lagen, wo eine wesentliche Kulturaufgabe darin besteht, nicht den verschiedenen Kräften in ihrem Kampf gegeneinander freien Lauf zu lassen, sondern aus den auseinanderstrebenden Volkskräften ein Ganzes zu schaffen. Damit ist dann auch ein besonderes Wirkungsfeld für die Staatsgerichtsbarkeit gegeben, und zwar ganz besonders auch da, wo das Recht noch fehlt, wo wir von einer Rechtsprechung im strengen Sinn deshalb nicht sprechen können. Die Normen, nach denen dieser Staatsgerichtshof entscheiden wird, sind letzten Endes politische Wertungen, aber nicht in dem Sinne, daß sich der Staatsgerichtshof zwischen den verschiedenen politischen Richtungen für die eine oder andere entscheidet, sondern daß das Gericht selbst Träger eines eigenen politischen Wertes ist, der neben und über anderen Werten steht. Der besondere Wert, der vom Richter repräsentiert wird, ist der Wert der Sicherheit und Ordnung. Die Betonung dieses Wertes gegenüber dem Kampfe der politischen Kräfte, das scheint mir die Aufgabe und Grundlage für die Tätigkeit eines Staatsgerichtshofes zu sein. In diesem Sinne komme ich zur Bejahung der Staatsgerichtsbarkeit als einer mindestens in unserer geschichtlichen Lage notwendigen Aufgabe trotz der Skepsis in bezug auf das Vorhandensein positiven Rechtes als Grundlage für die Rechtsprechung.

Heller-Berlin: In dieser Debatte hat Thoma zweifellos die Diskussion an den entscheidenden Punkt geführt, als er eine Gewissensfrage stellte, eine Gewissensfrage allerdings in einer Form, wie sie kaum jemand von den hier Anwesenden mit einem glatten Nein beantworten wird. Denn es wäre ein Mißverständnis, wenn man nach den Bekenntnissen, die in einem für positive Juristen erstaunlichen Umfange für und gegen die Verfassungsgerichtsbarkeit abgelegt wurden, annehmen wollte, daß irgend jemand da wäre, der die Verfassungsgerichtsbarkeit grundsätzlich abgelehnt hätte oder ablehenen wollte. Tatsächlich ist die entscheidende Frage diejenige über die Grenzen der Verfassungsgerichtsbarkeit, und sie hat gerade Triepel in seinem Vortrage zu betonen versucht. Die Frage nach den Grenzen der Verfassungsgerichtsbarkeit muß deshalb gestellt werden, weil es eben im Sinne der Verfassungsgerichtsbarkeit bedenklich wäre, sie über ihre notwendigen Grenzen auszudehnen und ihr gerade damit zu schaden. Auf die praktisch entscheidende Frage, ob ein zukünftiges Reichsgesetz lauten soll: Verfassungsstreitigkeiten unterliegen ausnahmslos der Verfassungsgerichtsbarkeit, würden Kelsen und Merkl allerdings begeistert Ja sagen, sehr viele andere aber und ich persönlich würden im Interesse der Verfassungsgerichtsbarkeit die Frage verneinen. Eine solche Normierung müßte z. B. die bekanntlich bestrittene Frage, ob der Reichspräsident ohne Befragung der Parteien den Reichskanzler berufen kann, durch ein Gericht entscheiden, den Gerichtsspruch aber würde gegebenenfalls die Berufung und alle von der berufenen Regierung gesetzten Akte für nichtig erklären. Von allen praktischen Unmöglichkeiten aber abgesehen, wäre die grenzenlose Ausdehnung der Verfassungsgerichtsbarkeit an die „rechtstechnische" Voraussetzung gebunden, daß die Verfassung nach Art des BGB. in einen Kodex umgearbeitet wird, der alle denkbaren Akte der Staatsorgane vereint. Selbstverständlich müßte auch dann eine Generalklausel eingeschaltet werden: ausgenommen von der Verfassungsgerichtsbarkeit sind alle rein politischen Akte.

Damit wären wir bei dem Begriff des Politischen angelangt, der einen besonders wichtigen Teil des Triepelschen Referats ausgemacht hat, in der Diskussion aber fast völlig unter den Tisch gefallen ist. Die Frage ist sehr schwierig, und ich denke nicht daran, die zuerst von Smend angeschnittene, von Carl Schmitt m. E. sehr unglücklich fortgeführte und heute von Triepel und Laun vertiefte Diskussion in ihrer ganzen Problematik aufzurollen. Vorweg aber muß bemerkt werden, daß der Einwand, der Begriff des Politischen sei in einer juristischen Diskussion gefährlich, ebenso richtig, wie belanglos ist. Man kann eben den Konsequenzen der Erkenntnis, daß Leben lebensgefährlich ist, auch in diesem Falle nur durch Verzicht auf das Leben entgehen.

Der für das rechtsstaatliche Denken unentbehrliche muß sich zunächst absondern von dem allgemeinsten Begriff des Politischen, der, wie ich anderwärts ausgeführt habe, jeden auf die Einheitsbildung des Staates, d. h. einer souveränen Gebietsentscheidung bezogenen Akt unter sich begreift. Dieser Begriff deckt auch alle durch Rechtssätze normierten und normierbaren Staatsakte, die gerade ein zweiter, engerer, spezifisch rechtsstaatlicher Begriff des Politischen ausschließen will. Dieser letztere umfaßt solche Akte, die nicht judiziabel, einer Gerichtsentscheidung nicht fähig sind, weil sie entweder positivrechtlich davon ausgenommen oder aber positivrechtlich nicht normierbar sind. In der Anerkenntnis einer solchen politischen, von Rechtssätzen nicht erfaßbaren, wohl aber Rechtsgrundsätzen unterworfenen Staatssphäre kommt der ganze positivrechtliche, aber auch metaphysisch-ethische Gegensatz meiner Auffassung gegenüber derjenigen der reinen Rechtslehre zum Ausdruck, deren formalistisches und rationalistisches Sekuritätsideal das Politische nicht zu ertragen vermag. Daß dieser Begriff des Politischen genauer präzisiert werden muß, auch daß man ganz allgemein klarer bleibt, wenn man alle tiefere Problematik ausschaltet, soll gewiß nicht bestritten werden.

Nur für ein formalistisches Rechtsstaatsideal wird die Verfassungsgerichtsbarkeit unter allen Umständen eine Verfassungsgarantie darstellen. Wie wenig dies aber materiell der Fall sein muß, erkennt man am besten an gewissen Erscheinungen der Verfassungsgerichtsbarkeit der Vereinigten Staaten. Dort hat die übermäßige Ausdehnung der Verfassungsgerichtsbarkeit nicht etwa zu einer Entpolitisierung der Verfassungsstreitigkeiten, sondern zu einer peinlichen Politisierung der Gerichtsbarkeit geführt, indem das Verfassungsgericht nicht selten diejenigen politischen Entscheidungen fällt, welchen der demokratische Politiker ihrer Unpopularität wegen gern ausweichen möchte. Die Behauptung Kelsens, eine Verfassung ohne Verfassungsgerichtsbarkeit mit kassatorischer Wirkung sei eigentlich eine unverbindliche Verfassung — man denke an England — ist eine ungeheuerliche, aber überaus lehrreiche und konsequente Behauptung der reinen Rechtslehre.

Ein Wort zur Methodenfrage. Zunächst ist es bemerkenswert, daß in der Frage der Staatsgerichtsbarkeit auch Kelsen nicht ohne einen besonderen, mit der Rechtsordnung nicht völlig identischen Staatsbegriff auszukommen scheint. Denn wenn nach Kelsen die Verfassungsgerichtsbarkeit den Zweck haben soll „die Rechtmäßigkeit der Staatsfunktionen zu sichern", so soll das doch offenbar nicht heißen, die Rechtmäßigkeit der Rechtsfunktionen; anderenfalls gebe es doch auch eine Unrechtmäßigkeit von Rechtsfunktionen und eine Rechtmäßigkeit von

Unrechtsfunktionen. Aber Kelsen hat auch diesmal nicht unterlassen, diejenigen politischer Absichten zu zeihen, die seiner Auffassung von der Ausdehnung der Verfassungsgerichtsbarkeit nicht zustimmen. Als ob dem reinen Rechtstheoretiker diese politischen Motive fremd wären? Heißt es nicht im VI. Leitsatz Kelsens: „Die Prüfung von Staatsverträgen und ihre Kassation wegen Verfassungswidrigkeit dem Verfassungsgerichte zu übertragen, empfiehlt sich im allgemeinen — aus außenpolitischen Gründen — nicht." Aus außenpolitischen Gründen! Offenbar also nicht aus „reinen" Rechtsgründen. Warum sollten wir aber mit diesen politischen Erwägungen nur dort einsetzen dürfen, wo Kelsen uns es gestattet? Überdies haben Kelsen und Merkl die Ausdehnung der Verfassungsgerichtsbarkeit selbst auch politisch motiviert durch eine recht emphatische Anrufung der demokratischen Republik. Da wird es wohl gestattet sein, auch ein politisches Bekenntnis abzulegen und zu erklären, daß für mich diese formaldemokratische Republik als solche keineswegs ein Palladium, sondern gegebenenfalls eine höchst schäbige Angelegenheit ist, nämlich dann, wenn ihr Inhalt kein anderer als der einer amerikanischen Geldsackrepublik ist. Auch die Verfassungsgerichtsbarkeit muß eben politisch, dann aber nicht formal, sondern nur materiell gerechtfertigt werden.

Bezüglich der bundesstaatlichen Verfassungsgerichtsbarkeit ist Kelsen der Meinung, daß ihre entsprechende Ausdehnung den Satz „Reichsrecht bricht Landrecht" überflüssig mache. Die Praktiker der österreichischen Verfassung, die diesen Satz nicht kennt und die ausgedehnteste Verfassungsgerichtsbarkeit besitzt, sind allerdings durchaus anderer Meinung. Aber auch der Theoretiker muß einsehen, daß die Streitigkeiten zwischen Bund und Ländern nicht immer judiziabel sind, muß die Grenzen der Verfassungsgerichtsbarkeit auch in diesen Fällen erkennen. Anderenfalls wird er mit Kelsen leugnen müssen, daß es im staatlichen Leben immer Fälle gibt und geben wird, in welchen die Rechtsprechung nicht nur aus rechtstechnischen Gründen zu spät kommt, sondern aus rechtsimmanenten Gründen keine Rechtsentscheidung möglich ist.

In keinem Falle kann es sich also um Bekenntnisse für oder gegen die Verfassungsgerichtsbarkeit handeln, denn die Verfassungsgerichtsbarkeit ist bereits eine Selbstverständlichkeit geworden, sondern nun die Einsicht, daß man die Verfassungsgerichtsbarkeit am besten dadurch schützt, daß man klar ihre Grenzen erkennt und die Grenzen dort zieht, wo politische, d. h. nicht judiziable Streitigkeiten vorliegen.

Schoenborn-Kiel. Ich will mich ganz kurz fassen. Ich möchte anknüpfen an die große Frage, die Herr Thoma aufgeworfen und Herr Herrfahrdt und Herr Heller weitergeführt haben, ob die unbegrenzte Ausdehnung der Verfassungsgerichtsbarkeit zu begünstigen, zu wünschen, zu fordern oder abzulehnen ist. Wir sind wohl darüber einig, daß eine solche unbegrenzte Verfassungsgerichtsbarkeit in weitem Umfange dazu führen muß, daß in die Hände der entscheidenden Instanz hier rein politische Willens- und Wirkensentscheidungen gelegt werden, und damit scheint mir die Frage sich wesentlich darauf zuzuspitzen und auch danach jeweils in der konkreten politischen Lage und von dem einzelnen Politiker ihre Beantwortung finden zu müssen, ob man grundsätzlich politisch mit der gegebenen Machtverteilung, wie die Verfassung sie vorgesehen hat, zwischen den einzelnen politischen Organen einverstanden ist oder nicht. Ich glaube, darauf wird es letzten Endes hinauslaufen. Denn wenn man eine solche unbegrenzte Verfassungsgerichtsbarkeit neu einführt, wo sie nicht gegeben ist, so bedeutet das nichts anderes, als daß zu den gegebenen machtpolitischen Organen ein neues geschaffen wird, das nunmehr die oberste Instanz in Streitfällen wäre. Demgemäß wird dann die Antwort auf Ja oder Nein bestimmt werden durch das Vertrauen oder Mißtrauen in die von der Verfassung vorgesehene Machtverteilung, also im konkreten Falle für Deutschland zu seiner parlamentarischen Regierungsform. Ich glaube, von dieser politischen Wertentscheidung wird auch diese Entscheidung letzten Endes abhängen.

Schlußwort **Triepel**-Berlin: Meine Herren! Bei der vorgerückten Zeit beschränke ich mich auf einige kurze Bemerkungen. Der springende Punkt für mich ist, wie das ja auch von mehreren der Herren Redner in der Diskussion hervorgehoben worden ist, der Sinn des „Politischen". Herr Jellinek hat mich in beweglichen Worten ersucht, ich möchte doch einen anderen Ausdruck dafür erfinden. Ich könnte ihm sagen: machen Sie mir doch einmal einen Vorschlag! (Heiterkeit.) Das tue ich aber nicht, denn ich stehe gar nicht auf dem Standpunkt, daß man, wenn ein Wort vieldeutig ist, es fallen lassen und ein anderes herbeiziehen muß. Denn es entsteht dann nur wieder die Aufgabe, das neue Wort zu erklären; so ganz einfach wird ja dieses auch nicht klingen. Ich selbst habe heute ausdrücklich gesagt, daß ich nicht nur zugebe, sondern auch behaupte, man könne unter „politisch" mancherlei verstehen. Damit ist natürlich sofort zugestanden, daß Mißverständnisse möglich sind.

Mit Herrn Laun bin ich ganz einig darin, daß die Fragen der Todesstrafe oder der Ehescheidung oder der Unterrichtssprache politische Fragen nicht nur sein können, sondern es sind, jedenfalls bei uns sind. Freilich nicht nur darum, weil sie zum Gegenstand eines politischen Streites werden können — sondern deshalb, weil nach der allgemeineren, der weiteren

Definition des „Politischen“, die ich im Gegensatze zu Herrn Smend vertreten zu können glaube, es sich bei jenen Fragen um Gegenstände handelt, die in ziemlich naher Berührung mit sehr wesentlichen Zwecken des Staates stehen. Ich kann und darf mich nicht wiederholen. Aber ich meine in dem besonderen Rahmen, in dem wir uns hier mit der Sache beschäftigen, d. h. in bezug auf die Frage der Verfassung und der damit zusammenhängenden Verfassungsgerichtsbarkeit, kommt es darauf an, daß man den Versuch macht, sich klar zu werden, was in diesem Zusammenhang als das Wesen des Politischen anzusehen ist. Vielleicht ist es mir trotz aller Mühen nicht gelungen, mich darüber ganz klar auszusprechen, und zu meinem Schmerz muß ich sagen, daß ich auch von sehr hervorragenden Rednern nicht ganz verstanden worden bin. Die Hauptsache für mich ist: das Politische ist nichts dem Rechte notwendig Entgegengesetztes; es kann es sein, aber es braucht es nicht zu sein. In dem Zusammenhang, in dem wir uns befinden, ist das Politische nach meiner Überzeugung nicht etwas anderes als das Recht, sondern ein einem Teile der Rechtsordnung innewohnender Inhalt. Deshalb glaube ich auch nicht, daß Herr Thoma Recht hat, wenn er sagt, erst dann, wenn der politische Kampf über Kompetenzstreitigkeiten entschieden sei, komme der Moment, wo eine Streitigkeit zwischen den Kompetenzträgern eine Rechtsstreitigkeit werde. Ich meine, es ist eine solche Kompetenzstreitigkeit von Anfang an eine politische und gleichzeitig eine Rechtsstreitigkeit und bleibt das bis zum Schlusse. In dem Moment, wo z. B. Parlament und Präsident über ihre Kompetenz in Streit geraten, streiten sie unter allen Umständen auch über eine politische Frage, weil die Rechtsfrage, die da aufgeworfen wird, eben in ihrem Kern eine politische Frage ist. Ich leugne also mit Entschiedenheit, daß ich, wie Herr Kelsen heute früh sagte, als Jurist abdiziere, wenn ich mit dem „Politischen“ arbeite. Ich abdiziere gar nicht, sondern ich bleibe Jurist, weil ich es als eine juristische Aufgabe betrachte, das Recht von einem bestimmten Standpunkte aus zu betrachten und zu verstehen.

Ich bin außerstande — nicht nur aus Zeitgründen, sondern vielleicht überhaupt — mich hier in eine Auseinandersetzung einzulassen mit dem groß angelegten und scharfsinnigen Vortrage des Korreferenten, des verehrten Herrn Kelsen, und ebenso mit dem, was Herr Merkl heute ausgeführt hat. Und zwar aus einem einfachen Grunde. Herr Thoma gebrauchte mit der ihm innewohnenden Herzensfreundlichkeit das Bild, wir beide, Kelsen und ich, hätten von zwei Seiten her Schneisen in einen Wald hineingetrieben, um uns dann an einer bestimmten Stelle zu begegnen. Ich glaube, wir sind uns nicht begegnet (lebhafte Heiterkeit), und ich fürchte, wir werden uns auch niemals begegnen. Das Bild stimmt also nicht ganz. Die Sache liegt vielmehr so: Wir haben über zwei verschiedene Dinge gesprochen (Heiterkeit), und das war ja vielleicht für eine Zuhörerschaft, die einen Gegenstand von verschiedenen Seiten beleuchtet haben will, ganz interessant, wenigstens soweit es sich um das zweite Referat gehandelt hat. (Erneute Heiterkeit.) Ich muß bekennen, Kelsen und ich reden mit verschiedenen Zungen, weil wir mit verschiedenen Augen die Dinge sehen. Ich habe nicht das Recht, das Ihnen, Herr Kelsen, zum Vorwurf zu machen, und Sie haben nicht das Recht, das mir zum Vorwurf zu machen; es handelt sich einfach um eine Tatsache, mit der wir rechnen müssen. Ich konstatiere sie, indem ich den Hut ziehe vor dem großen Scharfsinn, mit dem Sie allezeit Ihren Standpunkt vertreten.

Schlußwort **Kelsen**-Wien: Meine Herren! Ich möchte das Schlußwort vor allem dazu benutzen, um zu den Ausführungen des ersten Referenten Stellung zu nehmen. Und da stimme ich Herrn Triepel durchaus zu, wenn er in seinem Schlußwort der Meinung Ausdruck gegeben hat, daß wir uns heute nicht begegnet sind und wohl auch nie begegnen werden. Nicht, weil wir — wie er sagte — über verschiedene Gegenstände, sondern obgleich wir über denselben Gegenstand gesprochen haben: Die Verfassung und die Mittel sie zu schützen. In der Art und Weise, wie wir heute das Wesen der Verfassung zu bestimmen suchten, liegt der fundamentale, offenbar weltanschauliche Gegensatz. Doch glaube ich, daß solcher Gegensatz innerhalb der Wissenschaft notwendig und fruchtbar ist und es ist mir ein Bedürfnis, hier mit Nachdruck zu betonen, daß ich Herrn Triepel gerade um dieses Gegensatzes willen hochschätze, daß ich in ihm dankbarst den Gegner anerkenne, ohne den meine eigene wissenschaftliche Arbeit nicht möglich oder doch zumindest unvollständig wäre.

Was nun die Bestimmung des Verfassungsbegriffes betrifft, der ja die Grundlage des Problems der Verfassungsgerichtsbarkeit bildet, so muß ich zunächst ein Mißverständnis richtig stellen, das Herrn Triepel, wie mir scheint, unterlaufen. Er ist in der Polemik gegen mich von der Annahme ausgegangen, daß ich einen formalen Verfassungsbegriff zugrunde lege. Meine Ausführungen werden aber vielleicht gezeigt haben, daß ich auf dem Boden eines durchaus materiellen Verfassungsbegriffes stehe. Das, was man unter der Verfassung im formellen Sinne versteht, reicht in keiner Weise aus, um das Problem der Verfassungsgerichtsbarkeit zu fundieren. Gerade das habe ich zu zeigen versucht, und auf diese Feststellung lege ich das größte Gewicht. Allerdings: der Gegensatz zwischen „formell" und „materiell" ist ein sehr relativer und was in der einen

Richtung als durchaus materiell gelten muß, das kann in der anderen bloß „formell" sein. Und so kann insbesondere von einem juristischen Standpunkte einen völlig materiellen Charakter haben was von einem metajuristischen Standpunkt aus formell erscheint. Das aber ist gerade das Entscheidende: daß ich das Problem der Verfassung von einem juristischen Standpunkte ergreife und — als Jurist, in dieser Vereinigung von Verfassungsjuristen, von Staatsrechtslehrern — so und nicht anders zu begreifen mich für berechtigt und verpflichtet halte; während Herr Triepel es für seine Aufgabe hält — diesen Eindruck habe ich wenigstens von dem ersten Teil seines Berichtes empfangen — die Verfassung als ein außerrechtliches Problem zu bestimmen. Woraus sich allerdings die Konsequenz ergäbe, die Verfassung aus dem Bereiche rechtswissenschaftlicher Erkenntnis auszuschalten, von ihr — in unserem Kreise wenigstens — zu schweigen. Was, scheint mir, darauf hinausliefe, daß wir Verfassungsjuristen den Ast absägen würden, auf dem wir sitzen.

Das und nichts anderes tut aber Herr Triepel, wenn er versucht, den Begriff der Verfassung auf den Begriff des „Politischen" abzustellen. Was Herr Triepel positiv unter diesem „Politischen" versteht, habe ich zwar seinen Ausführungen nicht entnehmen können. Ich gestehe, daß ich mir unter „Vorgängen, in denen sich das geistige Erlebnis der staatlichen Gemeinschaft in seiner Totalität vorbereitet, vollzieht und erneuert" nichts vorzustellen vermag; auch unter dem „Daimonion" des Staates nichts; zumindest nichts wissenschaftlich Faßbares. Die Berufung auf das „Irrationale" aber kann ich im Bereiche wissenschaftlicher Erkenntnis, die ihrem Wesen nach auf Rationalisierung des Erkenntnisobjektes gerichtet ist, nicht gelten lassen. Das ist Metaphysik und gehört in die Theologie. Die folgende Bestimmung des „Politischen" aber: „Was mit den höchsten, obersten, entscheidenden Staatszwecken, was mit der staatlichen Integration in Verbindung steht, was sich auf den Staat als schöpferische Macht bezieht", ist so vage, ist von einer so schrankenlosen Vieldeutigkeit, daß es mir für jede auch nicht juristische Abgrenzung des als „Verfassung" bezeichneten Tatbestandes ungeeignet erscheint. Was die höchsten Zwecke des Staates sind, das wird sich je nach dem politischen Standpunkt sehr verschieden beantworten. Herr Triepel wird mit seinem Begriff des Politischen kaum in der Lage sein, jemandem entgegenzutreten, der die höchste Aufgabe des Staates im Schutze des Privateigentums erblickt und demnach, nur konsequent, in gewissen Bestimmungen des Strafgesetzes und des bürgerlichen Rechts Verfassungsvorschriften erblicken zu dürfen glaubt. Von einer solchen Positiven, wie sie Herr Triepel einnimmt, kann man meiner Bestimmung des Verfassungsbegriffes und dem darauf aufgebauten Begriffe der Verfassungsgarantie kaum entgegenhalten, daß die Grenze zwischen Verfassungsgerichtsbarkeit und der — ihr doch so verwandten — Verwaltungsgerichtsbarkeit nicht scharf genug sei und daß sich sogar der Gegensatz von Verfassungs- und Strafgerichtsbarkeit verflüchtige. Was übrigens schon darum unzutreffend ist, weil Verfassungsgerichtsbarkeit auf Kassation verfassungswidriger Staatsakte, Strafgerichtsbarkeit aber auf etwas ganz anderes, nämlich auf Bestrafung von Unrechtstätern zielt.

Die Bedeutung, die der Einführung des „Politischen" in das verfassungsrechtliche Räsonnement zukommt, liegt im übrigen nicht in dem positiven Sinn, den man dem Begriff des Politischen abgewinnen oder auch nicht abgewinnen kann, sondern in seinem negativen Sinne: In dem Gegensatz, der zwischen dem Politischen und dem Rechtlichen besteht. Mit dem „Politischen" behauptet man eine Sphäre, die, dem Recht wesensfremd, sich der rechtlichen Regelung und sohin auch der Verfassung als einem Komplex von Rechtsnormen entzieht. Es nützt nichts, wenn Herr Triepel versichert, das Wesen des von ihm eingeführten „Politischen" stehe mit dem Wesen des Rechts nicht in Widerspruch. Hätte das „Politische" nicht jenen rechtsfeindlichen Charakter, könnte man auch ohne diesen Begriff sein Auslangen finden. Und dieser rechtsfeindliche Charakter tritt denn auch bei Herrn Triepel deutlich genug in die Erscheinung in der These: Das Wesen der Verfassung steht mit dem Wesen der Verfassungsgerichtsbarkeit in Widerspruch. Die Einschränkung: „bis zu einem gewissen Grade" kann die eigentliche Funktion, die dieses „Politische" hat, nicht ganz verhüllen. Denn Recht und Gericht sind miteinander so wesensverbunden, daß ein Widerspruch zur Gerichtsbarkeit notwendig einen Widerspruch zum Recht bedeutet.

Diesen Widerspruch zwischen Verfassung und Gerichtsbarkeit deduziert Triepel aus dem Wesen, d. h. aber aus dem Begriff der Verfassung, den er auf das „Politische" abstellt. Allein diese Deduktion aus einem Begriff steht in Widerspruch zur Wirklichkeit, zur Wirklichkeit des positiven Rechts. Denn Verfassungsgerichtsbarkeit ist schon längst und zwar im weitesten Ausmaß positives Recht geworden. Sie funktioniert in Ös erreich klaglos; und in geringerem Umfang auch in anderen Staaten. Da ich seit Jahren als Verfassungsrichter tätig bin und in dieser Richtung auch auf legislativem Gebiete über eine reiche Erfahrung verfüge, darf ich hoffen, daß Sie, meine Herren, meine Zeugenschaft nicht für ganz wertlos ansehen werden. Ich bedauere, auf Grund meiner Erfahrungen das Urteil Herrn

Triepels nicht bestätigen zu können, der das Rechtsinstitut der Verfassungsgerichtsbarkeit als „unausgeglichen, schillernd, brüchig, widerspruchsvoll" bezeichnet. Die Realität beweist das Gegenteil. Aus einem Begriff die Möglichkeit oder Unmöglichkeit eines Rechtsinhaltes zu deduzieren: sollte sich das nicht der Methode jener Begriffsjurisprudenz nähern, in deren Ablehnung ich mit Herrn Triepel einig bin, obgleich gerade er in diesem Punkte einen Gegensatz zu mir gelegentlich behauptet. Wenn Herr Triepel auf gewisse Tendenzen hinweist, die gegen eine Verfassungsgerichtsbarkeit gerichtet sind, so kann gewiß niemand das Vorhandensein solcher Tendenzen in Abrede stellen. Allein „die Abneigung, sich das Gesetz des Handelns von fremder Entscheidung vorschreiben zu lassen", besteht nicht nur bei jenen Gegensätzen, die Herr Triepel als „politische" auszeichnet, sie besteht schlechthin bei allen Gegensätzen, die Interessengegensätze sind. Auch „politische" Kämpfe sind nur Interessenkonflikte. Und darum steht Verfassungsgerichtsbarkeit mit dem Wesen der Verfassung nicht mehr in Widerspruch als überhaupt Gerichtsbarkeit mit dem Wesen menschlicher Beziehungen, die durch das Recht geregelt und eben dadurch der „Durchsetzung des eigenen Willens durch eigene Macht" entzogen, d. h. aber der Streitentscheidung durch Gericht unterworfen werden. Die Entscheidung der sogenannten „politischen" Streitigkeiten durch Gericht ist nicht weniger „naturgemäß" als die Entscheidung eines Erbstreites zwischen zwei Bauern. Man kann es — wie ich in meinem Berichte ausgeführt habe — aus irgendwelchen Gründen für wünschenswert halten, sogenannte „politische" Streitigkeiten nicht durch ein Gericht entscheiden zu lassen. Dieses Postulat aber aus der Natur, dem Wesen oder dem Begriff der Verfassung zu deduzieren ist unzulässig, weil schlechthin unmöglich; ist um so unmöglicher, wenn man — wie Herr Triepel — die Verfassung als Recht, als Rechtsordnung gelten läßt. Denn es bedeutet beinahe die Negation dieses „Rechts", wenn man an Stelle seiner Anwendung durch eine objektive Instanz die Macht des Stärkeren treten läßt.

Wenn ich auch zu den einzelnen Diskussionsrednern einige Bemerkungen machen darf, so möchte ich zunächst feststellen, daß Herr Laun zwar erklärt hat, sich der Auffassung Herrn Triepels anzuschließen, daß er aber tatsächlich deren ganze Grundlage: die Abstellung der Verfassung auf das „Politische" mit treffenden Argumenten abgelehnt, dafür aber im wesentlichen meine Bestimmung der Verfassung akzeptiert hat. Er sieht in der Verfassung Normen, und zwar oberste Normen über das Zustandekommen der Gesetze, deren räumlichen und personalen Geltungsbereich er — logisch nicht ganz korrekt —

als selbständige Elemente in den Verfassungsbegriff einführt. Aus dieser Bestimmung der Verfassung, die sich mit der Charakterisierung der Verfassung als oberster Stufe der staatlichen Rechtsordnung deckt, ergibt sich eben jene Auffassung der Verfassungsgerichtsbarkeit, die ich entwickelt habe.

Herr Tatarin-Tarnheyden irrt, wenn er glaubt, daß ich die Entscheidung über die Ministeranklage dem Verfassungsgericht entziehen will. Ich habe den bezüglichen Teil aus meinem mündlichen Referat mangels Zeit weglassen müssen. Er irrt aber auch, wenn er diese Kompetenz für die wesentliche hält. Das ist die Auffassung, die man von der Staatsgerichtsbarkeit in der konstitutionellen Monarchie hatte. Die Einschränkung der Verfassungsgerichtsbarkeit auf diesen Fall — daher ja auch der Name „Staats"- und nicht „Verfassungs"gerichtsbarkeit — entspringt jenen politischen Motiven, die das eigentliche Problem der Verfassungsgarantie: die Kassation verfassungswidriger Gesetze, zu verhüllen streben und die ich in meinem Referate angedeutet habe. Herr Tatarin irrt aber auch, wenn er glaubt, daß ich der Judikatur des Verfassungsgerichtes unter allen Umständen die Entscheidung über die Verfassungsmäßigkeit individueller Akte entziehen möchte. Ich schlage dies nur für den Fall vor, als diese Tatbestände von der Verwaltungsgerichtsbarkeit erfaßt werden. Die österreichische Verfassung hat sogar die Kompetenz des Verfassungsgerichtshofes gerade in diesem Punkte auf Kosten des Verwaltungsgerichtshofes ausgedehnt.

Wenn Herr Herrfahrdt mir entgegenhält, der Gegenstand der Rechtswissenschaft sei nicht, wie ich glaube, das Recht sondern diejenigen Fragen, in denen es kein Recht mehr gibt, Normen, die keine Rechtsnormen sind, so muß ich den Mut bewundern, mit dem hier aus einer Not eine Tugend, aus einem Mißbrauch innerhalb der Rechtswissenschaft ein Prinzip gemacht wird. Herr Herrfahrdt möchte zwar die „andersartigen" Normen nur dort verwenden, wo das Verfassungsrecht „Lücken" habe. Aber wer das Problem der „Lücken im Recht" kennt, der weiß, daß man eine „Lücke" immer behaupten kann und meist dann behauptet, wenn das positive Recht irgendeinem Ideale, d. h. aber irgendeinem politischen Postulate nicht entspricht und man das Bedürfnis hat, an Stelle des positiven Rechtes jene Normen zu schieben, die das politische Postulat realisieren. Ich werde niemals zugeben, daß dies die Aufgabe einer Rechtswissenschaft als einer Erkenntnis des positiven Rechtes sein kann.

Und nun zu Herrn Heller. Dieser kann offenbar von der ihm liebgewordenen Gewohnheit, mich anzugreifen, nicht lassen. Und auch ich möchte nur ungern auf die übliche Diskussion mit diesem jugendlichen Ungestüm verzichten; würde aber wünschen,

Herr Heller möchte seine Attacken gegen die Reine Rechtslehre auf eine gründlichere Kenntnis derselben stützen. Herr Heller glaubt, eine Trophäe davonzutragen, wenn er mir darin einen Selbstwiderspruch nachweist, daß ich von „Rechtmäßigkeit der Staatsfunktionen" spreche, also ohne einen vom Rechtsbegriff verschiedenen Staatsbegriff nicht auskomme. Hätte Herr Heller die Reine Rechtslehre gründlicher studiert oder hätte er nur heute aufmerksamer zugehört, er würde wissen, daß ich die Staatsfunktion nur als Rechtsfunktion gelten lasse und daß die Rechtmäßigkeit von Rechtsakten keineswegs eine so unvollziehbare Vorstellung ist wie er meint. Gerade die Lehre vom Stufenbau des Rechts, die Herr Heller, wie er sich vielleicht noch erinnert, bei unserer Diskussion im Vorjahre akzeptiert hat, will die Vorstellung einer Rechtmäßigkeit von Rechtsakten dadurch theoretisch begründen, daß sie zeigt, wie jede Norm niederer Stufe einer Norm höherer Stufe zu entsprechen hat und daß Rechtmäßigkeit in gar nichts anderem als in dieser Beziehung zwischen den Rechtsstufen besteht. Da hat also Herr Heller gründlich daneben gegriffen. Und noch gründlicher, wenn er mir darin einen Widerspruch ankreidet, daß ich bei meinen de lege ferenda gemachten Vorschlägen für die Ausgestaltung der Verfassungsgerichtsbarkeit auf außenpolitische Interessen Rücksicht nehme. Das sei eine von der Reinen Rechtslehre verpönte Vermengung von Politik und Rechtswissenschaft. Aber wo in aller Welt hat die Reine Rechtslehre behauptet, daß bei der Gesetzgebung politische Erwägungen auszuschalten seien? Herr Heller verwechselt Rechtserzeugung mit Rechtserkenntnis, auf welche letztere allein die Reine Rechtslehre als Wissenschaft sich bezieht. Ich verstehe schon, daß Herr Heller bemüht ist, seinen Gegner recht dumm erscheinen zu lassen. Aber ich muß ihn daran erinnern, daß in diesem Punkte zu weit gehen seinen eigenen Sieg entwerten heißt.

Herr Heller hat gemeint — darauf laufen seine Ausführungen im wesentlichen hinaus: gegen die Verfassungsgerichtsbarkeit gebe es eigentlich keinen Widerstand, es komme nur darauf an, sich der Grenze bewußt zu sein, bis zu der diese Institution möglich sei. Das ist eine legislativ-politische Erwägung, die ich durchaus nicht ablehne — Herr Heller hat mir ja gerade ein solches Moment zum Vorwurf gemacht — schon weil sie bei jeder Rechtserzeugung unabweislich und selbstverständlich ist. Aber es ist eine Erfahrungstatsache, daß die Frage nach den Grenzen, die der Wirksamkeit des Rechtsinstitutes der Verfassungsgerichtsbarkeit gezogen sind, gerade von solcher Seite mehr als nötig in den Vordergrund geschoben wird, die aus irgendwelchen Gründen innerlich gegen die

Verfassungsgerichtsbarkeit, gegen das von Herrn Heller so verhöhnte „Sekuritätsideal" und für die bei Herrn Heller so beliebte — ach, so romantische — „Lebensgefährlichkeit des Lebens", das heißt, in eine etwas trockenere Sprache übersetzt, lieber für das Maschinengewehr als für das Gericht ist. Herr Heller sollte doch nicht übersehen, daß zu den Ursachen, die Gerichtsbarkeit unmöglich machen, in erster Linie die Verbreitung der Meinung gehört, daß Gerichtsbarkeit unmöglich oder problematisch sei. Herr Heller läuft Gefahr, daß man seine Absichten in diesem Sinne mißversteht, wenn er mit solcher Emphase auf die Grenzen der Verfassungsgerichtsbarkeit hinweist, ohne den geringsten Versuch zu machen, diese Grenzen auch nur einigermaßen zu präzisieren. Sollte er aber ernstlich glauben, diese Grenze mit der Behauptung einer „politischen, von Rechtssätzen nicht erfaßbaren, wohl aber Rechtsgrundsätzen unterworfenen Staatssphäre" angegeben zu haben, so stehe ich nicht an, auszusprechen: daß ich diese Unterscheidung von Rechtssätzen und Rechtsgrundsätzen für ein leeres, im Zusammenhange mit der Frage der Verfassungsgerichtsbarkeit aber für ein sehr gefährliches Spiel mit Worten halte; und daß ich politisch — und hier handelt es sich nicht um rechtstheoretische, sondern um rechtspolitische Fragen, die mit der reinen Rechtslehre nichts zu tun haben — gegen Herrn Heller, für das „rationalistische Sekuritätsideal" und durchaus dafür bin, daß durch möglichste Ausdehnung der Gerichtsbarkeit nach allen Richtungen das Leben in der sozialen Gemeinschaft möglichst wenig gefährlich werde. Ich bin der Überzeugung, mich damit nicht nur zu einem Ideal zu bekennen, auf dessen Verwirklichung die ganze Rechtsentwicklung der Menschheit seit jeher gerichtet ist!

III. Zweiter Beratungsgegenstand.

Überprüfung von Verwaltungsakten durch die ordentlichen Gerichte.

1. Bericht von Professor Dr. Max Layer in Graz.

I. Den Ausgangspunkt bildet die Trennung der Gewalten, insbesondere die Trennung von Justiz und Verwaltung; denn das ganze Problem der Überprüfung von Verwaltungsakten durch die Gerichte bestünde nicht, wenn eine einheitliche behördliche Organisation vorhanden wäre. Bezüglich der Trennung von Justiz und Verwaltung sei nur in aller Kürze folgendes bemerkt: die Trennung wurde schon im Absolutismus, fachlich und organisatorisch und zwar zuerst in Frankreich durchgeführt, dann in den deutschen Staaten, in Österreich unter Maria Theresia angebahnt. Hervorgegangen ist diese Scheidung aus der Tendenz, die Verwaltung unabhängig von der Justiz zu stellen. Die Grundanschauung ist hierbei, daß Judizieren und Verwalten zwei wesensverschiedene Dinge sind. Dort handelt es sich um Anwendung des Rechtes, hier um eine Tätigkeit nach Zweckmäßigkeitsgesichtspunkten, dort um rechtliche Gebundenheit, hier um freies Ermessen. Deshalb wird alles, wo staatliche Gebundenheit anerkannt wird, insbesondere vermögensrechtliche Ansprüche (Fiskus) vor die Gerichte verwiesen.

Auch Montesquieu, der Klassiker der Gewaltenteilungslehre, ist im wesentlichen dieser Anschauung, wie sich aus der merkwürdigen Umschreibung der „Vollziehenden Gewalt" im 6. Kapitel des 11. Buches des Esprit des lois ergibt. Ihm handelte es sich dabei nicht um eine Bevorzugung der einen oder anderen Gewalt, sondern um ihr Gleichgewicht, das durch das Interzessionsrecht im Falle der Überschreitung des Wirkungskreises gewahrt wird.

Nach Herstellung der Verfassungen wurde der Grundsatz der Trennung von Justiz und Verwaltung in den meisten Staaten als Satz des Verfassungsrechtes ausgesprochen.

Der Verfassungsgrundsatz bedeutet zunächst eine formale Trennung; eine eigene Gerichts- und eine eigene Verwaltungsorganisation; in die von den Gesetzen den Gerichten zugewiesenen Agenden haben sich die Verwaltungsbehörden nicht einzumischen, die Geschäfte der Verwaltungsbehörden sind frei vom Einfluß der Gerichte. Grundsätzlich also schließen sich die Kompetenzen der Gerichte und Verwaltungsbehörden aus[1])[2]).

Was aber materiellrechtlich in die Kompetenz der Gerichte und was in die Kompetenz der Verwaltungsbehörden fällt, ist durch die erwähnte, dem Gewaltentrennungsprinzip zugrunde liegende Vorstellung von Justiz und Verwaltungssachen ganz unzulänglich umschrieben und in den Verfassungen höchstens angedeutet, oder es wird im allgemeinen auf die „Gesetze" verwiesen (z. B. österr. BVG. Art. 83 Abs. 1 „Die Verfassung und Zuständigkeit der Gerichte wird durch Bundesgesetz festgestellt"); eventuell wird die „gesamte Zivil- und Strafgerichtsbarkeit" (Österr. StGG. 1867 über die richterliche Gewalt Art. 10) als Gegenstand der Justiz bezeichnet, was nicht ausschließt, daß den Gerichten durch Gesetz noch andere Geschäfte (Justizverwaltung) zugewiesen werden. Die Kompetenz der Verwaltungsorgane ist noch weniger durch ein allgemeines Prinzip irgendwie verfassungsmäßig umschrieben, sondern ergibt sich aus den zahlreichen Einzelgesetzen, deren Ausführung den Verwaltungsbehörden übertragen ist.

Mit Rücksicht auf die keineswegs alle Zweifel ausschließende Regelung der beiderseitigen Kompetenz ergibt sich natürlich die Möglichkeit von Kompetenzzweifeln.

Die Zweifelsmöglichkeiten mußten noch wachsen, als der der ursprünglichen Gewaltenteilungstheorie zugrunde gelegte Gesichtspunkt der Scheidung der beiden Funktionen in dem Maße verblaßte, als auch die Verwaltung immer mehr zu einer durch gesetzliche Normen inhaltlich bestimmten, die Anwendung oder Ausführung der Gesetze bildenden Tätigkeit wurde[3]). (Gesetzmäßigkeit der Verwaltung.) Mit der Durchdringung der

---

[1]) Über das Verh. von Justiz und Verw. im allgem. s. insbes. Fleiner Instit. des DVR. § 2 S. 9ff., Meyer-Anschütz, Staatsr. S. 766ff., G. Anschütz, Verw.Recht in Hinnebergs Kultur der Gegenwart T. II Abt. VIII S. 336ff.

[2]) S. preuß. L.Verw.G. §§ 75 u. 127 sowie Zust. G. § 160 Abs. 1 u. 2, § 12 GVG. Dazu Friedrichs, Art. Verwaltungsgerichtsbarkeit im WB. d. deutsch. St. u. VR. 3 S. 755.

[3]) Dem Grundsatze der Gesetzmäßigkeit der Verw. wird nicht durch eine bloß formale Kompetenzbestimmung genügt, vielmehr bedeutet er das Erfordernis, daß eine verfassungsmäßig fundierte Rechtsnorm da sei, die den Inhalt der Verwaltungstätigkeit bestimmt und die Verw. ermächtigt, Verfügungen zu treffen, die die Rechte und rechtlichen Interessen der Staatsbürger berühren. Merkl, Allgem. Verw.R., nennt in nicht sehr glücklicher Terminologie ersteres „Rechtmäßigkeit", letzteres „Gesetzmäßigkeit" der Verwaltung (S. 160, 162ff.).

Verwaltung mit dieser Idee der Gesetzmäßigkeit und Regelung der Verwaltungstätigkeit durch eine Fülle von Rechtsnormen sind auch die Formen der Verwaltungstätigkeit begreiflicherweise einigermaßen andere geworden. Die freie formlose Verfügung tritt immer mehr zurück gegenüber den Verwaltungsakten, die auf Grund sorgfältiger Erwägung der Grenzen der gesetzlichen Ermächtigung, der genauen Feststellung des fraglichen Tatbestandes und der vollen Berücksichtigung der anerkannten Rechte der Staatsbürger ergehen, mit anderen Worten Rechtsprechungsakte auf Grund eines alle diese Momente sicherstellenden Verfahrens sind. Die Entwicklung hat sogar teilweise die rechtsprechende Funktion der Verwaltung (justizmäßiger Charakter der Verwaltung) noch in erhöhtem Maße zum Ausdrucke gebracht, insoferne in manchen Staaten wenigstens ein großer Teil der unzweifelhaften Verwaltungsrechtssachen besonderen, nämlich in mancher Hinsicht den Gerichten organisationsmäßig genäherten Behörden übertragen wurde und diesen eventuell hierbei auch die Beobachtung eines besonderen justizmäßigen Verfahrens (Verwaltungsstreitverfahren) vorgeschrieben wurde (Verwaltungsgerichte in Deutschland); oder — eine besonders in Österreich vorkommende Organisationsform — es wurden Kollegialverwaltungsbehörden geschaffen, denen eine oder mehrere Richter als Stimmführer angehören (z. B. Agrarsenate). Gleichwohl besorgen auch diese Behörden Verwaltungsaufgaben, und für den Grundsatz der Trennung von Justiz und Verwaltung stehen nur die ordentlichen und die ihnen gesetzmäßig gleichgestellten Gerichte auf der einen Seite, die Verwaltungsbehörden, Verwaltungsgerichte und gemischten Behörden auf der anderen Seite.

War der Ausgangspunkt für den Grundsatz der Trennung von Justiz und Verwaltung in erster Linie der Inhalt der Tätigkeit, in zweiter Linie auch die durch den Inhalt bedingte Tätigkeitsform (dort Rechtsprechung, d. i. Urteilsfällung auf Grund eines geregelten Prozeßverfahrens, hier freie Verfügung nach Zweckmäßigkeitserwägungen und auf Grund unkontrollierbarer einseitiger Erhebungen im freien Verfahren ohne formelle Bindung), so ist dieses Moment der Scheidung beider Gebiete, selbst zugegeben, daß es noch zahlreiche freie Akte gibt, absolut nicht mehr durchgreifend. Man darf daraus nicht schließen, daß sich etwa das Prinzip der Trennung von Justiz und Verwaltung überlebt habe oder daß es nicht mehr Ernst damit sei. Ganz abgesehen davon, daß es noch unentwegt in den Verfassungen steht und in der getrennten Organisation der Gerichts- und Verwaltungsbehörden seinen sichtbaren Ausdruck findet, hat es auch heute noch einen tiefen Sinn, nur ist er gegen früher ein etwas anderer geworden.

Wir können heute nicht mehr sagen, daß Recht nur bei Gerichten zu finden sei, bei den Verwaltungsbehörden aber nur Zweckmäßigkeit.

Die Fortschritte in der Verfeinerung und Spezialisierung der staatlichen Arbeit rechtfertigen aber auch heute noch die Trennung, wenn auch hier wie dort Recht gesprochen und ein gesetzlich geregeltes Prozeßverfahren durchgeführt wird. Denn die Arbeitsgebiete sind verschieden. Gegenstand der Tätigkeit der Gerichte ist die Abgrenzung der Privatrechtsphären durch Richterspruch, wo sie in Widerstreit gekommen oder sich verwirrt haben (Zivilgerichtsbarkeit), sowie die Erfüllung des Strafzweckes in Rechtsform (Strafgerichtsbarkeit). Auf diesen Gebieten sind die Gerichte die verfassungsmäßigen Spezialisten. Demgegenüber sind die Verwaltungsbehörden die Spezialisten auf dem Gebiete der Verwaltung, und das sind durchwegs Belange, die eine Beziehung auf die Allgemeinheit, das öffentliche Leben und das öffentliche Interesse haben. Auch wo es sich scheinbar um Individualrechte handelt, ist das nicht anders, z. B. bei Erteilung von Wasserkonzessionen, Gewerbekonzessionen, Verleihung des Heimatrechtes usw. Damit ist nicht gesagt, daß in jedem einzelnen Falle die Verwaltungsbehörden sich nur oder auch nur vorzugsweise über die in Betracht kommenden öffentlichen Interessen eine Ansicht bilden und danach ihre Bescheide einrichten sollen; diese Berücksichtigung der öffentlichen Interessen ist im allgemeinen schon in den anzuwendenden verwaltungsrechtlichen Normen enthalten, und wort- und sinngemäße Anwendung allein wird genügen. Häufig allerdings erteilen die Verwaltungsgesetze den Verwaltungsbehörden noch eine besondere Ermächtigung, ihre Akte im Sinne einer selbständigen Beurteilung der in Betracht kommenden öffentlichen Interessen (freies Ermessen) zu erlassen. In jedem Falle aber schafft die dauernde Anwendung der durch jene Richtung auf das Gemeininteresse ihrer Natur nach vom bürgerlichen und Strafrecht verschiedenen Normen für die Verwaltung eine andere Einstellung, eine andere Schulung und Richtung als derjenigen der Gerichte entspricht, auch dann, wenn die Verwaltungsgerichtsbarkeit selbst eine gesetzlich gebundene und in den Formen der Rechtsprechung sich vollziehende ist. Es ist darum vom Standpunkte der staatlichen Arbeitsteilung die Trennung von Justiz und Verwaltung ein technischer Fortschritt, eine Einrichtung besserer Besorgung der staatlichen Aufgaben auf jedem der beiden Hauptgebiete und die Einhaltung der beiderseitigen Kompetenzgrenzen daher ein Gegenstand höchsten staatlichen Interesses und der Ökonomie staatlicher Arbeit.

Es ist begreiflich, daß dies zu einer Zeit noch nicht gegeben war und deshalb auch im heutigen Sinne nicht erkannt werden konnte, in der sich die Verwaltung erst nach und nach zu dem entwickelte, was sie heute ist, nämlich einer der Gerichtsbarkeit gleichwertigen Rechtsfunktion des Staates. Das war aber noch nicht verwirklicht mit der bloßen organisatorischen Trennung. Es ist zwar richtig, wie die Franzosen gerne sagen[1]), daß es erst mit dem Régime administratif auch ein Droit administratif geben könne, aber es handelt sich eben um die Ausbildung und Entwicklung dieses spezifischen Rechtes der Verwaltung selbst mit materieller und formeller Beziehung, um jene Gleichberechtigung von Justiz und Verwaltung und damit die Trennung beider im modernen verfassungsmäßigen Sinne zu rechtfertigen. In den Anfängen der verfassungsmäßigen Ära, die, wenigstens in Deutschland, mit einer starken Welle rechtsstaatlicher Überzeugung zusammentraf, war das noch nicht der Fall, darum die Erscheinung einer gewissen Bevorzugung der Gerichte insbesondere bei der Entscheidung über die Kompetenz. Der Staat sollte ja vor allem Rechtsstaat sein, und nach historisch überlieferter und in der vergangenen Epoche begründeter Anschauung war die Verwirklichung des Rechtes eben nur bei den Gerichten zu finden; darum mußten die Gerichte das Recht auch in der Weise wahren, daß sie allein darüber abzusprechen hatten, was eine Rechtssache sei; hatten sie sich als zuständig erklärt, dann lag eben eine Rechtssache vor und die Verwaltung hatte zur Seite zu treten. Das ist der Standpunkt der Theorien bis über die Mitte des 19. Jahrhunderts[2]), aber es ist auch noch der Standpunkt des deutschen Zivilgerichtsverfassungsgesetzes (§ 17 EG.). Es lag darin eine bewußte Abkehr von dem früheren polizeistaatlichen Standpunkt, wo der umgekehrte Grundsatz gegolten hatte. Es ist aber nicht zu verkennen, daß die einseitige gerichtliche Entscheidung nicht dem heutigen Verhältnis von Gericht und Verwaltung entspricht und es bedeutet einen Fortschritt, wenn in immer weiteren Umfang eigene Instanzen, gewissermaßen unparteiische Autoritäten über Gericht und Verwaltung aufgerichtet wurden, die gegebenenfalls lediglich nach verfassungsmäßigen und Rechtsgrundsätzen die streitige Kompetenz für beide Teile bindend zu entscheiden haben. Die einseitige Entscheidung durch eine höchste Verwaltungsstelle entspricht der kollektivistisch-polizeistaatlichen Ordnung, die durch das Gericht dem individualistisch-rechtsstaatlichen Prinzip, jedenfalls aber bedeutet die einseitige Entscheidung durch den einen oder den anderen Teil eine bevorzugte Stellung der einen

[1]) Hauriou, Précis de Droit Administratif et de Droit Public, S. 1.

[2]) Vgl. dazu Pfeiffer, Praktische Ausführungen III S. 189ff. u. 447ff., V, S. 201ff. mit der Polemik gegen v. Pfizer und Funke; insbes. aber Bähr, Der Rechtsstaat, 1860.

Organisation gegenüber der anderen. Der Gleichstellung und der Gleichwertigkeit, die in der heutigen Rechtsentwicklung begründet ist, entspricht nur die Entscheidung durch eine neutrale über beiden stehende Instanz. Auch das deutsche GVG. hat (EG. 17, Abs. 2) eine solche Einrichtung den deutschen Gliedstaaten hinsichtlich der Kompetenzkonflikte zwischen Gerichts- und Verwaltungsbehörden ermöglicht[1]); in Österreich ist mit dem Reichsgericht (StGG. von 1867 RGB. Nr. 143, jetzt Verfassungsgerichtshof) eine solche Stelle geschaffen worden.

Die Frage der Kompetenzkonflikte ist hier nicht weiter zu erörtern; erst am Schlusse wird nochmals darauf zurückzukommen sein. Hier sei nur betont, das die Einrichtung besonderer Kompetenzkonfliktstribunale und eines besonderen Kompetenzkonfliktsverfahrens eine Garantie bildet für die Einhaltung der verfassungsmäßig gewollten Trennung von Justiz und Verwaltung und eine Anerkennung ihrer Gleichberechtigung.

II. Der erwähnte Grundsatz der gegenseitigen Ausschließlichkeit der Kompetenz ist eine Folgerung, die sich mit logischer Notwendigkeit aus dem Prinzip der Trennung von Justiz und Verwaltung ergibt.

Andere Folgerungen sind keineswegs von vorhinein so einleuchtend und sind in den verschiedenen Gesetzgebungen auch in verschiedener Weise aufgefaßt und in der Praxis durchgeführt worden. Man wird diese Fälle teilweise als scheinbare oder wirkliche Ausnahmen vom Prinzip der Trennung auffassen können.

1. Zunächst sind hier die Fälle zu erwähnen, in welchen den Gerichten eine Rechtsschutzfunktion gegen Rechtsverletzungen durch die Verwaltung, d. i. eine Verwaltungsgerichtsbarkeit, zukommt. Es kann sich hierbei nur um die sog. Verwaltungsgerichtsbarkeit ex post oder a posteriori handeln, die eben nicht von eigenen Verwaltungsgerichten, sondern nach Maßgabe der positiven Gesetzgebung durch die ordentlichen Gerichte ausgeübt wird. Dieses Thema ist auf der vorletzten Tagung dieser Vereinigung von Prof. W. Jellinek und Lassar in eingehenderweise behandelt worden und steht heute nicht zur Diskussion. Jellinek[2]) glaubte auch konstatieren zu

[1]) Im Deutschen Reich besteht die Maßgeblichkeit der gerichtlichen Kompetenzentscheidung im Sinne des § 17, 1 EG. z. GVG. den Reichsbehörden gegenüber fast ausnahmslos. Eine Durchbrechung erfolgte durch die auf Grund des Erm.G. vom 13. X. 1923 erfolgte Betrauung des R.Fin.Min. mit der Entscheidung der Frage, ob ein gegen das Reich erhobener Anspruch vor den Abgeltungsausschuß gehört oder nicht (Vdg. 24. X. 1923). Über die Einrichtungen der KKG. in den Ländern s. W. Jellinek, Verw.R. S. 54.

[2]) Veröffentlichungen der Vereinigung der deutschen Staatsrechtslehrer, Heft 2, der Schutz des öffentl. Rechtes, insb. S. 54.

können, daß speziell im Deutschen Reich die Entwicklung auf eine Erweiterung der gerichtlichen Kompetenz (justizstaatliche Entwicklung) weise; allerdings hat diese Meinung auch Widerspruch gefunden. Wie dem auch sei, jedenfalls liegt da ein scheinbar eklatanter Fall vor, in dem die Gerichte Verwaltungsakte zu überprüfen und gegebenenfalls aufzuheben haben. Jedoch erscheint diese Einrichtung mit dem Grundsatz der Trennung von Justiz und Verwaltung vereinbar, insolange sich die Kompetenz des Gerichtes auf die Entscheidung der Frage der begangenen Rechtsverletzung durch die Verwaltung und gegebenenfalls auf die Kassation des rechtsverletzenden Aktes beschränkt. Näher ist hierauf nicht einzugehen; hier soll nur konstatiert werden, daß diese Verwaltungsrechtskontrolle der ordentlichen Gerichte allerdings eine Prüfung der Verwaltungsakte bedeutet, aber 1. folgt diese Kompetenz der Gerichte weder aus einem allgemeinen Prinzip, noch verstößt sie unter den angegebenen Voraussetzungen gegen ein solches, 2. findet sie nur statt, soweit das positive Recht eine solche Überprüfung zugelassen hat und 3. ergibt sich daraus nur das Prüfungsrecht der Gerichte bezüglich der Verwaltungsakte, die hinsichtlich ihrer Rechtmäßigkeit in concreto vor Gericht angefochten werden; ein weiteres Prüfungsrecht hinsichtlich anderer Akte, die nicht unmittelbar Gegenstand der Anfechtung sind, ergibt sich auch aus der prinzipiellen Anerkennung der Rechtskontrolle durch die Gerichte keineswegs.

2. Verschieden von den Fällen einer Verwaltungsgerichtsbarkeit durch die ordentlichen Gerichte sind die Fälle, in welchen die Verwaltungsbehörde kraft besonderer gesetzlicher Anordnung außerhalb ihrer prinzipiellen Zuständigkeit nämlich in privatrechtlichen Angelegenheiten eine (vorläufige) Entscheidung zu fällen hat, wogegen dann das Gesetz die Abhilfe im ordentlichen Rechtswege vorsieht.

In Österreich ist dies staatsgrundgesetzlich in einer Verfassungsbestimmung (Art. 94 Abs. 2 BVG.) ausgesprochen; wenn eine Verwaltungsbehörde über Privatrechtsansprüche zu entscheiden hat, steht es dem durch diese Entscheidung Benachteiligten frei, falls im Gesetz nichts anderes bestimmt ist, Abhilfe gegen die andere Partei im ordentlichen Rechtswege zu suchen. Auch in einer Reihe von Einzelbestimmungen ist dieser Weg vorgesehen, so z. B. bezüglich administrativer Ersatzerkenntnisse gegen Beamte, wogegen den Beamten die Bestreitung des Anspruches durch Einbringung der Feststellungsklage gegen den Staat bei Gericht offen steht (§ 89 Abs. 2 DP.); das gleiche gilt in einer Reihe von Entschädigungsfällen: Bringung von Holzprodukten über fremden Grund nach § 24 FG. und Triftunternehmungen § 42 FG., Grundüberlassung nach dem BergG.

§ 103, Enteignungsentschädigung nach dem G. über Bundesstraßen 1921 BGBL. 387 § 12 bis 15; ebenso nach dem steierm. Straßengesetz 1926 LBBL. 50 § 23b und § 24, 3 und anderen Landesstraßengesetzen, nach dem Gesetz über die unschädliche Ableitung von Gebirgswässern v. 30. VI. 1884 RGBL. 117, ferner nach dem kärntn. Gesetz über die Wegfreiheit im Bergland 22. III. 1923. LGB. 18, nach dem Elektrizitätswege Ges. 7. VI. 1922. BGBL. 348 § 17, nach den Wassergesetzen, § 26 RWG. u. 51 bzw. 56 der LandesWG. (werden Bauten zum Zwecke der Benutzung, Leitung oder Abwehr der Gewässer aus Reichs- oder Landesmitteln unternommen und gereichen dieselben zugleich den Besitzern der angrenzenden Liegenschaften oder der benachbarten Wasseranlagen durch Zuwendung eines Vorteils oder durch Abwendung eines Nachteils in erheblichem Maße zum Nutzen, so können die erwähnten Besitzer, auch wenn die Grundsätze der Enteignung nach § 365 ABGB. keine Anwendung finden, im Verwaltungswege verhalten werden, einen angemessenen Beitrag zu den Kosten zu leisten. Ob der Bau den gedachten Personen im erheblichen Maße zum Nutzen gereicht oder erheblichen Nachteil abwendet, dann welches die Ziffer des angemessenen Beitrages ist, ist im Verwaltungswege zu ermitteln und auszusprechen und, wenn die Benachteiligten sich dabei nicht beruhigen vom Richter zu bestimmen), ferner § 17 RWG. und §§ 37 bzw. 35 und 32 der Landeswassergesetze (Feststellung der Entsch. im Verwaltungswege, wenn die Beteiligten sich nicht beruhigen durch gerichtlichen Befund nach den Grundsätzen des Expr. Verfahrens), weiter die Expropriations-Entsch. in Wassersachen nach §§ 87 bzw. 83 und 80 LWG., endlich die Entschädigung unschuldig Verurteilter (Gesetz 16. III. 1892 RGBL. 64 und Novelle v. 21. III. 1918 RGB. 109): Anspruchserhebung an das Justizministerium, wenn nicht anerkannt, Klage an das OLG.

Ähnliche Fälle weist auch das deutsche Recht auf: z. B. die Entscheidung über Defekte der Reichsbeamten durch Beschluß der Aufsichtsbehörde und gerichtliche Klage nach § 134 bis 147 RBG., die Enteignungsentschädigung nach § 30 des Preuß. EG. v. 11. VI. 1874, ähnlich in Sachsen nach dem Gesetz v. 24. VI. 1902 und in einigen anderen Enteignungsfällen; die Entschädigung nach § 14 und 41 des RayonsG. vom 21. XII. 1871, über die Entscheidung des Reichswehrministers über vermögensrechtliche Ansprüche der Angehörigen der Reichswehr nach § 32 RWG. v. 23. III. 1911; über die Entscheidung des Seemannsamtes nach §§ 57, 62, 68 und 129ff. der Seemannsordnung vom 2. VI. 1902, über die Entscheidung der Verwaltungsbehörde über Berg- und Hilfslohn nach §§ 36 bis 40 der Strandordnung vom 17. V. 1874, nach den §§ 358 Abs. 3, 413 Abs. 2, 705 Abs. 2

der RVersO. in der Fassung vom 15. VII. 1924; nach § 5 G. betreffend der in Wiederaufnahmsverfahren freigesprochenen Personen vom 26. V. 1898 und § 6 Abs. 3 in Verb. mit § 9 f. d. G. betreffend die Entsch. für unschuldig erlittene Untersuchungshaft vom 27. V. 1904; endlich § 13 Telegr.-WegeG. v. 18. XII. 1899 und § 240ff. Branntwein-Mon.G. 26. VII. 918.

In diesen Fällen findet wirklich eine Entscheidung der Verwaltungsbehörden und des Gerichtes in derselbe Sache statt mit der Wirkung, daß die gerichtliche Entscheidung die maßgebliche und endgültige ist. Dabei ist die vorherige Entscheidung der Verwaltungsbehörde formale Bedingung für die Beschreitung des Rechtsweges[1]).

Fraglich kann hierbei nur sein, wie sich das Gericht zur Verwaltungsentscheidung zu stellen hat, ob es sie ignorieren oder sie zu überprüfen und evtl. aufzuheben hat. Erstere Meinung wurde von Bernatzik vertreten mit der Behauptung, daß die Klagbitte und Urteilsnorm in diesen Fällen nicht auf Vernichtung des Verwaltungsaktes gehe, sondern auf Erkenntnis über den meritalen Anspruch, daher keine Kassationsmöglichkeit vorliege. Tezner hat das Gegenteil behauptet, und auf seiner Seite steht in Österr. die Praxis des Obst. G.H. (Plenissimar-Entsch. vom 5. XI. 1895 GL. U. 15 426, Jud. B. 130). Der Obst. G.H. nahm den Standpunkt ein, daß von einer Ignorierung der verwaltungsbehördlichen Entscheidung nicht die Rede sein könne, vielmehr der Klageinhalt auf Beseitigung der erfahrenen Rechtsbenachteiligung gerichtet sein müsse, woraus sich ergibt, daß das Gericht über eine Art Rechtsbeschwerde gegen das Administrativerkenntnis zu entscheiden und dasselbe evtl. zu beheben habe.

In den hier besprochenen Fällen scheint eher ein Verstoß gegen das Prinzip der Trennung der Gewalten vorzuliegen, da tatsächlich die Behörden beider Ressorts in derselben Sache meritorisch entscheiden und das Gericht eine Überprüfung

[1]) Obst. G. H. Erk. 1. IX. 1925 S. Nr. 263: erst nach dem Erk. der polit. Beh. über den Schadenersatz steht der Rechtsweg nach Art. 94 Abs. 2 BVG. offen. Einen besonderen Fall der notwendigen Vorentscheidung der Verw. Beh. enthalten die Gem.O. von Vorarlb. Bö. Gal. (wovon heute für Österr. nur mehr die von Vorarlb. in Betracht kommt) hinsichtlich der Schadenersatzpflicht der G. wegen Vernachlässigung der Ortspolizei (VGO. 1904 und Nov. 1924 § 34). Nach § 34 Abs. 4 ist das Erkenntnis über die Verpflichtung zum Schadenersatz von der Statth. in Einv. mit dem LA. (Lhptm. i. E. mit L.Reg.) zu fällen. Wird über das Maß der Entsch. kein Einverständnis erzielt, so ist dieselbe im ordentl. Rechtsweg geltend zu machen. Der ordentl. R. kann jedoch insolange nicht beschritten werden, als nicht die polit. Behörde über den Grund der Haftpflicht erkannt hat (Pleniss. E. d. Obst. G. H. 1. VI. 1915 S. Nr. 7460, Jud. B. 229).

bzw. Aufhebung der verwaltungsbehördlichen Entscheidung vornimmt, seine eigene Entscheidung an deren Stelle setzt. Es ist aber daran festzuhalten, daß es sich hier, wenigstens nach Anschauung des Gesetzgebers um privatrechtliche Angelegenheiten handelt, in welchen den Verwaltungsbehörden nur aus praktischen Rücksichten eine vorläufige Kompetenz eingeräumt ist, während die Beschreitung des Rechtsweges dazu dient, die Sache zur endgültigen Entscheidung an die kompetente Behörde zu leiten[1]).

3. Wieder anders steht die Sache bei der Exekution verwaltungsbehördlicher Erkenntnisse durch die Gerichte. In Betracht kommt nur die Exekution von Geldleistungen. In Österreich sind schon seit dem Hfd. vom 19. I. 1784 JGS. Nr. 228 und dem Hfkd. vom 10. II. 1832 JGS. Nr. 2548 (das heute noch die gesetzliche Grundlage bildet) alle staatlichen Steuern und l. f. Gefälle der gerichtlichen Exekution fähig erklärt, dieselbe ist aber auch bezüglich sonstiger im Verwaltungswege auferlegter Geldleistungen nicht ausgeschlossen. Daß VVollstrG. vom 21. VII. 1925 BGBL. 276 § 3 hat die schon früher von den Gerichten beobachtete Praxis zur Regel erhoben, daß administrative Verpflichtungen zu einer Geldleistung entweder von der (Verwaltungs)-Vollstreckungsbehörde selbst oder durch das zuständige Gericht nach den für das gerichtliche Exektionsverfahren geltenden Vorschriften eingetrieben werden; Bescheide und Rückstandsausweise, die von der erkennenden oder verfügenden Stelle oder von der Vollstreckungsbehörde mit der Bestätigung versehen sind, daß sie einem die Vollstreckung hemmenden Rechtszuge nicht unterliegen, sind Exekutionstitel im Sinne des § 1 EO.

Hier liegt ein Fall gesetzmäßiger Rechtshilfe vor, aber es ergibt sich die Frage, ob die Ex.-Gerichte das zu exequierende Erkenntnis der Verwaltungsbehörde auf seine Rechtmäßigkeit zu prüfen haben. Für Österreich ist diese Frage zu verneinen, denn bezüglich der gerichtl. Steuerexekution wurde schon mit Hfd. vom 26. XI. 1789 Nr. 228 nachdrücklich die „Gebundenheit der Gerichte an die Entscheidungen und Feststellungen der Verwaltungsbehörden betreffend die öffentlich-rechtliche Verbindlichkeit" eingeschärft[2]). Auch nach dem VVollstrG. findet

[1]) Vgl. Paul Schön, Deutsches Verw.Recht in der Enzyklopädie der R. IV. S. 309.

[2]) Erk. d. Obst. G.H. 14. IX. 1915 S. Nr. 7566 läßt den Rechtsweg gegen die Bewilligung der Exekution auf Grund eines von der B. H. als vollstreckbar erklärten Rückstandsausweises zu, weil die Entsch. ob ein vollstreckbarer Ex.-Titel vorliege, nur den Gerichten obliegt, „da sie die Exekution nicht nur zu vollziehen sondern auch zu bewilligen haben". Dagegen E. 24. III. 1914 S. Nr. 6866: der mit der Vollstreckungsklausel versehene

keine Überprüfung des den Titel der Exekution bildenden Verwaltungsbescheides auf seine Rechtmäßigkeit statt. Die verwaltungsrechtliche Bestätigung der Rechtskraft bzw. der Vollstreckbarkeit muß dem Gericht genügen. Darum sind auch Einwendungen gegen den Anspruch im Sinne des § 35 der EO. bei der Stelle einzubringen, von der der Exekutionstitel ausgegangen ist, d. i. der Verwaltungsbehörde. Im übrigen folgt das Exekutionsverfahren allerdings den gerichtlichen Verfahrensvorschriften.

Die Durchführung der Zwangsvollstreckungen verwaltungsbehördlicher Bescheide zur Hereinbringung von Geldleistungen durch die Gerichte findet auch im deutschen Reich vielfach statt, allgemein, soweit es sich um Zwangsvollstreckung in Immobilien handelt, nach manchen Landesgesetzen auch in andere Vermögungsrechte. Die Vollstreckung selbst folgt den Vorschriften der ZPO. Nach Reichsrecht wird aber überwiegend angenommen, daß eine Überprüfung des Auftrages auf seine Rechtmäßigkeit durch den Gerichtsvollzieher erfolgt und zwar wegen seiner Haftung nach § 839 BGB. Dagegen unterliegt nach der preuß. Ex.-Vdg. vom 15. XI. 1899 G. S. 545 die die Mitwirkung des Gerichtes veranlassende Anordnung der Vollstreckungsbehörde keiner gerichtlichen Nachprüfung (§ 51, 3)[1].

Gleichwohl wird im allgemeinen anzunehmen sein, daß die Überprüfung des zu exequierenden Verwaltungsaktes durch das Exekutionsgericht (Gerichtsvollzieher) sich nur auf die formelle Gültigkeit des zu exequierenden Aktes erstrecken kann, — wozu jede requirierte Behörde befugt ist — dagegen nicht auf meritorische Richtigkeit oder Rechtmäßigkeit des Aktes.

III. Ein weiteres Gebiet, wo eine gewisse Reibung zwischen Justiz und Verwaltung entstehen kann und sich schwierige Fragen bezüglich des gegenseitigen Verhältnisses ergeben können, bildet die Behandlung der Vorfragen des anderen Ressorts. Die Entscheidung konkreter Rechtsfragen beruht auf verschiedenen Voraussetzungen und Vorfragen, die für die Beurteilung der Hauptfrage von maßgebender Bedeutung sind. Es wäre

---

Rückstandsausweis ist als Exekutionstitel in Rechtskraft erwachsen; ob er auch materiell richtig ist, hat der Ex.-Richter nicht zu prüfen. Ob der eingebrachten Aufsichtsbeschwerde aufschiebende Wirkung zukommt, hat nicht das Gericht, sondern die Administrativbehörde zu entscheiden. Die Praxis des Obst. G.H. steht überwiegend auf letzteren Standpunkt. S. Tezner, Handbuch S. 385; derselbe, Die rechtsbildende Funktion der österr. verw.-gerichtl. Rechtssprechung LV, 2, S. 459. Aus neuerer Zeit insbes. E. 30. VI. 1920 S. Nr. 67.

[1]) S. Hatschek, Institut. des deutsch. und preuß. V.R. S. 483.

oft schwer, mit der Beurteilung dieser Vorfragen zu Ende zu kommen, wenn das positive Recht nicht mit gewissen Hilfsmitteln eingreifen würde. Grundbuch, Matriken, Handelsregister, Wasserbuch, Zeitablauf, Ersitzung und Verjährung, Anerkennung der Notorietät, Rechtskraft usw. sind solche Hilfsmittel, um über die Feststellung der Prämissen einer Rechtsfrage leichter hinwegzukommen. Dazu aber kommt, daß an viele Tatbestände und Rechtverhältnisse unmittelbar sich Rechtsfolgen verschiedener Art knüpfen, unter Umständen strafrechtlicher, privatrechtlicher oder öffentlich-rechtlicher Natur, so daß Tatbestände und Rechtverhältnisse die dem einen Gebiet angehören, für das andere präjudiziell wirken. Die große Frage, die sich dabei ergibt, nämlich wie es sich bei der Kompetenz zur Entscheidung der Vorfrage verhält, wenn und insoweit die Beurteilung derselben in ein anderes Rechtsgebiet fällt, als die Beurteilung der Hauptfrage, kann aus dem Grundsatze der Trennung der Gewalten nicht beantwortet werden. Man kann vom Standpunkte der Trennung ebensowohl den Grundsatz vertreten, daß jede Vorfrage nur von der sachlich kompetenten Behörde beantwortet werden darf, also zivilrechtliche Vorfragen einer Verwaltungssache nur von den Gerichten und umgekehrt (französisches System); man kann aber das Prinzip der Trennung auch so auffassen, daß die Zuständigkeit in der Hauptsache entscheidet und die Zuständigkeit zur selbständigen Beurteilung der Vorfragen in sich schließt (deutsches System). Daß in Deutschland und ebenso in Österreich letzteres Prinzip gilt, stand schon längst außer Frage, wird in ständiger Praxis geübt, literarisch einhellig vertreten[1]) und ist dermalen auch in dem österr. VVG. von 1925 § 38 ausdrücklich ausgesprochen.

1. Der erwähnte Grundsatz kommt bis auf die gleich zu besprechenden Ausnahmen rein zur Anwendung, wenn über die Vorfrage noch kein Akt der kompetenten Behörden vorliegt.

Aber das Gesetz kann Ausnahmen feststellen, indem es die selbständige Beurteilung gewisser Vorfragen eines fremden Ressorts der in der Hauptsache kompetenten Behörde verbietet und sie verpflichtet, ihr Verfahren auszusetzen, um die vorherige Entscheidung der kompetenten Stelle einzuholen. Es ist dies eine offensichtliche ausnahmsweise Anleihe an das französische System.

---

[1]) Sarwey, Das öffentl. Recht und die Verw. Rechtspflege S. 650; Bernatzik, Rechtssprechung und materielle Rechtskraft S. 221 und die Beispiele Anm. 3 u. 4 auf S. 222 und 223; Fleiner, Instit. des deutschen Verw.R. S. 18; Herrnritt, Grundlehren des Verw.R. S. 152 usf.

Das österr. Recht kennt eine Reihe solcher Fälle in denen die Verwaltungsbehörde die Vorentscheidung der Präjudizialfrage durch das Gericht abzuwarten hat: §§ 61 u. 62 Allg.BergGes. (Privatrechtliche Streitigkeiten die einer Bergwerksverleihung entgegenstehen); § 20 Abs. 1 d. Musterschutz-Ges., kais. Patent 7. XII. 1858 RGBL. 237 (Verweisung einer zivilrechtlichen Vorfrage der Entscheidung der polit. Behörde an das Zivilgericht); § 37 Heimatsgesetz 1863 RGBL. 105 (Streitige Fragen des Zivilrechtes, insbesondere über eheliche oder uneheliche Geburt); §§ 115, 116 d. D. P. 25. I. 1914, RGBL. 15 (Aussetzen des Verfahrens der Disziplinarkommission bis zum Beschluß des Strafgerichts bei Annahme einer strafgerichtlich zu ahndenden Pflichtverletzung); zweifelhafter sind die Fälle der §§ 1 Abs. 6 und 36 Abs. 2 GO. (Alleinige Kompetenz der politischen Landesstelle zur Entscheidung über Fabrikmäßigkeit eines Betriebes oder über den Umfang eines Gewerbebetriebes.)

Umgekehrt erscheint in anderen Fällen das Gericht gehalten über eine verwaltungsrechtliche Vorfrage die Entscheidung der kompetenten Verwaltungsbehörde abzuwarten: § 48 Priv. G. kais. Pat. 5. VIII. 1852 RGBL. 184 (Einholung des Erkenntnisses des Min. f. H. u. G. nach § 42); § 30, Abs. 2 Markenschutzgesetz vom 6. I. 1890 RGBL. 19 (Aussetzung des Strafverfahrens wegen Eingriffes zur Entscheidung der Vorfrage durch den Handelsmin. über den Bestand, die Priorität, die eventuelle Übertragung eines ausschließlichen Markenrechtes); § 36 Mietengesetz (Unterbrechung des gerichtlichen Verfahrens zur Entscheidung gewisser Vorfragen durch die Mietenkommission bzw. des BMfH. u. V.) § 6 VA. 6. XII. 1919 StGBL. 551 (Unterbrechung des Prozesses aus Gas- und Elektrizitätslieferungsverträgen bis zur Entscheidung des Schiedsgerichtes über die Preisfestsetzung und deren Wirksamkeit); § 77a des PensVersG. 16. XII. 1906 RGBL. 1. ex 1907 in der Fassung der kais. Vdg. 25. VI. 1914 RGBL. 138 (Einholung der Entscheidung der kompetenten Verwaltungsbehörde über die Vorfrage im gerichtlichen Prozeß); § 12 JournalistenGes. 11. II. 1920 StGB. 88 (Einholung der Entscheidung des zuständigen Schiedsgerichtes über den Wechsel der politischen Richtung eines Zeitungsunternehmens im Kündigungsprozeß).

Auch das deutsche Reichsrecht kennt derartige Fälle einer Aussetzungspflicht des Gerichtes zwecks Einholung der Administrativentscheidung: §§ 901 Abs. 2, 1042, 1219, 1543 RVersO. und § 76 Abs. 2 bis 4 des RKnappschG. vom 23. VI. 1923; ferner § 77 des RBG.; § 433 RAO. (Einholung der Entscheidung des Reichsfinanzhofes über die Steuerhöhe zwecks Bemessung der Steuerstrafe).

2. In allen anderen durch die positiven Ausnahmen nicht getroffenen Fällen tritt eine Verpflichtung zur Aussetzung des Verfahrens nicht ein; Es besteht sonach Freiheit der in der Hauptsache erkennenden Behörde bezüglich der Beurteilung der Vorfrage des anderen Ressorts. Doch gewährt das positive Recht die Befugnis, unter gewissen Voraussetzungen das Verfahren bis zur Entscheidung der Vorfrage auszusetzen: in Ö. der § 190 ZPO. und § 38 des VVG.; im deutschen Reich § 148 der ZPO.[1]) (doch ist hier für den Fall als die Vorfrage von einer Verwaltungsbehörde festzustellen ist, nicht wie in Österreich Anhängigkeit des Rechtsstreites gefordert, vielmehr kann die Aussetzung auch angeordnet werden, um die Entscheidung der Verwaltungsbehörde bzw. des Verwaltungsgerichtes erst zu veranlassen). Die österr. und deutsche StrPO. gestatten die Aussetzung nach dem Wortlaut nur zwecks Erhebung einer Zivilklage, doch nimmt man in Deutschland an, daß damit nicht die Aussetzung zugunsten des Verwaltungs- oder Verwaltungsstreitverfahrens verboten werden sollte. Bezüglich der Verwaltungsgerichte in Deutschland fehlt eine Bestimmung, doch hat einmal das preuß. OVG. mit Entsch. vom 22. II. 1923, 78, 461, die Aussetzungsbefugnis verneint[2]).

Im übrigen ist in diesen Fällen die Aussetzung selbst Sache des freien Ermessens. Immerhin ist der Sinn der Bestimmung offenbar der, daß die Entscheidung der kompetenten Behörde über die Vorfrage als maßgebend für die Entscheidung in der Hauptsache betrachtet werden soll, um widerstreitende Entscheidungen zu vermeiden. Deshalb ist in den meisten Fällen des obligatorischen Aussetzens des Verfahrens auch ausdrücklich die Bindung an die Entscheidung in der Vorfrage im Gesetz ausgesprochen. Aber auch in den Fällen des fakultativen Aussetzens muß gefolgert werden, daß, wenn die Entscheidung von der kompetenten Behörde erfolgt ist, diese als bindend für die in der Hauptsache zuständige Behörde anzusehen ist. Eine diesbezügliche ausdrückliche Bestimmung findet sich im österr. Patentgesetz § 107, wo ebenfalls dem Gericht im Strafverfahren wegen Patentverletzung die Aussetzungsbefugnis eingeräumt ist, bis zur Entscheidung der zuständigen Behörde (des Patentamtes) über die anhängige Frage der Gültigkeit oder Wirksamkeit des Patentes, mit dem ausdrücklichen Beisatz „welche Entscheidung sodann dem Urteil zugrunde zu legen ist". Aber der Satz ist zu verallgemeinern, weil es sinnwidrig wäre, das Verfahren wegen der zu erwartenden

---

[1]) Stein-Jonas. Die ZPO. f. d. Deutsche Reich, 12. Aufl. 1, S. 439.

[2]) W. Jellinek, Verw.Recht S. 52.

Entscheidung der kompetenten Behörde über die Vorfrage auszusetzen, dann aber, wenn sie erfolgt ist, sie zu ignorieren oder sich bewußt mit ihr in Gegensatz zu setzen.

3. Selbstverständlich übt die Inzidenzentscheidung über die Vorfrage des fremden Ressorts keine bindende Wirkung auf die zuständige Behörde, wenn vor ihr die Inzidenzfrage als Hauptfrage zur Entscheidung gelangt. Diese Wirkungslosigkeit erklärt sich schon daraus, daß die Inzidenzentscheidung gar nicht in einer mit bindender Wirkung ausgestatteten Form in Erscheinung tritt, sondern lediglich in den Entscheidungsgründen der Hauptentscheidung enthalten ist. Man braucht sich deshalb nicht einmal darauf zu berufen, daß die reine Zufälligkeit, daß eine Frage bereits in einer anderen Sache als Vorfrage aufgetreten ist, eine Änderung der Kompetenz nicht nach sich ziehen kann, da die Kompetenzbestimmungen zwingender Natur sind. Dagegen ergibt sich die gegenteilige Frage, ob nicht der Rechtbestand einer Entscheidung dadurch in Frage gestellt wird, wenn später die kompetente Behörde die in Betracht kommende Vorfrage anders entscheidet. Nur das österr. VVG. enthält hierüber eine bedeutsame Bestimmung im § 69 Abs. 1: „Wenn ein Bescheid von einer Vorfrage abhängig ist und nachträglich über eine solche Vorfrage von der hierfür kompetenten Behörde (Gericht) in wesentlichen Punkten anders entschieden wurde, so ist dem Antrag der Partei auf Wiederaufnahme des durch Bescheid abgeschlossenen Verfahrens stattzugeben, wenn ein Rechtsmittel gegen den Bescheid nicht oder nicht mehr zulässig ist.“ Diese Bestimmung ist ein Wahrzeichen für den Standpunkt der neueren österr. Gesetzgebung hinsichtlich der Beachtlichkeit der Entscheidungen der zuständigen Behörden über Vorfragen des anderen Ressorts. Hinzuzufügen ist, daß die österr. ZPO. eine analoge Bestimmung nicht enthält, denn unter den Wiederaufnahmsgründen des § 530 ist der Fall einer nachträglichen gegenteiligen Entscheidung seitens der kompetenten Verwaltungsbehörde über die Vorfrage nicht aufgenommen.

Anzufügen wäre noch die Spezialnorm des § 77a PensVersG. in der Fassung der Novelle von 1914 RGBL. 138, woselbst die Bindung der Gerichte an die Vorentscheidungen der VB. und umgekehrt, zugleich aber auch ausdrücklich die Wiederaufnahme sowohl des zivilgerichtlichen als auch des verwaltungsbehördlichen Verfahrens vorgesehen ist, wenn die kompetente Behörde in der Vorfrage rechtskräftig gegenteilig entschieden hat.

Auch die deutsche ZPO. § 580 kennt als Grund der Restitutionsklage (abgesehen von den nicht hierher gehörigen Fällen) nur den Fall, wenn ein strafgerichtliches Urteil, auf welches das Zivilurteil begründet war, durch ein anderes rechtskräftig gewordenes Urteil aufgehoben wurde. Bei Verwaltungsentscheidungen lehnt auch die Praxis die Zulässigkeit der Restitutionsklage ab.[1]) In den deutschen Verwaltungsverfahrensgesetzen ist, soviel ich sehe, keinerlei ausdrückliche Bestimmung enthalten.

Offenbar liegt in diesem Punkte eine Ungleichheit in der Behandlung der Gerichte einerseits und der Verwaltungsbehörden und ihrer Akte andererseits vor, die tatsächlich nicht gerechtfertigt ist. Denn es ist kein Grund einzusehen, warum die abweichende Entscheidung einer maßgeblichen Vorfrage durch die kompetente Behörde wohl einen Wiederaufnahmsgrund für den Bescheid einer Verwaltungsbehörde, nicht aber für ein gerichtliches Erkenntnis[2]) bilden soll. Wo das Gesetz daher die Wiederaufnahme nicht ausdrücklich ausschließt, hätte sie in diesem Sinne auf beiden Gebieten einzutreten.

4. Der wichtigste Fall, in dem so recht eigentlich die Frage der Überprüfbarkeit der Entscheidung des anderen Ressorts eintritt, ist aber der Fall, wenn zur Zeit der Anhängigkeit der Hauptfrage bereits ein Akt der kompetenten Behörde über die Vorfrage vorliegt. Insoferne man einen solchen Akt maßgebliche Bedeutung für die Entscheidung der Hauptfrage beimessen muß, spricht man von einer Fernwirkung des behördlichen Aktes in das andere Ressort. Uns handelt es sich danach um die Fernwirkung von Verwaltungsakten im weiteren Sinn auf die Gerichte.

Da die Wirkung der verschiedenen Verwaltungsakte an und für sich verschieden ist, so kann wohl auch die Fernwirkung nicht bei allen die gleiche sein und muß darum die Frage bezüglich der typischen Arten der Verwaltungsakte besonders untersucht werden, was bei der Verschiedenartigkeit der Einteilung der Verwaltungsakte gewissen Schwierigkeiten begegnet, die allerdings bei näherer Betrachtung sich insoferne vermindern, als die typischen Hauptarten trotz verschiedener Bezeichnung doch ziemlich allgemein anerkannt sind und die Meinungen nur in der näheren Bestimmung ihrer Sonderart und ihrer weiteren Einteilung auseinandergehen.

a) Zunächst die Verordnungen: Sie gehören wohl nur zu den Verwaltungsakten im weiteren Sinne, müssen aber der Vollständigkeit wegen erwähnt werden. Im deutschen Verfassungsrecht kann als feststehend der Satz angesehen werden, daß die Verordnungen (Rechtsverordnungen und Verwaltungsverordnungen) im Anwendungsfalle durch den Richter auf ihre

---

[1]) S. Baumbach, ZPO. mit GVG. S. 556; Rosenberg, Lehrbuch des deutschen ZPR. S. 486.

[2]) Stein-Jonas a. a. O. II., S. 184 bezeichnet dies geradezu als eine Lücke des Gesetzes.

Gesetzmäßigkeit zu prüfen sind und zwar nicht nur in formeller Beziehung (ob sie von der zuständigen Stelle und in gehöriger Form erlassen sind), sondern auch in materieller Beziehung, ob sie sich inhaltlich innerhalb der gesetzlichen Ermächtigung bewegen. Auch in der Weimarer Verfassung ist der Satz des § 102 (der übrigens schon im § 1 GVG. steht) im Sinne eines richterlichen Prüfungsrechtes gegenüber den Verordnungen auszulegen[1]).

Derselbe Rechtszustand bestand bis zur Bundesverfassung in Österreich; die 1867er Verfassung hatte (StGG. über die richterl. Gewalt, Artikel 7 Abs. 2) den Satz enthalten: „. . . die Gerichte haben über die Gültigkeit von Verordnungen im gesetzlichen Instanzenzug zu entscheiden". Das galt auch noch nach dem Grundgesetz vom 22. XI. 1918 StGBl. 38. Hier war also die Prüfung durch die Gerichte ausdrücklich anerkannt und herrschte der gleiche Rechtszustand in Österreich wie in Deutschland. Auch hinsichtlich des Inhaltes der Prüfung in formeller und materieller Beziehung bestand kein Unterschied. Auch die Wirkung der richterlichen Prüfung war beiderseits die gleiche: das Gericht konnte die Verordnung nicht aufheben, sondern ihr nur die Anwendung auf den einzelnen Fall versagen. Also nicht der Tenor des gerichtlichen Urteils beschäftigte sich mit der Frage der Gültigkeit oder Ungültigkeit der Verordnung, sondern nur in den Entscheidungsgründen erschien die Stellungnahme des Gerichtes als Motivierung der Nichtanwendung. Seit der Bundesverfassung aber besteht in Österreich dieser Rechtszustand nicht mehr. Nach Art. 89 BVG. in der Fassung der Novelle von 1925 haben die Gerichte nicht mehr die Befugnis über die Gültigkeit von Verordnungen zu entscheiden; diese Prüfung und Entscheidung ist vielmehr zentralisiert beim Verfassungsgerichtshof (Art. 139 BVG.); das Gericht kann nur, wenn es gegen die Anwendung einer Verordnung aus dem Grunde der Gesetzwidrigkeit Bedenken hat, das Verfahren unterbrechen und den Antrag auf Aufhebung der Verordnung beim VerfGH. stellen.

Hier liegt ein bedeutsamer Schritt zur Unabhängigstellung der Verwaltung von den Gerichten und eine Einschränkung der richterlichen Prüfung gegenüber einer Gruppe von Verwaltungsakten im weiteren Sinne vor. In diesem Punkte hat sich demnach die neueste Rechtsentwicklung in Österreich von dem Rechtszustand in Deutschland getrennt und zwar im Sinne einer Fortbildung der überhaupt im österreichischen Recht mehr als im deutschen geltenden prinzipiellen Gleichstellung von Gericht und Verwaltung.

---

[1]) Die preuß. Verfassung (§ 106) hatte allerdings dem Richter die Prüfung der königl. Verordnungen auf ihre Gültigkeit entzogen.

b) Die rechtshandlungsmäßigen[1]) Verwaltungsakte: Von den hierher gerechneten Verwaltungsakten sind es im wesentlichen nur zwei Arten, die für die Frage der Überprüfung bzw. der bindenden Wirkung für das andere Ressort in Betracht kommen: die Mitteilungen (einschließlich der Auskünfte und Rechtsbelehrungen) und die Beurkundungen.

Was die Mitteilungen anbelangt, so wird eine Behörde wohl grundsätzlich die amtlichen Mitteilungen einer anderen Behörde, ob sie sich auf Tatsachen oder Rechtsverhältnisse beziehen, als wahr bzw. richtig anzusehen haben. Dem Inhalt der Mitteilung wird somit eine Beweiswirkung zukommen, die allerdings, wie grundsätzlich jede Beweiswirkung durch den Beweis des Gegenteiles aufgehoben werden kann; von einer bindenden Wirkung im eigentlichen Sinne, die ja im allgemeinen nur Willensakten der Behörde zuzuerkennen ist[2]), kann daher nur so weit die Rede sein, als das Gesetz ausdrücklich eine solche zuerkennt. So ist z. B. in Österreich nach Art. 9 des EinfGes. zur Jur. Norm Abs. 3 die vom Gericht in zweifelhaften Fällen eingeholte Erklärung des Justizministers, ob die inländische Gerichtsbarkeit über eine exterritoriale Person begründet ist oder ob die Exterritorialität zugunsten einer Person anerkannt ist, für die gerichtliche Beurteilung der Zuständigkeit bindend. Desgleichen ist nach § 271 ZPO. das Gericht berechtigt zum Beweise des in einem anderen Staatsgebiete geltenden Rechtes, Gewohnheitsrechtes, Privilegien und Statuten, soweit erforderlich, daß Einschreiten des Justizministers in Anspruch zu nehmen; die Auskunft des Justizministers[3]) ist für das Gericht bindend. Nach § 38 JurN. hat das Gericht bei Ansuchen um Rechtshilfe seitens ausländischer Gerichte Rechtshilfe zu leisten; vorausgesetzt ist die Beobachtung der Gegenseitigkeit (Abs. 3); bezweifelt das Gericht den Bestand der Gegenseitigkeit, so hat es darüber die für dasselbe sodann bindende Erklärung des JustizMin. einzuholen.

Bezüglich der öffentlichen Beurkundungen geht die herrschende Meinung dahin, daß ihnen nur eine Beweiswirkung zukommt, wogegen der Gegenbeweis zulässig ist. Dabei wird es als im wesentlichen gleichgültig angesehen, ob die Beurkundung als gewöhnliche Beurkundung (Bescheinigung, Quittung) oder in der Form der Eintragung in öffentliche Bücher und Register erfolgt. Die Frage ist aber doch nicht

---

[1]) S. Kormann, System der rechtsgeschäftlichen Staatsakte S. 124f.

[2]) Tezner, Handbuch S. 372.

[3]) A. H. Entschl. 12. IV. 1852 über den bes. Wirkungskreis des J.Min.

ganz so einfach. Die Überprüfung einer Beurkundung umfaßt dreierlei:

1. Die Echtheit, 2. Die ursprüngliche Richtigkeit der durch die Urkunde bezeugten Tatsachen, 3. Die etwaige spätere Veränderung des durch die Urkunde bewiesenen Tatbestandes. Die Prüfung der Punkte 1 und 3 steht jeder Behörde bei Beurteilung des Tatbestandes bzw. der Vorfrage zu, dagegen ist dies bezüglich der Überprüfung der ursprünglich richtigen oder gültigen Ausstellung keineswegs so selbstverständlich. Man wird sogar im allgemeinen sagen müssen, daß der Gegenbeweis nur vor der kompetenten, d. i. der ausstellenden oder der ihr übergeordneten Aufsichtsbehörde erbracht werden kann. Doch ist gerade in dieser Frage den Gerichten ausdrücklich und ohne Einschränkung die Befugnis zuerkannt, den Beweis der unrichtigen Beurkundung zuzulassen[1]). Dann ist zu beachten, daß — das gilt speziell von den Beurkundungen in Form der öffentlichen Bücher und Register — die Eintragung in öffentliche Bücher keineswegs immer bloß Beweis macht, sondern nach positivem Recht häufig konstitutiv wirkt; so erfolgt der Erwerb des Grundeigentums grundsätzlich durch bücherliche Einverleibung, die Rechte einer Handelsgesellschaft werden erworben durch die Eintragung in das Handelsregister[2]); ähnlich wirken die Ausfertigung der Patenturkunde und die Eintragung in das Patentregister usw. Dazu kommt noch der öffentliche Glaube, der den öffentlichen Büchern und Registern zukommt. Es ist daher wohl anzunehmen, daß dort, wo solche Eintragungen in das öffentliche Buch konstitutive Wirkungen haben und öffentlichen Glauben genießen, die andere Ressortbehörde die Vorfrage, die sich auf die Eintragung bezieht, nicht anders als in Übereinstimmung mit dem öffentlichen Buch beantworten darf[3]).

c) Im übrigen kommen für eine mögliche Fernwirkung für das andere Ressort in Betracht die Verwaltungsakte im engeren Sinne oder die rechtsgeschäftlichen Verwaltungsakte im Sinne Kormanns, die so ziemlich dem entsprechen, was im österr. VVG. technisch „Bescheide" genannt wird.

---

[1]) Deutsch. PZO. § 415 Abs. 2, österr. ZPO. § 292 Abs. 2. S. dazu das E. des Obst. G.H. 17. III. 1914 S. Nr. 7734 und 22. I. 1913 S. Nr. 6265.

[2]) Bez. der off. H.Ges. Art. 110, Kommanditges. Art. 163, u. insb. bez. der Aktienges. Art. 211 H.G.

[3]) S. dageg. die von W. Jellinek (Verw.R. S. 52) mitgeteilte Entsch. des preuß. OVG. 23. 10. 1918, 74, 92ff., wo die Eigentumsfrage von der Verw.Beh. auf Grund der Behauptung unrichtiger Eintragung anders entschieden wurde als der Grundbuchsstand auswies.

In erster Linie ist zu fragen, ob und inwieweit das positive Recht ihre verbindliche Wirkung für die Gerichte geregelt hat. Eine allgemeine Regel ist nun weder in der österreichischen noch in der deutschen Gesetzgebung vorhanden, wohl aber ist in einer Reihe von Spezialfällen die Bindung ausdrücklich ausgesprochen:

Zunächst ist eine solche bindende Wirkung in all den Fällen anzunehmen, in welchen eine Aussetzungspflicht der entscheidenden Behörde besteht, um die Entscheidung der in der Vorfrage kompetenten Behörde des anderen Ressorts abzuwarten. In den meisten Fällen ist dies auch ausdrücklich im Gesetze gesagt. Es hat dies aber auch zu gelten, wo ein Gericht auf Grund der gesetzlichen Ermächtigung der Zivilprozeßordnung das Verfahren zu dem gedachten Zwecke ausgesetzt hat und die Entscheidung in der Vorfrage ergangen ist[1]).

Außerdem sind zahlreiche Einzelfälle durch ausdrückliche Vorschriften normiert: so im deutschen Reichsrecht z. B. § 155 RBG. (Gebundenheit des Gerichtes an die VerwEntsch., ob und in welchem Zeitpunkte der Beamte zu entlassen oder in Ruhestand zu versetzen war), ebenso § 40 Offizier-PensG., § 43 Militär-VersG. vom 31. V. 1901; auch Landesbeamtengesetze treffen ähnliche Bestimmungen: Preußen, Ges. vom 24. V. 1861 § 5, Bayern, BG. vom 1808 a 176, Württemberg, VerRechtspflegG. Art. 2 Nr. 1; die Fälle nach der RVO. gehören größtenteils zu den Fällen, wo ein obligatorisches Aussetzen des gerichtlichen Verfahrens stattfindet, aber hinzufügen sind noch §§ 258 und 405 RVO. (wonach die endgültige Entscheidung des VA. bzw. OVA. über Kassenangehörigkeit und Versicherungsverhältnisse für alle Behörden und Gerichte bindend ist). Nach § 6 des durch das LVG. aufrechterhaltenen preuß. G. vom 11. V. 1842 GS. S. 192 kann der Anspruch auf Entschädigung wegen eines polizeilichen Eingriffes im Privatrechte nur geltend gemacht werden, wenn die Verfügung im Wege der Beschwerde (durch die höhere VerwB. oder ein VerwG.) aufgehoben wurde; wird sie aufrechterhalten, so ist der Rechtsweg ausgeschlossen. Nach dem preuß. GewStG. (§ 70, Ges. v. 24. VI. 1891) wird eine Geldstrafe im doppelten Betrage der Gewerbesteuer verwirkt, wenn die Gewerbeanmeldung innerhalb bestimmter Frist versäumt wurde; bei Verhängung der Geldstrafe ist der Strafrichter hinsichtlich der Höhe der Jahresteuer an die Festsetzung durch die Regierung gebunden. Nach § 433 der RAO. bindet die Entscheidung des RFinH. über die Frage, ob ein Steueranspruch besteht, ob

---

[1]) S. die Ausführungen oben Seite 135ff; vgl. auch Erk. des österr. Obst. G.H. 23. III. 1915 S. Nr. 7373.

Steuerverkürzung erfolgte oder ein Steuervorteil zu Recht gewährt wurde, das Gericht[1]).

Insbesondere gehören hierher auch die Fälle des sog. Vorentscheides bei der Verfolgung von Beamten. Es handelt sich hier nicht um eine „Verfolgungserlaubnis" im Sinne des französischen Rechtes (garantie constitutionelle), sondern um die durch § 11 EinfG. z. GVGes. dem Landesrechte gewahrte Befugnis, die Verfolgung von Beamten wegen in Ausübung ihres Amtes begangener Handlungen von der Vorentscheidung einer besonderen Behörde abhängig zu machen, welche Vorentscheidung nach Abs. 2 der bezogenen Gesetzesstelle von einem obersten Verwaltungsgericht ausgehen muß und sich darauf zu beschränken hat, ob der Beamte sich einer Überschreitung seiner Amtsbefugnisse oder der Unterlassung einer ihm obliegenden Amtshandlung schuldig gemacht hat. Die Einrichtung besteht dermalen in Preußen[2]), Bayern[3]), Baden[4]), Hessen[5]) und Mecklenburg[6]). Allerdings handelt es sich in diesen Fällen nicht um die Bindung des Gerichtes an die Entscheidung einer Verwaltungsbehörde, sondern des obersten Verwaltungsgerichtes. Das österreichische Recht kennt in Beamtenstrafsachen einen Vorentscheid nicht; hinsichtlich der zivilrechtlichen Haftpflicht fehlt bisher ein allgemeines Gesetz, nur für richterliche Beamte in weiterem Sinne gilt das Syndikatsgesetz vom 12. VII. 1872 RGBl. 112, wo ebenfalls wegen der Ersatzpflicht des Beamten ein vorgängliches Straf- bzw. Disziplinarerkenntnis verlangt wird (§§ 2, 12, 19 und 21).

Im übrigen kennt auch das österreichische Recht einige Fälle von für das Gericht bindenden Entscheidungen von Verwaltungsbehörden. § 77a PensVG. in der Fassung der Novelle vom 25. VI. 1914 RGBl. 138 (Bindung der Gerichte und der Verwaltungsbehörden an die von der anderen Ressortbehörde innerhalb der Grenzen ihrer Zuständigkeit gefällten rechtskräftigen Entscheidungen). In den Fällen des Aussetzens des gerichtlichen Verfahrens ist ebenfalls großenteils die Bindung

---

1) Stein-Jonas a. a. O. I. S. 440, Fleiner, Institutionen S. 269. Kunz, Verw.-Streitverfahren S. 108, W. Jellinek, Verw.-R. S. 52.

2) G. 19. II. 1854 G. S. 86 und § 114 LVG.

3) Beschränkt auf Zivilsachen, VGG. 8. VIII. 1878, Art. 7, Art. 165 d. A. G. zum BGB. 9. VI. 1899.

4) G. 24. II. 1888 G. u. VB. 29, Art. 9—11 u. AG. z. BGB. 17. VI. 1899 G. u. VB. 229.

5) AG. z. GVG. 3. IX. 1879 Reg.Bl. 103 u. AG. z. BGB. 17. VII. 1899, Reg.Bl. 133.

6) V. 10. V. 1879, Reg.Bl. f. M.-Schw. 101; offiz. Anz. f. M.-Str. 137. Über den Vorentscheid überh. s. Stein, Grenzen und Beziehungen, § 12, S. 112ff.

der Gerichte an die administrativen Entscheidungen über die Vorfrage ausdrücklich ausgesprochen.

Aus den angeführten Fällen einer Bindung der Gerichte an die Entscheidung der Vorfragen durch die Verwaltungsbehörde, die auf Vollständigkeit keinen Anspruch erheben, läßt sich ein allgemeines Prinzip nicht ableiten. Eine Verallgemeinerung der Bindung wäre unzulässig, ein argumentum a contrario sicherlich verfehlt. Es muß daher versucht werden, in anderer Weise die Frage einer prinzipiellen Lösung zuzuführen.

Soll die Möglichkeit der Überprüfung präjudiziell ergangener Verwaltungsakte durch die Gerichte bzw. die Gebundenheit der Gerichte an diese, kurz was man die Fernwirkung rechtsgeschäftlicher Verwaltungsakte für das andere Ressort nennt, untersucht werden, wird es sich empfehlen, zuerst einen Blick auf die verbindliche bzw. Fernwirkung gerichtlicher Urteile zu werfen und zu untersuchen, ob und bei welchen Verwaltungsakten analoge Wirkungen anzunehmen sind, wobei es sich keineswegs um eine unbesehene Übertragung zivilprozessualer Institute handeln kann, denn es ist immer zu beachten, daß die Wirkung, die ein Akt innerhalb seines Ressorts besitzt, ihm nicht notwendig als Fernwirkung auch für das andere Ressort zukommen muß, und daß er andererseits eine Fernwirkung ausüben kann, die ihm innerhalb des eigenen Ressorts nicht zukommt[1]).

Für die Fernwirkung gerichtlicher Urteile kommen drei verschiedene Momente in Betracht, die die heutige Zivilprozeß-

---

[1]) Der von Stein (Grenzen und Beziehungen, S. 99) aufgestellte Satz „Es sei undenkbar, daß ein Akt auf ein fremdes Gebiet hinüber bindende Kraft äußere, der sie nicht auf seinem eigenen Gebiet zu äußern vermag" ist in dieser Allgemeinheit nicht zutreffend. Das positive Recht hat die Sache manchmal anders geregelt: z. B. ein inkompetenterweise ergangenes, aber rechtskräftiges gerichtl. Urteil hat nach österr. Recht absolute Rechtskraftwirkung für die Verwaltung, die es nicht einmal im Wege des KK. mehr anfechten kann; gleichwohl ist noch eine Aufhebung durch den Obst. G.H. nach § 42 Jur. N. möglich. Nach § 68 VVG. ist die Aufhebung eines Verw.-Besch., dem materielle Rechtskraft zukommt, ausnahmsweise durch die Verw.-Beh. selbst oder die instanzmäßige Oberbehörde wegen schwerer Gefahren für das Leben oder die Gesundheit von Menschen usw. möglich; der Verwaltungsakt ist also innerhalb der Verwaltung noch aufhebbar oder abänderbar, kann aber für das Gericht schlechthin verbindlich sein, da die Erwägungen, aus denen in der Verw. die Aufhebung erfolgen kann, sicherlich außerhalb der gerichtlichen Kompetenz liegen.

Es mag auch darauf verwiesen werden, daß im deutschen Recht die mat. Rechtskraft der Verw.-Akte, ja sogar der verw.-gerichtl. Urteile sehr bestritten ist, aber in einer Reihe von Fällen (s. oben im Text) ist die Entscheidung der Verw.Beh. als für das Gericht bindend erklärt. Der Satz Steins stimmt also nicht.

wissenschaft bestrebt ist klar auseinanderzuhalten: die Tatbestandswirkung, die Gestaltungswirkung und die Rechtskraftwirkung.

a) Was zunächst die Tatbestandswirkung anbelangt, so ist sie heute in der Lehre des Zivilprozeßrechtes für das gerichtliche Urteil anerkannt, wenn auch keineswegs vollständige Übereinstimmung über Wesen und Umfang derselben herrscht.

Teilweise wird der Tatsache, daß überhaupt ein gerichtliches Urteil ergangen ist, eine Wirkung beigemessen (Tatbestandswirkung), sozusagen losgelöst von seinem Inhalt[1]). Aber eine Tatbestandswirkung, ganz abgesehen vom Inhalt des Urteils, ist nicht gut vorstellbar; darum knüpfen andere die Tatbestandswirkung an ein „Urteil bestimmten Inhaltes"[2]). Die sog. Tatbestandswirkung ist eine Nebenwirkung des Urteiles[3]), insofern die bloße Existenz eines Urteiles bestimmten Inhaltes zum Tatbestandsmerkmal einer materiell-rechtlichen Rechtsfolge vom Gesetz gemacht werden kann, ohne daß diese selbst den Inhalt der Entscheidung bildet; vielmehr erscheint sie nur als eine Folge desselben.

Beispiele reiner Tatbestandswirkung geben die Fälle, in denen das Gesetz an bestimmte Erkenntnisse Rechtsfolgen knüpft, die manchmal von anderen Behörden zu verwirklichen sind, z. B. die Folgen strafgerichtlicher Verurteilung (d. StrG. §§ 31, 35: Entfernung aus dem öffentlichen Dienst, Streichung aus der Wählerliste usw.); das Gegenstück bildet die österr. StrG. Nov. vom 15. XI. 1867 RGBl. 131, die unter Abänderung einer Reihe von Bestimmungen des StrG. die Delikte bezeichnet, derentwegen die Verurteilung den Verlust des Adels, von Ehrenzeichen, akademischen Graden, öffentlichen Diensten, der Advokatur, des Notariates, der Mitgliedschaft in der Gemeindevertretung u. a. öffentliche Vertretungskörpern, von Pensionen, Provisionen, der Fähigkeit zur Erlangung dieser Vorzüge und Berechtigungen auf bestimmte Zeit zur Folge hat. Andere Beispiele gibt die d. GO. § 57 Abs. 3 (Versagen eines Wandergewerbescheines wegen gerichtlicher Verurteilung) und die österr. GO. § 98 Abs. 2 (Entziehung des Rechtes Lehrlinge zu halten wegen Verurteilung wegen gewisser Delikte); auch die

---

[1]) So insb. Kormann, Jahrbuch VII S. 14 „Die Wirkung, die ein Staatsakt als solcher durch die bloße Tatsache seines Vorhandenseins hat".

[2]) Pollak a. a. O. S. 503 „Die Tatsache, daß eine gerichtliche Willenserklärung bestimmten Inhaltes ergangen ist". Ganz ähnlich Stein, Grenzen und Beziehungen § 9.

[3]) So richtig Rosenberg a. a. O. S. 460; doch irrt er, wenn er meint, es handele sich bloß um eine „privatrechtliche" Nebenwirkung.

Ausweisung infolge Verurteilung wegen Glücksspieles nach d. StrG. § 284 oder der Fall des § 1312 d. d. BGB. (Verweigerung der Trauung durch den Standesbeamten wegen gerichtlicher Scheidung, wegen erwiesenen Ehebruches), sowie der Fall des § 21 österr. LebensmittelGes. 1896 RGBl. 89 ex 1827 (Verlust der Gewerbeberechtigung für beständig oder auf Zeit wegen gewisser gerichtlicher Verurteilung nach diesem Gesetz). In vielen Fällen besteht dagegen die Tatbestandswirkung nur darin, daß auf Grund des strafgerichtlichen Urteiles eine Verfügung wegen Entziehung gewisser Befugnisse von der Verwaltungsbekörde getroffen werden kann; diese handelt dann nach freiem Ermessen, aber die Tatbestandswirkung des gerichtlichen Urteiles liegt darin, daß die Verfügung ohne gerichtliches Urteil nicht ergehen kann, wenn dieses aber vorliegt, jedenfalls nicht als gesetzwidrig erscheint; z. B. d. GO. § 53 (Entziehung einer Approbation), § 57b Pkt. 2 (Versagung eines Gewerbescheines), § 58 (Zurücknahme eines Gewerbescheines); österr. GO. § 139 Abs. 2 (Entziehung der Gewerbeberechtigung wegen gerichtlicher Verurteilung usw.).

b) Eine gewisse qualifizierte Tatbestandswirkung aber ist bei den sog. Gestaltungsurteilen anzunehmen, weil hier bestimmungsgemäß durch richterliches Urteil eine Rechtsänderung bewirkt und damit eine Tatbestandswirkung rechtlicher Natur geschaffen wird. Solche Urteile wirken unmittelbar konstitutiv oder rechtverändernd, indem sie eine Rechtwirkung erst herbeiführen, eine Rechtsfolge schaffen, die vorher nicht vorhanden war und ohne das Urteil nicht vorhanden sein würde, indem sie ein Rechtsverhältnis begründen, verändern oder aufheben[1]).

Typische Beispiele sind die Ehescheidung und die Aufhebung der ehelichen Gemeinschaft nach BGB. § 1564 und 1575, die Auflösung einer Handelsges. durch gerichtliches Urteil, das frühere Teilungsurteil, die Nichtigerklärung einer Ehe nach § 1329, die Bestimmung der Leistung durch richterliches Urteil bei Unbestimmtheit derselben nach §§ 315 und 319 BGB. Das österr. Recht bietet ähnliche Beispiele.

Während die einfache Tatbestandswirkung des gerichtlichen Urteiles somit nichts weiter bedeutet als die Herstellung eines maßgeblichen — aber allerdings für alle Behörden maßgebgeblichen — Tatbestandes, der, soweit das Gesetz nicht noch weitere Folgerungen daran knüpft, volle Berücksichtigung finden muß[2]), sofern er für irgendeine andere Behörde was

---

[1]) Rosenberg a. a. O. S. 232ff., Stein-Jonas a. a. O. I, S. 607.

[2]) Stein, Grenzen usw. S. 96, bemerkt, daß es sich hierbei um keine Frage, sondern um eine Tatsache handle.

immer für eines Ressorts als Prämisse in Betracht kommt, bedeutet die Gestaltungswirkung, die an das Gestaltungsurteil geknüpft ist, die Schaffung eines neuen Tatbestandes, eines neuen Rechtsverhältnisses, das bestimmungsgemäß den Inhalt des Urteiles bildet, demgemäß auch der Rechtskraft teilhaftig ist. Seine Wirkung für und gegen jedermann, daher auch für die Behörden anderer Ressorts, ist unbestritten.

c) Die dritte bei gerichtlichen Urteilen auftretende Fernwirkung auf ein anderes Ressorts ergibt sich aus der (materiellen) Rechtskraft. Es kann hier nicht eingehend das Problem der Rechtskraft im Zivil- oder Strafprozeß untersucht werden. Nur folgendes sei bemerkt: Auch im Zivilprozeß unterscheidet man formelle oder innere und materielle oder äußere Rechtskraft. Der erstere Begriff braucht hier nicht weiter erörtert zu werden. Die materielle Rechtskraft wird heute ziemlich allgemein als prozessuale Wirkung des Urteiles aufgefaßt, und man versteht darunter eine Gebundenheit an den Inhalt des Urteiles in dem Sinne, daß dieses auch in einem späteren wenn auch nicht identischen Prozeß nicht mehr abgeändert werden kann[1]). Daß der Rechtskraft nur Urteile

[1]) Stein-Jonas a. a. O. I, S. 845ff. definiert die mat. R. als „die bindende Wirkung, die ein formell rechtskräftiges Urteil in einem zweiten Verfahren übt, in dem dieselbe Streitfrage wieder zu entscheiden ist" und S. 848: „das wahre Wesen der R. besteht darin, daß der Richter des zweiten Prozesses an diejenige Entsch. gebunden ist, die das Urteil enthält. Nach Stein (Grenzen usw.) bedeutet diese Wirkung nicht das Verbot erneuerter Verhandlung derselben Frage (also kein Prozeßhindernis), sondern nur die Unzulässigkeit einer neuen widersprechenden Entscheidung.

Rosenberg a. a. O. S. 459, 463 definiert mat. R. als „Maßgeblichkeit des Inhaltes (der Entsch.) d. i. der in ihr ausgesprochenen Feststellung des Bestehens oder Nichtbestehens der von einer Partei beanspruchten Rechtsfolge in jedem anderen Verfahren, in dem dieselbe Rechtsfolge in Frage steht; und S. 466 wird als Wirkung der „Ausschluß jeder neuen Verhandlung oder Entsch. über die rechtskräftig festgestellte Rechtssache" bezeichnet. Es sei eine Prozeßvoraussetzung, daß über den Streitgegenstand noch nicht rechtskräftig entschieden wurde.

Baumbach, ZPO. S. 326 nennt die mat. R. „die Bindung der Gerichte in späteren Prozessen derselben Parteien und derselben Sache" und S. 328: der Richter des neuen Prozesses kann die frühere Entsch. ohne jede Sach- und Rechtsprüfung zugrunde legen, selbst bei offenbarer Unrichtigkeit oder rückwirkender Gesetzesänderung.

Neumann a. a. O., 2. Aufl. 1907 II, S. 1124 betont die prozessuale Wirkung, nämlich Gebundenheit an das Urteil und fügt insb. hinzu, daß „derselbe Prozeß nicht nochmals anhängig gemacht werden kann".

Pollak a. a. O. S. 488: „Die mat. R. besteht darin, daß die Entsch. hinsichtlich der in ihr erledigten Rechtsschutzansprüche unbestreitbar, dauernd, bindend und maßgebend die rechtlichen Beziehungen feststellt.

fähig sind, die über einen Anspruch entscheiden, der durch Klage oder Widerklage erhoben wurde, ist für das Deutsche Reich in der ZPO. § 325 ausdrücklich ausgesprochen. Für Österreich s. ZPO. § 528, 529 Abs. 1, 530 Pkt. 6.

In objektiver Beziehung beschränkt sich die Wirkung der Rechtskraft auf dieselbe Sache, was nicht nur der Fall ist, wenn der identische Anspruch nochmals geltend gemacht wird, sondern auch, wenn der zweite Anspruch auf der Verneinung des im ersten Prozeß festgestellten Tatbestandes beruht oder das kontradiktorische Gegenteil des ersten Anspruches bedeutet. Maßgebend für die Rechtskraftwirkung ist auch die Identität des Klaggrundes. In subjektiver Beziehung ist die Wirkung der Rechtskraft grundsätzlich beschränkt auf die Prozeßparteien und ihre Rechtsnachfolger und nach der behördlichen Seite hin zunächst auf die Gerichte[1]).

Diese Grundsätze erleiden jedoch Ausnahmen. Die d. ZPO. normiert selbst abgesehen von der selbstverständlichen Erweiterung auf die nach Streitanhängigkeit Rechtsnachfolger der Parteien gewordenen Personen eine Reihe von Erweiterungen der subjektiven Ausdehnung der Rechtskraft: §§ 325 Abs. 1, Abs. 2, Abs. 3; § 326 und 327, § 856 IV (Pfandgläubiger); auch in anderen Gesetzen ist eine solche erweiterte Rechtskraftwirkung ausgesprochen, z. B. KO. § 198, II, § 147; im HGB. §§ 273 und 309, GenG. §§ 51 V, 96 III, 122 III usw[2]).

Auch das österreichische Recht bietet solche Beispiele einer subjektiv erweiterten Rechtskraft § 568 ZPO. und in anderen Gesetzen: § 61 BGB., § 136 KO., § 242 KO., §§ 128 und 232 EO. sowie § 310 Abs. 2 EO. Das sind immerhin nur einzelne Ausnahmen. Als allgemeine und prinzipielle Ausnahme aber wird gewöhnlich angeführt die Wirkung von Gestaltungsurteilen[3]). Hier liegt jedoch eine Verwechslung

---

Eine andere Formulierung gibt Kormann (Jahrbuch VII, S. 14): „R. ist die Wirkung, die ein Staatsakt für die Feststellung der sein Vorhandensein rechtfertigenden Tatsachen und Tatbestände ausübt" und Sauer (Grundlagen des Prozeßrechtes S. 235): R. ist die Fähigkeit zur abschließenden Gestaltung von konkretem Recht d. i. Rechtsgestaltungskraft.

Eine wesentlich andere Auffassung der R. der Urteile als lex specialis ist bekanntlich von O. Bülow (Gesetz und Richteramt) vertreten und von Max Pagenstecher geteilt worden. Ihnen nahestehend die R.theorie A. Merkls.

[1]) § 325 D. ZPO.; österr. ABGB. § 12, EO. § 232 Abs. 2, KO. § 112. Baumbach a. a. O. S. 326; Stein-Jonas I, S. 849 (etwas zweifelhafter); Sauer a. a. O. S. 203, 242, der besonders die Bindung der Gerichte betont.

[2]) Rosenberg a. a. O. S. 477, Stein-Jonas I, S. 874.

[3]) Stein-Jonas I, S. 874, Baumbach a. a. O. S. 327. Stein, Grenzen usw. S. 102, Rosenberg S. 478.

von Gestaltungswirkung und Rechtskraft vor[1]). Die Wirkung gegen alle ist nicht eine ausnahmsweise Wirkung der Rechtskraft gerade bei Gestaltungsurteilen, sondern eine besondere Wirkung ihres rechtsgestaltenden Inhaltes. Allerdings kommt den Gestaltungsurteilen auch Rechtskraft zu, insofern darin ein Abspruch über den zugrunde liegenden Tatbestand und den erhobenen Anspruch liegt, die „Fernwirkung" über die Prozeßparteien und über das Gericht hinaus auf alle anderen Behörden aber ergibt sich eben aus der rechtsgestaltenden Wirkung.

Im übrigen allerdings wird dem gerichtlichen Urteile nur eine Wirkung inter partes mit den oberwähnten Erweiterungen zuzuerkennen sein. Wie man vom Gesetz mit Recht sagen kann, es sei verbindlich nur für diejenigen, die es angeht, so auch vom gerichtlichen Urteil. Das gilt in erster Linie natürlich von den Parteien und evtl. von jenem Kreis von Personen, die ihre Rechtsstellung nur von derjenigen der Parteien ableiten, deren Recht also mit dem der Parteien steht und fällt. Inwieweit das Gesetz die Ansprüche solcher Personen für den Prozeß und seine Wirkung neben jenen der Parteien anerkennt, also weiteren Interessenschutz gewährt, oder aber diese als von jenen prozessual absorbiert betrachtet, ist Gegenstand der positiven Rechtssetzung. Pollak[2]) bemerkt mit Recht, das in vielen Fällen die Relativität der Wirkung der Rechtskraft im Ergebnis gleich jener einer absolut wirkenden Entscheidung sein wird, nämlich dann, wenn ohnedies alle denkbaren Interessenten Prozeßparteien gewesen sind.

Daraus ergibt sich auch die Wirkung der Rechtskraft auf andere Behörden, insbesondere die Verwaltung. Sie ist eine Folge der Unverbrüchlichkeit des Urteils für die Personen, die es angeht. Die Verwaltung wird überall — abgesehen von den absolut wirkenden Gestaltungsurteilen — dort an das gerichtliche Urteil gebunden sein, wo dieselbe rechtskräftig entschiedene Sache in einer Verwaltungsangelegenheit als Vorfrage hinsichtlich solcher Personen auftritt, für und gegen welche die materielle Rechtskraft des gerichtlichen Urteiles wirkt, also die damals Prozeßparteien waren oder zu dem Kreis von Personen gehören, auf welche kraft gesetzlicher Bestimmung die Wirkung der Rechtskraft sich erstreckt.

Es ist nun die Frage, ob die erwähnten Kategorien der Tatbestands-, Gestaltungs- und Rechtskraftwirkung auch und evtl. auf welche Arten der Verwaltungsakte anwendbar sind

---

[1]) So zutreffend Kormann gegen Stein in seiner Besprechung von Steins Grenzen und Beziehungen zwischen Justiz und Verw., Archiv für öffentl. R. XXX S. 253.

[2]) A. a. O. S. 495.

und ob und inwieweit sie eine Bindung der Gerichte, also den Ausschluß der Überprüfung durch das Gericht zur Folge haben

Bezüglich der hier in Betracht kommenden Verwaltungsakte ist für das österreichische Recht die auch in der Gesetzessprache zum Ausdruck gebrachte Unterscheidung von Verfügungen und Entscheidungen grundlegend. Theoretisch insbesonders eingehend begründet von Bernatzik und in der österreichischen Literatur im wesentlichen auch von Tezner[1]) und Herrnritt[2]) verwendet, wird diese Unterscheidung übrigens, wenn auch in etwas anderer Formulierung und anderer Abgrenzung auch in der deutschen Verwaltungsrechtswissenschaft von Otto Mayer[3]), Fleiner[4]), W. Jellinek[5]) und Kormann[6]) verwertet.

1. Das Wesentliche der Verfügungen wird gewöhnlich darin erblickt, daß diese Verwaltungsakte die beabsichtigte Erzielung eines äußeren Rechtserfolges zum Gegenstande haben, welcher Erfolg allerdings sehr verschieden sein kann: Auferlegung einer Verpflichtung (Befehle, Gebote und Verbote), Erteilung einer Erlaubnis, Übertragung einer Befugnis, Verleihung einer Befähigung, Gewährung einer Dispens, Verleihung eines Rechtes, Genehmigung eines Aktes, Schaffung einer Rechtspersönlichknit, öffentliche Widmung von Sachen, Anforderung einer Wohnung usw. sowie auch das Gegenstück: Entziehung eines Rechtes, Zurücknahme einer Erlaubnis, Befugnis, Verleihung usw.

Unter den Verfügungen werden zusammengefaßt die Befehle, d. i. die bindende Aufforderung an eine Person zu einem bestimmten Verhalten (Gebote und Verbote) und die konstitutiven oder rechtsgestaltenden Verwaltungsakte i. e. S., worunter man die auf Schaffung, Aufhebung, Veränderung oder Vernichtung von Rechten und Rechtsverhältnissen ergehenden Verfügungen versteht. Die Terminologie schwankt übrigens, und außerdem lassen sich die Verfügungen auch noch nach anderen Gesichtspunkten einteilen, die die vorstehende Einteilung durchkreuzen; insbesondere ist von Wichtigkeit die Unterscheidung von freien, d. i. nach freiem Ermessen ergehenden und gebundenen Verfügungen. Mag dies auch nur ein relativer Unterschied

---

[1]) System der obrigkeitlichen Verwaltungsakte, österr. Zschft. f. öfft. R. I, S. 1ff. und die rechtsbildende Funktion der österr. verw.-gerichtl. Rechtsprechung, 2. Aufl. S. 272ff.

[2]) A. a. O. S. 272ff.

[3]) D. Verw.Recht I, S. 102.

[4]) A. a. O. S. 175.

[5]) Der fehlerhafte Staatsakt S. 26; Verw.R. S. 246ff.

[6]) System der rechtsgeschäftlichen Staatsakte S. 58ff.

sein[1]), so liegt darin doch ein nicht zu leugnender und in den Normen bewußt zum Ausdruck gebrachter Unterschied, der seine praktischen Wirkungen äußert, auf die noch zurückzukommen sein wird. Die Unterscheidung der Verfügungen in freie und gebundene ist daher vollkommen berechtigt. Damit hängt noch eine weitere Unterscheidung zusammen: während freie Verfügungen immer eine konstitutive Wirkung haben werden, so ist dies nicht der Fall bei allen gebundenen Verfügungen; insbesondere Befehle können sich darauf beschränken, die im Gesetz abstrakt ausgesprochene Verpflichtung demjenigen gegenüber, der sein Verhalten noch nicht danach eingerichtet hat, individuell zu konkretisieren und die gesetzliche Pflicht dadurch vollstreckbar zu machen; z. B. die gesetzliche Verpflichtung der Hauseigentümer, den Bürgersteig herzustellen, kann dem Säumigen gegenüber durch einfachen Befehl unter Androhung der Zwangsvollziehung wirksam gemacht werden. In diesem Fall liegt eine gebundene Verfügung vor, von einer konstitutiven oder rechtsgestaltenden Wirkung im wahren Sinn kann man jedoch nicht sprechen[2]). Im Gegensatz dazu stehen die zahlreichen Fälle, wo das Gesetz überhaupt noch keine Verpflichtung ausspricht, sondern lediglich die Verpflichtbarkeit und der Verwaltung die Ermächtigung erteilt, unter den im Gesetz vorgesehenen Voraussetzungen einen Befehl zu erteilen, eine Verpflichtung aufzuerlegen d. i. erst zu begründen. Da schafft der Verwaltungsakt tatsächlich etwas Neues, er wirkt pflichtbegründend, konstitutiv[3]).

Wenn man die rechtsgestaltende oder konstitutive Wirkung als wesentlich für den Begriff der Verfügung betrachtet, dann gehörten die vorher erwähnten rein gesetzesvollziehenden gebundenen Befehle ihrem Inhalte nach nicht zu den Verfügungen. Wenn man sie trotzdem gewöhnlich dazu rechnet, so geschieht dies allerdings aus einem anderen Grund, nämlich, weil man sich unter Verfügungen gewöhnlich nur ohne Abspruch über ein bestehendes Rechtsverhältnis ergehende Verwaltungsakte vorstellt, was allerdings auf einem anderen Einteilungsgrund beruht und nicht für alle Verfügungen zutrifft[4]).

---

[1]) Herrnritt a. a. O. S. 297; Merkl, Allg. Verw.R. S. 140ff.

[2]) Merkl, Die Lehre von der Rechtskraft, bes. S. 174ff., 229, sieht in jedem Verwaltungsakt eine neue (Individual)-Norm, der als solcher Rechtskraft zukommt. Ohne auf diese Theorie einzugehen, mag nur bemerkt werden, daß damit der bestehende Unterschied zwischen konstitutiven Akten, die rechtlich etwas Neues schaffen, und denjenigen Verw.Akten, die inhaltlich nur die gesetzliche Norm individuell wiederholen, verwischt wird.

[3]) Der Unterschied ist treffend hervorgehoben bei Fleiner a. a. O. S. 174.

[4]) Man könnte allenfalls die Verfügungen unterscheiden in 1. einfache gesetzesvollziehende oder normindividualisierende Be-

Außer den rein gesetzesvollziehenden oder normindividualisierenden Befehlen gibt es aber auch, wie bemerkt, Befehle (Verbote und Gebote) von tatsächlich schöpferischer d. i. konstitutiver Wirkung.

Noch augenfälliger tritt die konstitutive Wirkung hervor bei der 2. Gruppe von Verfügungen d. i. den eigentlichen konstitutiven Akten, die ja deshalb diesen Namen tragen; sie werden auch bezeichnet als rechtsbegründende, rechtsverändernde und rechtsvernichtende Akte, am besten vielleicht als rechtsgestaltende Verfügungen. Wenn man von „Rechtsgestaltung", spricht, so ist dies immerhin im weiteren Sinne zu verstehen; es muß nicht gerade ein subjektives Recht in strengem Sinne sein, was da begründet, verändert oder aufgehoben wird. Es handelt sich vielfach um einfache Erlaubnisse, Befugnisse, Bewilligungen usw., aber jedenfalls um ein unmittelbar durch den Verwaltungsakt geschaffenes Novum von rechtlicher Relevanz, das beachtet werden muß; ob darauf ein Rechtsanspruch bestand, oder ob der rechtsgestaltende Akt nach freiem Ermessen erging, ob ein wahres subjektives Recht oder eine bloße Befugnis, möglicherweise auch Widerruf, erteilt wurde, ist für den Begriff gleichgültig.

Auf die verwaltungsrechtliche Tatbestands- bzw. Gestaltungswirkung ist in den Gesetzen, insbesondere im Strafgesetz vielfach Bezug genommen: z. B. § 312 StG. (Beleidigung einer . . . in Vollziehung eines obrigkeitlichen Auftrages oder in Ausübung ihres Amtes oder Dienstes begriffenen Person), § 314 (Einmengung, um solche Personen an der Ausübung ihres Amtes oder Vollziehung des öffentlichen Befehles zu hindern), § 317 (Zerschlagung einer zur öffentlichen Beleuchtung aufgestellten Laterne), § 320 Abs. 1, c, d, (Strafe der befugten Gastwirte wegen Nichtanmeldung von Fremden) §§ 323 und 324 (Bestrafung der Rückkehr eines von der staatlichen Sicherheitsbehörde bzw. der Gemeinde aus einem Lande oder Orte Abgeschafften), § 354 (Verkauf von Lebensmitteln, für deren Verabfolgung besondere beschränkende Anordnungen bestehen) usw.; auch im Zivilrecht gibt es solche Fälle: § 367 AGB. (Ausschließung der Eigentumsklage, wenn die Sache in einer öffentlichen Versteigerung oder von einem zu diesem Verkehr befugten Gewerbsmann erworben wurde); auch das Handelsrecht weist ähnliche Fälle auf.

Bezüglich des deutschen Rechtes wäre auf die von Stein a. a. O. S. 97 angeführten Fälle zu verweisen, obgleich sie keineswegs erschöpfend und nicht alle ganz passend sind. Gleichwohl

---

fehle, 2. Befehle mit konstitutiver Wirkung und 3. rechtsgestaltende Verfügungen (rechtschaffende, rechtsverändernde und rechtsaufhebende V.).

sind die Fälle auch dort zahlreich genug, denn die Tatbestandswirkung des Verwaltungsaktes ist in allen Fällen gegeben, wo ein Zivil- oder Strafgesetz eine Rechtsfolge an den Bestand einer Konzession, einer Approbation, an die Beamtenqualität, kurz an einem Verwaltungsakt mit konstitutiver Wirkung knüpft. Aber auch ohne ausdrückliche gesetzliche Bezugnahme ist nicht zu verkennen, daß jede Verfügung als behördlicher, verbindlicher und — soweit es der Natur der Sache nach möglich ist — auch vollstreckbarer Akt (wozu bekanntlich nicht einmal die formelle Rechtskraft unter allen Umständen erforderlich ist) einen Tatbestand schafft, der von jedermann, insbesondere auch der Behörde des anderen Ressorts zu beachten ist. Den rechtsgestaltenden Verfügungen i. e. S. aber kommt Gestaltungswirkung bezüglich der durch sie unmittelbar geschaffenen, veränderten oder aufgehobenen Rechtsverhältnisse zu. Tatbestands- und Gestaltungswirkungen sind absolute Wirkungen und daher auch für die Gerichte verbindlich[1] [2]. Nur ist diese Bindung richtig zu beschränken. Die Tatbestandswirkung geht nicht über das geschaffene Faktum hinaus: der Verwaltungsbefehl, ein Verkehrshindernis vom Wege hinwegzuräumen, enthält nichts als die einer bestimmten Person auferlegte und möglicherweise sogleich vollstreckbare Verpflichtung zur Hinwegräumung des Hindernisses, während über die Öffentlichkeit des Weges, über die rechtliche Natur desselben, über die sonstigen Verpflichtungen des Betroffenen für die Erhaltung, Instandhaltung des Weges überhaupt oder in bestimmter Weise zu sorgen, darin nichts gesagt ist; der Befehl, ein umsturzdrohendes Bauwerk abzutragen, enthält keinen Anspruch über ein etwaiges Verschulden des Adressaten, der Befehl, eine bestimmte Kanalstrecke zu räumen, bedeutet noch keinen Abspruch über den Rechtstitel dieser Verpflichtung, ob auf Grund einer Gemeinschaftslast, einer Vorzugslast usw., die reine Verfügung enthält überhaupt keinen Anspruch über das zugrunde liegende Rechtsverhältnis[3].

Die Gestaltungswirkung aber ist beschränkt auf den Inhalt und Umfang der geschaffenen Rechte und Befugnisse;

---

[1]) Die Gestaltungswirkung einer verw. behördl. Verfügung nach § 24 FG. ist gut hervorgehoben in der E. d. Obst. G.H. 10. IV. 1902 S. Nr. 586.

[2]) Stein, Grenzen usw. S. 98 meint, es sei in den Fällen der Rechtsgestaltung „von Kritik, Nachprüfung oder Bindung nicht die Rede". Von Kritik und Nachprüfung allerdings nicht, dagegen wohl von „Bindung", denn die Verbindlichkeit liegt im Wesen der Tatbestands- und Gestaltungswirkung.

[3]) Die Bindung der G. durch die Tatbestandswirkung einer Verfügung wird sich insbes. darin äußern, daß das Gericht keinen Akt setzen kann, durch den die Vollstreckung der Verfügung unmöglich gemacht würde. S. Bernatzik a. a. O. S. 236.

soweit wirkt sie gegen jedermann, auch gegen andere Behörden. Damit ist jedoch nicht gesagt, daß die Gestaltungswirkung nicht von der Behörde selbst oder der Aufsichtsbehörde unter gewissen Voraussetzungen wieder beseitigt werden kann; das ist aber eine Frage, die die Verwaltung allein angeht; solange die Gestaltungsverfügung nicht von der kompetenten Behörde aufgehoben oder zurückgezogen ist, bleibt die Wirkung für jedermann bestehen. Eine formelle Aufhebung durch eine andere, also inkompetente, Behörde ist ohnehin ausgeschlossen, aber auch eine Überprüfung und gegebenenfalls Ignorierung ist unzulässig und wäre, wenn sie von einem Gericht ausgeht, ein Verstoß gegen das Prinzip der Trennung von Justiz und Verwaltung. Es ist nicht zu leugnen, daß die Tatbestands- und Gestaltungswirkung der Verwaltungsakte eine viel größere Verbreitung und Anwendung besitzt als diejenige der gerichtlichen Urteile. Das liegt in der Natur der Sache, weil die Verwaltungstätigkeit ungleich schöpferischer ist als die gerichtliche. Gerade den Verfügungen in ihrer reinen Form kommt allgemein Tatbestands- bzw. Gestaltungswirkung zu, wozu die gerichtliche Tätigkeit kein entsprechendes Analogon aufweist, da — wenigstens die streitige — Gerichtsbarkeit keine der reichen Verfügungstätigkeit der Verwaltungsbehörden entsprechende Tätigkeit aufweist. Nur ist zu bemerken, daß den reinen Verfügungen[1]) eben nur — je nach ihrer Natur — Tatbestands- bzw. Gestaltungswirkung zukommt, jedoch keine Rechtskraftwirkung, wobei die Tatbestands- und verhältnismäßig ausnahmsweise Gestaltungswirkung gerichtlicher Urteile immer verbunden ist mit und verstärkt durch die Rechtskraft.

Es ist nun zu untersuchen, wie es mit der den gerichtlichen Erkenntnissen typischen Rechtskraftwirkung bei den Verwaltungsakten steht. Es ist ja eine alte Streitfrage, ob überhaupt Verwaltungsakte der materiellen Rechtskraft gerade in dem Sinn fähig sind, daß sie eine Bindung der Behörden an den vorausgegangenen Verwaltungsakt bewirkt. Die Frage liegt im deutschen Reich etwas anders und spitzt sich dort hauptsächlich auf die Frage der Rechtskraft der verwaltungsgerichtlichen Erkenntnisse[2]) zu. In Österreich fällt diese weg, da das System der österreichischen Verwaltungsgerichtsbarkeit untere Verwaltungsgerichte nicht kennt, vielmehr eine Ver-

---

[1]) Von der Verschmelzung von Verfügungen mit Rechtssprechungsakten oder Entscheidungen wird noch zu sprechen sein.

[2]) Für die Rechtskraft insbes. (mit Beschränkung auf die verw.gerichtl. Urteile) Loening, Die Rechtskraft der v. g. Urteile, Verw.Archiv VII, S. 1ff., und Otto Mayer, Zur Lehre von der mat. Rechtskraft in Verw.Sachen, Archiv für öffentl. R. 1907 und D. Verw.R. I, S. 167ff. Gegen die Rechtskraft insbes. Zorn, Verw.Archiv II S. 74ff., Fleiner, Institut S. 244ff.

waltungsgerichtsbarkeit der Hauptsache nach nur in der Form der Nachprüfung und evtl. Kassation durch ein oberstes Verwaltungsgericht. Die gesamte Verwaltungsrechtssprechung wird daher in Österreich von den Verwaltungsbehörden ausgeübt.

Im österreichischen Recht ist der schärfste Gegensatz der Meinungen in der Rechtskraftfrage ursprünglich durch die Namen Bernatzik (Rechtsprechung und materielle Rechtskraft) und Tezner (Handbuch des österreichischen Administrativverfahrens) gekennzeichnet, ein Gegensatz, der sich übrigens in der Folge etwas abgeschwächt hat[1]).

Ein näheres Eingehen auf diese Theorien[2]) erübrigt sich für das österreichische Recht, da diese Diskussionen heute überholt sind durch die gesetzliche Regelung und zwar durch das neue VVG. vom 21. VII. 1925 BGBl. 274, das im § 68 Abs. 3 prinzipiell die Unabänderlichkeit aller Bescheide, wodurch jemanden ein Recht erwachsen ist, ausspricht und den Behörden (und zwar derselben Behörde oder der sachlich in Betracht kommenden Oberbehörde) nur insoweit ein Abänderungsrecht zugesteht, als dies zur Beseitigung von das Leben oder die Gesundheit von Menschen gefährdenden Mißständen oder zur Abwehr schwerer volkswirtschaftlicher Schädigungen notwendig und unvermeidlich ist. Die Ausnahme formuliert einen im wesentlichen gelungenen Kompromiß zwischen dem Erfordernis der Rechtssicherheit, das für und den Erfordernissen des öffentlichen Interesses, die gegen die Unabänderbarkeit sprechen. Hierbei ist zu bemerken, daß das VVG. unter Bescheiden Entscheidungen und Verfügungen versteht (§ 56), die den Spruch in der Hauptsache enthalten (§ 59) und in der Regel nur auf Grund der Feststellung des maßgebenden Sachverhaltes unter Wahrung des Parteiengehöres (§ 56) nach den Vorschriften des VVG. oder der die speziellen Verfahrensarten regelnden Vorschriften (§§ 37 und 39) ergehen. Es sind somit unter Bescheiden im wesentlichen Rechtssprechungsakte gemeint. Bedeutet nun diese — allerdings nicht absolute — Unabänderlichkeit soviel wie materielle Rechtskraft in den besprochenen Sinn?

Der entscheidende Punkt, den das Gesetz hervorhebt, ist der Umstand, „daß Jemanden aus dem Bescheide ein Recht erwachsen ist". Das ist nun in erster Linie der Fall bei den

---

[1]) S. Bernatzik, Gutachten an den 26. D. Juristentag; Tezner, Die deutschen Theorien der Verw.Rechtspflege und insbes. derselbe, Das Rechtskraftproblem im V. R. (V. Archiv 19 (1911) S. 128ff. u. 441ff.).

[2]) Eine gute Übersicht über die wichtigsten Theorien bei Merkl, Die Lehre von der Rechtskraft, 1923, S. 3ff.

administrativ-rechtlichen Entscheidungen. Diesen wird ja auch sonst materielle Rechtskraft zugesprochen und zwar aus dem Gedanken heraus, daß die Entscheidung etwas von der Partei mit Erarbeitetes ist, weil der Rechtssprechungsakt eben auf Grund eines geregelten Verfahrens unter Beobachtung des Grundsatzes des Parteiengehöres ergeht, inhaltlich aber ein Rechtsverhältnis der Partei feststellt. Gerade diese Feststellungswirkung wird mit dem Begriff der materiellen Rechtskraft geradezu identifiziert. Bei den Entscheidungen, die nur die Feststellung eines Rechtsverhältnisses enthalten (Feststellungserkenntnisse) kommt dies am reinsten zum Ausdruck, insofern solche Erkenntnisse eben rechtlich nichts Neues schaffen, darum keine Gestaltungswirkung äußern können, nicht konstitutiv sondern nur deklarativ wirken, ihre Wirkung deshalb nicht Tatbestands- oder Gestaltungswirkung sein kann, sondern nur Feststellungswirkung, die, wenn sie dauernd und die Behörde selbst bindend ist, eben nichts anderes ist als die materielle Rechtskraft. Insofern § 68 VVG. also sich auf Entscheidungen bezieht, bedeutet die darin ausgesprochene Unabänderlichkeit schlechthin soviel wie materielle Rechtskraft.

Die Sache liegt nicht wesentlich anders, wenn es sich um eine administrative Entscheidung handelt, die nicht lediglich eine Feststellung sondern eine im Gesetz begründete Leistungspflicht zum Inhalt hat (Leistungs- oder Handlungsurteil[1]), vielleicht richtiger: Leistungs- oder Handlungsentscheidung). Auch in diesem Fall ist die Wirkung eine deklarative. Es wird inhaltlich nichts Neues geschaffen, nur formell wird die die Partei treffende abstrakte, im Gesetz begründete Verpflichtung in eine vollstreckbare Leistungspflicht konkretisiert. Auch die Leistungsentscheidung hat somit Feststellungswirkung bezüglich der gesetzlichen Verpflichtung; der damit untrennbar verbundene Leistungsbefehl führt keine selbständige Existenz[2]), sondern nimmt an der Feststellungswirkung d. i. der materiellen Rechtskraft der Entscheidung teil. Insoweit deckt sich somit die „Unabänderlichkeit" des § 68 mit dem Begriff der materiellen Rechtskraft.

Die Unabänderlichkeit wird aber auch gewissen Verfügungen zuerkannt. Ausdrücklich abgelehnt ist sie allerdings bezüglich der Bescheide, aus denen niemandem ein Recht erwachsen ist; diese können sowohl von der Behörde, die den Bescheid erlassen hat, als auch in Ausübung des Aufsichtsrechtes von der sachlich in Betracht kommenden Oberbehörde

---

1) W. Jellinek, Der fehlerhafte Staatsakt S. 27.

2) Anders die österr. ZPO. §§ 236 u. 259; s. Neumann a. a. O. II, S. 1130.

aufgehoben oder abgeändert werden. Das gilt insbesondere bezüglich der früher erwähnten reinen Verfügungen, namentlich der Befehle, Gebote und Verbote, aber auch von den Erlaubniserteilungen, überhaupt allen gesetzesvollziehenden und konstitutiv wirkenden Befehlen sowie allen konstitutiven Akten, die nicht wahre subjektive Rechte schaffen.

Wenn auch allen diesen Akten Tatbestands- bzw. Gestaltungswirkung zuzuerkennen ist und diese im allgemeinen gegen jedermann wirkt, so erfährt dies eben eine Einschränkung gegenüber der kompetenten Verwaltungsbehörde, die zwar den Tatbestand, solange der begründende Verwaltungsakt zu Recht besteht, ebenfalls zu respektieren hat, der gegenüber er aber nicht unabänderlich ist. Andere Behörden können ihn ohnedies nicht abändern oder aufheben, ihnen gegenüber verbleibt es also bei der Tatbestands- bzw. Gestaltungswirkung. Die kompetente Verwaltungsbehörde aber kann ihn aufheben und durch einen anderen ersetzen und damit auch die Tatbestands- oder Gestaltungswirkung abändern.

Endlich aber gibt es konstitutive Akte, die einen Entscheidungscharakter besitzen[1]); das ist namentlich der Fall, wenn auf die Erlassung eines konstitutiven Aktes von der Partei ein Rechtsanspruch behauptet oder erhoben wird, der erst in einem geregelten Verwaltungsverfahren — vielleicht unter dem Widerspruch von Gegenparteien — festzustellen ist, und überhaupt in den Fällen, wo der Verleihung behauptete Gegenrechte und geschützte Interessen anderer Parteien entgegenstehen, deren Vorhandensein, rechtliche Begründung und Tragweite in dem Verfahren über die Zulässigkeit der Verleihung festgestellt werden muß. Solche Akte sind die wahren administrativen Gegenstücke zu den gerichtlichen Gestaltungsurteilen. In solchen Fällen liegt eine Entscheidung vor, die der Unabänderlichkeit im Sinne des § 68 teilhaftig ist; der Verleihungsakt selbst bleibt deshalb immer noch ein konstitutiver oder Gestaltungsakt mit seiner typischen Wirkung gegen jedermann, in diesem Fall aber auch gegen die kompetente Verwaltungsbehörde, weil sie vor einer Aufhebung oder Abänderung durch die Feststellungswirkung, d. i. die materielle Rechtskraft der Entscheidung geschützt ist. Es liegt also sowohl Tatbestands- bzw. Gestaltungswirkung als Rechtskraftwirkung vor.

Nach dem Wortlaut des § 68 erstreckt sich diese Wirkung der Unabänderlichkeit auf alle Verfügungen, durch die ein Recht verliehen wird, auch dann, wenn die konstitutive Verfügung nicht auf Grund einer der Rechtskraft fähigen Entscheidung

---

[1]) Siehe Tezner, Verw.Archiv 19, S. 465.

ergeht. In diesem Falle ist die Unabänderlichkeit allerdings etwas anderes; man kann sie nicht mit der Rechtskraft identifizieren, sondern sie ist eine verstärkte, nämlich auch mit voller Wirkung gegen die Verleihungsbehörde und ihre Oberbehörde — also mit absoluter Wirkung — ausgestattete Tatbestands- bzw. Gestaltungswirkung.

Wir kommen demnach zum Schluß: Einfache Verfügungen haben Tatbestandswirkung und, sofern sie konstitutive Akte sind, Gestaltungswirkung für und gegen jedermann, die nur gegenüber der Verleihungsbehörde selbst und ihrer Oberbehörde versagt, insofern diese die Verfügung aufheben oder abändern kann. Andere Behörden sind an die Tatbestands- bzw. Gestaltungswirkung gebunden.

Administrative Rechtssprechungsakte (Entscheidungen) und zwar sowohl Feststellungserkenntnisse als Leistungs- oder Handlungserkenntnisse haben Feststellungswirkung, d. h. es kommt ihnen materielle Rechtskraft zu. Konstitutive Verfügungen, die im Rechtsprechungswege, also in Form seiner Entscheidung oder gestützt auf eine Entscheidung ergehen, genießen sowohl Tatbestands- als Rechtskraftwirkung.

Einer Bemerkung bedürfen noch die subjektiven Grenzen der Rechtskraft administrativer Akte, soweit ihnen eine solche zukommt. Es ist ja keineswegs selbstverständlich, daß die Wirkungen in dieser Hinsicht dieselben sein müssen wie bei den gerichtlichen Urteilen. Bernatzik hat den der Rechtskraft fähigen Verwaltungsakten, d. i. den Entscheidungen nach seiner Auffassung schlechthin absolute Rechtskraft zugesprochen, und er betont ausdrücklich, die materielle Rechtskraft wirke auch gegen die bloß faktischen Interessenten, weil alle faktischen Interessen durch die Organe der öffentlichen Gewalt vertreten werden; nur die rechtlichen Interessenten, die Parteienrechte haben, vertreten sich selbst, gegen sie wirke die Rechtskraft daher nicht, wenn ihnen die von der Rechtsordnung gewährten Parteienrechte nicht eingeräumt wurden. B. hat aber die absolute Wirkung der Rechtskraft der Verwaltungsakte auch auf alle anderen Behörden, insbesondere die Gerichte erstreckt.

Bernatzik hat jedoch mit dieser Anschauung wenig Anklang gefunden[1]); die meisten Autoren, die überhaupt eine Rechtskraft anerkennen, lassen eine solche nur in einem beschränkteren Sinne zu, nämlich im Sinne des alten Spruches „judicium jus facit inter partes“.

---

[1]) Nur Spiegel, Verw.Rechtswissenschaft, hat ihm ganz beigestimmt; dagegen O. Mayer, Zur Lehre von der mat. Rechtskraft in Verw.Sachen, Archiv für öff. R. 1907, derselbe, D. Verw.R., S. 170, Stein, Grenzen usw. S. 102, Herrnritt a. a. O. S. 313.

Wenn man sich auf den Standpunkt der herschenden Lehre stellt und die Rechtskraft von Verwaltungsentscheidungen auf die Parteien und ihre Rechtsnachfolger beschränkt, so ergibt sich hierbei einerseits eine faktische Einschränkung gegenüber dem Zivilrecht, weil eine Rechtsnachfolge im VR. viel seltener vorkommt als im Zivilrecht, andererseits eine Erweiterung, weil die Verwaltungsverfahren- bzw. Verwaltungsgerichtsgesetze der Behörde zur amtswegigen Pflicht machen, alle bekannten Beteiligten beizuladen[1]).

Eine weitergehende Wirkung im Sinne einer absoluten Rechtskraft ist allerdings in den Gesetzen nicht begründet; insbesondere aus dem österr. VVG. läßt sich eine absolute Bindung anderer Behörden, speziell der Gerichte nicht ableiten; denn da dieses Gesetz nur die Aufhebung und Abänderung administrativer Bescheide durch die Verwaltungsbehörde regelt, läßt es keinen Schluß auf die Fernwirkung gegenüber den Gerichten zu. Daß andere Behörden, insbesondere die Gerichte, Verwaltungsakte nicht formell aufheben oder abändern können ist selbstverständlich, ob aber die Rechtskraftwirkung innerhalb der Verwaltung auch hinüber reicht auf andere Behörden und speziell die Gerichte, darüber läßt sich aus dem Gesetze kein unmittelbarer Schluß ziehen.

Sicherlich wird häufig, wie im gerichtlichen Verfahren, wenn alle möglichen Beteiligten ohnehin als rechtliche Interessenten dem Verfahren als Parteien beigezogen wurden, eine dei absoluten Rechtskraft nahekommende Rechtskraftwirkung eintreten. Für das Gericht aber steht die Frage der Bindung an einem rechtskräftigen Verwaltungsakt so: Kommt vor Gericht eine Angelegenheit zwischen Personen zur Austragung, für welche das präjudizielle Rechtsverhältnis rechtskräftig von der Verwaltungsbehörde entschieden wurde, so hat der Richter zu prüfen, ob diese Personen im Verwaltungsverfahren als Parteien beigezogen waren und ob sie zu den Personen gehören, gegen welche die Rechtskraft der administrativen Entscheidung wirkt. Ist dies der Fall und soweit dies der Fall ist, ist für diese Personen jene Vorfrage auch vor dem Richter endgültig erledigt, woraus sich die Bindung des Gerichtes an dem rechtskräftigen Verwaltungsakt ergibt.

Die Praxis der Gerichte in Österreich in den erörterten Fragen ist keineswegs wiederspruchslos.

Als feststehend kann der auch in der Theorie anerkannte[2])

---

[1]) Österr. VVG. § 40 Abs. 1, § 43 Abs. 2; preuß. LVG. § 70 (mit dem Beisatz „die Entsch. ist in jedem Falle den Beigeladenen gegenüber gültig"); Württemberg. V. rechtspfl. G. Art. 34; sächs. VGG. § 45 Abs. 1 u. 2; bad. G. § 20; österr. VGHG. § 27.

[2]) Bernatzik a. a. O. S. 236; Tezner, Handbuch, S. 374.

und sogar in einigen positiv-rechtlichen Bestimmungen[1]) ausgesprochene Satz gelten, daß eine Klage gegen die Verw. unzulässig ist, die die Aufhebung oder Annulierung eines admin. Aktes durch eine condictio indebiti (evtl. auch Bereicherungsklage) anstrebt, indem eine von der Verw. rechtskräftig auferlegte vermögensrechtliche Leistung als angeblich unrechtmäßig auferlegt zurückgefordert wird; in diesem Fall ist das Klagepetit die einfache Umkehrung des Verw.-Aktes und zielt darauf, die Wirkung desselben aufzuheben. Der Obst.G. H. hat sich wiederholt und insbesondere in dem grundlegenden E. 3. VI. 1914 S. Nr. 6916, Jud. B. 217 in diesem Sinne ausgesprochen. Es mag hinzugefügt werden, daß auch der ö. VerfGH. in ständiger Praxis sich auf diesen Standpunkt gestellt hat. Vgl. d. E. 1926 S. Nr. 653, 658, 693, 715 und 1927 Nr. 752, 776, 777, 885, 886 usw.

Bezüglich der Schadensersatzansprüche gegen den Staat oder andere Subjekte der öffentl. Verw. wird einige Male unterschieden, ob die angeblich ungesetzliche Verfügung ein „hoheitlicher" oder ein „privatrechtlicher" Akt war. Auf diesem Standpunkte stehen die E. des Obst. G.H. 5. I. 1909 S. N. 4483 und 17. II. 1909 S. Nr. 4535; einander widersprechend aber die E. 15. V. 1912 S. Nr. 5920 und 10. IV. 1912 S. Nr. 5867; zur Entsch. über den Schadenersatzanspruch aus einem hoheitlichen Akte aber erklärt der Obst. G.H. wieder die Gerichte zuständig in den E. 14. II. 1909 S. Nr. 4583, 14. IX. 19120 S. Nr. 90 und 8. IV. 1924 S. Nr. 139.

Aus obigem Gesichtspunkt heraus hat sich der Obst. G.H. auch für befugt angesehen, dienstrechtliche Verfügungen im Verh. von Vertragsbeamten zu überprüfen (sogar die Rechtsmäßigkeit der Pensionierung eines Staatsbahnbeamten: E. 5. VII. 1910 S. Nr. 5541); dagegen wieder nicht, wenn der Anspruch auf Anfechtung eines Disziplinarerkenntnisses gegründet war: E. 5. VII. 1910 S. Nr. 5124, 10. X. 1910 S. Nr. 5205, 6. IV. 1909 S. Nr. 4571 und insb. Plen. Beschl. 22. XI. 1910 S. Nr. 5239, Jud. B. 191; ebenso bei Diszipl. E. einer Bezirksvertretung (E. 18. I. 1893 S. Nr. 14555) oder solcher der Diszipl. Kom. einer Gemeinde (E. 19. I. 1910 S. Nr. 4909).

Im übrigen haben sich die Gerichte beispielsweise für gebunden erklärt: an die Erledigungen der Verw.-Beh. betreff Verleihung des Staatsbürgerrechtes (E. 5. X. 1899 S. Nr. 121236); an die Entsch. der Militärbehörde über die für den Schadenersatzanspruch präjudizierende Frage, ob ein Soldat in einem best. Fall sich gemäß den Vorschriften des Dienstreglements benommen hat, sowie ob der mil. Wachposten be-

---

[1]) Im Deutsch. Recht in § 1773 RVO. und § 227 RAbgO.

rechtigt war von der Waffe Gebrauch zu machen (E. 4. II. 1902 Amtl. S. Nr. 524); an die Entsch. der AUVA. über die Vers.-Pflicht eines Betriebes, ihr Maß und ihrem Umfang sowie über die Feststellung des anrechenbaren Jahresarbeitsverdienstes (E. 27. VI. 1911 S. Nr. 5518, 5. I. 1915 S. Nr. 7232, 5. X. 1912 S. Nr. 6733); an die Entsch. der Verw.-Beh. und des VGH. über die Verpflichtung zur Zahlung von Krankenvers.beiträgen (E. 11. III. 1903 S. Nr. 2287); an die Entsch. der Verw.-Beh. bzw. des VGH. über die Verpflichtung eines Grundbesitzes zur Erhaltung einer Wasserschleuße (E. vom 23. III. 1915 S. Nr. 7373); an die Erklärung der Gew.-Beh., daß die Einwilligung des Gew.-Inhabers zu Übertragung eines zwangsverpachteten Gew. notwendig sei (E. 16 III. 1915 S. Nr. 7351); an die Erklärung der Gew.-Beh., daß die Witwe des verst. Gew.-Inhabers zur Fortführung des G. berechtigt sei (E. im Erbschaftsprozeß zwischen der Witwe, den Geschwistern und den minderj. Kindern; E. 19. X. 1915 S. Nr. 7609); an die Bewilligung der L. Kom. f. agrar. Op. der Absonderung eines Grundstückes aus dem Teilungs- und Regulierungsverfahren für die Eintragung in das Grundbuch (E. 22. VI. 1915 S. Nr. 7498); an die Erklärung der polit. Beh., daß ein Grundstück den Charakter als öffentl. Gut verloren habe (E. 3. III. 1914 S. Nr. 6832); an die rechtskräftige Versetzung eines öffentl. Beamten in den Ruhestand als Vorfrage der Klage auf Räumung der Dienstwohnung (E. 29. X. 1919 S. Nr. 68); an die behördl. Wohnungszuweisung (Rechtsweg unzulässig in allen daraus entspringenden Streitigkeiten, die nicht auf einem Privatrechtstitel beruhen: E. 6. IX. 1922 S. Nr. 77, 21. IV. 1921 S. Nr. 46, 10. V. 1922 S. Nr. 44); an die Entsch. des Einigungsamtes (E. 26. V. 1925 S. Nr. 189); an den einmal erfolgten Enteignungsbescheid; auch wenn er wieder aufgehoben wird, kann nicht im Rechtswege die Rückgabe, d. i. die Rückführung der begründeten öffentl. Rechte in Privatrechte erfolgen, sondern nur durch Verfügung der polit. Beh. (E. 17. II. 1925 S. Nr. 50); an die Genehmigung des Übereinkommens im Sinne des § 16 Abs. 7 Wiederbesiedlungsgesetz durch die Agrar-L.-Beh., da diese Genehmigung als Voraussetzung der zivilrechtl. Gültigkeit anzusehen ist (E. 17. IV. 1926 S. Nr. 134) usw.

Dagegen haben sich die Gerichte als nicht gebunden erklärt: an die Gebührenbemessung, wenn der Bestand der Gebühr in bestimmter Höhe und die Gebührenpflicht des Beklagten zum Klaggrund gehört (E. 12. VII. 1911 S. Nr. 5541); an ein Gutachten der Bergbeh. (E. 30. VI. 1915 S. Nr. 7512); an die Auskunft der Gew.-Beh. über die Gewerbsmäßigkeit eines Betriebs (E. 27. IV. 1920 S. Nr. 34); an eine nicht in gesetzl. Form ergangene daher ungültige Wohnungszuweisung (E. 10. V. 1922 S. Nr. 44); an den Konsens z. Aufstellung elektr. Masten durch die Verw.-Beh. (E. 17. IX. 1924 S. Nr. 284 — Verkennung der Gestaltungswirkung!); an die von zwei Gemeinden und einem Privaten wegen Aufteilung der Kosten für d. Erhaltung einer öffentl. Straße getroffene Vereinbarung (E. 17. III. 1925 S. Nr. 84 — Verkennung der öffentl.-rechtl. Natur der Vereinbarung und ihrer Tatbestandswirkung), endlich an die von der polit. Beh. erteilte Dispens vom Ehehindernisse des Ehebandes im Eheungültigkeitsprozeß (darüber Näheres unten unter VI).

IV. Bisher ist vorausgesetzt, daß der Verwaltungsakt, dessen Rechtskraft in Frage steht, ein gültiger ist, daß er also nicht mit dem Mangel der Nichtigkeit behaftet ist, vor allem daß nicht ein Fall sogenannter absoluter Nichtigkeit vorliegt, deren wichtigster wohl der Fall der sachlichen Inkompetenz ist.

Speziell für die Frage der richterlichen Prüfung der Verwaltungsakte aber hat die etwaige Nichtigkeit derselben die größte Bedeutung, ganz besonders aber in dem Falle, wenn die Nichtigkeit auf der Unzuständigkeit der Verwaltungsbehörde beruht und das Gericht seine eigene Zuständigkeit für gegeben erachtet. Da liegt dann ein Kompetenzkonflikt zwischen Justiz und Verwaltung vor.

Es ist ein feststehender Grundsatz, daß jede Behörde ihre Kompetenz selbst zu prüfen hat; das ist eigentlich selbstverständlich und braucht ausdrücklich kaum gesagt zu werden[1]. In der Einlassung in die Sache seitens einer Behörde liegt daher auch die Bejahung ihrer Kompetenz, die aber im Zweifelsfalle insbesondere im Falle der Anfechtung, auch ausdrücklich ausgesprochen werden kann und im Falle der Verneinung immer ausdrücklich als Begründung der Abweisung des Parteianbringens ausgesprochen wird.

Das deutsche Recht erkennt bekanntlich im § 17 EG. z. GVG. den gerichtlichen Entscheidungen über ihre Kompetenz unbedingte Maßgeblichkeit zu, und damit ist die Sache für die Reichsbehörden im allgemeinen abgetan[2]. Im § 17 Abs. 2 ist dagegen den Gliedstaaten die Möglichkeit der Einrichtung von Kompetenzkonfliktsgerichten zwischen Gerichten und Verwaltungsbehörden eingeräumt[3]; auch für die Länder

---

[1] S. übrigens österr. Jur. Norm. § 41, allg. VVG. § 6.

[2] Eine Durchbrechung dieses Grundsatzes ist erfolgt durch das Ermächt. G. 13. X. 1923: Betrauung des R.Fin.Min. mit der Entscheidung der Frage, ob ein gegen das Reich erhobener Anspruch vor den Abgeltungsausschuß gehört oder nicht (Vdg. 24. 10. 1923); s. Jellinek, Verw.R. S. 84.

[3] Meist ist es ein oberstes Verw.Ger., teilweise übrigens das RG.

mit KKG. gilt der Satz „die Gerichte entscheiden über die Zulässigkeit des Rechtsweges", wenn das die Zulässigkeit des Rechtsweges bejahende gerichtliche Urteil, ohne daß ein Konflikt erhoben worden wäre, rechtskräftig geworden ist[1]). Da die Gerichte einen KK. nicht erheben können, sondern nur die Verwaltungsbehörden, so haben daher die Gerichte in jedem Falle, wenn eine Sache bei der Verwaltungsbehörde anhängig ist oder diese sich bereits kompetent erklärt oder meritorisch entschieden hat, wenn dieselbe Sache bei Gericht anhängig wird, die Zuständigkeit zu prüfen, und wenn das Gericht zur Überzeugung gelangt, daß die Verwaltungsbehörde nicht zuständig, dagegen die gerichtliche Kompetenz gegeben ist, ohne Rücksicht auf das vorliegende evtl. rechtskräftige Erkenntnis der Verwaltungsbehörde in der Sache zu entscheiden[2]). Gegen die Einlassung des Gerichtes bzw. gegen die gerichtliche Entscheidung kann dann dort, wo KKG. bestehen, die Verwaltung den KK. erheben; wo das nicht der Fall ist, ist die gerichtliche Entscheidung über die Kompetenz maßgebend, die Verwaltungsentscheidung erscheint daher als unzuständigerweise ergangen und deshalb nichtig. Das ist der unbestrittene Rechtszustand in Deutschland. In Österreich gilt seit der Errichtung des Reichs G. als KKG. das gleiche, wie in den deutschen Gliedstaaten; denn damit war ein KKG. für den Fall errichtet, wenn ein Gericht und eine Verwaltungsbehörde in derselben Sache ihre Zuständigkeit in Anspruch nahmen (positive KK.) oder ablehnen (negativer KK.). Das Org. G. vom 18. IV. 1869 RGBl. 44 § 11 hat auch den Grundsatz ausgesprochen, das der bejahende Kompetenzkonflikt nur von einer höheren Administrativbehörde erhoben werden kann, ein Grundsatz, der auch heute noch vor dem VerfGH., der als KKG. an Stelle des RG. getreten ist, gilt (Org. G. 18. XII. 1925 BGBl. 454 § 42 Abs. 2).

Eine Begünstigung des Gerichtes liegt in doppelter Hinsicht vor: einmal kann — nach allen bisherigen Bestimmungen und auch nach § 42 Abs. 1 Org. G. 1925 — der KK. nur so lange erhoben werden, als nicht in der Hauptsache ein rechtskräftiger Spruch gefällt ist. Nach dem Wortlaut könnte es zweifelhaft sein, ob unter dem „rechtskräftigen Spruch" nicht auch der Spruch der Verw.-Beh. zu verstehen

---

[1]) EG. z. GVG. § 17 II, 4; nach der Entsch. des vereinigt. Ziv. Sen. d. RG. 22. V. 1901 RGZ. 48, 195 ist die Erhebung des K. nicht mehr zulässig, sobald der Rechtsstreit durch Einlegung der Revision beim RG. anhängig geworden ist. Nach dem preuß. G. 22. V. 1902 ist die Erhebung des KK. unzulässig, sobald ein nur mehr mit der Revision beim RG. anfechtbares Urteil vorliegt.

[2]) Um so mehr natürlich bei bloßer Anhängigkeit vor der Verw.Beh.; Obst. G.H. E. 3. VI. 1913 S. Nr. 1465.

sei, doch ist immerhin anzunehmen, daß damit der gerichtliche Spruch gemeint ist. Die zweite Begünstigung des Gerichtes liegt in der ebenfalls schon früher geltenden und jetzt im § 42 Abs. 2 und 3 ausgesprochenen Bestimmung, wonach der Antrag auf Entscheidung des KK. nur von der zuständigen Verwaltungsbehörde binnen der Frist von vier Wochen nach Ablauf des Tages gestellt werden kann, an dem diese Behörde von dem KK. amtlich Kenntnis erhalten hat. Die Versäumung dieser Frist hat die Zuständigkeit des Gerichtes zur Entscheidung der Rechtssache zur Folge.

Die traditionelle Beschränkung der Erhebung des Konfliktes auf die Verw.-Beh. ist die Waffe der Verwaltung gegen die sonst eintretende unbedingte Maßgeblichkeit der vom Gericht bejahten Kompetenz. Daß auch in dem Fall, wo die Verwaltung bereits durch Einlassung in die Sache sich als zuständig erklärt hat, das Gericht einfach dadurch, daß es in der Sache ebenfalls seine Kompetenz in Anspruch nimmt, die Verwaltung gewissermaßen in die Klägerrolle drängt, ist weder mit der Ökonomie der staatlichen Arbeit vereinbar noch in der heutigen paritätischen Stellung der Gerichte und Verwaltungsbehörden begründet. Es würde diesem Verhältnis besser entsprechen, auch dem Gericht in dem Falle, als die Verwaltung bereits ihre Zuständigkeit ausgesprochen oder in der Sache schon eine Entscheidung gefällt hat, es zu überlassen, seine Kompetenz im Wege der Erhebung des Konfliktes zu erstreiten, so wie dies nach österreichischem Recht dann der Fall ist, wenn mehrere Gerichte (VerfGH., VGH. oder ordentl. Gerichte) einen Kompetenzkonflikt haben[1]. Es sprechen aber auch noch andere triftige Gründe dafür. Es liegt gegenwärtig nicht nur im Reich und zwar auch in den Ländern mit KKG., sondern auch in Österreich die Sache immer noch so, daß das Gericht, wenn es in einer Sache angerufen wird, worüber bereits die Entscheidung einer Verwaltungsbehörde ergangen ist, den Spruch der VB. auf die Kompetenz der Behörde zu überprüfen hat und im Falle der Verneinung dieser Kompetenz seine eigene Zuständigkeit bejahen und in der Sache selbst unbekümmert um das Verwaltungserkenntnis entscheiden kann. Man muß annehmen, daß diese Bejahung der gerichtlichen Kompetenz (wenn sie nicht im KK.-Wege angefochten wird) die Nichtigerklärung der Verwaltungsentscheidung in derselben Sache zu Folge hat. In Österreich ist diese Annahme durch die Wendung im § 42 Abs. 3 (wenn die Frist versäumt wird . . . hat dies die Zuständigkeit des Gerichtes zur Entscheidung der Rechtssache zur Folge) geradezu unabweisbar;

[1] Abgesehen von der Anzeigepflicht der an der Sache beteiligten Behörden (§ 43 Abs. 2).

denn ist das Gericht zuständig, dann ist es die Verwaltungsbehörde nicht, beide können nicht zuständig sein. Aber selbst wo eine solche ausdrückliche Bestimmung nicht vorliegt, sondern wo man lediglich auf den Satz „Die Gerichte entscheiden über die Zulässigkeit des Rechtsweges" rekurrieren muß, kann man zu keinem anderen Ergebnis gelangen, wenngleich man sich dabei mit dem aus dem Prinzip der Gewaltentrennung sich ergehenden Grundsatz in Widerspruch setzt, daß die Gerichte Verwaltungsakte nicht aufheben können[1]). Aber man muß diese Konsequenz hinnehmen, denn es ist undenkbar, daß beide Erkenntnisse Geltung beanspruchen, beide etwa im gegenteiligen Sinne vollzogen werden, was schließlich zu einer Kraftprobe zwischen Gericht und Verwaltung führen müßte, wie sie O. Mayer in seiner Theorie des franz. Verw.-Rechtes erwähnt[2]), ein Fall, der in einem Verfassungsstaat als rechtlich unmöglich erklärt werden müßte. Denn über alle Trennung der Gewalten hinweg ist an der Einheit des staatlichen Rechtes und staatlichen Willens festzuhalten, sonst käme man von der Trennung der Funktionen (Gewalten) zu einer Teilung der Staatspersönlichkeit in mehrere sich möglicherweise bekämpfende Staatspersonen. Für Ö. insbesondere ist noch folgendes zu beachten: Durch das neue VVG. 1925 ist auch die Frage der Nichtigkeit von Verwaltungsakten geregelt (§ 68 Abs. 4—7). Danach kennt das österr. Verfahrensrecht keine ipso jure wirkende Nichtigkeit von Bescheiden, sondern nur eine amtswegige Nichtigerklärung aus bestimmten Gründen, deren ersten die Unzuständigkeit der Behörde bildet. Diese Nichtigerklärung steht der sachlich in Betracht kommenden oberen Verwaltungsbehörde zu.

Es ist in Österr. die Anschauung weit verbreitet, daß durch diese Bestimmung die Behandlung von Verwaltungsakten als nichtiger Akte durch andere Behörden ausgeschlossen werde, weil die Nichtigerklärung eben der zuständigen administrativen Oberbehörde vorbehalten sei[3]); insbesondere wird darauf verwiesen, daß gerade wegen des Nichtigkeitsgrundes des § 68 Abs. 4 P. a, nach Abs. 5 desselben Paragraphen die Nichtigerklärung nach Ablauf von drei Jahren von der Zustellung oder Verfügung des Bescheides an nicht mehr zulässig ist, also gewissermaßen ein in Rechtskraft Erwachsen der unzuständigen Entscheidung erfolge. Es kann zugegeben werden, daß mit diesen Bestimmungen eine sozusagen nebenher erfolgende Nichtiger-

---

[1]) Nichtigerklärung ist nichts anderes als qualifzierte Aufhebung aus besonderen Gründen.

[2]) S. 249 Anm. 3, der Fall St. Albin.

[3]) In diesem Sinne insbes. auch das Erk. des Verf.G.H. 6. VII. 1927 S. Nr. 836.

klärung durch eine ressortsfremde Behörde (Gericht) schwer zu vereinigen ist. Gleichwohl dürfte damit das Recht der Gerichte, ungeachtet einer vorliegenden Verwaltungsentscheidung in derselben Sache unter Bejahung der gerichtlichen Kompetenz zu entscheiden, nicht beirrt worden sein; das VVG. regelt nur das Verwaltungsverfahren und die Abhilfe gegen fehlerhafte Akte, welche in diesem seitens der höheren Verwaltungsbehörde gewährt werden können. Sollte darüber hinaus in die in Theorie und Praxis feststehende Zuständigkeit der Gerichte zur Prüfung eines Verwaltungsaktes wegen Inkompetenz eingegriffen werden, so hätte das ausdrücklich gesagt werden müssen; dies um so mehr, als durch eine solche Auffassung die Gerichte, welche dann lediglich darauf beschränkt worden wären, eine Anregung zur Nichtigerklärung bei der oberen Verwaltungsbehörde zu geben, aus ihrer in der Kompetenzfrage bevorzugten Stellung in eine zurückgesetzte Rolle versetzt worden wären, da dann, zumal ein Gericht keine Befugnis zur Erhebung des KK. besitzt, einfach die Entscheidung der Verwaltungsbehörde in Kompetenzfragen allein maßgebend geworden wäre, was mit der rechtsstaatlichen Tendenz unserer Gesetzgebung und der Parität von Gericht und Verwaltung unvereinbar erscheinen müßte.

V. Anderen Nichtigkeitsgründen eines Verwaltungsaktes, die nicht in der Inkompetenz wegen gerichtlicher Zuständigkeit gelegen sind, können nicht dahin führen, daß das Gericht seine Zuständigkeit in Anspruch nimmt und evtl. in derselben Sache eine der Verw.-Entsch. widersprechende Entscheidung fällt. Hier kann es sich nur darum handeln, daß der mit einem Nichtigkeitsgrund behaftete Verwaltungsakt eine für die gerichtlich anhängige Sache maßgebliche Vorfrage betrifft.

Hier muß die Frage aufgeworfen werden, ob das Gericht, obwohl es sonst als an den die Vorfrage entscheidenden Verwaltungsakt gebunden anzusehen wäre, nicht doch gegenüber dem seiner Anschauung nach nichtigen Verwaltungsakt freie Hand behält. Die Frage wird aber nach österr. Recht zu verneinen sein. Nur zur Wahrung der eigenen Kompetenz muß den Gerichten die Befugnis zugesprochen werden, ohne Rücksicht auf eine Verwaltungsentscheidung in derselben Sache ebenfalls im Entscheidungswege vorzugehen. In anderen angeblichen Nichtigkeitsfällen aber handelt es sich nicht um die Wahrung der eigenen Kompetenz in der Hauptsache, sondern um die Prüfung eines zwar sachlich (wegen der Vorfrage) zusammenhängenden, aber nicht in derselben Sache ergangenen Verwaltungsaktes, also um eine Prüfung der Mangelhaftigkeit eines die Vorfrage betreffenden Verwaltungsaktes. Worin die Mangelhaftigkeit besteht, ob es sich um Mängel handelt, die Anfechtbarkeit begründen würden, aber mangels einer Anfechtung im Instanzenzug der Erlangung der Rechtskraft nicht im Wege stehen, odei um Mängel, die die obere Verwaltungsbehörde im Sinne des § 68 Abs. 4 VVG. zur amtswegigen Nichtigerklärung berechtigen würden, ist im Grunde genommen gleichgültig. Zur formellen Aufhebung ebenso wie zur bloßen Ignorierung eines Verwaltungsaktes sind die Gerichte nicht berechtigt, die ausdrückliche Nichtigerklärung steht aber allein der oberen Verwaltungsbehörde zu; deshalb bleibt für die Gerichte kein anderer Weg, um sich der Bindung an den angeblich nichtigen Verwaltungsakt zu entziehen, als die Antragstellung auf amtswegige Nichtigerklärung durch die obere Verwaltungsbehörde. Die Entscheidung, die etwa die Nichtigerklärung ablehnt, wird aber für das Gericht als bindend anzusehen sein, d. h. wenn die Verwaltung selbst die Nichtigerklärung verweigert, weil sie einen Nichtigkeitsgrund nicht für gegeben erachtet, dann wirkt der deshalb in Zweifel gezogene Verwaltungsakt wie sonst als präjudizieller behördlicher Akt und äußert — je nach dem — Tatbestands-, Gestaltungs- oder Rechtskraftwirkung.

Für das deutsche Recht wird dieser Grundsatz allerdings nicht zur Anwendung gelangen, denn er ergibt sich aus der Interpretation der positiven österr. Gesetzgebung. Es ist in Deutschland, wie schon bemerkt, die Stellung der Gerichte gegenüber der Verwaltung eine sichtlich bevoizugte, der Begriff der absoluten Nichtigkeit von Verwaltungsakten, die eine Ignorierung derselben gestattet, ein ziemlich feststehender, der Weg der administrativen amtswegigen Nichtigerklärung nicht näher geregelt. Dort wird also wohl der Grundsatz in Geltung bleiben, daß selbst dort, wo sonst Bindung an Präjudizialentscheidungen der Verwaltungsbehörden für das Gericht anzunehmen wäre, diese entfällt, wenn der betreffende Verwaltungsakt nach Anschauung des Gerichtes mit dem Mangel der Nichtigkeit behaftet ist.

VI. Zum Schlusse kann die Frage nicht umgangen werden, ob und welche Abhilfe möglich ist, wenn das Gericht entgegen den hier entwickelten Grundsätzen die Verbindlichkeit eines präjudiziellen Verwaltungsaktes nicht anerkennt und demgemäß eine Entscheidung fällt, die in ihren Konsequenzen mit den Wirkungen des Verwaltungsaktes in Widerstreit kommen muß.

Es sei hier nur auf die in Österreich auf einem besonderen Gebiete aufgetretene und zu trauriger Berühmtheit gelangte derartige Diskrepanz verwiesen und zwar einerseits um ihrer selbst willen, weil sie ein besonders helles Licht auf die mißlichen Folgen widersprechender Verwaltungs- und Gerichtsentscheidungen wirft, andererseits auch, weil in diesen Fällen in jüngster Zeit ein Weg zur Behebung der Widersprüche eingeschlagen wurde, der theoretisch von größtem Interesse ist. Es handelt sich um die sog. Dispensehen.

Auszugehen ist von der grundlegenden Bestimmung des § 62 ABGB., der den Grundsatz der Monogamie im Eherecht ausspricht und eine Wiederverehelichung von der Auflösung des Ehebandes einer bestandenen Ehe abhängig macht. Nun können aber bekanntlich Ehen katholischer Personen in Ö. nur durch den Tod des einen Ehegatten getrennt werden (§ 111 ABGB.). Im übrigen ist nur eine Scheidung von Tisch und Bett (bei Fortbestand des Ehebandes) möglich (§ 103). Nach § 83 ABGB. kann aus wichtigen Gründen die Nachsicht von Ehehindernissen bei der Landesstelle angesucht werden. Seit dem Jahre 1921 haben nun die politischen Landesstellen (Landeshauptmänner) katholischen von Tisch und Bett geschiedenen Ehegatten, denen ein getrennter Wohnsitz bewilligt war, die Nachsicht vom Ehehindernisse des Ehebandes (§ 62) erteilt, um ihnen die Wiederverehelichung zu ermöglichen (Dispensehen).

In den Fällen, in welchen nun die Gültigkeit dieser sog. Dispensehen vor den ordentlichen Gerichten angefochten wurden, haben die Gerichte regelmäßig die Gültigkeit der Dispensehen verneint[1]). Maßgebend für diese Stellung der Gerichte wurde insbesondere das Gutachten des Obst. G.H. (Slg. Nr. 155 B; IV. Jahrg. 1922). Die Begründung dieses Gutachtens bzw. der im Sinne desselben ergangenen Erkenntnisse ist hier nicht durchwegs von Belang, nur kurz sei aus derselben folgendes hervorgehoben: entweder müsse man Aufhebung des Ehebandes infolge der Dispens annehmen oder Anerkennung einer Doppelehe. Ersteres führe zu einem Widerspruch mit dem Begriff der Dispens, letzteres zur Verneinung der Monogamie, der Grundlage des gesamten österr. Rechtes. Das bestehende Eheband sei ein unauflösliches Ehehindernis, eine Dispens nach § 83 könne nicht gültig erteilt werden. Die Gerichte seien befugt, die von der politischen Behörde erteilte Ehedispens auf ihre Gültigkeit zu überprüfen, da sie ohne Einschränkung über die Gültigkeit der Ehe zu entscheiden haben, daher vor einer gesetzwidrigen Dispens nicht Halt machen können. Eine Eximierung der Verwaltungsverfügung von der Beurteilung im Eheungültigkeitsprozeß sei vom Gesetzgeber nicht beabsichtigt. Es wurde auch geltend gemacht, daß Privatrechte (des anderen geschiedenen Eheteiles) in Betracht kommen, daher gegen die das Privatrecht verletzende Verfügung der Verwaltungsbehörde Abhilfe im Rechtswege gesucht werden könne.

[1]) S. die E. d. Obst. G.H. 7. II. 1922 S. Nr. 18, 21. II. 1924 S. Nr. 73, 27. I. 1925 S. Nr. 23, 5. I. 1926 S. Nr. 73 usw.

Die Begründung der gerichtlichen Erkenntnisse enthält teilweise eine förmliche Kritik und Ungültigerklärung der erteilten Ehedispens[1]), weil die Landesbehörde mit der Erteilung der Dispens ihren Wirkungskreis überschritten habe. In anderen Fällen haben die Gerichte nicht mehr von der Überschreitung des Wirkungskreises durch die VB. gesprochen, sondern die Rechtsgültigkeit der Dispenserteilung dahin gestellt gelassen, aber die ausschließliche Kompetenz der Gerichte über die Gültigkeit der Dispensehen zu entscheiden damit begründet, daß sie allein zuständig seien, die Rechtswirkungen zu beurteilen[2]).

Die Sache ist unter dem Titel eines Kompetenzkonfliktes an den VerfGH. gekommen, und dieser hat mit Erk. vom 5. XI. 1927 S. Nr. 878[3]) einen positiven KK. für gegeben erachtet und die Inkompetenz der Gerichte zur Entscheidung der Frage, ob die Landesbehörde berechtigt war, eine solche Ehedispens zu erteilen, ausgesprochen, wobei ausdrücklich bemerkt wurde, daß ein bejahender KK. nicht nur dann gegeben sei, wenn ein Gericht und eine Verwaltungsbehörde in der Hauptsache die Entscheidung derselben Angelegenheit in Anspruch nehmen, sondern auch dann, wenn das Gericht über eine Vorfrage selbständig entscheiden will oder entschieden hat, über die die Verwaltungsbehörde als Hauptfrage die Entscheidung in Anspruch nimmt oder schon getroffen hat.

In einer zweiten Entscheidung vom 27. II. 1928 K. 14/27 in einem analogen Fall hat der Verfassungsgerichtshof an seiner erwähnten Stellungnahme festgehalten[4]) und somit, wie es scheint, eine ständige Praxis angebahnt, die für das Verhältnis von Justiz und Verwaltung und insbesondere für die Frage der Prüfung von Verwaltungsakten durch die ordentlichen Gerichte von grundlegender Bedeutung ist.

Es muß hinzugefügt werden, daß diese Praxis des VerfGH. sich auch bereits auf anderen Rechtsgebieten Geltung verschafft hat, so insbes. auf dem Gebiete des Wegerechtes. In diesen Fällen handelte es sich um eine Besitzstörungsklage gegen die Gemeinde wegen einer wegepolizeilichen Verfügung der auto-

---

[1]) So z. B. Urteil des LG. Wien 12. V. 1927 C g IX 54/27.

[2]) So Urteil desselben LG. 17. III. 1927 C g V 211/11 u. spätere.

[3]) Vorher hatte der Verf.G.H. einmal (E. 13. X. 1926 S. Nr. 926) seine Unzuständigkeit ausgesprochen mit der Begründung, daß er „zur Prüfung der meritor. Richtigkeit eines gerichtl. Urteiles nicht berufen sei".

[4]) In den Gründen wurde besonders betont, daß das Gericht unzuständig sei über eine Frage als Hauptfrage zu entscheiden, wenn die Entscheidung dieser Frage ausschließlich und allein von der Entscheidung einer Vorfrage abhängt, über welche zu entscheiden die Admin.-Beh. zuständig sind.

nomen Verwaltung aus dem Titel der Öffentlichkeit des Weges[1]). Auch in diesen Fällen nahm der Verfassungsgerichtshof Unzuständigkeit des Gerichtes an. Zur Begründung wurde insbesondere auf § 68 VVG. verwiesen, wonach ein Verwaltungsakt nur von der Verwaltungsbehörde, die den Akt selbst gesetzt hat, oder der Oberbehörde aufgehoben werden kann, daher von jedermann so lange als rechtsverbindlicher Akt anzusehen sei, bis er nicht von der zuständigen Verwaltungsbehörde aufgehoben oder für nichtig erklärt wurde; insbesondere haben auch die Gerichte die materielle Rechtskraft des Verwaltungsaktes zu respektieren. Denselben Standpunkt nahm der VerfGH. auch in einem damit zusammenhängenden zweiten Fall ein, obgleich hier nicht die Gemeinde selbst geklagt war, sondern ein Dritter, der infolge der Öffentlichkeit des Weges denselben befahren und hierfür den Schutz der Gemeinde angerufen hatte. Hier betonte der Verfassungsgerichtshof insbesondere, daß zwar allerdings im Besitzstörungsstreit gegen Dritte die Frage der Öffentlichkeit des Weges nur eine Vorfrage sei, jedoch durch die Entscheidung der Hauptfrage durch die Verwaltungsbehörde (Öffentlichkeit des Weges), an die auch die Gerichte gebunden sind (§ 68 VVG.), bereits die Entscheidung der „Hauptfrage" gegeben sei. Es lasse sich daher Haupt- und Vorfrage gar nicht trennen, da die einzige Frage auf die es ankommt, d. i. die Öffentlichkeit des Weges, nur von den Verwaltungsbehörden zu entscheiden, die Gerichte daher unzuständig seien. Das Gericht sei unzuständig über eine Frage als Hauptfrage zu entscheiden, wenn die Entscheidung dieser Frage ausschließlich und allein von der Entscheidung einer Frage abhängt, über welche zu entscheiden nur die Verwaltungsbehörden zuständig sind.

Man kann gegen diese Entscheidungen des VerfGH. sicherlich vom formalistischen Standpunkt manches einwenden, vor allem, daß nicht Identität der Streitsache vorliege, daß das Gericht in diesen Fällen sich nicht außerhalb seiner Kompetenz begeben habe, sondern nur meritorisch unrichtig entschieden habe, indem es die Rechtskraft (oder Tatbestands- bzw. Gestaltungswirkung) des verbindlichen Verwaltungsaktes außer acht ließ. Man kann auch gegen die Begründungen einiges einwenden: so folgt, wie schon früher ausgeführt, aus den Bestimmungen des VVG. § 68 nicht der Ausschluß der Gerichte von der Nachprüfung behördlicher Erkenntnisse, höchstens könnte man sagen, die formelle Aufhebung sei ihnen verwehrt. Es wird auch in dem Erk. 1927 Nr. 836 einmal ausgesprochen, die Gerichte hätten die materielle Rechtskraft des Verwaltungsaktes zu respektieren, andererseits wird von demselben

---

[1]) E. 11. X. 1926 S. Nr. 647 und besonders 6. VII. 1927 S. Nr. 836.

Verwaltungsakt gesagt, er sei für die Gerichte so lange rechtsverbindlich, bis er nicht im Rechtszuge von der Verwaltungsbehörde aufgehoben oder nichtig erklärt wird, d. h. mit anderen Worten, auch der nicht rechtskräftige Verwaltungsakt habe die Rechtskraftwirkung.

Gleichwohl ist dem VerfGH. mit seiner prinzipiellen Stellungnahme Recht zu geben. Er ist in großzügiger Auffassung über die formalen Bedenken hinweggeschritten, um einem großen Prinzip, das überhaupt ein Prinzip des modernen Verfassungsrechtes ist, und in unserer Gesetzgebung, wenn auch etwas verhüllt, schon enthalten ist, zum Durchbruch zu verhelfen. Die Ausdehnung des Kompetenzkonfliktbegriffes auf die Fälle, wo ein Gericht eine öffentlich-rechtliche maßgebliche Vorfrage, über die ein verbindlicher Verwaltungsakt ergangen ist, abweichend und unter Ignorierung des Verwaltungsaktes anders entscheidet, ist eine schöpferische Tat, die bei freier aber durchaus im Sinne und Geiste der Verfassungsbestimmungen gelegener Interpretation nach österr. Recht zu rechtfertigen und zu begrüßen ist, wird doch dadurch ein Weg eröffnet, unvereinbare und widersprechende Doppelentscheidungen zu beseitigen. Denn man darf nicht vergessen, daß das staatliche Recht ein einheitliches für alle Staatsbürger und alle Staatsorgane ist und daß alle Staatsorgane, so verschieden sie organisiert sein mögen — Gerichte und Verwaltungsbehörden — doch im Grunde dieselbe Aufgabe haben, nämlich dieses einheitliche staatliche Recht zu verwirklichen. So auffallende und peinliche Widersprüche in der Lösung von Rechtsfragen, wie wir sie unter einem unrichtig aufgefaßten System der Trennung von Justiz und Verwaltung bes. bei den Dispensehen erlebt haben, erschüttern das Rechtsbewußtsein und den Glauben an das staatliche Recht. Sie zu beseitigen und auszugleichen ist eine der höchsten Aufgaben eines Verfassungsgerichtshofes, und wenn ihm dies auf dem Boden der Verfassung gelingt, so hat er sich seiner Aufgabe gewachsen gezeigt. Federleicht wiegt dagegen der Einwand, daß auf dem besprochenen Wege das „deutsche" System des Verhältnisses zwischen Justiz und Verwaltung, soweit es in der selbständigen Behandlung der Vorfragen begründet ist, verleugnet und eine Annäherung an das „französische" System des getrennten Vorentscheides vollzogen werde. Denn erstens ist das noch lange kein Übergang zu dem fremden System, und wenn es eine Annäherung wäre, so wäre das kein Unglück. Beide Systeme haben ihre Vor- und Nachteile, und eine gewisse Annäherung führt vielleicht wirklich zu einer goldenen Mittelstraße, die dem Zwecke der einen und der andern Institution, der Verwirklichung des Rechts zu dienen, nur förderlich sein kann.

1a. Leitsätze des ersten Berichterstatters.

I. Das Prinzip der Gewaltenteilung schließt eine konkurrierende Zuständigkeit von Gerichten und Verwaltungsbehörden in derselben Sache aus. Dem Verhältnis der Parität beider entspricht die Entscheidung von Kompetenzkonflikten zwischen Gerichten und Verwaltungsbehörden durch einen eigenen Kompetenzgerichtshof, der weder ein ordentliches Gericht noch eine Verwaltungsbehörde ist.

II. Einzelne im positiven Recht vorgesehene scheinbare Ausnahmen vom Prinzip der Trennung der Gewalten sind unter gewissen Voraussetzungen mit dem Prinzip noch vereinbar:

1. *Eine Verwaltungsgerichtsbarkeit (ex post) durch die ordentlichen Gerichte bedeutet zwar eine Überprüfung der Verwaltungsakte auf ihre Rechtmäßigkeit durch das Gericht, verstößt jedoch gegen das Prinzip der Gewaltentrennung nicht, insoweit den Gerichten hierbei lediglich eine kassatorische Funktion zukommt.*
2. *Die Fälle, in denen die Gerichte auf Grund vorläufiger verwaltungsbehördlicher Entscheidung in Privatrechtsangelegenheiten entscheiden, sind mit dem Prinzip der Trennung der Gewalten vereinbar, weil es sich um Rechtssachen handelt, die außerhalb der grundsätzlichen Zuständigkeit der Verwaltungsbehörde liegen und die Beschreitung der Rechtsweges gegen die Verwaltungsentscheidung als Mittel erscheint, um die definitive Entscheidung der eigentlich zuständigen Behörde (Gericht) herbeizuführen.*
3. *Soweit den Gerichten die Exekution von durch Verwaltungsakte auferlegten Geldleistungen obliegt, steht dem Gericht als requirierter Behörde nur die formelle Prüfung des betreffenden Verwaltungsaktes zu, eine Prüfung auf seine Rechtmäßigkeit steht jedoch mit dem grundsätzlichen Verhältnis zwischen Gericht und Verwaltung nicht im Einklang.*

III. Vorfragen des anderen Ressorts beurteilt nach deutschem und österr. Recht die in der Hauptsache zuständige Behörde grundsätzlich selbständig, doch bestehen hiervon wichtige Ausnahmen:

1. *In den Fällen, in welchen nach dem Gesetz ein Aussetzen des Verfahrens eintritt, um die Entscheidung der kompetenten Behörde in einer Vor-*

frage abzuwarten oder einzuholen, und zwar nicht nur in den Fällen, wo dies gesetzlich geboten ist, sondern auch in den Fällen, wo die in der Hauptsache entscheidende Behörde hierzu bloß ermächtigt ist, ist die erfolgende Entscheidung der Ressortbehörde in der Vorfrage für die in der Hauptsache entscheidende Behörde als bindend anzusehen.

Hat die in der Hauptsache zuständige Behörde über eine Vorfrage des fremden Ressorts inzidenter entschieden, so begründet die nachfolgende gegenteilige Entscheidung der zuständigen Ressortbehörde dort einen Wiederaufnahms (Restitutions)-grund, wenn eine Wiederaufnahme nicht durch das Gesetz ausgeschlossen erscheint.

2. *Ist bezüglich einer Vorfrage ein Verwaltungsakt bereits ergangen, so ist bezüglich der sog. Fernwirkung desselben auf das Gericht zu unterscheiden:*

   a) *Verordnungen unterliegen nach deutschem Recht im einzelnen Anwendungsfalle der Prüfung der Gerichte auf ihre Gesetzmäßigkeit mit der Wirkung, ihnen im konkreten Fall die Anwendung zu versagen. In Österreich ist dermalen den Gerichten nur die Befugnis eingeräumt, das Verfahren zu unterbrechen und die Entscheidung des VerfGH. über die Gültigkeit der Vdg. einzuholen, der allein darüber entscheidet und gegebenenfalls die gesetzwidrige Verordnung aufzuheben berechtigt ist.*

   b) *Rechtshandlungsmäßige Verwaltungsakte üben im allgemeinen für das andere Ressort keine unbedingt bindende Wirkung.*

   Beurkundungen können bezüglich ihrer Echtheit sowie bezüglich der Frage, ob die beurkundete Tatsache durch spätere Tatsachen verändert worden ist, von jeder Behörde, bezüglich der ursprünglichen Richtigkeit der beurkundeten Tatsachen aber grundsätzlich nur von der sachlich zuständigen Behörde überprüft werden, sofern nicht das Gesetz anderen Behörden ausdrücklich diese Überprüfungsbefugnis eingeräumt hat, was in Deutschland und Österreich bezüglich der Gerichte der Fall ist.

   Sofern eine Beurkundung (Eintragung in ein öffentliches Buch) aber konstitutive Wirkung hat, ist die andere Ressortbehörde in der Be-

urteilung der Vorfrage an diese Beurkundung gebunden.

c) *Bezüglich der Verwaltungsakte i. e. S. (rechtsgeschäftliche VA.) normieren die Gesetze mehrfach Fälle, in welchen eine bindende Wirkung durch das Gericht ausdrücklich ausgesprochen ist; aus ihnen ergibt sich jedoch ein allgemeines Prinzip nicht.*

Eine allgemeine Lösung kann daher nur aus der Natur der Wirkung der einzelnen Verwaltungsakte unter Festhaltung des Grundsatzes der Gewaltentrennung und der Parität von Gericht und Verwaltung gefunden werden.

Im allgemeinen können die im ZP. geläufigen Begriffe von Tatbestandswirkung, Gestaltungswirkung und Rechtskraft verwertet und darnach die Fernwirkung der verschiedenen Kategorien der Verwaltungsakte bestimmt werden:

aa) *Reine Verfügungen, insbesondere Befehle (Gebote und Verbote) haben Tatbestandswirkung; dieselbe erstreckt sich inhaltlich nur auf die durch die Verfügung auferlegte Pflicht, äußerst jedoch keine verbindliche Wirkung bezüglich des zugrunde liegenden Rechtsverhältnisses. Die Tatbestandswirkung richtet sich gegen jedermann, auch die Behörden anderer Ressorts (Gerichte); materielle Rechtskraft besitzen solche Verfügungen nicht, daher ist grundsätzlich ihre Abänderbarkeit durch die Verwaltungsbehörde selbst nicht ausgeschlossen.*

bb) *Konstitutive Verfügungen i. e. S. haben rechtsgestaltende Wirkung bezüglich des Bestandes, Inhaltes und Umfanges der hierdurch begründeten Rechtsverhältnisse. Sie wirken gegen jedermann, auch gegen ressortfremde Behörden (Gerichte). Inwieweit sie von der Verwaltungsbehörde selbst wieder beseitigt oder abgeändert werden können, kann nur nach dem positiven Recht des einzelnen Staates beurteilt werden; nach österr. Recht kommt die Unabänderlichkeit grundsätzlich allen Verfügungen zu, aus denen jemandem ein Recht erwachsen ist.*

cc) *Administrative Entscheidungen haben Feststellungswirkung, die bei Feststellungserkenntnissen mit der materiellen Rechtskraft zusammenfällt. Bei Leistungs- oder Handlungserkenntnissen ist ebenfalls Rechtskraft anzunehmen und zwar bezüglich des festgestellten Rechtsverhältnisses und des ausgesprochenen Leistungsbefehles.*

dd) *Konstitutive Akte, die auf Grund eines erhobenen Rechtsanspruches gesetzt werden oder sonst sich auf eine Entscheidung gründen, besitzen sowohl Tatbestandswirkung als materielle Rechtskraft.*

ee) *Die Wirkung der Rechtskraft administrativer Entscheidungen beschränkt sich in subjektiver Hinsicht wie beim gerichtlichen Urteil grundsätzlich auf die Parteien und ihre Rechtsnachfolger sowie auf die Ressortbehörde. Wenn alle rechtlichen Interessenten dem Verfahren als Parteien beigezogen waren, wird eine der absoluten Rechtskraft nahe kommende Wirkung eintreten.*

Die Gerichte sind insofern an diese Rechtskraft gebunden, als eine Sache zwischen Personen zur Austragung kommt, für welche ein präjudizielles Verhältnis rechtskräftig von der Verwaltungsbehörde entschieden wurde; der Richter kann dann nur prüfen, ob diese Personen dem Verwaltungsverfahren als Parteien beigezogen waren und ob sie zu den Personen gehören, gegen welche die Rechtskraft der administrativen Entscheidung wirkt. Soweit dies der Fall ist, ist für diese Personen die Vorfrage auch vor dem Richter endgültig erledigt und unterliegt keiner Prüfung durch das Gericht.

IV. *Die Gerichte haben dagegen allerdings die Zuständigkeit der Verwaltungsbehörde und zwar zunächst in dem Falle zu prüfen, wenn das Gericht seine eigene Zuständigkeit für gegeben erachtet. In diesem Fall ist die gerichtliche Entscheidung maßgebend; wo die Anrufung eines KK. möglich ist, kann gegen die gerichtliche Entscheidung seitens der Verwaltungsbehörde der KK. erhoben werden. Kann ein KK. nicht oder nicht mehr erhoben werden, dann bewirkt die gerichtliche Entscheidung eine Aufhebung (Nichtigerklärung) der in derselben Sache ergangenen Administrativentscheidung, was mit dem Grundsatz der Trennung von Justiz und Verwaltung schwer zu vereinigen ist. Diese Folge könnte vermieden werden, wenn auch den Gerichten gegen Verw.-Entsch. die Erhebung des KK. gesetzlich eingeräumt würde.*

V. *Anderen Nichtigkeitsgründen gegenüber ist nach deutschem Recht anzunehmen, daß die Gerichte solche nichtige Verwaltungsentscheidungen ignorieren können, dagegen nicht nach österr. Recht, da hier eine absolute Nichtigkeit gesetzlich nicht anerkannt ist, eine Nichtigerklärung aber der oberen Verwaltungsbehörde vorbehalten ist.*

VI. *Wenn das Gericht, entgegen dem zu beobachtenden Grundsätzen unter Nichtbeachtung der bindenden Tatbestands-, Gestaltungs- oder Rechtskraftwirkung eines Verwaltungsaktes in einer Angelegenheit entscheidet, für welche der Verwaltungsakt die einzige maßgebliche Prämisse war, und dadurch die Wirkung des Verwaltungsaktes vernichtet, muß nach dem Vorgange des österr. VerfGH. Abhilfe dagegen in einer erweiterten Anwendung der Kompetenzkonfliktsgrundsätze auch auf die Vorfrage gesucht werden.*

Überprüfung von Verwaltungsakten durch die ordentlichen Gerichte.

2. Mitbericht von Privatdozent **Dr. Ernst von Hippel** in Heidelberg.

Die Frage der Nachprüfung von Verwaltungsakten durch die ordentlichen Gerichte führt unangenehm heran an jene Grenzen, welche die Welt der Rechtstheorie mit Brettern zu vernageln scheinen. So ist denn dieses Referat mit Voraussetzungen belastet, auf deren umständliche Erörterung ich verzichten muß, um nicht bereits im Urschlamme des Anfangs steckenzubleiben. Es mag darum zunächst der Begriff des Verwaltungsakts auf sich beruhen, und nur so viel sei angemerkt, daß hier von Verordnungen im allgemeinen nicht die Rede sein wird. Auch ob man das göttliche Verbot des Apfelpflückens zutreffend als Gesetz, Verordnung oder Polizeibefehl betrachtet, und ob sich die Erschaffung Adams besser als konstitutiver Verwaltungsakt oder bloße Tathandlung konstruiert, bleibe dahingestellt. Denn jedenfalls scheint mir das BGB. bereits auf jene Zustände der Urzeit nicht zu passen, und auch die sehr energische und umweglose Vollstreckung des souveränen Willens durch Paradisverweisung gehört wohl dem öffentlichen Rechte an. Damit wird auch die Besonderheit des privaten und öffentlichen Kreises hier als irgendwie durch den Rechtssinn konstituiert angenommen, so wie es in naïver Frische etwa neuestens wieder der amtliche Entwurf des Strafgesetzbuchs tut[1]). Von diesem Wege kann mich auch das Wissen darum nicht irren, daß sich im Wunderknäuel der reinen Rechtslehre nur e i n e Art von Wolle findet. Denn es beweist noch nicht die Wertlosigkeit der Geisteswissenschaften, wenn auch der beste Rechtsanatom im Leibe des Kadavers keine Seele antrifft[2]).

Besteht nun, diese Einleitung vorausgeschickt, ein Prüfungsrecht der ordentlichen Gerichte über die Verwaltung? Die Frage muß, so gestellt, grundsätzlich verneint werden, wobei freilich

---

[1]) § 20. Eine strafbare Handlung liegt nicht vor, wenn die Rechtswidrigkeit der Tat durch das öffentliche oder bürgerliche Recht ausgeschlossen ist.

[2]) Wert und Bedeutung der „Rechtsanatomie“ für die Entwicklung der Rechtstheorie werden hier natürlich anerkannt.

das eigentliche Problem eben an jenem grundsätzlich hängt. Bereits der Wortsinn von Zivil- und Strafgericht gibt der Justiz keine Zuständigkeit in Verwaltungssachen. Und das Gerichtsverfassungsgesetz mit seiner Einführung bestätigen die gemeine Ansicht, obwohl der Leitgedanke gleich mit Vorbehalten auftritt, die wiederum auf bundesstaatliche Sonderrechtskreise verweisen. Bei all dem findet jene positive Abgrenzung der Zuständigkeiten ihre Wurzel in Gedanken Montesquieus. Und wenn ich daher zunächst zur Lehre von der Gewaltenteilung Stellung nehme, so geschieht dies weder, weil es gewissermaßen zum guten Ton gehört, noch um Montesquieu geistesgeschichtlich zu würdigen, sondern allein unter dem Gesichtspunkt der Rechtsauslegung. Denn alle jene Fragen des Prüfungsrechts, die aufschwirren wie Vögel, sobald der Weg der klaren Norm verlassen werden muß, fordern ihre Antwort aus einem geistigen Prinzip heraus. Als solches aber ist das vom Formalismus gewissermaßen zur Mumie gedörrte Dogma der Gewaltenteilung unverwendbar, zumal es schließlich in sich selber keinen Sinn behält. Dagegen ergibt die politische Idee, so wie sie in der Trennung von Justiz und Verwaltung reichsrechtlich rezipiert wurde, wohl eine mögliche Staatsauffassung, die aber infolge Änderung der Gesamtrechtsordnung heute im Ursprungssinn nicht mehr vertretbar ist. Doch eben dieses gilt es jetzt zu zeigen.

Es finden sich in der Gewaltenteilungslehre in seltsamer Verbindung Gedankenelemente, von denen ein Teil so allgemeingültig zu sein scheint, wie der andere historisch. Worauf dies beruht, mag eine grobe Sonderung der logischen Elemente aufweisen, die gleichzeitig sichtbar machen soll, inwiefern gerade das Bedingte des Gedankens im Trennungsdogma von Justiz und Verwaltung heute weiterlebt.

Das XI. Buch des esprit des lois verbindet zwei verschiedene Gegenstände, die Lehre von den Staatsfunktionen und das Dogma vom Gleichgewicht der Kräfte über den Freiheitsbegriff zu einer politischen Theorie. In dieser Formel führt der erste Teil, die Funktionensonderung, unmittelbar zurück auf die Struktur der Welt. Im Reiche der Natur hat der Mensch die Fähigkeit planvoll zu handeln, und es zu tun wird sowohl durch den Zweck unvermeidlich wie durch die Ethik zur Pflicht. Das Gesetz, Ausdruck der ersten Funktion Montesquieus, ist damit Gesamtplan der Gemeinschaft und als solcher so möglich wie wirklich, so gewollt wie notwendig, so frei wie gebunden und bindend. Der Geist, gefesselt an die Natur, der Wille, zukunftsgerichtet, machtbegrenzt, halten die Norm wie ihren Schöpfer zwischen der Transzendenz wahren Sollens und der Dumpfheit bloßer Existenz. Als Exekutive im sachlogischen Sinne bezeichne ich dann die Konkretisierung des Gesetzesplanes durch die Gemeinschaft, wenn auch das Wort bei Montesquieu nur an dem Tun besonderer Organe hängt. Betrachtet in ihrem Verhältnis zum Gesetz ist auch die Rechtsprechung nur Exekutive, gleichzeitig aber besondert sie sich in der Aufgabe, gemeinschaftsverbindlich und gerecht über die Normgemäßheit des von ihr zu begutachtenden Tuns zu entscheiden. Jene Gerechtigkeitsidee verbunden mit der Kenntnis menschlicher Schwäche führt dann von selbst zur Forderung unabhängigen Richtertums, die um so dringlicher wird, je gespaltener die Gemeinschaftsinteressen. Im übrigen ist gerade die sich personell besondernde Rechtsprechung bei Montesquieu eine Brücke, welche Funktionenlehre und Gewaltenteilung bindet und gleichzeitig hinüberleitet von der Statik des Gültigen zum Entwicklungsprozeß der Geschichte. Wer Gerechtigkeit will, muß auch unabhängige Richter wollen. So gewendet erscheint die Rechtsprechung nicht mehr als die durch einen Sonderzweck geistig abgrenzbare Gemeinschaftsaufgabe, sondern sie wird Gewalt im Sinne Montesquieus, d. h. politischer Machtfaktor, der ein solcher bleibt, auch wenn das Amt von seinem Inhaber Entpersönlichung fordert. Aber losgelöst von einer freien Politik erscheint die Justiz bei Montesquieu, obwohl Gewalt, doch auch als „en quelque façon nulle", sie dient, um mit Smend[1]) zu sprechen, „nicht dem Integrations- sondern dem Rechtswert".

Das eben Gesagte sollte zeigen, wie jene Sonderung der Funktionen auf eine einfache Kategorie menschlichen Verhaltens zurückgeführt werden kann, die schlagwortartig etwa lautet: Aufstellen eines verpflichtenden Plans, Konkretisieren desselben, verbindliches Urteil über seine Erfüllung[2]). Als wirklich in der Gemeinschaft steht hinter diesen Tätigkeiten Macht, und die Idee gerechter Entscheidung fordert eine Unabhängigkeit des

---

[1]) Verfassung und Verfassungsrecht 1928 S. 99.

Man hat unter Berufung auf jene Stelle Montesquieus oft geschlossen, daß M. eigentlich nur zwei Gewalten unterscheide. Eine Ansicht, die schon am 7. Mai 1790 der Graf v. Clermont gegen den Widerspruch von Barnave und Roederer vertrat, und welche heute in Frankreich vor allem Duguit verficht. Im allgemeinen liegt jenem Streit, ob zwei oder drei Gewalten, eine Verquickung der Funktionenlehre und der politischen Gewaltenfrage bei M. zugrunde. Auch die Justiz gehört bei M. als unter dem Gesetz stehend zur Exekutive, und insofern gibt es nur zwei Funktionen. Dagegen ist jene als Justiz politisch gesonderte Staatstätigkeit bei M. die dritte Gewalt und soll, „als unter den Menschen so gefürchtet", Volksrichtern anvertraut werden. „Man hat dann nicht beständig Richter vor Augen und fürchtet das Amt, nicht die Beamten."

[2]) An sich fordert dieser Dreiklang die Gemeinschaft noch gar nicht. So kann man etwa das Einzelleben als Konkretisierung seines ideellen Sinnes auffassen, wobei als Richter das eigene, dem natürlichen Subjekt gegenüber unabhängige Gewissen oder Gott erscheint.

Richtertums. Die so ausgelegten Gedanken Montesquieus, richtiger der immanente Sinngehalt einer Lehre, welche so gut ein Eigensein ihrem Verkünder gegenüber besitzt wie die Norm im Verhältnis zum Gesetzgeber, können noch heute Gültigkeit beanspruchen. Dagegen gehört der Plan einer Verbindung von Verwaltung und Gesetzgebung mit voneinander gesonderten politischen Mächten und Interessenkreisen zunächst zur zeitbedingten Form der konstitutionellen Monarchie[1]). Daran ändert auch nichts die absolute Richtigkeit des Ansatzpunktes, nach dem die Häufung aller Macht in einer Hand die bürgerliche Freiheit tötet. Denn dieser Satz, in sich schon fast ein analytisches Urteil, ergibt wohl die Notwendigkeit irgendwie personell verselbständigter Gemeinschaftsfunktionen, aber kein Verteilungsprinzip. Wie Montesquieu sich dieses dachte, mag auf sich beruhen. Das Grundsätzliche ist bekannt, und über Einzelheiten hat sich bereits die französische Nationalversammlung hinlänglich den Kopf zerbrochen. Was nunmehr interessiert, ist dagegen die Durchführung des Trennungsprinzips in den deutschen Monarchien und sein immanenter Sinn.

Es hat fast etwas Seltsames, diese Frage überhaupt stellen zu müssen, und doch war dem staatsrechtlichen Formalismus der Vorkriegszeit der ganze Montesquieu so unverständlich geworden, daß Laband in der 4. Aufl.[2]) seines Staatsrechts schreiben konnte: „Eine Kritik dieser Lehre, welche die Einheit des Staates zerstört, und welche weder logisch haltbar noch praktisch durchführbar ist, kann hier unterbleiben, da in der deutschen politischen und staatsrechtlichen Literatur über die Verwerflichkeit dieser Theorie seit langer Zeit fast vollständiges Einverständnis herrscht". Damit wurde von dem führenden Staatsrechtler der Reichsgründungszeit eine Lehre als gleichgültig abgetan, welche immerhin mit der Staatsform des Reichs und fast aller deutschen Länder eng zusammenhing, und die von der preußischen Verfassung geradezu rezipiert worden war.

Die Staatslehre des Formalismus wußte mit politischen Prinzipien eben nur dann etwas anzufangen, wenn man sie aus dem geltenden Recht in die unschädlichen Außenbezirke historischer Einleitungen oder der allgemeinen Staatslehre verbannt hat. Was etwa der sonst so klare G. Meyer aus der Gewaltenlehre macht, ist allerdings ein Monstrum, und ich habe mich als Student mit Entrüstung bei dieser Stelle gefragt, warum eigentlich Montesquieu den Laband so schlecht gelesen

---

[1]) Die Ausführungen C. Schmitts, Verfassungslehre 1928 S. 126ff., 182ff. bedeuten hierzu wohl keinen Gegensatz.

[2]) Bd. II S. 6. In der 5. Auflage gestrichen. Daß Laband trotzdem mit der Gewaltenteilung argumentiert, bemerkt schon Sarwey, Allgemeines Verwaltungsrecht 1887 S. 21.

habe. Unter den wenigen Autoren, die während der Hochzeit des Positivismus sich das lebendige Gefühl für den wirklichen Sinn der politischen Theorie Montesquieus bewahrten, steht Anschütz, soviel ich sehe, voran und fast allein[1]). Auch O. Mayer betont wohl die Bedeutung Montesquieus, würdigt aber seine Lehre wesentlich nur unter dem Gesichtspunkt des Rechtsstaatsgedankens[2]). Und doch findet sich bei O. Mayer gerade über das hier wichtige Prinzip der Trennung von Justiz und Verwaltung ein Ausspruch, dessen fast mystische Dunkelheit nur die eigentliche und so verschobene Problemlage verhüllt. Nach O. Mayer handelt es sich bei der Trennung von Justiz und Verwaltung nicht „wie bei der Zuständigkeitsordnung zwischen Gerichten oder zwischen Verwaltungsbehörden unter sich um eine bloße Verteilung der für den Staat zu besorgenden Geschäfte, sondern was jeder der beiden Behördenreihen auf solche Weise zugewiesen ist, bildet einen ihr zugehörigen geschlossenen Machtkreis, den sie verteidigt gegen Übergriffe von der anderen Seite her"[3]). Dieser Satz gibt offensichtlich Kelsen recht, der in Münster so eindrucksvoll formulierte: „Wer den Schleier hebt und sein Auge nicht schließt, dem starrt das Gorgonenhaupt der Macht entgegen[4])". Denn deutlich steht das politische Machtproblem hinter einer Prägung, die im Sinne des Formalismus ganz und gar unjuristisch statt von Zuständigkeit von Macht spricht und beides ausdrücklich voneinander sondert. Allerdings wird man den Schlüssel zu alldem in den Lehrbüchern einer formell entpolitisierten Rechtstheorie vergeblich suchen, und man muß sich schon die staatspolitische Lage selbst vergegenwärtigen.

Ich kann nun in den Prolegomena eines Referats nicht lange Dinge beschreiben, auf deren Grundform es hier allein ankommt, wie verwickelt im einzelnen immer alles sein mag[5]). Auch ob die Dinge so gewußt waren, bleibt letzten Endes gleichgültig, wenn sie nur so gewesen sind. Gesehen unter dem Gesichtspunkt der Grenze zwischen Justiz und Verwaltung, bedeutete jedenfalls die Verwirklichung der Gewaltenteilung in

---

1) Vgl. Meyer-Anschütz, Staatsrecht, 7. Aufl. 1919 S. 31 und die Verweisungen dort. Gut wird der politische Sinn der Gewaltenteilung entgegen formalistischen Umdeutungen jetzt von Waldecker herausgestellt. Vgl. Allgemeine Staatslehre 1927 S. 678ff.

2) So Verwaltungsrecht[3] I S. 57.

3) A. a. O. S. 183. Auch die Sperrungen ebendort.

4) Veröffentlichungen der Vereinigung der deutschen Staatsrechtslehrer Heft 3 S. 55.

5) Eine Skizze bei Thoma im Handwörterbuch der Staatswissenschaften VII S. 730ff., wo im Hinblick auf den „konstitutionellen Obrigkeitsstaat" vom „Dualismus" einer „realen Gewaltenteilung" gesprochen wird.

Frankreich folgendes: Die absolute Monarchie ist beseitigt in der Gesetzgebung, besteht aber in der Verwaltung fort. Und sie bleibt hier gesichert durch die Unverantwortlichkeit der Krone, die freie Ministerernennung und eben durch den Grenzgraben gegen die Justiz. Dabei besagt die sachliche Einschränkung der Rechtsprechung durch den klassischen Justizbegriff, daß die Verwaltung überhaupt nicht gerichtsbar ist. Das Ergebnis der so rezipierten Gewaltenlehre war jene kaiserliche Präfektenverwaltung, die unmittelbar auf das Intendantensystem der absoluten Monarchie zurückläuft. Und die in Frankreich noch heute dogmatisch und ohne tiefere Begründung festgehaltene Trennungsdoktrin[1]) dient mit einer Verwaltung, deren Absolutismus durch die Demokratie vor allem personell verschoben und durch die Verwaltungsgerichtsbarkeit nur abgeschwächt worden ist. Auch in Deutschland blieb nach der Selbstbeschränkung der Monarchie jenes innere Band von Krone und Verwaltung, und der Grenze gegen die Justiz kam eine tiefe politische Bedeutung zu. Denn von seiten der Monarchie gesehen, schmolz mit jeder Ausdehnung des formellen Justizbereichs auch ein Stück freier Zuständigkeit der Krone dahin. Und wirklich handelte es sich in der konstitutionellen Monarchie der Vorkriegszeit um eine echte Gewaltenteilung, d. h. um eine Verteilung von Macht, repräsentiert in verschiedenen Funktionen und ausgeübt durch gesonderte Interessenkreise. Dem demokratischen Prinzip, dargestellt in der 2. Kammer und innerlich verbunden mit der Idee des Rechtsstaates, begegnete in der unter dem Gesetz freien Regierung und Verwaltung der monarchische Gedanke. Demgegenüber vertraten die ordentlichen Gerichte, geballt um die liberalen Forderungen Eigentum und Freiheit, politisch gesehen eine dritte Macht. Und wie diese geneigt

---

[1]) Bonnard, der in seiner ruhigen Sachlichkeit als besonders prominenter Vertreter der jüngeren Generation bezeichnet werden kann, unterscheidet zwischen den ursprünglichen und heutigen Gründen für die Gewaltentrennung (Mißtrauen gegen die Justiz, welche Reformen des Königtums zu verhindern gewußt hatte — schlechtere Ausbildung des ordentlichen Richters in Verwaltungsfragen) und stellt eine völlige Änderung der historischen Lage fest. Trotzdem schwebt darüber das Gewaltendogma wie ein Fatum, so daß es rein positivrechtlich als wesentlich erscheint, ob die Verwaltungsgerichtsbarkeit dem Trennungsdogma entspricht oder nicht. Bonnard nimmt letzteres an, kommt aber zu diesem Ergebnis, indem er den klassischen Begriff der Gewaltenteilung ablehnt und einen neuen aufstellt, welcher „à la réalité des choses“ entspricht. Es stecken in dieser Argumentation Reste der alten Begriffsjurisprudenz, welche auch vielfach die Beziehung veralteter Normen zum Sinne der Gegenwart festzuhalten suchte, indem sie historische Ideen gewissermaßen nachträglich verbesserte.

R. Bonnard, Précis élémentaire de droit administratif 1926 S. 76ff.

schien, dem Löwen der Verwaltung das Schaf des Bürgers aus dem Rachen zu reißen, sicherte sich die Regierung der größeren Bundesstaaten hiergegen durch die Institute des Kompetenzstreits und Konflikts[1]). Dies alles bedeutet natürlich keine Kritik an dem früheren Zustand, sondern nur den ungefähren und stark vereinfachten Hinweis auf ein ihn tragendes Prinzip, welches durch das GVG. als Rahmengesetz gegenüber den Ländern wesentlich bestätigt ward. Man kann nun gegen Montesquieu einwenden, seine Balanzenlehre sei mechanisch, seine Beweisführung die des rationalen Naturrechts usw. Und so hat etwa von konservativer Seite Stahl[2]) schöne Worte der Entgegnung aus einem organischen Staatsgefühl herausgefunden. All das ändert aber nichts daran, daß jene von Montesquieu vorausgesetzte Verbindung verschiedener politischer Ideen- und Machtkreise mit den staatlichen Grundfunktionen in Deutschland bestand und damit auch etwas von jener immanenten Spannung, die als richtiger Kern der Gewaltenlehre verbleibt. Und wenn selbst der Formalismus sich genötigt sah, einzig und allein bezüglich der Grenze von Justiz und Verwaltung von Gewaltentrennung zu sprechen, die unter dem Bild des Kampfes und der Verteidigung erscheint, so ward hier das politische Machtprinzip Montesquieus in der Form des Dogmas zum Auslegungsgrundsatz gemacht.

Es fragt sich: kann heute noch die Gewaltentrennung als politischer Hintergrund und geistiges Prinzip der positiven Zuständigkeitsverteilung von Justiz und Verwaltung angesehen werden? Ich möchte es verneinen. Bereits vor der Revolution war der Verwaltungsabsolutismus durch das Entstehen einer besonderen Gerichtsbarkeit gewissermaßen seinerseits konstitutionalisiert worden. Und obwohl man jene neuen Gerichte, betrachtet unter dem Gesichtspunkt Montesquieus, zur Verwaltung schlug[3]), aus der sie hervorgingen und mit der sie verbunden blieben, verlor schon so die Spannungslehre viel von ihrem Sinn. Denn während der Gedanke einer Art europäischen Gleichgewichts zwischen den Mächten einer autoritären Verwaltung und einer liberalen Justiz immerhin noch etwas Anschauliches behält, verschwindet diese Vorstellungsharmonie mit Auftreten der Verwaltungsgerichtsbarkeit. Schließlich übten auch jene Sondergerichte Rechtsprechung, welche mindestens in letzter Instanz persönlich unabhängig war, und aus der freien,

---

[1]) In diesen Zusammenhang gehört auch der § 6 d. preuß. Ges. v. 11. 5. 1842.

[2]) Geschichte der Rechtsphilosophie 2. Aufl. S. 40 Buch 4. Immerhin ist Montesquieu weit weniger „logisch" als die meisten seiner späteren Interpreten.

[3]) So auch RGZ. 77, 412.

nur gesetzunterstellten Verwaltung Montesquieus ward die durch richterliches Urteil bindbare. Wie sehr eine sich ausbauende Verwaltungsgerichtsbarkeit ideell-organisatorisch zur klassischen Justiz heranrückt, hat W. Jellineks Leipziger Referat fast überraschend gezeigt. Im Grunde aber liegt es nur in der Logik der Entwicklung, wenn mit dem Zurücktreten des autoritären Moments sich die Betonung im Wort Verwaltungsgerichtsbarkeit nunmehr auf die 2. Hälfte verschiebt und der Oberbegriff der Rechtsprechung sich über der klassischen Justiz und jeder anderen Art von Gerichten als vorläufig noch blasser Mond zu erheben beginnt.

Ich komme damit auf das Zweite, die neue Staatsform, und stelle fest, daß mit dem Aufhören konstitutioneller Ländermonarchien die politisch-ideellen Voraussetzungen der klassischen Gewaltenteilung fortgefallen sind. Wohl bleibt jenes Gültige, das in der Funktionensonderung steckt. Es bleibt sachgefordert wie je eine unabhängige Rechtsprechung. Aber insofern der demokratische Gedanke, ursprünglich verbunden mit dem Gesetz, von dorther den monarchischen Kreis und den ihm interessenverwandten der Aristokratie erster Kammern überwältigt hat, besteht jene rechtliche Verbindung verschiedener Funktionen mit besonderen Mächten, also Gewalten, nicht mehr. Damit hat man auch jede Berechtigung verloren, allein bei der Zuständigkeitsabgrenzung von Justiz und Verwaltung von Gewaltensonderung zu sprechen mit all dem, was da mitschwingt: Macht, fast gottgewollte Grenze, Harmonie durch Balance über inneren Krieg[1]). Natürlich geht dies alles positivrechtliche Regeln nicht viel an, wohl aber wird jene Zuständigkeitsverteilung tief betroffen, soweit sie durch sinnvolle Gesetzesergänzung erst konstituiert werden muß. Und eben der Umstand, daß nur sehr wenig im Gesetze steht, gibt diesem Referate seinen Sinn.

Es ist nach dem Gesagten vielleicht angebracht, kurz auf einige der Gesichtspunkte hinzuweisen, welche in Deutschland heute der Grenze von Justiz und Verwaltung noch Wert geben, wobei die besonderen Verwicklungen durch bundesstaatliche Momente auf sich beruhen mögen. Als erstes Problem wäre hier zu nennen die alte Frage, wieweit soll die Verwaltung überhaupt gerichtsbar sein. Diese Grenzfrage erhebt sich zwischen der Exekutive und jeder Art von Rechtsprechung,

---

[1]) Mit Recht hat schon E. Kaufmann sich gegen die Logisierung von Grenzen durch O. Mayer und seine Schule gewandt, hinter deren Beweisen psychologisch offenbar der Wunsch stand, den so mühsam theoretisch gewonnenen Verwaltungsbereich nun auch energisch abzusondern. Stengel-Fleischmanns Wörterbuch III S. 701ff.

und sie besondert sich nur für die Justiz wie deren Zuständigkeit sich innerhalb der Gerichte. Der Kern des Problems ist ein dem bürgerlichen gewissermaßen polar entgegengerichteter Verwaltungsliberalismus. Daneben leitet jene Antithese: Verwaltungsbereich oder bürgerlicher Rechtskreis auf jenes zweite Moment, das neben dem Problem der gerichtsbaren Exekutive verbleibt, die Bestimmung des Justizbereichs als eines materiell Besonderen. Daß dieser Bereich gegenüber dem der Verwaltung sich behauptet und umgekehrt, wird durch das GVG. gewissermaßen mitgesetzt, so wenig es selbst den Umfang der beiderseitigen Gebiete umreißt. Es handelt sich hier letzten Endes um jene Antithese des privaten und öffentlichen Rechts, die auf den Gegensatz Privat- oder Gemeinschaftsangelegenheit im groben rückführbar ist. Der Sinn jener Unterscheidung wird auch nicht dadurch aufgehoben, daß wohl die Gegenstellung, nicht aber die Grenze als logisch im Sinne kategorialer Unverrückbarkeit erscheint. Dafür bricht hier aber die Geschichte herein, und die jeweilige Grenzbestimmung wird zur Tat des freien Willens der sich und ihren Sinn konstituierenden Rechtsgemeinschaft. Lassar hat in seinem Erstattungsanspruch gezeigt, wie sich der Umfang des Begriffs der bürgerlichen Streitigkeiten auch ohne den Gesetzgeber wandeln kann.

Ich fasse zusammen: Die Trennung von Justiz und Verwaltung ist heute keine Gewaltenfrage sondern bloße Zuständigkeitssonderung. Ihre Auslegung, soweit nicht gesetzlich festgelegt, muß unter dem Gesichtspunkt stehen: Schaffung einer gegenwartssinnvollen Rechtsgemeinschaft[1]). Und die Tätigkeit der Justiz ist hierbei als unter der Idee verfassungstreuen Tuns stehend anzunehmen, nicht aber kann sie heute sinnvoll als ein Kampf um Zuständigkeit und Macht konstruiert werden, bei dem nur das Gitter rücksichtsloser Trennung die Bestien auseinander hält.

2. Ich komme nach Ausführungen, welche gewissermaßen den Obersatz meines Referats bilden, insofern es sich hier um den Auslegungssinn der Zuständigkeitstrennung überhaupt handelt, nunmehr im einzelnen auf die Nachprüfung von Verwaltungsakten durch die Justiz. Doch möchte ich zunächst einige Fragen ausklammern. So wird das Prüfungsrecht der

---

[1]) Man könnte diesen Satz auch als kategorischen Imperativ der Rechtsauslegung formulieren: lege so aus, daß deine Auslegung gegenwartswertvoll die Gemeinschaft konstituiert. Damit wird natürlich keine Abweichung vom positiven Recht gefordert, sondern nur jede Einzelauslegung am Integrationssinn einer historischen Rechtsordnung orientiert. Allerdings befindet man sich hier nicht mehr im Bereich des Erkennens, sondern des Willens, der Tat, des Ideals, der Schöpfung, was auch Begriffe wie konstituieren, integrieren u. a. im Grunde besagen.

ordentlichen Gerichte über die Verwaltung korrelativ durch die gerichtliche Zuständigkeit in eben diesem Umfange bestimmt. Und diese Zuständigkeit wiederum findet ihre rahmenhafte Regelung in Reichsgesetzen, insbesondere dem GVG., und ihre Ausführung und Besonderung im Landesrecht. Ich darf hier diese Dinge als versammlungsbekannt voraussetzen und komme so nur gelegentlich auf sie zurück. Auch auf die sog. Verwaltungsgerichtsbarkeit durch ordentliche Gerichte möchte ich nicht eingehen. Dieser Zuständigkeitsfall ist bereits in Leipzig für Deutschland mitbehandelt worden. Dazu kann man von einer Kontrolle der Verwaltung durch ordentliche Gerichte jedenfalls dann nicht mehr sprechen, wenn unter Sonderung des materiellen Rechts und der Verfahrensordnung nur eine organisatorische Verbindung bleibt. Denn selbst von einer personellen Häufung sachgetrennter Funktionen findet sich heute bei getrennten Kammern und Senaten kaum eine Spur. Man tut daher gut, diese Dinge nicht durch Stellung der Gewaltenfrage zu verwirren. Nicht in den hier behandelten Problemkreis endlich gehört die Justizverwaltung in weitestem Sinne. Doch nun zur Sache.

Die Tätigkeit der Justiz wird, grob verallgemeinert, durch die Begriffe Eigentum und Freiheit angedeutet. Von diesen Kreisen hängt der zweite wohl am engsten mit der Verwaltung zusammen, insofern der Strafbegriff jedenfalls Grenzen persönlichen Beliebens umschreibt und das Verbotene gleichzeitig als gemeinschaftsschädlich erscheint. Dazu setzt das Strafrecht in vieler Hinsicht logisch die im Staat geordnete Gemeinschaft voraus. Ein recht erheblicher Teil aller Strafdrohungen kehrt seine Schärfe gegen Verletzungen der Gemeinschaftsordnung. Es handelt sich dabei, schlagwortartig formuliert, im wesentlichen um zwei Fälle: Revolution, darunter verstanden Störungen der geltenden Ordnung vom Hochverrat bis zur Unregelmäßigkeit. Hier trifft die Strafdrohung den Bürger. Und weiter: Autoritätsmißbrauch durch grobe Verletzung der Amtspflicht, wobei allerdings die damit gesetzte Sonderstrafe nicht jeden Amtsinhaber, sondern nur den Beamten schlägt. Jene Schutzfunktion des Strafrechts hat im übrigen zur Folge, daß es von staatsrechtlichen Begriffen in strafrechtlichen Normen geradezu wimmelt. So geht die Rede von gesetzgebenden Versammlungen (§ 105), politischen Körperschaften (§ 197), von Ausländern und Deutschen (§§ 102, 107). Es wird gesprochen von öffentlichen Geldern (§ 90), von Autoritäts- und Hoheitszeichen (§ 103a), von Staatsgeheimnissen (§ 92) und beglaubigten Gesandten (§ 104). Man hört von Obrigkeit (§ 110) und Amtsgewalt (§ 339), von Behörden (§ 196), Befehl (§ 112), Verbot (§ 360), Erlaubnis (§ 286), Dienstpflicht (§ 332) und Amtsverschwiegenheit (§ 353a). Und auch an öffentlichen Anstalten (§ 174), an Untergebenen und Vorgesetzten (§ 193), an Orden (§ 360), Pässen (§ 275) und Gebühren (§ 276) fehlt es nicht. Dagegen sind staatsrechtliche Begriffe im Zivilrecht ziemlich selten, soweit nicht Fragen der Justizverwaltung hier hereinspielen. Es zeigt sich so jene Sonderung des privaten und öffentlichen Rechts, welche die Setzung eines Kreises anerkannter Eigeninteressen neben Gemeinschaftsfragen in sich schließt. Dagegen steht das Strafrecht, insofern inhaltsleer als nur um den Strafzweck geballt, gewissermaßen logisch hinter der Einzel- und Gemeinschaftssphäre, wie schon die doppelte Bedrohung von Bürger und Beamten angedeutet hat. Wenn ich daher zunächst die Auslegung staatsrechtlicher Begriffe durch die Justiz behandle, so bietet hier das Strafrecht den gegebenen Ansatz.

Die Rechtsauslegung seitens der Justiz scheint mit dem richterlichen Prüfungsrecht noch nichts zu tun zu haben. Tatsächlich aber stecken hier bereits fast sämtliche Schwierigkeiten, welche die Grenzziehung zwischen Justiz und Verwaltung überhaupt mit sich bringt. Man könnte allerdings zweifeln, ob nicht staatsrechtliche Begriffe in anerkannten Justizgesetzen ihren „eigentlichen" Sinn verlieren. Eine Frage von eminent praktischer Bedeutung, da an dem Ja oder Nein der Antwort der Sinnbezug jedweder Auslegung hängt. Ich kann da als Staatsrechtler mit Befriedigung feststellen, daß jene verflogenen Begriffe auch auf dem Galgen der Justiz noch Adler bleiben. Dies folgt aus dem Sekundärcharakter des Strafrechts, das, soweit hier von Interesse, dem öffentlichen Recht gewissermaßen anhängt und dessen Normen auch rein äußerlich den Abschluß staats- und verwaltungsrechtlicher Gesetze bilden könnten, ja teilweise bilden. Und das Zivilrecht verweist, wo es von Amtspflicht usw. redet, seinem Sinn nach auf den als bestehend vorausgesetzten Kreis des öffentlichen Rechts. Das alles ändert aber nun die Tatsache nicht, daß die Justiz jene staatsrechtlichen Begriffe anwendet und damit rechtskräftig deren Sinn für ihren Zuständigkeitsbereich konstituiert. Hier steht die Auslegung im einzelnen unter einer doppelten Idee. Die straf- oder zivilrechtliche Norm kann einmal den staatsrechtlichen Begriff als solchen gebrauchen, womit die Interpretationsfrage gewissermaßen publizistisch bleibt. So wird etwa das Wesen des Beamten zunächst durch die Beamtengesetze konstituiert, und soweit die Justiznorm jenen Begriff meint, unterscheidet sich ihre Interpretation grundsätzlich nicht von der eines Verwaltungsgerichts. Der gemeinte Gegenstand ist hier recht eigentlich für Staats- und Strafrecht gleich, wobei die Relativierung des Beamtenbegriffs durch Reichs- und Landes recht auf sich beruhen mag. Wenn daher Justiz und Verwaltung den staatsrechtlichen Beamtenbegriff in bezug auf dieselbe Norm verschieden bestimmen, so bedeutet das einen echten Meinungsgegensatz. Der Sinn des gleichen Begriffs wird hier für verschiedene Zuständigkeitskreise jeweils besonders bestimmt, eine an sich unerwünschte Tatsache, aber möglich wegen Getrenntheit der Instanzenzüge.

Nicht selten aber schließt sich der staatsrechtliche Begriff in Justiznormen nur im Kern an den Normalsinn an. So erweitert etwa das Strafgesetz (§ 359) selber den staatsrechtlichen Beamtenbegriff und setzt ihn andererseits voraus. Und davon abgesehen bestimmt die Justiz in bezug auf einzelne Paragraphen den Beamtenbegriff besonders und weicht bewußt damit vom „eigentlichen" Sinne ab. So läßt etwa das Reichsgericht den Staat zivilrechtlich für Handlungen von Arbeiter- und Soldatenräten haften und gibt damit Personen insoweit einen Status, der ihnen nach den Beamtengesetzen jedenfalls nicht zukommt. Auch werden dieselben Personen vom Reichsgericht wegen einfacher Nötigung bestraft[1]), womit entsprechende Handlungen hier eine Amtshaftung begründen, dort kein Beamtendelikt sind. Und wenn gelegentlich einmal selbst der Beamtenbegriff eines Landesgesetzes als für den Gesichtspunkt der Amtshaftung unverbindlich erklärt wird[2]), so tritt hier die besondere Sinngebung des Justizbereiches noch greifbarer heraus. Es zeigt sich bei alldem die Relativität der Rechtsbegriffe, welche der Positivismus vielfach übersah, geneigt insbesondere einen status zu verabsolutieren, obwohl niemand schlechthin Beamter usw. ist, sondern diesen status nur in bezug auf eine Norm besitzt[3]).

Betrachtet unter dem Gesichtspunkt der Auslegung bedeutet all dies: der Normalsinn staatsrechtlicher Begriffe kann durch die Justiznormen betroffen sein. Die ordentlichen Gerichte entfernen sich insoweit vom Ursprungssinn, der nur beschränkt noch interessiert. Eine Bereinigung der Urteile etwa des OVG. und des Reichsgerichts darüber, ob X Beamter sei oder nicht, erscheint im selben Umfang als ausgeschlossen, denn die zugrunde liegende Norm ist nicht mehr identisch, vielmehr hier das Beamtengesetz, dort die vom Justizsinn betroffene Norm. Entsprechend werden sonst bindende Ansichten über den status einer Person, über den Charakter eines Geschehens für die ordentlichen Gerichte belanglos. Und die Justiz hängt nicht einfach Strafe oder Haftung an den publizistischen Tatbestand, sondern sie konstituiert, nur gesetzesgebunden, einen Sondersinn staatsbedeutsamen Geschehens.

---

[1]) 54. Bd. 1920 S. 152ff.

[2]) Vgl. W. Jellinek, Verwaltungsrecht 1928 S. 312.

[3]) Insbesondere gilt ein öffentlichrechtlicher status grundsätzlich für das Zivilrecht nicht, das dafür den wirtschaftlichen status des Kaufmanns, Mieters usw. kennt.

Es ist im übrigen natürlich und sachgemäß, wenn die Justiz auf staatsrechtliche Literatur zurückgreift, kommt ihr so ein Begriff quer, der nicht zu ihrem eigentlichen Fachgebiet gehört. Doch zeigt sich dabei der Nachteil einer Gebietsisolierung, welche den staatsrechtlichen Begriffen des Strafrechts das publizistische Interesse abgewendet hat. Es fallen so durch eine Art negativen Kompetenzkonflikts Dinge in die Lauheit der Interessengrenzen, für welche der Staatsrechtler als primär verantwortlich bezeichnet werden muß. Ich nenne als Beispiel etwa den § 105 StGB., wo unter andern bedroht wird, „wer es unternimmt ... eine gesetzgebende Versammlung des Reichs oder eines Bundesstaats auseinanderzusprengen". Der Begriff „gesetzgebende Versammlung" gehört offenbar dem Staatsrecht an, denn logisch segelt jene Norm des StGB. unmittelbar im Fahrwasser der Verfassung. Da aber der Ausdruck im Staatsrecht ungebräuchlich ist, sieht man die strafrechtliche Theorie und Praxis in nicht geringer Verlegenheit. So geht der Streit, ob etwa der Reichsrat eine gesetzgebende Versammlung sei, die Ausschüsse des Parlaments, die Gemeindevertretungen, der Reichswirtschaftsrat.

3. Die Frage der Auslegung staatsrechtlicher Begriffe bleibt im übrigen trotz ihrer Grundbedeutung anscheinend jenseits einer Rechtskontrolle fehlerhafter Staatsakte. Das Problem lautet doch nur: welcher Tatbestand ist durch den staatsrechtlichen Begriff gemeint? Wird der Normalsinn dieses Begriffs durch seinen Justizzusammenhang betroffen? In Wahrheit aber bricht durch die Tür des Begriffsinnes und der Auslegung bereits das Ungeheuer Rechtswidrigkeit.

Wird etwa A der Parlamentsprengung beschuldigt, der Wahlhinderung, des Widerstandes gegen einen Vollstreckungsbeamten, des Hochverrats oder dergleichen, so läßt sich mit der Behauptung nicht normgemäßen status zugleich die Begriffsgemäßheit seines Tuns in Zweifel ziehen. Dies Argument lautet etwa folgendermaßen: ich bestreite nicht, daß die von A gespielte Beamtenrolle als solche unter den Begriff des Gerichtsvollzieheramts fällt, ich behaupte auch nicht, daß die Amtsausübung als solche rechtswidrig ist, aber der Betreffende war kein Beamter oder Amtsinhaber. Und zum Beweise mangelnder Beamteneigenschaft lassen sich dann Rechtswidrigkeiten anführen vom Fehlen einer Ernennung bis zu dem des Fracks bei der Vereidigung. Dabei wird mit dem Recht des X, die Rolle des Y zu spielen, gleichzeitig dessen Strafbarkeit oder Haftung problematisiert. Auch läßt sich etwa das Vorliegen einer Amtshandlung bestreiten, weil die gemeinte Handlung rechtswidrig und darum als nicht normgemäß begriffsfremd sei.

Ich möchte nun nicht lange bei diesem Lassowurf verweilen. Wie man sich seiner Schlinge entziehen kann, folgt aus dem grundsätzlichen Prüfungsrecht der Justiz, und ich komme insoweit noch darauf zurück. Dagegen liegt die Bedeutung des vorgeführten Sonderfalles in seiner Losgelöstheit vom Gesetzesinhalt. Denn stets läßt sich behaupten, ein Geschehen falle nicht unter einen Rechtsbegriff, da es als regelwidrig nicht begriffsgemäß sei. Die Möglichkeit einer solchen Argumentation folgt logisch aus der Dualität von Norm und Tatbestand, über deren wechselseitige Betroffenheit irgend jemand rechtskräftig entscheiden muß. Und in der Praxis dient die Leugnung der Begriffsgemäßheit dort der Justiz als eine Art Notventil, wo ihr ein Minimum an Rechtskontrolle gemeinschaftsgefordert scheint und doch ein solches gesetzlich nicht vorgesehen ist.

4. Handelt es sich bei der Auslegung staatsrechtlicher Begriffe zunächst jedenfalls nur um die Frage, ob ein Geschehen begriffsgemeint oder begriffsfremd ist, so steht bei der eigentlichen Prüfung von Staatsakten durch die Justiz das Problem der Rechtmäßigkeit im Zentrum. Hier findet das richterliche Prüfungsrecht seinem Wesen nach notwendig eine Grenze, da Prüfen logisch ein Vergleichen mit etwas bedeutet und irgend etwas bleiben muß, das seinerseits nicht wieder angezweifelt werden kann. Dies relativ Absolute ist für Deutschland die Reichsverfassung, wobei in diesem Zusammenhang die Frage auf sich beruhen mag, ob unter bestimmten Voraussetzungen die Prüfung über die Verfassung hinaus zum Völkerrecht oder gar bis zum rechtlich Absoluten, der Idee des Rechts, sich vortreiben läßt[1]). Grundsätzlich jedenfalls ist die Reichsverfassung für die Gerichte das Nichtüberprüfbare und gilt als rechtmäßig, da höchster Ausdruck des Gemeinschaftswillens, der, um mit Heller[2]) zu sprechen, „souveränen Entscheidungseinheit". Erscheint nun im Verhältnis zu allen Gerichten das Grundgesetz, die Reichsverfassung, als unüberprüfbar, so folgt daraus noch keineswegs, daß nur die Verfassung für sie rechtskräftig sei. Vielmehr gibt es, um auf dem Gebiet der Verwaltungsakte im weitesten Sinne zu bleiben, gemeinschaftsbedeutsames Geschehen, das nach dem Wort- oder Sachsinn der Gesetze ebenfalls bald als schlechthin rechtmäßig, bald als gerichts- oder justizkräftig angenommen werden muß. Wer, um einige Beispiele zu nennen, einen Deutschen am Wählen hindert (§ 107) oder

---

[1]) Dahin tendiert die von Triepel angeregte Auffassung des Art. 109I. Vgl. ferner E. v. Hippel, Sind sinnwidrige Gesetze ungültig? DJZ. 1928 (im Druck). Zu der hier wichtigen Antithese: „Rechtspositivismus" oder „modernes Naturrecht" siehe Tatarin-Tarnheyden in Zeitschr. f. öff. R. 1927 S. 22ff.

[2]) Die Souveränität 1927 S. 43.

Wahlfälschungen vornimmt (§ 108), handelt rechtswidrig, auch wenn er das Anwachsen revolutionärer Minderheiten hindern wollte. Denn offenbar ist in Deutschland die politische Betätigung insofern frei, rechtmäßig, als sie sich in den vorgesehenen Abstimmungen der Bürger und Abgeordneten erschöpft. Weiter kann der Justiz ein Prüfungsrecht über die Außen- und Innenpolitik nicht in der Weise eingeräumt werden, daß etwa der Verfall der Währung, die Leiden des Krieges, die Schädigung durch Fortnahme der Kolonien usw. von den Betroffenen im Wege der Amtshaftung geltend gemacht werden dürften. Hier tut sich durch den Umfang der Prüfung wechselseitig bedingt der Bereich des amtlichen Ermessens auf, in dessen Grenzen der Bürger seinerseits gebunden ist wenigstens insofern, als jene Maßnahmen den Gerichten gegenüber als rechtmäßig gelten. Auch handelt jedenfalls widerrechtlich, wer Festungen in feindliche Gewalt bringt (§ 90) oder gegen Deutschland die Waffen trägt (§ 88) selbst wenn das Reich völkerrechtlich im Unrecht sein sollte. Denn eine Prüfung der Rechtmäßigkeit von Souveränitätsakten kann auf dem Umweg über die Justiz dem einzelnen so lange grundsätzlich nicht zugebilligt werden, wie das Völkerrecht allgemein als nur staatenbindend betrachtet wird. Wie sehr im übrigen diese Fragen unter historischen Kategorien stehen und im Fluß sind, zeigt etwa das Beispiel des diplomatischen Landesverrats (§ 92), denn offenbar ist es gleich unmöglich, der amtlichen Weisheit wie dem Besserwissen des Einzelbürgers die Setzung der Begriffe „Staatsgeheimnis" und „für das Wohl des deutschen Reichs erforderliche Geheimhaltung" zu überlassen. Hier sucht zwischen der Scylla des bloßen Autoritätsstandpunktes und der Charybdis anarchischer Meinungsrelativität die Justiz heute mühsam und unsicher einen Weg zum Ziel sinnvoll möglicher Gemeinschaftsgestaltung.

Sind die bisher angedeuteten Fälle gerichtskräftig, insofern sie grundsätzlich aus dem Kontrollbereich der Rechtsprechung herausfallen, ja vielfach überhaupt frei, unüberprüfbar sind, so könnte man andere Staatsakte als justizkräftig bezeichnen. Es gehören hierher jene Bestimmungen, welche die Entscheidung von Vorfragen der Justiz entziehen. Ich erinnere etwa an den § 155 des Reichsbeamtengesetzes oder den § 433 der Reichsabgabenordnung[1]). Das Besondere solcher Normen liegt darin, daß sie die Justizkontrolle nicht bis zur Verfassung durchgreifen lassen, sondern gegenüber bestimmten Verwaltungsakten aufheben oder begrenzen. Im übrigen können sich solche Einschränkungen auch ohne ausdrücklichen Gesetzesbefehl aus der Natur der Sache, aus dem Sinn der Gesamt-

[1]) Weitere Beispiele § 32 Wohnges., § 11 R.Besold.Ges.

ordnung ergeben. Sieht etwa das Wahlprüfungsgericht die Wahl des Reichspräsidenten oder eines Abgeordneten für gültig an, so muß der hier bestätigte status offenbar auch im Zivil- oder Strafverfahren als bestehend angenommen werden. Und wenn der ordentliche Rechtsweg nur über die Höhe der Entschädigung gegeben ist, erscheint die Enteignung selber als justizkräftig. Namentlich die Fälle der sogenannten Tatbestandswirkung von Verwaltungsakten gehören hierher. Es bedeutet all dies eine relative Unüberprüfbarkeit, da der justizkräftige Akt nicht als schlechthin rechtmäßig gilt, obwohl er den ordentlichen Richter bindet. Allerdings pflegen hier Theorie wie Praxis eine Einschränkung zu machen: Auch der bindende Akt verliert diesen Charakter, wenn er nichtig ist[1]), und er verpflichtet nicht, falls seine etwaige Fehlerhaftigkeit ein noch erträgliches Maximum überschreitet.

Ich kann in diesem Zusammenhang nicht lange auf die Theorie der Nichtigkeit eingehen, an deren rostigem Nagel heute das Verwaltungsrecht bedenklich hängt[2]). Jedenfalls liegt die praktische Bedeutung der Nichtigkeitskategorie wesentlich in dem Vorbehalt eines Minimalprüfungsrechts, das insoweit geübt wird, als die Bindung an grob fehlerhafte Akte nach klarem oder anzunehmendem Gesetzessinn eine unzumutbare, sinnlose Härte bedeuten würde. Der Nichtigkeitsbegriff enthält so ein Humanitätsmoment, ist liberal, freiheitlich, sinnverankert gegenüber bloßer Autorität. Allerdings hat der Positivismus diese Dinge seltsam auf den Kopf gestellt. Für ihn ist die Nichtigkeit eine Seinskategorie, das Ausbleiben einer Wirkung wegen fehlender Ursache, welche in der Nichtexistenz eines vermuteten Gegenstandes gesehen wird[3]). Die philosophische Naivität jener Vorstellung wäre unschädlich, wenn sie das Rechtsproblem nicht tief verwirrte. So aber hat die Verquickung von Nichtigkeit und Nichtexistenz die Rechtskategorie

---

[1]) So etwa RGZ. 110, 103ff.

[2]) Vgl. dazu E. v. Hippel, Untersuchungen zum Problem des fehlerhaften Staatsakts 1924 S. 4ff., 104ff.

[3]) In diesen Zusammenhang gehört auch der strafrechtliche Streit, ob Unterlassungen kausal sein können. Zusatz im Revisionsbogen: Wenn Jellinek (hier S. 212) meint: „Allerdings ist es mir unerfindlich, wie Herr v. Hippel behaupten kann, wenn jemand nicht Beamter geworden sei, folge daraus noch lange nicht, daß, wenn er als Beamter handelt, seine Handlungen unwirksam seien", so wird auch hier die Schwierigkeit durch den naturwissenschaftlichen Kausalbegriff erst hereingetragen. Sieht doch das RBG. bei verweigerter Eidesleistung bloß die Ernennung des Beamten, nicht seine Amtshandlungen für nichtig an (vgl. oben S. 199f.). Hier liegt auch der Schnitt, der meine „teleologische" Behandlung des fehlerhaften Staatsakts grundsätzlich von der Jellineks trennt: Nur der Tatbestand liegt in der Kausalebene, auf welche sich die Norm frei, da bloß sinngebunden, bezieht.

verdinglicht und zu der Vorstellung verleitet, als müsse etwa die Nichtigkeit einer Beamtenernennung kausal auch die Unwirksamkeit der vorgenommenen Amtshandlungen bewirken. Man hat sich bei dem Suchen nach der causa weit vom Gesetz entfernt und sich in geistige Abenteuer gestürzt, welche eines Don Quichotte nicht unwürdig wären. Und doch zeigt einfache Überlegung, daß Nichtigkeit und Prüfungsrecht Wechselbegriffe sind, der Umfang anzunehmender Prüfung aber nur der Norm, ihrem Sinn, der Idee einer historischen Gemeinschaft entnommen werden kann. Und wie das Prüfungsrecht sich durch die jeweilige Norm bestimmt, relativiert sich auch der Nichtigkeitsbegriff. Das Gesetz selber stellt dies gelegentlich fest, wenn es etwa heißt, „bei Verweigerung der Eidesleistung ist die Ernennung des Beamten in seinem Rechtsverhältnis zum Reich nichtig"[1]). Und obwohl die Justiz über den Nichtigkeitsbegriff ihr Prüfungsrecht auch justizkräftigen Akten gegenüber politisch sinnvoll bestimmt, würde die Aufgabe veralteter Vorstellungen hier einen grundsätzlichen Fortschritt bedeuten. Denn Sinn und Begründung des beanspruchten Prüfungsrechts verschwinden heute noch hinter der dunklen Mystik logisierter Rechtsfremdheiten[2]).

5. Steht in den angedeuteten Grenzen der Justiz eine Rechtskontrolle überhaupt nicht zu, so schwankt auch die beanspruchte Prüfung ihrem Umfang nach. Es ist dabei bemerkenswert, wie wenig jenes Prüfungsrecht durch den Satzsinn sich bestimmt, wie sehr trotz gelegentlicher Begriffsscholastik das Verfahren teleologisch, sinnhaft, pflichtgemäß gemeinschaftsgestaltend, geschichtsbetroffen ist.

Mitunter wird ein beschränktes Prüfungsrecht beansprucht, wo das Gesetz ein solches auszuschließen scheint. So gilt die Nötigung zur Unterlassung einer Amtshandlung (§ 114) nur dann als widerrechtlich, wenn jene Handlung im Grundriß rechtgemäß war. Das Reichsgericht argumentiert hier so, als sei die fehlerhafte Amtsausübung ein Scheinakt, womit das Erfordernis der sogenannten abstrakten Rechtmäßigkeit in das Gesetz hineininterpretiert wird. Die Absicht jener Dialektik wird deutlich, wenn man dieselben Mängelgründe, welche hier den Akt zum Scheinakt machen sollen, dort, wo das Erfordernis der Rechtmäßigkeit im Tatbestand steht, als Unrechtmäßigkeitsgründe angegeben findet[3]). Auch wird etwa die Gefangenenbefreiung (§ 120) als rechtswidrig nur

[1]) § 3 RBG.

[2]) Gegen die strafrechtliche Begründungsmethode des Reichsgerichts unter Forderung teleologischen Verfahrens siehe auch E. Wolf, Strafrechtliche Schuldlehre 1928 S. 164.

[3]) Vgl. E. v. Hippel a. a. O. S. 99ff.

angesehen, wenn die Verhaftung durch zuständige Behörden und in gesetzlich gebilligten Formen erfolgte und die Gefangenenmeuterei (§ 122) gegen unrechtmäßige Amtsausübung gilt als Notwehr. Ebenso soll die Aufforderung zum Widerstand gegen den Befehl des militärischen Vorgesetzten (§ 112) nach dem Reichsgericht nur dann strafbar sein, falls der Befehl „maßgebend" war, was wieder auf den Gedanken abstrakter Rechtmäßigkeit hinausläuft.

Mitunter scheint das Gesetz ein unbeschränktes Prüfungsrecht zu geben, und doch nimmt die Justiz nur eine Kontrolle der Durchführungshandlung in Anspruch. Hier ist zu nennen der wichtige § 113, wo sich der Widerstand gegen rechtmäßige Vollstreckungsakte bedroht findet. Es genügt da grundsätzlich, wenn der Beamte pflichtmäßig handelte, während die Rechtsbeständigkeit des Angeordneten gleichgültig bleibt, soweit hierüber zu befinden nicht sinnvoll Sache des Ausführungsorgans sein kann. Dem Ausdruck rechtmäßig entspricht sonst vielfach das Wort „zuständig". So setzt Widerrechtlichkeit des Auflaufs (§ 116) voraus, daß die Aufforderung auseinanderzugehen von einem „zuständigen" Beamten erging[1]). Eine Aufforderung zum Ungehorsam (§ 110) gegen die von der Obrigkeit getroffenen Anordnungen ist nur widerrechtlich, wenn die Behörde innerhalb ihrer Zuständigkeit handelte[2]). Und auch der Bruch eines amtlichen Siegels (§ 136)[3]) wie die falsche eidesstattliche Versicherung (§ 156)[4]) erfordern Zuständigkeit der verfügenden Behörde.

Im einzelnen folgt der Umfang des beschränkten Prüfungsrechts naturgemäß aus dem Inhalt der jeweiligen Norm. Dabei ist die Justizkontrolle im Falle aktiver Widerstandsleistung insofern mittelbar, als im Gebrauch der Faust durch den Bürger selber der unmittelbare Rechtsbehelf liegt. Und insoweit auch letztlich rechtswidrige Staatsmaßnahmen nicht zur Selbsthilfe berechtigen[5]), beschränkt sich korrelativ das richterliche

---

[1]) Kom. d. Reichsgerichtsräte 1925, 410 „örtlich, zeitlich, und sachlich". Dagegen soll es auf die Zweck- und Rechtmäßigkeit sowie auf die Form der Aufforderung nicht ankommen.

[2]) Komm. S. 385 „örtlich und im allgem. sachlich".

[3]) Komm. S. 455 „im allgemeinen ermächtigt und örtlich zuständig".

[4]) Es kommt dabei wieder auf die Zuständigkeit im allgemeinen an. Komm. S. 486f. Hier werden jene Verallgemeinerungen abgelehnt, die in den Begriffen der örtlichen, zeitlichen usw. Zuständigkeit stecken. Ob etwa der Mangel örtlicher Zuständigkeit wichtig ist, folgt allein aus dem Sinn der jeweiligen Rechtsnorm und läßt sich a priori durchaus nicht sagen. Und der Begriff Unzuständigkeit läuft meist leer, da er als bloßer Wechselbegriff von Rechtswidrigkeit nichts erklärt. Vgl. noch S. 193 Anm. 3.

[5]) Hier wäre als Beispiel etwa noch zu nennen die Bedrohung

Prüfungsrecht auf den Fall nicht einmal vorläufig zumutbarer Rechtswidrigkeit.

6. Die eingeschränkte Prüfung läßt die Möglichkeit, daß andere Behörden den relativ justizkräftigen Akt ihrerseits nachprüfen können. Von voller Prüfung könnte man dagegen dort sprechen, wo eine Rechtskontrolle zwar auch von anderen Stellen und evtl. unter anderem Gesichtspunkt erfolgen, aber grundsätzlich nicht weiter vorgetrieben werden kann.

Ist physischer Widerstand grundsätzlich nur wegen grober Unregelmäßigkeit der Vollstreckungshandlung gestattet, so gilt passive Resistenz des Bürgers gegen rechtswidrige Anordnungen meist als erlaubt. Hier wird das Verbotene getan, das Gebotene unterlassen, wobei der Befehl bald unmittelbar durch Gesetz, bald durch den Stufenbau es konkretisierender Akte das Subjekt erreicht. So trägt A angeblich verfassungswidrig einen Orden, B. bleibt im Inland, obwohl ihn die Behörde auswies D. handelt den polizeilichen Gesundheitsvorschriften zuwider. Die fraglichen Fälle kommen vor den Richter, sei es direkt, sei es auf dem Umweg über polizeiliche Strafverfügungen.

Das Charakteristische im Verhältnis der Justiz zur Verwaltung scheint nun zu sein, daß die Verwaltung oder deren Gerichte einen Staatsakt kassieren, die Justiz ihm nur für ihren Bereich die Anwendung versagen kann. Grundsätzlich ist diese Ansicht auch richtig, bedarf aber immerhin einer gewissen Einschränkung, denn in Wahrheit kassiert die Justiz diejenigen Verwaltungsakte, deren Geltung sich auf den Justizbereich beschränkt. Es gilt dies einmal von der polizeilichen Strafverfügung als solcher, und es gilt zivilrechtlich etwa von jenem Ministerialentscheid, der den Gehaltsanspruch eines Beamten als unbegründet abweist. Justizkräftig ist ein Verwaltungsakt daher nur, wenn und soweit er jenseits der Justizzuständigkeit liegt.

Soweit im übrigen ein volles Prüfungsrecht besteht, entspricht sein Umfang im Falle passiver Resistenz grundsätzlich dem Zuständigkeitsbereich eines Verwaltungsgerichts. Wird etwa ein Ausländer wegen Bannbruchs angeklagt (§ 361 StGB.), so muß die Rechtsgültigkeit der Ausweisung geprüft werden.

---

einer Behörde mit Handgranaten, um eine Handlung zu erzwingen, auf deren Vornahme der Täter an sich einen Anspruch hat. Vgl. dazu § 114 StGB. Die Ansicht Höplers in Reform des Strafrechts nach dem Entwurf 1925, 1926 S. 261, der Zwang zur Vornahme einer rechtmäßigen Amtshandlung sei niemals gegen die Autorität der Staatsgewalt gerichtet, ist wie das Beispiel zeigt, unhaltbar. Dem beschränkten Umfang erlaubter Selbsthilfe gegenüber Staatsorganen entspricht das grundsätzliche Verbot gewaltsamer Selbsthilfe im Privatrecht.

Und diese Prüfung macht erst vor dem Bereich des freien Ermessens Halt, weshalb das Reichsgericht es etwa ablehnt festzustellen, ob der Ausländer „lästig" war und hier von Gesichtspunkten polizeilicher Zweckmäßigkeit spricht[1]). Im übrigen bleibt, wie schon gesagt, möglich, daß durch den straf- oder zivilrechtlichen Sondergesichtspunkt die Rechtsauslegung betroffen wird. Dagegen setzt die volle Prüfung weder eine Nichtigkeit des Staatsakts voraus, noch hat sie jene staatsrechtlich zur Folge[2]). Und obwohl normalerweise nur der belastende Verwaltungsakt vor die Justiz gerät, ist doch auch der begünstigende prüfbar, selbst wenn er für den Verwaltungsbereich noch gilt. So könnte etwa A wegen Steuerhinterziehung verurteilt werden, auch wenn der ihn begünstigende Akt nicht aufgehoben ward. Und X kann widerrechtlich einen Orden oder Titel tragen, obwohl ihn die Landeszentralbehörde verlieh.

Auch die Fälle des Beamtendelikts wie Geschenkannahme, Bestechung usw. begründen ein volles Prüfungsrecht. Dabei zeigt sich die Relativität des Rechtswidrigkeitsbegriffs, der durch den jeweiligen Pflichtenkreis bestimmt wird. So kommt es beim Beamtendelikt nicht notwendig darauf an, ob Rechte des Bürgers verletzt wurden, sondern allein darauf, ob jene Rechtsverletzung pflichtwidrig war. Zwar konstituiert normalerweise gerade der anerkannte Interessenkreis des Bürgers den Inhalt von Beamtenpflichten, aber der Pflichtkreis des Beamten geht bald darüber hinaus, bald bleibt er dahinter zurück. So handelt der Beamte rechtswidrig bei Geschenkannahme, obwohl die vorgenommene Amtshandlung als solche rechtmäßig war. Und der Beamte handelt rechtmäßig bei einer Verhaftung, die als rechtswidrig kassierbar ist, wenn er nur seinen Pflichtenkreis nicht überschritt. Ob daher ein Vollstreckungsbeamter einen Hausfriedensbruch beging, bestimmt sich nach dem Inhalt seines Pflichtenkreises, nicht nach der Gültigkeit der Maßnahme. Und wie das subjektive Moment der Pflichtwidrigkeit sich als zentral erweist, entspricht das Prüfungsrecht des Strafrichters gegenüber Verwaltungsakten im Fall eines Beamtendelikts grundsätzlich der Zuständigkeit des Disziplinar-, nicht der des Verwaltungsgerichts.

Betrachtet de lege ferenda sind dabei die Normen über Beamtendelikte veraltet, und der Umfang strafrichterlicher Kontrolle erscheint hier als zu eng. Die im StGB. enthaltenen Vorschriften entsprechen der Struktur des Obrigkeitsstaates und bedeuten liberale Sicherungen gegen das Beamtentum

---

[1]) Vgl. E. Isay, Das deutsche Fremdenrecht 1923 S. 243 und die Komm. zu § 361 StrGB.

[2]) Dies nimmt anscheinend Isay a. a. O. an.

der konstitutionellen Monarchie. Dagegen genügt jener Strafschutz nicht im demokratischen Parteienstaat, wo der Mißbrauch einer Gemeinschaftsrolle nicht nur vom Beamten sondern geradesogut vom Amtsinhaber ausgehen kann. Die Verschiebung des politischen Schwergewichts von der Krone und dem Berufsbeamtentum auf die Mitglieder von Parlamenten jeder Art fordert den Ersatz des Beamtendelikts durch den des Amtsdelikts. Denn es bedeutet fast eine Verhöhnung der Rechtsidee, wenn der Beamte, der eine Kiste Zigarren erhält, sich evtl. wegen Geschenkannahme strafbar macht, während ein Abgeordneter oder Gemeindevertreter, dem seine politische Tätigkeit einen Aufsichtsratsposten einbringt, straflos bleibt. Und derselbe Mann kann als Beamter wegen Bestechung ins Zuchthaus wandern, unter Einziehung des Erhaltenen, während er als Amtsinhaber straflos die Beute behält. Desgleichen macht sich der Bürger dem Beamten gegenüber der Bestechung schuldig, dagegen nicht bei Einflußkauf eines Landtagsmitgliedes. Es zeigt sich hier, wie der Kreis justizkräftiger Staatsakte durch die Änderung der Staatsform betroffen werden muß. Und mit Recht hat so der amtliche Entwurf zum StGB. den Beamtenbegriff mit dem des Amtsträgers vertauscht, wobei allerdings die Tragweite jener Reform einigermaßen im Dunkeln gehalten wird[1]).

Ein volles Prüfungsrecht wird schließlich dort geübt, wo Vermögensansprüche publizistischen Charakters von oder gegen die Gemeinschaft vor dem Zivilrichter geltend gemacht werden können. Hierher gehören namentlich die Justizartikel der Reichsverfassung über Beamtenhaftung (Art. 131), über Vermögensrechte von Beamten wie Berufssoldaten (Art. 129) und über die Enteignungsentschädigung (Art. 153). Soweit hier nicht das Gesetz bestimmte Anordnungen und Entscheidungen von Verwaltungsbehörden und Gerichten für justizkräftig erklärt, befindet der ordentliche Richter über die Rechtsgültigkeit vorfragenbedeutsamer Staatsakte. Und auch der justizkräftige Akt untersteht, wie ich schon ausführte, jener Mindestkontrolle, die den eigentlichen Sinn des publizistischen Nichtigkeitsbegriffes ausmacht[2]). Da im übrigen gerade die Möglichkeit der Vorfragenprüfung im Beamtenrecht mitunter

---

[1]) Entw. § 9 Z. 4. Nach der Begründung (S. 11) wird der Begriff Amtsträger wesentlich in dem Sinne gebraucht, wie das RG. (so Bd. 54 S. 203, 60 S. 139) den staatsrechtlichen Beamtenbegriff erweiterte. Darüber hinaus sollen etwa Schöffen, Geschworene, Laienbeisitzer der Gerichte, Mitglieder von Mieteinigungsämtern, Strafanstaltsärzte Amtsträger sein. Von Parlamentsmitgliedern, Stadtverordneten usw. ist nicht die Rede, obwohl sie offenbar Amtsträger sind.

[2]) So auch W. Jellinek a. a. O.

beunruhigt, möchte ich auf diesen Punkt noch ganz kurz eingehen. Man kann die gegen eine Justizkontrolle bestehenden Bedenken grenzfallhaft auf die Formel bringen: es ist doch unerträglich, wenn etwa der ordentliche Richter jemandem einen vollen Gehaltsanspruch gewährt, während ihn die Verwaltung ihrerseits entließ. Dieselbe Person würde dann zivilrechtlich Beamter, staatsrechtlich kein Beamter sein. Das ist richtig, aber nicht so ungeheuerlich. Zunächst läßt sich der Spieß auch umdrehen und erklären, der ausdrücklich gewährte Justizschutz in Vermögenssachen wird großenteils illusorisch, wenn man die Verwaltungsansicht in allen Vorfragen entscheiden läßt. Weiter findet sich die Möglichkeit widersprechender Entscheidungen überall dort, wo getrennte Instanzenzüge bestehen, und sie spielt nicht zuletzt zwischen verschiedenen Ministerialressorts eine oft verdrießliche Rolle. Dann aber will die Verfassung gerade dem Beamten einen besonderen Rechtsschutz geben und hat so Dinge, welche an sich vor Verwaltungsgerichte gehörten, der Justiz unterstellt. Man kann daher nicht gut über Montesquieu Staatsakte als justizkräftig ansehen, die jedes Verwaltungsgericht prüfen könnte. Vielmehr ist hier, begrenzt durch die Zuständigkeit in Vermögensfragen[1]), ein volles Prüfungsrecht anzunehmen, soweit es nicht durch Gesetz oder Natur der Sache ausgeschlossen wird. Auch üben die ordentlichen Gerichte praktisch eine entsprechende Kontrolle[2]), und wenn der Staatshoheitsakt für unüberprüfbar erklärt wird, so handelt es sich hier um gerichtskräftige Ermessensakte[3]), nicht um eine spezielle Justizbindung.

---

[1]) Richtig RGZ. 113, 205. Dagegen überschreitet jene Feststellung, daß eine zu Unrecht entlassene Lehrerin die Eigenschaft als Inhaber einer planmäßigen Lehrerinnenstelle auch dann nicht verloren habe, wenn die Schulbehörde die Stelle inzwischen neu besetzt haben sollte (RGZ. 110, 189), die Zuständigkeit der Justiz, welche nur über den Vermögensanspruch, nicht über den staatsrechtlichen Status zu befinden hat. Es spukt offenbar in jenem Urteil die Theorie der absolut wirkenden Nichtigkeit.

[2]) Sehr deutlich die in der JW. 1927 S. 259 mitgeteilte Entscheidung. Hier heißt es: die Gerichte haben über den Beamtenanspruch „und ... über die für diesen Anspruch in Betracht kommenden Vorfragen zu entscheiden". Dabei werden die justizkräftigen Akte, zu denen namentlich Disziplinarurteile zählen, als „Ausnahmefälle" bezeichnet. Vgl. ferner RGZ. 96, 303; 110, 189 und E. v. Hippel a. a. O. S. 111ff. Als Fall der Bindung sei etwa RGZ. 112, 50 genannt. Siehe auch A. Kraft, Die Bindung des Zivilrichters an Verwaltungsakte, Göttinger Diss. 1928, der freilich zu unbegründeten Verallgemeinerungen neigt.

[3]) So RGZ. 107, 328 (kein Anspruch wegen fehlerhafter Aufstellung der Besoldungsordnung), 104, 253 (kein Anspruch auf Verleihung einer Beamtenstelle). Gegen die Begründung des

Bei der Beamtenhaftung endlich entspricht über den Zentralbegriff der Amtspflichtverletzung der zivilrichterliche Prüfungsumfang etwa dem strafrichterlich-disziplinarischen, worin das Gemeinsame des Deliktsmoments gleichzeitig seinen wesenhaften Ausdruck findet. Im einzelnen reicht freilich die Haftung vielfach weiter als die Strafe und fallen umgekehrt Dinge unter den Strafbegriff, die nicht mehr als gemeinschaftverpflichtende Amtshandlungen betrachtet werden können. Wenn ich im übrigen vorhin die Ansicht vertrat, der strafrechtliche Beamtenbegriff müsse durch den des Amtsträgers ersetzt werden, so ist entsprechend für das Zivilrecht eine Vertauschung der Begriffe Beamtenhaftung und Amtshaftung sachgefordert und findet sich auch in der Rechtsprechung schon angebahnt.

7. Betrachtet man die Entwicklung des justizrichterlichen Prüfungsrechts über Verwaltungsakte, so nimmt dies im ganzen offenbar an Umfang zu. Die Gründe hierfür sind vor allem folgende:

Zunächst verläuft eine historische Linie vom Absolutismus bis zur Gegenwart mit der Tendenz, das Gebiet freien Ermessens der Regierenden einzuschränken. Hier ist in der Neuzeit wichtig vor allem das Entstehen einer gesonderten Verwaltungsgerichtsbarkeit. Doch zeigt sich das Abschmelzen der sogenannten Autoritäts- oder Hoheitsakte ebenso gegenüber den ordentlichen Gerichten. Denn da auch die Justiz die Gültigkeit von Verwaltungsakten zunächst prüft, indem sie jene ermessensbeschränkenden Verwaltungsnormen zugrunde legt, hat jede Ausdehnung verwaltungsrichterlicher Kontrolle mittelbar ein Anwachsen des Justizbereichs zur Folge[1]).

RG., richtiger gegen den Mangel einer solchen, muß allerdings hier Front gemacht werden. Wenn RGZ. in JW. 1927 S. 259 rechtsbegründende und rechtsvernichtende Akte als bindend für die ordentlichen Gerichte hingestellt werden, so ist diese Ansicht ebenso dunkel wie unzutreffend. Denn die Entlassung etwa wird vom RG. wiederholt geprüft (96, 303; 110, 189), obwohl sie den Musterfall eines „rechtsvernichtenden“ Akts bildet. Meist lehnt das RG. die Prüfung ab, da die fragliche Anordnung ein „Hoheitsakt“ sei, das heißt aber eine blanke Behauptung für eine Begründung geben, da eben die gerichtskräftige Anordnung „Hoheitsakt“ ist. Warum ein Akt als unüberprüfbar angesetzt werden muß, kann nur von der Norm, ihrem Sinn, von der konkreten Staatsidee her einleuchtend gemacht werden, und dazu bedarf es einer teleologischen Methode. Auch haben die Parteien nach den Prozeßordnungen auf eine verständliche und sinnvolle Begründung geradezu einen Rechtsanspruch.

[1]) Je enger also etwa der Bereich des Behördenermessens in einem Verwaltungsgesetz wird, um so weiter erstreckt sich umgekehrt der durch den Begriff der Amtspflichtverletzung bestimmte Prüfungskreis der Zivil- und Strafgerichte.

Man hat so vielleicht zu wenig darauf geachtet, daß insbesondere die Strafgerichte geradezu eine Art zweitstufiger Verwaltungsgerichtsbarkeit üben. Und doch steckt in dem Begriff des Verwaltungsstrafrechts ein noch zu hebender Kern, indem der Schutz der Gemeinschaftsordnung durch die Strafgerichte hier in eine erkennbar enge Beziehung zum Staatsrecht gerät[1]).

Zu dieser mittelbaren Ausdehnung des Justizbereichs durch Hinschmelzen staatsrechtlicher Hoheitsakte kommt das Fortfallen von Bindungen, die als besonders gegen die ordentlichen Gerichte gewendet anzusehen waren. Ich erinnere an jene Bestimmungen über Konflikt und Vorentscheidungen, denen das Reichsgericht selber endgültig das Leben ausblies[2]).

Die eben angedeutete Entwicklung strebt nach Erweiterung des Rechtsschutzes überhaupt. Es steht hinter ihr als geistiges Prinzip der Freiheitsbegriff des Liberalismus und die Idee des Rechtsstaates.

Andererseits traf der Umbau des liberalen Staates zum sozialen die Justizzuständigkeit in umgekehrter Richtung. Der Etatismus hat den Kreis persönlicher Angelegenheiten stark beschränkt, ja teilweise sein Bestehen problematisiert. Es genügt hier als Beispiele auf die Wohnungszwangswirtschaft und das Arbeitsrecht hinzuweisen. Im Endergebnis ist damit die primäre Justizzuständigkeit verringert worden, die an dem Begriff der bürgerlichen Rechtsstreitigkeit hängt. Und es bedeutet gegenüber dieser Grundtendenz eben nur eine Ausnahme, wenn im Beamten- und Enteignungsrecht die Justizkontrolle festgehalten ward. Dagegen wuchs die mittelbare Zuständigkeit der ordentlichen Gerichte in Verwaltungssachen, da jedes Eingreifen des Staats in den ehemaligen Privatkreis über die Vorfrage hin den Verwaltungsakt prüfbar macht. Allerdings entzieht das Vorhandensein von Sondergerichten manches der Justiz, deren alter Begriff damit so ins Schwanken gerät, wie die klassische Zuständigkeitssonderung seiner historischen Rechtsstufe. Bei alldem zeigt unsere heutige Lage gleichermaßen die grundlegende Bedeutung des öffentlichen Rechts für die Justiz wie umgekehrt das Mitkonstituieren der Staatsgemeinschaft durch die ordentlichen Gerichte. Daß dabei die Justizkontrolle trotz mancher Mängel im allgemeinen sach-

---

[1]) Unter diesem Gesichtspunkt gehören insbesondere die Normen über Revolution und Autoritätsmißbrauch (vgl. oben S. 31f.), obwohl sämtliche Strafgüter wie Leben, Eigentum usw. publizistisch betroffen sind. Wie sehr die Staatsidee Zentralbegriff auch der strafrechtlichen Methodik ist, zeigt E. Wolfs Arbeit a. a. O.

[2]) Vgl. im einzelnen W. Jellinek a. a. O. S. 316f.

gemäß, verantwortungsbewußt und entwicklungsfähig ist, glaube ich feststellen zu dürfen. Und ihr die geistigen Grundlagen einer lebendigeren, wertorientierten Rechtstheorie zu geben, bleibt Aufgabe der Wissenschaft wie Sinn unserer Tagung.

2a. Leitsätze des Mitberichterstatters.

1. *Die Zuständigkeitsverteilung zwischen Justiz und Exekutive im Deutschen Reich gründet in der „Gewalten"-lehre Montesquieus. Sie wird in ihrem Sinn durch den Wechsel der Staatsform tief betroffen.*
2. *Die Prüfung von Verwaltungsakten seitens der Justiz beginnt mit der Anwendung staatsrechtlicher Begriffe, deren „eigentliche" Bedeutung sich auch in Justizgesetzen meist bewahrt, wenn auch mitunter modifiziert findet.*
3. *Bereits die Leugnung der Begriffsgemäßheit eines Geschehens wegen normwidriger Statusbegründung führt von der Auslegung zur Rechtskontrolle.*
4. *Bestimmte Staatsakte sind bald als gerichts-, bald als nur justizkräftig einer Nachprüfung durch den ordentlichen Richter überhaupt entzogen.*
5. *Wo der Justiz ein Prüfungsrecht zusteht, beschränkt sich dies häufig auf den Fall „abstrakter" Rechtmäßigkeit.*
6. *Grundsätzlich besteht volles Prüfungsrecht, dessen Umfang sich durch die Relativität des Rechtswidrigkeitsbegriffes bestimmt.*
7. *Im ganzen führt die Entwicklung zu einer Ausdehnung der Kontrolle von Staatsakten durch die Justiz.*

---

3. Aussprache über die Berichte zum zweiten Beratungsgegenstand.

Richter-Leipzig: Einen sehr wesentlichen Punkt in beiden Referaten hat die Frage der Gewaltenteilung gebildet, die ja in gewisser Weise auch schon gestern angeklungen ist, und da möchte ich zunächst rein bekennend sagen, daß meine Auffassung über diese Dinge sich im wesentlichen mit dem deckt, was Herr v. Hippel heute früh gesagt hat, wenn ich auch meinerseits wenigstens im Unterricht mich bemühe, das, was zu lehren ist, in Ausdrücke zu bringen, die vielleicht etwas leichter verständlich sind. Dabei interessiert mich eine Frage besonders stark, die Herr Layer heute früh mehrfach berührt hat, nämlich die Frage oder das Theorem der Parität zwischen Verwaltung und Justiz, wobei, wenn ich Herrn Layer richtig verstanden habe, eine Art Kritik daran geübt worden ist, daß sich aus den historischen Vorgängen hie und da oder vielleicht sogar grundsätzlich eine Privilegierung der Justiz gegenüber der Verwaltung ergibt. Ich glaube, aus den Ausführungen von Herrn Layer die rechtspolitische Forderung herausgehört zu haben, daß zwischen diesen beiden Zweigen staatlicher Tätigkeit eine vollendete Parität bestehen solle. Einwand dagegen oder Frage dagegen: Ist es überhaupt möglich, zwischen diesen beiden Dingen eine wirkliche Parität herbeizuführen? Sind sie nicht überhaupt in gewisser Weise unvergleichbar? Liegen sie nicht in verschiedenen Ebenen, so daß man zu einer Parität schlechthin gar nicht kommen kann? Es handelt sich, wie ja wohl kaum mehr besonders gesagt zu werden braucht, im Grunde nicht um eine Gewaltentrennung, wie man sie gewöhnlich aus Montesquieus Lehre entnimmt, sondern es handelt sich heute in einer viel nüchteren, gewissermaßen rationalen Betrachtung um die Verteilung der Staatsfunktionen auf verschiedene dafür besonders geeignete Organe. Nun scheint mir, daß sich die Staatsfunktion, die man gewöhnlich als Verwaltung bezeichnet, ganz grundlegend von der anderen unterscheidet, die wir als Justiz oder besser als Rechtsprechung bezeichnen, wobei ich zur Justiz oder Rechtsprechung ganz unbedingt die Verwaltungsrechtspflege vor unabhängigen Verwaltungsgerichten mitrechnen möchte. Die generellen Normen oder die Normen höherer Ordnung, die in Gesetzen oder sonstigen Rechtssätzen enthalten sind, werden von der Verwaltung auf Einzelfälle angewendet, und zwar in einer Weise, bei der der Staat Partei ist, bei der der Staat dem Einzelnen oder den Menschen, die an diesem Einzelfalle beteiligt sind, den Bürgern oder — sagen wir in diesem Zusammenhange ruhig: — Untertanen, als Partei gegenübersteht, wobei allerdings dieser Partei Staat vorgeschrieben ist, daß sie sich an das Recht halten soll, so wie schließlich im Privatrecht ja auch nicht den Parteien damit, daß man sie als Parteien ansieht, volle Willkür, volle Freiheit vor dem Recht eingeräumt ist, so wie schließlich der Vermieter, wenn er seinem Mieter kündigt oder etwas ähnliches, sich an die Regeln des Rechtes halten muß. Ich weiß sehr wohl, daß viele meinen, dem Staat geschehe damit Abbruch, daß man ihn als Partei ansieht. Wenn wir uns aber in langem historischen Vorgange dazu durchgerungen haben, den Staat unter ein Verwaltungsrecht zu stellen, glaube ich doch, daß diese im Rechte gleiche Entgegensetzung zwischen Staat und Untertan am Platze ist. Ganz anders aber ist es in der Rechtspflege, in der Justiz, wo überhaupt nicht zwei, sondern drei Beteiligte vorhanden sind, wo der Staat also den in Frage kommenden Bürgern ganz anders gegenübersteht, wie bei der Verwaltung. Ich kann das alles natürlich nur andeuten, glaube aber, daß diese Andeutungen genügen, um meine gegen Herrn Layer gerichtete These verständlich zu machen, daß eine Parität zwischen Verwaltung und Rechtsprechung, diesen verschiedenen Zweigen staatlicher Tätigkeit, gar nicht denkbar ist in dem Sinne, wie er von Herrn Layer postuliert worden ist. Man müßte, wenn man sich von der Rechtsverwirklichung als Ganzem ein Bild machen will, nicht nur diese drei Dinge, Gesetzgebung, Verwaltung und Rechtssprechung, betrachten, sondern, wenn man sich die Durchsetzung des Rechtes als Ganzes ansieht, so gehört dazu ein viertes Gebiet: die Rechtsanwendung durch Private, sei es in den Formen des Vertrages, sei es in anderen Formen, die rechtlich interessant werden vom Gesichtspunkte der unerlaubten Handlung, der unerlaubten Bereicherung oder derartigem. Wenn man sich von dem Rechtsleben als Ganzem eine umfassende Vorstellung machen will, muß man die private Rechtsanwendung mit in das Bild hineinnehmen, die dann parallel zur Verwaltung steht.

Oben steht die Gesetzgebung, dann auf der einen Seite im öffentlichen Recht die Verwaltung, im privaten Recht die private Rechtsanwendung und schließlich, wieder beide Seiten umfassend, auf einer niederen Stufe, ich will nicht sagen auf der untersten Stufe, die Rechtsprechung. — Entschließt man sich nun nicht zu dem Postulat der Parität zwischen Verwaltung und Justiz, dann ergibt sich, daß auch eine ganze Reihe von Folgerungen, die Herr Layer gezogen hat, damit ihres Fundaments beraubt werden. Insbesondere scheint mir das der Fall zu sein bei den Fragen, die Herr Layer unter III Ziffer 1 seiner Thesen erörtert hat, bei der Frage nämlich der Bindung der aussetzenden Behörde an die Entscheidung der Behörde des anderen Zweiges, zu deren Gunsten ausgesetzt ward, hinsichtlich der Präjudizialfrage. Herr Layer glaubt, aus einzelnen positiven Bestimmungen, die allerdings eine solche Bindung vorschreiben, was das Gesetz selbstverständlich tun kann, die allgemeine Regel herleiten zu können, daß auch dort, wo keine positive Vorschrift besteht, die Entscheidung der in der Hauptsache zuständigen Behörde als bindend anzusehen ist. Ich glaube, daß diese These ihre Berechtigung verliert, wenn man von der Parität zwischen Justiz und Verwaltung nicht ausgehen kann. Ich glaube aber, daß diese These weiter erschüttert wird, wenn man sich ähnliche Erscheinungen vergegenwärtigt, die sonst in unserem Rechte vorhanden sind. Es handelt sich nämlich um die Frage, die sich auch wieder mit der Rechtskraftlehre, die heute schon erörtert worden ist, sehr nahe berührt, inwieweit überhaupt ein Gericht an die Entscheidung eines anderen Gerichtes oder noch allgemeiner ein Staatsorgan an die Entscheidung eines anderen Staatsorganes gebunden ist. So weit es positivrechtlich vorgeschrieben ist, müssen wir uns damit bescheiden. Ich glaube aber, man kann aus der Beobachtung des positiven Rechtsstoffes wenigstens bei uns in Deutschland — der österreichische ist mir ja nicht so bekannt — gerade das Gegenteil von dem entnehmen, was Herr Layer postuliert hat; grundsätzlich nämlich gehen wie insbesondere dort, wo eine gute Justizorganisation vorhanden ist, davon aus, daß die Präjudizialentscheidung nicht bindet, daß die Entscheidung im casus similis nicht bindet, daß die Entscheidung des höheren Gerichtshofes sogar in sachlich derselben Angelegenheit die untere Instanz nicht bindet. Es braucht nicht gerade so zu liegen wie in einem neueren Falle, in dem bis zum Reichsgericht eine Klage durchgeführt worden ist, wo der kluge Anwalt nur 25 Aktien eingeklagt hat, mit welcher Klage er vor dem Reichsgericht unterlegen ist (wie ihm zuzugeben ist, zu Unrecht, mit einer materiell falschen Entscheidung), und wo er nun glaubt, wenn er jetzt die übrigen 100 oder 1000 Aktien einklagt, würde er das Reichsgericht dafür gewinnen, nunmehr anders zu entscheiden. Aber ein wenig Recht hat dieser Anwalt doch, denn das Reichsgericht würde nicht rechtswidrig handeln, wenn es wegen der folgenden Aktien anders entschiede, als auf die erste Klage. Aber das ist schließlich ein sehr extrem gelagertes Beispiel. Leider darf ich nicht deutlicher sagen, um welchen konkreten Fall es sich gehandelt hat. Es gibt andere Fälle, es gibt Fragen, die uns im Arbeitsrecht wiederholt beschäftigt haben, wenn jemand fristlos entlassen wurde mit dem Vorwurfe der rechtswidrigen Aneignung von Betriebsmitteln und wenn nun dieser Mann vom Strafrichter von der Anklage des Diebstahls frei gesprochen wird, das Zivilgericht dann aber, also das Arbeitsgericht, doch die außerordentliche Kündigung für gerechtfertigt erklärt, weil es den Diebstahl oder wenigstens einen hinreichenden Diebstahlsverdacht für gegeben hält und damit einen ausreichenden Grund zur außerordentlichen Kündigung anerkennt. Mir ist ein Fall bekannt, wo durch die Ungeschicklichkeit des Parteivertreters in einer solchen Sache von dem betreffenden Arbeiter zunächst der Lohn für eine kurze Periode eingeklagt war. Es war dabei übersehen worden, daß der gekündigte Arbeiter Betriebsvertreter war und deshalb erst nach einer viel längeren Periode hätte entlassen werden können. Da ist die Sache nun so gelaufen: Zunächst ist einmal die Zivilklage auf den sogenannten Zwischenlohn für die beschränkte Periode eingebracht worden. Daraufhin hat das damals noch zuständige Gewerbegericht die Sache ausgesetzt, um die Entscheidung des Kriminalgerichtes abzuwarten. Dieses hat freigesprochen, das Gewerbegericht hat nunmehr den Lohn zugesprochen. Infolgedessen hat der Mann Mut bekommen und den Lohn für die verbleibende Periode eingeklagt. Da war das Gewerbegericht anders besetzt, und der Kläger ist mit der zweiten Klage abgeflogen. Natürlich große Empörung, aber de lege lata ist die Sache vollständig in Ordnung. Das Gericht ist nicht einmal an seine eigene Entscheidung gebunden. Das ist aber das allgemeine Prinzip, das unsere Gesetze überall befolgen, auch in dem Verhältnis zwischen strafgerichtslichen Entscheidungen und disziplinargerichtlichen Entscheidungen. Hier gibt es allerdings sehr starke Ausnahmen und es besteht hier im Zusammenhang mit den Fragen der Neuordnung des Beamten- und Disziplinarrechtes, die in der letzten Zeit eine gewisse Rolle gespielt hat, eine heftige rechtspolitische Diskussion. Man wird auch hier dem allgemeinen Rechtsgrundsatz am ehesten entsprechen, wenn man auch das Disziplinargericht nicht an die Entscheidung des Strafgerichtes bindet. Vielleicht mit einer Einschränkung: Ist vor dem Strafgericht Freispruch erzielt, dann hat dieser auch Tatbestandswirkung in dem Disziplinarverfahren, in etwas erweiterter Anwendung des Grundsatzes: ne bis in idem. Das ist eine Einzelfrage, auf die ich nicht weiter eingehen möchte. Ich möchte mich nur noch kurz mit einer Ausnahme von dem eben geschilderten Grundsatz beschäftigen. Nämlich in einzelnen neueren Verwaltungsgesetzen für Spezialgebiete, insbesondere Reichsversicherungsordnung, Gesetz über das Verfahren in Reichsversorgungssachen und ähnlichen, auch in der Abgabenordnung, ist vorgeschrieben, daß die Entscheidungen höherer Gerichtshöfe, des Reichsversicherungsamtes oder des Reichsfinanzhofes, bindende Wirkung haben auch im casus similis. Wenn diese Gesetze eine solche Regel über die Wirkung „grundsätzlicher Entscheidungen" aufstellen, entsteht die Frage, wie kommt es dazu, daß man hier diese Abweichung vom allgemeinen Grundsatz anordnet? Der Grund scheint folgender zu sein: Innerhalb des festgefügten Baues der alten

Justiz, da weiß man, daß auch ohne formal rechtliche Bindung an die Entscheidungen im casus similis sich doch diese Entscheidung durchsetzen wird, aus soziologischen immanenten Gründen. Es wird sich der Amtsrichter in der Provinz sehr schwer überlegen, ehe er sich entschließt, von der wohlbegründeten Entscheidung des Reichsgerichtes abzugehen. Dort aber in diesen neuen Jurisdiktionsnormen scheint mir wenigstens die Vermutung zu bestehen, daß die Personenzusammensetzung dieser Instanzen so ist, daß jene dynamische Wirkung des höchstrichterlichen Spruches nicht ausreichend zur Geltung kommt, und daß man deshalb zur förmlichen Bindung an die obergerichtliche Entscheidung greift. Das scheint mir aber ein schlechter Behelf zu sein. Denn bei aller Hochachtung vor den rechtsprechenden Behörden wird man zugeben, daß sie Fehler machen können. Dann ist bei einer formellen Bindung ein Fehler von sehr unangenehmen Folgen, und es ist gut, daß, wo der geschilderte Grundsatz gilt, manchmal eine Korrektur stattfinden kann dadurch, daß die dynamische Wirkung sich hier nicht auswirkt, daß eine förmliche Bindung nicht besteht, daß also der neu erkennende untere Richter die Freiheit hat, nach seiner eigenen, wie er wenigstens hofft, richtigen Erkenntnis entscheiden zu können.

Berücksichtigt man das, so scheint mir nicht ganz bedenkenfrei, wenn Herr Layer grundsätzlich eine förmliche Bindung allerdings nicht des Gerichtes an die Entscheidung eines anderen, Gerichtes, sondern an die Entscheidung der Verwaltungsbehörde oder einer Verwaltungsbehörde an die des Gerichtes annehmen will. Ich glaube, daß man auch hier der freien dynamischen Wirkung Raum lassen sollte. Etwas ganz anders liegt allerdings vor bei den eigentlichen Vorfragen wegen der Tatbestandswirkung und der Gestaltungswirkung. Auch die Gestaltungswirkung liegt für das Rechtsverhältnis, das nunmehr zur Kognition steht, auf tatbestandlichem Gebiete, allerdings nicht auf dem Gebiete des äußeren, materiell greifbaren Tatbestandes, sondern auf dem Gebiet — sagen wir einmal — des juristischen oder des inneren Tatbestandes.

W. Jellinek-Kiel: Meine Herren! Bei der Fülle des Gebotenen ist es nicht leicht, zu Einzelheiten Stellung zu nehmen. Dazu kommt noch, daß bei dem zweiten Referat das Anhören etwas erschwert war durch die vielen Bilder, die gebraucht wurden. Ich möchte hier nicht etwa als Kritiker, sondern als Stimme aus dem Publikum zum Ausdruck bringen, daß man durch diese Bilder vom Hauptgegenstand etwas abgezogen wurde, weil die Bilder als etwas Anschauliches meist haften blieben, so daß man erst einige Sätze hat an sich vorüberziehen lassen müssen, ehe man wieder zuhörte.

Wenn ich mit dem Referat des Herrn Layer beginnen soll, so begegnet zunächst die Frage nach der Einteilung der Verwaltungsakte. Die Frage ist immer nur im Zusammenhange mit dem bestimmten Zwecke, den man vor Augen hat, zu verstehen und so ist es fraglich, ob gerade diese Einteilung, die doch sehr in Einzelheiten geht, nötig ist. Ich persönlich bin der Ansicht, daß man die Ausdrücke: rechtshandlungsmäßige Verwaltungsakte und rechtsgeschäftliche Verwaltungsakte überhaupt fallen lassen kann, daß diese Einteilung gar keine besondere Bedeutung hat; sie wird sich auch niemals einbürgern und die Sprache hat nun einmal, wie Jhering im „Zweck im Recht" sehr richtig gesagt hat, eine unfehlbare Treffsicherheit und infolgedessen ist hier dann der Sprachgebrauch zugleich auch die Norm. Kormann meint, daß der rechtshandlungsmäßige Verwaltungsakt auch dann gilt, wenn die Behörde, die ihn vornimmt, nicht das hat bewirken wollen, was der Verwaltungsakt mit sich bringt. Er sagt: wenn der Beamte eine Urkunde aufnimmt und zugleich erklärt, es solle keine Urkunde sein, so sei sie es trotzdem, während bei dem rechtsgeschäftlichen Verwaltungsakt dieser Widerspruch den Akt zu einem nicht vorhandenen mache. Das ist wohl unhaltbar; denn wenn ein Notar oder ein Richter eine Urkunde aufnimmt und dann hinzusetzt, sie solle, weil zu Belehrungszwecken aufgenommen, doch keine Urkunde sein, so wird, glaube ich, kaum jemand behaupten, sie sei trotzdem eine Urkunde.

Ich möchte daher meinen, daß man lieber eine Zweiteilung macht, entweder so, wie ich es in meinem kürzlich erschienenen „Verwaltungsrecht" vorgeschlagen habe: grundsätzlich überprüfbare und grundsätzlich unüberprüfbare Akte, oder vielleicht besser: bloß Vermutung begründende Akte und bindende Akte. Die bloß Vermutung begründenden Akte sind meist die Beurkundungen, die Bescheinigungen, sofern sie nicht — wie bei der Baubescheinigung — zugleich eine Rechtsänderung bezwecken. Diese bloß Vermutung begründenden Akte können wir wohl beiseite lassen, weil ja da schon zum Ausdruck gebracht ist, daß sie überprüft werden können; und zwar ist dies jedenfalls in Deutschland so, daß im allgemeinen die Urkunden von jeder Behörde, nicht nur von den Gerichten, überprüft werden können; also nicht nur der Richter kann nachprüfen, ob das Geburtsdatum richtig ist, das im Geburtsregister steht, sondern auch jede Verwaltungsbehörde. Insofern würde diese Unterscheidung, die hier fürs österreichische Recht gemacht wurde, für uns wohl nicht gelten. Die anderen Akte wollen wir kurz „bindende Akte" nennen. Auch hier weiß ich nicht, ob es wirklich nötig war, diese feine Unterscheidung — die ja sehr zum Nachdenken anregt — unter aa) und bb) zu machen; denn das Wesentliche scheint mir doch in beiden Fällen das Gleiche zu sein, daß nämlich die Wirkung gegen jedermann, auch gegen andere Ressorts, geht. Ich glaube, wir können diese ganze schwierige Frage vereinfachen, wenn wir die bindenden Akte kurz zweiteilen in ändernde und feststellende Akte. Das ist allerdings eine wesentliche Unterscheidung. Ob man die ändernden Akte nun konstitutive Akte nennen will oder nicht, ist gleichgültig. Ich vermeide den Ausdruck, weil m. E. kein wesentlicher Gegensatz besteht zwischen Erlaubniserteilungen und Befehlen und den in einem engeren Sinne so benannten konstitutiven Akten, die dritten gegenüber eine Rechtswirkung herbeiführen. Auch der Befehl ist etwas Änderndes, selbst der Befehl, der nur das Gesetz vollzieht. Denn es ist etwas anderes, ob ein konkreter Befehl vorliegt oder nur ein abstrakter Gesetzesbefehl. Also ich glaube, daß wir hier eine Vereinfachung treffen können, indem wir ändernde und feststellende Akte unterscheiden. Was die feststellenden Akte anlangt, so hat Herr Layer mit Recht hervorgehoben, daß in Deutschland die feststellenden Akte vor allem verwaltungsgerichtliche Urteile sind, während in Österreich augenscheinlich auch die Verwaltungsbehörden häufiger für eine bloße Feststellung zuständig sind. Die Schwierigkeit bei den feststellenden Akten ist nun die, daß man unterscheiden muß zwischen der Feststellungswirkung für die Zukunft und für die Vergangenheit. Ich glaube, man kann auch hier wieder eine große Vereinfachung herbeiführen, indem man sagt, daß die feststellenden Akte genau so bindend sind wie die ändernden insofern, als sie für die Zukunft wirken, daß dagegen das Eigentümliche, was die feststellenden Akte vor den anderen auszeichnet, daß sie nämlich mit der Prätention auftreten, das Rechtsverhältnis als richtig festgestellt zu haben, die große Schwierigkeit bildet, die in dem Rechtskraftproblem liegt, obgleich gerade diese Schwierigkeit im Schrifttum, wie ich meine, nicht genügend hervorgehoben wird. Also, wenn eine Verwaltungsbehörde damit betraut wird, die Öffentlichkeit eines Weges festzustellen, und sie hat zuständigerweise den Weg für öffentlich erklärt, dann muß man diese Feststellung auch als etwas Neues hinnehmen und sagen: gleichgültig, ob sie richtig ist oder nicht, jedenfalls kraft dieser Feststellung ist nunmehr dieser Weg ein öffentlicher Weg. Sie hat also in diesem Punkte keine andere Bedeutung als ein ändernder Verwaltungsakt. Die Frage ist aber nun: muß man alle Rechtsverhältnisse so betrachten, als ob der Weg schon vor der Entscheidung ein öffentlicher Weg gewesen wäre? Ganz ähnlich ist es bei der Feststellung der Staatsangehörigkeit. Es wird von den zuständigen Behörden festgestellt, jemand habe die preußische Staatsangehörigkeit. Ist diese Feststellung — und hier liegt das eigentliche Problem der Rechtskraft — auch für die Vergangenheit bindend, so daß auch ein älteres Rechtsverhältnis unbedingt so beurteilt werden muß, als ob feststünde, daß die preußische Staatsangehörigkeit schon früher vorhanden gewesen ist? Dies letztere möchte ich im allgemeinen verneinen, wenn nämlich nicht dafür gesorgt ist, daß alle irgendwie Beteiligten bei der Feststellung berücksichtigt wurden. Also wenn irgendein Drittbeteiligter, der private Rechtsbeziehungen zu diesem angeblichen Ausländer oder Preußen hatte, die von der Staatsangehörigkeit abhängig sind, bei diesem Feststellungsverfahren nicht zugezogen wurde, so kann nach wie vor behauptet werden, der Mann sei in Wirklichkeit — damals jedenfalls — Ausländer gewesen, so daß also die Erwerbung des Grundstückes durch ihn nur mit staatlicher Genehmigung zulässig war; infolgedessen ist er also nicht Eigentümer geworden.

Das ist die Schwierigkeit bei den feststellenden Akten, die ich nur andeuten wollte, um mich nunmehr den für die Praxis doch wohl wichtigeren ändernden Akten zuzuwenden. Die Frage ist: Wann kann ein Gericht einen solchen ändernden Verwaltungsakt daraufhin prüfen, ob er wirklich die Wirkung hat, die ihm seiner Idee nach zukommen soll? Hier sei zunächst etwas erwähnt, was Herr v. Hippel absichtlich „ausgeklammert" hat, nämlich die Justizverwaltung. Es ist eine Eigentümlichkeit der ordentlichen Gerichte, daß sie überaus empfindlich sind gegen Akte, die die Besetzung der Gerichte selbst oder das Verfahren anlangen. Wenn es also irgendwo heißt, daß der Justizminister unter gewissen Voraussetzungen einen Schwurgerichtsvorsitzenden zu bestimmen hat, so ist das an sich ein Verwaltungsakt. Aber die Gerichte sind hier von dem Gedanken getragen, die Unabhängigkeit der Rechtssprechung zu wahren, weshalb sie einen solchen Verwaltungsakt über das Maß des sonst Üblichen hinaus auf Gesetzwidrigkeit prüfen. Von der Verwaltungsgerichtsbarkeit durch die ordentlichen Gerichte ist in den beiden Referaten genügend gesprochen worden. Sehr wichtig ist das, was Herr v. Hippel betont und auch schon in seiner Schrift über die Methodologie des fehlerhaften Staatsaktes erwähnt hat, nämlich die Frage des genügenden Rechtsschutzes. Man kann in der Tat sagen, daß die Überprüfung eines Verwaltungsaktes auf seine Rechtmäßigkeit vielfach — ich möchte nicht sagen immer — eine Funktion des Rechtsschutzes ist. Wenn also irgendwo die Verwaltungsgerichtsbarkeit schlecht ausgestaltet ist, so ist die Folge davon, daß die ordentlichen Gerichte die Verwaltungsakte weitergehend überprüfen als bei besser entwickelter Verwaltungsgerichtsbarkeit. Berühmtes Beispiel Bayern, wo wir auch nicht einen Ansatz zur Generalklausel in Polizeisachen haben und wo dafür der Schutz des Strafrichters, wie ihn v. Seydel genannt hat, und wie er in Bayern auch heute noch genannt wird, eingetreten ist. Ähnlich ist es mit der Tätigkeit der Mieteinigungsämter. Wenn deren Akte von den ordentlichen Gerichten überprüft wurden, so hängt dies damit zusammen, daß man nach unserer Auffassung vom Rechtsstaate gerade in Mieteinigungssachen nicht genügend geschützt war und infolgedessen gerichtlicher Rechtsschutz ganz fehlte, wenn die Möglichkeit der Überprüfung nicht gegeben war. Ungenügender Schutz ist namentlich auch im Falle der Dringlichkeit gegeben. Das ist der tiefere Grund, weshalb in gewissem Umfange der Widerstand gegen die Staatsgewalt nach StGB. § 113, den Herr v. Hippel auch erwähnt hat, in weiterem Umfange als nach den allgemeinen Grundsätzen von den ordentlichen Gerichten für zulässig erklärt wird. Es zeigt sich dies besonders interessanter Weise dann, wenn ein Verwaltungsgericht einmal die Vorfrage zu prüfen hat, ob ein Beamter seine Befugnisse überschritten hat. Die Verwaltungsgerichte pflegen dann zu sagen, der Beamte habe seine Befugnisse nicht überschritten, wenn er pflichtmäßig gehandelt habe, gleichgültig, ob er sich im Rechte oder in den Tatsachen geirrt habe, während die Strafgerichte sagen: wenn sich der Vollzugsbeamte im Rechte geirrt hat, so kann immer Widerstand geleistet werden. Endlich können wir noch solche Fälle anführen, wo aus bestimmten geschichtlichen Gründen heraus die Gerichte von jeher, vielleicht auf Grund einer zunächst irrtümlichen Auslegung einer Bestimmung, ein weitgehendes Prüfungsrecht sich angemaßt haben und dies allmählich Gewohnheitsrecht geworden ist. Ich erinnere an die braunschweigische Rechtssprechung, wo wir mitten in Deutschland etwas haben, was wir als etwas Partikulares in der allgemeinen deutschen Entwicklung empfinden, was aber doch nun einmal geschichtlich geworden ist, so daß wir auch nicht darum herum können, es als bemerkenswerte Rechtsbildung zu erwähnen.

Dies sind die Fälle, wo Verwaltungsakte trotz ihrer grundsätzlichen Verbindlichkeit überprüft werden können. Nun gibt es aber da noch einen anderen Fall, den Herr v. Hippel, wenn ich ihn recht verstanden habe, einfach im Zusammenhang mit dem ungenügenden Rechtsschutz bringen möchte, das ist der Fall der Unwirksamkeit. Ich weiß nicht mehr, welches Bild Herr v. Hippel hier gebraucht hat — ich erinnere mich an einen Adler, der auf einem rostigen Nagel sitzt oder so etwas ähnliches —, jedenfalls wurde hier ein besonders plastisches Bild genommen, um zu zeigen, daß die Wirksamkeitslehre auf Abwege geraten sei. Ich meine aber, daß man — ganz gleichgültig wie der Rechtsschutz ist — eben doch zu gewissen Grenzfällen kommt, wo man ganz ähnlich wie auch im bürgerlichen Recht sagen muß:

hier liegt auch nicht einmal das Minimum eines Verwaltungsaktes vor, das respektiert werden muß. Ich denke nicht so sehr an den Fall des Nicht-Beamten, etwa des Hauptmanns von Köpenick. Allerdings ist hier, abgesehen vom gesetzlich geregelten Falle des falschen Standesbeamten und vom unregelmäßigen Falle des revolutionär bestellten Beamten, unerfindlich, wie Herr v. Hippel behaupten kann, wenn jemand nicht Beamter geworden sei, folge daraus noch lange nicht, daß, wenn er als Beamter handele, seine Akte unwirksam seien. Es gibt aber auch für die Verwaltungsakte wirklicher Behörden gewisse Grenzen der Gültigkeit ganz unabhängig von der Frage des Rechtsschutzes. Selbst wenn wir einen noch so gut ausgebildeten Rechtsschutz haben, gibt es doch unter Umständen solche Torsi von Verwaltungsakten, daß man ihnen nach der gemeinen Meinung, wie sie nun einmal herrscht, keine Gültigkeit zusprechen kann. Solch ein Fehler ist z. B. die unvollständige Mitwirkung, Beteiligung. Man denke etwa an den Fall des zweiseitigen Verwaltungsaktes, wo die Einwilligung des Betroffenen fehlt. Dann gibt es ganz sicher Unwirksamkeiten wegen Formfehlers. So ist schon entschieden worden, daß, wenn das Gesetz sagt, ein Zwangsmieter könne nur schriftlich in ein Haus eingewiesen werden, die Einweisung nichtig ist, wenn er mündlich eingewiesen wurde. Dann der Fall der abstrakten oder absoluten Unzuständigkeit. Hierher ist auch noch der Fall der absoluten Unmöglichkeit zu rechnen, die absolute Unmöglichkeit nach Lage der Gesetzgebung ist ja nichts anderes als ein besonders krasser Fall der Unzuständigkeit insofern, als in solchen Fällen nur der Gesetzgeber zuständig wäre, eine Änderung herbeizuführen. Dies alles sind nicht etwa in der Theorie erdachte Ungültigkeitsgründe, sondern das ist die herrschende Rechtssprechung, und ich glaube auch kaum, daß es in diesen Punkten de lege ferenda zu empfehlen wäre, die Prüfungsbefugnis der ordentlichen Gerichte einzuschränken.

Es kommt dann noch eine weitere Unwirksamkeit hinzu, die besonders Herr Layer, soweit ich mich entsinne, hervorgehoben hat, nämlich die der eigenen Zuständigkeit des Gerichtes. Wenn das Gericht selbst zuständig ist, dann bedarf es nicht einer absoluten Unzuständigkeit der Verwaltungsbehörde, es genügt auch eine konkrete, d. h. nur nach Sachlage vorhandene Unzuständigkeit, um trotzdem dem Gericht die freie Hand zu lassen, seine Zuständigkeit, den Rechtsweg, zu bejahen.

Das wäre im allgemeinen über das Verhältnis der Gerichte zu den Verwaltungsakten nach geltendem Rechte zu sagen und nun ist die Frage, ob das, was wir festgestellt haben, mangelhaft ist und wir daher Verbesserungsvorschläge machen sollen, nicht nur subjektive, sondern solche, die im Zuge der Zeit liegen. Da ist eines schon in einem Ausdruck begründet, den ich vorhin gebraucht habe, daß nämlich die Gerichte dann überprüfen können, wenn ein ungenügender Rechtsschutz vorhanden ist. In dem Worte „ungenügend“ liegt schon, daß hier eine Änderung zu erwünschen ist, daß nämlich möglichst der Fall gar nicht eintreten soll, daß man von einem Verwaltungsakt getroffen wird, gegen den es keinen Rechtsschutz gibt. Hier ist es allerdings das Beste und zur Vermeidung der Doppelverwaltung, wie es Hofacker einmal genannt hat, durchaus angebracht, wenn man solche Fälle in dem geltenden Rechte dadurch beseitigt, daß man möglichst gegen alle Verwaltungsakte die Anrufung des Verwaltungsgerichtes zuläßt. Ich habe in einem anderen Zusammenhange in Leipzig — übrigens nicht in Münster, wie mehrmals gesagt wurde, sondern in Leipzig war diese Tagung! — darüber gesprochen, wie vollständig dieses Prinzip schon in einigen Ländern durchgeführt ist, und es war damals die einmütige Ansicht der Versammlung, daß man möglichst überall die Generalklausel in die Verwaltungsgerichtsbarkeit einführen sollte. Damit würde gleichzeitig die Überprüfung der Verwaltungsakte durch die ordentlichen Gerichte abgebaut.

Nun eine weitere Frage, die Herr Layer ziemlich an den Anfang gestellt hat, nämlich die Frage des Kompetenzkonfliktes, ob es zweckmäßig ist, die Möglichkeit des Kompetenzkonfliktes dort einzuführen, wo der Kompetenzkonflikt zur Zeit noch nicht besteht. Das ist vor allem eine organisatorische Frage. Es hängt von zweierlei ab: ob nämlich in dem Augenblick, da der ordentliche Rechtsweg für unzulässig erklärt wird, grundsätzlich ein den modernen Anforderungen genügender Verwaltungsrechtsweg eröffnet ist, oder ob damit gesagt ist, daß die aktiven Verwaltungsbehörden darüber entscheiden, was dann meist so viel bedeutet, wie daß der Betroffene überhaupt nicht zu seinem Recht kommt; und dann hängt es davon ab, wie dieser Kompetenzkonfliktsgerichtshof besetzt ist. Da gibt es nun einige Länder, in denen nur Richter in diesem Gerichtshof sitzen; das ist gut so. Dann gibt es auch Länder, wo nicht nur Richter, sondern auch Verwaltungsbeamte in dem Gerichtshof sitzen, wo, wie es z. B. bis vor kurzem in Preußen der Fall war, ein Staatssekretär den Vorsitz führt; das ist nicht gut. Ich habe zufällig mit einem mir befreundeten Beamten der preußischen Unterrichtsverwaltung gesprochen, der jetzt Mitglied des Kompetenzkonfliktsgerichtshofes ist, und dieser sagte mir, es mache ihm, der jetzt Verwaltungsbeamter, aber aus dem Gerichtsdienst hervorgegangen ist, kein Vergnügen, dort mitzuarbeiten; denn er habe den Eindruck, daß, so wie dieser Kompetenzkonfliktsgerichtshof zusammengesetzt ist, der Bürger nicht etwa klaglos, sondern rechtlos gestellt werde. Man muß also sehr vorsichtig sein mit der Forderung, den Kompetenzkonflikt einzuführen, wo er nicht besteht.

Dann ist eine weitere Frage, die Herr Layer am Schluß berührte, die Frage des französischen Systems in bezug auf die Inzidentpunkte. Auch da wird es entscheidend sein, ob ein genügender Rechtsschutz auf verwaltungsgerichtlichem Wege vorhanden ist oder nicht. Es ist ja kein Zufall, daß in Frankreich dieses System der Vorfrage gilt, weil eben dort die Vorfrage bis an den Staatsrat, zu dem man das gleiche Vertrauen hat, soweit ich unterrichtet bin, wie zu den Zivilgerichten, gelangen kann, während es sich in Deutschland keineswegs von selbst versteht, daß die Vorfrage von einem Verwaltungsgericht entschieden wird, sondern möglicherweise eben von einer Verwaltungsbehörde. Daß die Regelung in dem berühmten § 433 der Reichsabgabenordnung keineswegs rechtsstaatlich ist, habe ich, glaube ich, schon vor drei Jahren in Leipzig ausgeführt, insofern der Tatrichter, der über die Vorfrage entscheidet, innerhalb der Finanzverwaltung keinem organisatorisch unabhängigen Gerichte angehört; bei der Zoll- und Verbrauchssteuerverwaltung entscheidet überdies eine aktive Verwaltungsbehörde, das Landesfinanzamt, die Tatfrage endgültig. Es darf also die Frage, ob man das französische System einführen soll, nicht so ohne weiteres mit Ja oder Nein beantwortet werden. Es hängt ganz davon ab, ob der verwaltungsgerichtliche Rechtsschutz ebenso gut ist wie der Schutz durch den ordentlichen Richter.

Zum Schlusse darf ich vielleicht noch auf die Dispensehe eingehen. Der Fall der Dispensehe ist m. E. kein sehr glückliches Schulbeispiel, wie ich gegen mich selbst polemisierend sagen muß. Ich habe nämlich in meinem „Verwaltungsrecht“ gerade den Fall des österreichischen Ehedispenses als Beispiel eines unwirksamen Verwaltungsaktes gebracht, aber aus einem ganz bestimmten Grunde hat der Fall seine Besonderheiten. Die Umwelt hat nämlich auch einen gewissen Einfluß auf die Entscheidung. Es ist nicht gleichgültig, ob der Ehedispens in ganz seltenen Fällen erteilt wird oder ob er schon, wie Herr Kollege Kelsen mir heute mitteilte, in 50000 Fällen erteilt worden ist. An sich, wenn wir von diesem Phänomen einmal absehen, ist es so, daß ich der Ansicht bin, daß der Oberste Gerichtshof sein Gutachten richtig abgegeben hat. Ich habe heute morgen noch mit Herrn Kollegen Kelsen darüber gesprochen und Kollege Kelsen hat mich darüber belehrt, daß dieser Dispens oder, wie man hier sagt, diese Dispens nicht etwa so erteilt wird, daß der heiratslustige Ehegatte nun dauernd von seiner Frau befreit ist, sondern wenn er zum zweitenmal geheiratet hat und seine zweite Frau stirbt, so ist er doch noch mit seiner alten Frau verheiratet. (Heiterkeit.) Es ist also nicht so, daß man sagen kann, die Dispensation befreie vollkommen von dem Ehehindernis, so daß also aus der Trennung eine echte Scheidung wird, sondern es ist eben doch das Bedenkliche dabei, daß hier tatsächlich zwei Ehen nebeneinander bestehen, wenn auch die eine vielleicht recht wenig schutzwürdig ist; aber nach dem Gesetze ist es nun einmal nicht möglich, daß zwei Ehen nebeneinander bestehen. Allerdings, wenn man den Wortlaut des Gesetzes nimmt, muß man sagen, die Bundesbehörden haben freie Hand zu dispensieren. Aber es gibt auch gewisse selbstverständliche Schranken, dazu würde z. B. das Ehehindernis der zu nahen Verwandtschaft gehören. Ich erinnere mich, daß Friedrich Wilhelm IV. es für unmöglich gehalten hat, daß er — vor 1848, als absoluter Herrscher! — von diesem Ehehindernis dispensieren konnte. Und so können wir es doch dem Obersten Gerichtshof nachfühlen, wenn er sagt, es gibt auch gewisse Verwaltungsakte, die so unmöglich sind, daß wir sie einfach nicht respektieren können. Wir haben in Deutschland den Fall der Konzession eines Bordells z. B. und ähnliches. Da hat man auch ohne weiteres gesagt, das ist ein Akt, der nicht respektiert werden kann. Nun aber sahen wir schon, daß die Umwelt doch irgendwie einen Einfluß auf die Entscheidung ausübt. Ich habe in der Rektoratsrede, die ich einer Reihe von Herren zugeschickt habe, versucht, gerade die Tatsache, daß in Zehntausenden von Fällen der Dispens erteilt ist, doch auch noch mit als Entscheidungsgrundlage zu nehmen. Ich stand einmal mit einem Kollegen in Kiel, als eine kleine schleswig-holsteinische Feier war, in der Universität am Fenster und wir sahen eine große Menschenmenge unten. Einige Leute betraten den Rasen, wurden aber vom Schutzmann aufgeschrieben. Nachher drängte die ganze Menschenmenge auf den Rasen; da stellte der Schutzmann seine Tätigkeit ein. Da verglichen wir das Gesehene mit der Revolution. Wir sagten: wenn die Revolution im Anfangsstadium sich befindet, ist sie ungesetzlich; wenn sie sich einmal durchgesetzt hat, dann hat sie das entgegenstehende Recht besiegt. So etwas ähnliches liegt bei der Dispensehe vor. Es ist nicht gleichgültig, ob der ungesetzliche Ehedispens vereinzelt bleibt oder eine Massenerscheinung geworden ist. Hier würden 50000 Ehen nichtig sein, und das ist ein Punkt, den man doch auch berücksichtigen muß. Nach einer alten Auslegungsregel muß man sich am Schlusse fragen: Könnte dies wohl der Gesetzgeber noch gewollt haben? Und hier muß man wohl sagen: Nein, das kann er nicht gewollt haben. Ich möchte meinen, daß das andere Beispiel, das Herr Layer anführt, das Beispiel vom Wege, doch nicht auf der gleichen Linie steht. Denn es ist nicht etwas absolut Unmögliches, daß ein Weg, der einmal vorhanden ist, zum öffentlichen Weg erklärt wird. Wenn es geschehen ist, dann mag es in concreto ungesetzlich gewesen sein, aber es ist nicht etwas, was unbedingt gegen das Recht verstößt. Dagegen liegt bei der Dispensehe, wenn man das bürgerliche Gesetzbuch so auffaßt, daß die Doppelehe unter allen Umständen verboten ist, ein viel schwererer Fehler vor, so daß ich also nicht glaube, daß man durch jenen Vergleich dem schwierigen Probleme beikommt.

Laun-Hamburg: Als ich die Tagesordnung unserer jetzigen Tagung erhielt und las: Überprüfung der Verwaltungsakte durch die ordentlichen Gerichte, stellte ich mir vor, wir würden hier über die Frage debattieren, wann sind Verwaltungsakte, die einer Überprüfung bedürfen, durch die ordentlichen Gerichte zu prüfen und wann durch die Verwaltungsgerichte, also über die gegenseitige Abgrenzung der Kompetenz der ordentlichen Gerichte und der Verwaltungsgerichte. Tatsächlich aber ist sowohl in den beiden Referaten als in der Diskussion etwas ganz anderes daraus geworden. Es hat sich nämlich gezeigt, daß, wenn man die Prüfung von Verwaltungsakten durch die Gerichte in ihrem ganzen Umfange erfassen will, man dann eben zur Frage der Bindung der Gerichte an Verwaltungsakte gelangt, also mit anderen Worten zur Frage der materiellen Rechtskraft von Verwaltungsakten — allerdings nur gegenüber Gerichten. Damit haben wir nun sozusagen die Hälfte eines Themas heute behandelt. Denn man kann doch nicht gut die bindende Kraft von Verwaltungsakten gerade nur im Hinblick auf die Gerichte erörtern, man muß es nach allen Richtungen tun. Wir haben also heute etwas behandelt, was, wie ich glaube, gar nicht alle von uns erwartet haben. Jedenfalls aber haben wir das, was wir behandelt haben, nämlich die materielle Rechtskraft von Verwaltungsakten, heute nach gar keiner Richtung hin erschöpft und die heutigen Ausführungen bedürfen einer Fortsetzung. Ich habe mir daher erlaubt an den Herrn Vorsitzenden eine Anregung zu richten, wir mögen auf die Tagesordnung einer der nächsten Tagungen setzen: Bindung der Verwaltungsorgane an Verwaltungsakte oder an ihre Entscheidungen und Verfügungen oder wie man es sonst immer formulieren will. Es gibt da eine Menge Dinge, von denen wir kaum sprechen konnten. So zum Beispiel die große Kontroverse, ob die Bindung inter omnes oder nur inter partes erfolgt, ferner die damit zusammenhängende Frage der rechtlichen Interessenten, die zu laden sind, und die Frage, was geschieht, wenn sie nicht geladen sind usw.

Noch einen Punkt möchte ich herausgreifen, das Problem der Parität. Ich muß da mit Herrn Layer, wenn ich ihn richtig verstanden habe, und gegen Herrn Richter, doch für die Parität eintreten. Es ist m. E. eine der wichtigsten Forderungen, die man de lege ferenda aufstellen muß, daß Gerichte und Verwaltungsbehörden absolut paritätisch zu behandeln sind. Was Herr Richter gesagt hat, ist zwar an sich sehr bestechend, aber ich glaube doch, daß er auf einen Punkt vergessen hat. Sein Beispiel hat sich nur auf verurteilende Straferkenntnisse bezogen und er hat argumentiert, daß zivilgerichtliche oder arbeitsgerichtliche Erkenntnisse nicht an das strafgerichtliche Erkenntnis gebunden sein können. Aber in Wahrheit müssen wir in verurteilenden Straferkenntnissen eine Ausnahme sehen. Es kann sehr leicht sein, daß für ein zivilgerichtliches Erkenntnis ein geringeres Maß von Sicherheit oder von Wahrscheinlichkeit, daß jemand ein Delikt begangen hat, oder ein geringeres Maß von Dolus oder Culpa genügt, als für die strafgerichtliche Verurteilung. Darum müssen wir hier eine Ausnahme von dem allgemeinen Grundsatz der materiellen Rechtskraft annehmen, nach welchem die Entscheidung der in der Hauptsache kompetenten Behörde bindend für jede andere Behörde ist, für welche diese Frage nur Vorfrage ist. Verurteilende Straferkenntnisse sind nicht bindend für andere. Aber mit freisprechenden Straferkenntnissen ist es anders, hier gilt der allgemeine Grundsatz. Wenn das Strafgericht einen Arbeiter vom Diebstahl freigesprochen hätte, das Arbeitsgericht aber den Diebstahl annähme, so wäre dies ein Verstoß gegen die materielle Rechtskraft. Ich glaube, daß abgesehen von verurteilenden Straferkenntnissen die in der Hauptsache gefällten Erkenntnisse aller Gerichte unter Umständen auch der Verwaltungsbehörden in der Hauptsache bindend sein müssen für alle anderen Staatsorgane, welche diese Erkenntnisse nur zur Entscheidung einer Vorfrage in ihre Gründe aufnehmen können.

Wenn man diesen Grundsatz akzeptiert, löst sich für uns die Frage der Dispensehen verhältnismäßig leicht. Wir müssen nämlich bei Verwaltungserkenntnissen, von denen wir annehmen, daß sie in materielle Rechtskraft erwachsen, irgendein Minimum von Verfahren voraussetzen, das die Verwaltungsbehörden eingehalten haben. Irgendein hingeworfener Befehl eines Verwaltungsorgans kann nicht der materiellen Rechtskraft teilhaftig werden. Nehmen wir aber an, daß die Dispens nach einer gründlichen Prüfung des einzelnen Falles ergangen ist und verstehen wir sie so, daß für diesen Fall entschieden wurde, das impedimentum ligaminis existiere nicht mehr, so müssen wir sagen, diese Erkenntnis einer Verwaltungsbehörde, diese Dispens ist in materielle Rechtskraft erwachsen, und es hätte daher das Gericht sich daran für gebunden erachten müssen. Wenn es das getan hätte, wären nicht von den 50000 Dispensehen Deutschösterreichs 2000 für nichtig erklärt worden und die 48000 anderen zitterten nicht davor, daß ihnen dasselbe Schicksal blühe. Entweder die Gerichte sind gebunden, dann müssen alle 50000 Ehen zu Recht bestehen oder die Gerichte sind nicht gebunden, dann können alle 50000 Ehen gegebenenfalls aufgelöst werden. Meines Erachtens gilt das erste. Aber der gegenwärtige Zustand der völligen Rechtsunsicherheit ist jedenfalls unerträglich.

Merkl-Wien: Das Grundthema der heutigen Diskussion ist meines Erachtens mit dem Grundthema der gestrigen Diskussion identisch. Es handelt sich bei dem heutigen wie bei dem gestrigen Diskussionsgegenstand um die Frage der Überprüfung von Akten einer bestimmten Sphäre der Staatstätigkeit durch Gerichte — das eine Mal der Sphäre des Verfassungsvollzuges, das andere Mal der des Gesetzesvollzuges — der Unterschied der Diskussionsgegenstände besteht außer im Objekte auch im Subjekte der Prüfung. Das eine Mal ist es ein Sondergericht, das Verfassungsgericht, das andere Mal das ordentliche Gericht.

Das hauptsächliche Bedenken, das gegen eine Überprüfung von Verwaltungsakten durch ordentliche Gerichte aufgetaucht ist, geht dahin, ob sich eine solche Kontrollfunktion mit dem Grundsatze der Trennung der Gewalten vereinbaren lasse. Ein solches Bedenken hat jedoch überhaupt nur insoweit Raum, als der Grundsatz der Trennung der Gewalten positivrechtlich anerkannt ist. Für die Gesetzgebung ist der Grundsatz der Trennung der Gewalten als bloßes politisches Postulat selbstverständlich kein Noli me tangere. Wenn z. B. eine Verfassung die Überprüfung durch ordentliche Gerichte oder besondere Verwaltungsgerichte vorsieht, so ist das eine verfassungsgesetzliche Ausnahme von dem Grundsatz der Trennung der Gewalten und von einem Widerspruch gegen die Rechtseinrichtung der Trennung der Gewalten kann nicht die Rede sein. Ich würde hier sogar einen Schritt weitergehen als Herr Professor Layer in seinen Leitsätzen, indem ich meine, daß nicht bloß die kassatorische, sondern auch die meritorische Verwaltungsgerichtsbarkeit mit der positivrechtlichen Anerkennung des Grundsatzes der Trennung der Gewalten in Einklang zu bringen ist, zumal wenn die Verfassung auch eine solche meritorische Verwaltungsgerichtsbarkeit ausdrücklich anerkennt. Damit ist nämlich den Bedenken, die sich aus dem Grundsatze der Gewaltentrennung zu ergeben scheinen, positivrechtlich der Boden entzogen.

Der Gesetzgeber kann ganz nach freiem Ermessen für diese oder jene Staatstätigkeit den Justiz- oder den Verwaltungsweg eröffnen und nach Belieben das Verfahren von der Justiz auf die Verwaltung, von der Verwaltung auf die Justiz überleiten. Ich bekenne mich zu dem Grundsatz der vollständigen Parität von Justiz und Verwaltung, der vollständig gleichen Zulässigkeit des Rechtsweges der Justiz und des Rechtsweges der Verwaltung als der beiden Wege des Gesetzesvollzuges. Es ist eine rein positivrechtliche Zweckmäßigkeitsfrage, ob individuelle Vollzugsakte auf den Weg der Justiz oder der Verwaltung verwiesen werden. Das ganze Problem der Gewaltenteilung ist positivrechtlich nichts anderes als ein Problem der Zuständigkeitsordnung, im besonderen der Zuständigkeitsverteilung zwischen Justiz und Verwaltung, und es gibt m. E. keine Materie der Gesetzesanwendung, die ihrer Natur nach entweder Justiz oder Verwaltung ist oder für die ihrer Natur nach der Justizweg, d. h. die Gerichtszuständigkeit, oder die Verwaltungszuständigkeit verwehrt wäre. In meinem „Allgemeinen Verwaltungsrecht" wie übrigens auch schon in meinem „Grundriß des österreichischen Verfassungsrechtes" habe ich der Grenzabscheidung zwischen Justiz und Verwaltung das organisationsrechtliche Merkmal der richterlichen Unabhängigkeit einerseits, der Bindung der Verwaltungsorgane an Weisungen andererseits zugrunde gelegt. Über die Zugehörigkeit eines Vollzugsaktes zu Justiz oder Verwaltung entscheidet letztlich die Frage, ob es zweckmäßig ist, irgendeinen Gesetzesvollzugsakt in die Hand eines dermaßen unabhängigen oder in die Hand eines an Weisungen gebundenen Organs zu legen. Wird diese organisationspolitische Frage in dem Sinne gelöst, daß ein Gegenstand des Gesetzesvollzuges in die Kompetenz eines solchen unabhängigen Organs gestellt wird, dann stellt sich dieser Gegenstand als eine Funktion der Justiz dar, und wenn dieselbe Materie in die Kompetenz eines abhängigen Vollzugsorgans gestellt wird, ist sie ein Gegenstand der Verwaltung, der Exekutive im engeren Sinne des Wortes. Freilich ist diese organisationspolitische Frage jetzt von geringerer Bedeutung geworden, weil die richterliche Unabhängigkeit mit dem Wandel der Staatsform einen Bedeutungswandel erfahren hat, den ich in meiner Schrift „Demokratie und Verwaltung" näher ausgeführt habe. Während ursprünglich — ich meine die Zeit der absoluten und auch der konstitutionellen Monarchie — die richterliche Unabhängigkeit die Funktion hatte, die richterlichen Gesetzesvollzugsakte dem Einflusse des Monarchen und der vom Monarchen abhängigen Regierung zu entziehen, bekam begreiflicherweise mit dem Wandel der Staatsform die Zuordnung einer Materie zur Justiz den Sinn, denselben Vollzugsakt dem Zugriff der Parlamentsmehrheit und der von ihr abhängigen Regierung, also dem Zugriff demokratischer — im Gegensatz zu früheren autokratischen — Faktoren zu entziehen. Wenn daher vordem die richterliche Unabhängigkeit als eine relativ demokratische Institution angesehen werden konnte, so hat sie nunmehr gegenüber dem durch allgemeine Wahlen berufenen Parlament einen relativ weniger demokratischen Charakter angenommen. Es ist auch charakteristisch, daß seinerzeit gerade die radikalen Parteien das Hauptgewicht auf die Unabhängigkeit der Richter legten, während diese Einrichtung nunmehr bei den konservativen oder reaktionären Parteien Anwert gefunden hat. In diesem Wechsel von Gunst und Mißgunst drückt sich deutlich der sicher den Parteien nicht ganz bewußt gewordene Bedeutungswandel der richterlichen Unabhängigkeit aus, der durch den Wandel der Staatsform eingetreten ist. Gerade dieser Bewertungswandel kann aber für die Kompetenzabgrenzung zwischen Justiz und Verwaltung noch sehr bestimmend werden, gerade daran zeigt sich auch, daß die Grenzlinie zwischen Justiz und Verwaltung durch keinerlei begriffliche Notwendigkeiten fixiert, sondern je nach Bedürfnis für das positive Recht frei beweglich ist.

Nun noch einige Worte zum Hauptthema, nämlich der Frage, inwieweit die Lösung einer Vorfrage durch eine Verwaltungsbehörde für ein Gericht maßgebend ist. Das Problem der Vorfrage darf natürlich nicht, wie es gelegentlich in der Diskussion geschehen ist, mit dem der Präjudizialfrage verwechselt werden; Präjudizien sind, wenn sie nicht positivrechtlich für maßgebend erklärt sind, weder für das Gericht noch für die Verwaltungsbehörde bindend. Es ist ein Präjudiz des Obergerichtes nicht für das Untergericht, der oberen Verwaltungsbehörde nicht für die untere und um so weniger natürlich ein Präjudiz des Gerichtes für eine Verwaltungsbehörde oder umgekehrt maßgebend.

Was die Frage der Vorentscheidung betrifft, so meine ich, wie ich schon in meinem Buche über die Rechtskraft ausgeführt habe, daß grundsätzlich die Rechtskraft der Verwaltungsakte für die Gerichte und der Gerichtsakte für die Verwaltungsbehörden besteht und zwar in dem Sinne, daß mangels einer anderen positivrechtlichen Norm ein Verwaltungsakt für jede andere Verwaltungsbehörde und für jedes Gericht und ein gerichtliches Urteil für ein anderes Gericht sowie für jede Verwaltungsbehörde bindend und unabänderlich ist. In diesem Sinne spreche ich somit auch jedem Verwaltungsakt Rechtskraft zu. Ich lehne insbesondere die Differenzierung zwischen verschiedenen Typen der Verwaltungsakte ab, nämlich die für die Rechtskraftlehre so wichtig gewordene Differenzierung zwischen verwaltungsbehördlichen Entscheidungen und verwaltungsbehördlichen Verfügungen.

Ein Verwaltungsakt und ein Urteil können aber m. E. im Zweifel nur insoweit und unter der Voraussetzung als verbindlich und unabänderlich anerkannt werden, als sie rechtmäßig sind, d. h. als sie der determinierenden höheren Stufe der Rechtsordnung entsprechen. Die Rechtskraft deckt also an sich nicht Rechtswidrigkeiten, Fehler, die bei der Setzung des Justiz- oder Verwaltungsaktes aufgetreten sind. Der Rechtskraft ist an sich nur der rechtmäßige, nicht der fehlerhafte Staatsakt teilhaftig. Und jedes Organ wie übrigens auch jeder Untertan ist mangels einer anderen positivrechtlichen Normierung berechtigt, jeden Akt, der mit dem Anspruche der Rechtsverbindlichkeit auftritt, auf seine Rechtmäßigkeit zu prüfen. Daraus ergibt sich für unser besonderes Problem, daß im Zweifel insbesondere auch ein Gericht seinem Urteil nur einen fehlerlosen Verwaltungsakt zugrunde zu legen braucht, also einen Akt, der mit dem Prätexte eines Verwaltungsaktes auftritt, auf seine fehlerfreiheit prüfen kann.

Die angedeutete Lehrmeinung ist schon zur theoretischen Voraussetzung der positivrechtlichen Behandlung und Lösung der Rechtskraftfrage in der österreichischen Verwaltungsgesetzgebung geworden. Der von Herrn Professor Layer zitierte § 68 des allgemeinen Verwaltungsverfahrensgesetzes aus 1925 hat die Frage der Rechtskraft von Verwaltungsakten behandelt und damit diese crux der Verwaltungsrechtslehre für den Bereich unserer Rechtsordnung aus der Welt geschafft. In dieser Gesetzesstelle wird die Rechtskraft der Verwaltungsakte als selbstverständlich vorausgesetzt; zugleich werden die Bedingungen aufgezählt, unter denen ein Verwaltungsakt abgeändert oder aufgehoben werden kann, und zwar wird diese Möglichkeit auf die Verwaltungsbehörden eingeschränkt, woraus sich allerdings m. E. für das österreichische Recht die Konsequenz ergibt, daß die Aufhebung oder Nichtbeachtung eines Verwaltungsaktes durch die Gerichte unzulässig ist. Es ist also hier einerseits die theoretische Lehrmeinung zum positivrechtlichen Grundsatz geworden, daß Verwaltungsakte der Rechtskraft teilhaftig sind und daß positivrechtlich die Fälle aufgezählt werden müssen, in denen ein Verwaltungsakt für nichtig erklärt oder abgeändert werden kann. Dann allerdings sind alle Verwaltungsakte, bei denen diese Möglichkeiten der Nichtigerklärung oder Aufhebung ausgeschaltet sind, als vollgültig rechtskräftig anzusehen, gleichviel ob sie a priori rechtmäßig waren oder nicht. Damit ist für das Bereich der österreichischen Rechtsordnung der Überprüfung der Verwaltungsakte durch die Gerichte meines Erachtens der Boden entzogen.

Das halte ich für eine rechtstechnisch durchaus entsprechende Lösung. Meine Stellungnahme zur Verfassungsgerichtsbarkeit hat mir den Vorwurf eingetragen, daß ich der gerichtlichen Kontrolle von Staatsakten ein viel zu weites Feld einräume. Auch zu unserem heute zur Diskussion stehenden Problem meine ich, daß in denkbar weitestem Umfange eine Überprüfung von Verwaltungsakten durch Gerichte zweckmäßig ist, aber eben durch Sondergerichte, Verwaltungsgerichte, daß es andererseits unzweckmäßig ist, ordentliche Gerichte mit der Überprüfung zu betrauen, weil das zu den größten Ungleichheiten, ja Willkürlichkeiten führt. Man sieht dies namentlich in den heute wiederholt zitierten Fällen der Ehedispense, wo der Staatsbürger je nach dem Zufall, vor welchem Gericht er steht, zu dem Ergebnis gelangt, daß seine Dispensehe als gültig anerkannt wird oder nicht. Es müßte dieses Überprüfungsverfahren in Spezialgerichten zentralisiert werden. Es könnten wie die Verfassungsgerichtsbarkeit so auch die Verwaltungsgerichtsbarkeit noch vielfach ausgebaut werden. Es ist bezeichnend, daß die österreichische Bundesverfassung zugleich mit der Verfassungsgerichtsbarkeit auch die Verwaltungsgerichtsbarkeit erweitert hat. Wir haben jetzt — allerdings in der politischen Stelle des Ministers — gewissermaßen auch einen Antragsteller zur Wahrung des Verwaltungsgesetzes. Es gibt eine Beschwerde vor dem Verwaltungsgerichtshof außer durch die Parteien auch durch einen Minister wegen Verletzung von Bundesgesetzen.

Gerade eine Rechtsordnung, die so weitgehende und wirksame sondergerichtliche Garantien der Verfassung und Verwaltung aufrichtet, kann und soll darauf verzichten, jeden einzelnen Staatsakt obendrein der Kontrolle jedes beliebigen ordentlichen Gerichtes zu unterstellen, sondern nach dem Vorbilde des österreichischen Rechtes rechtskräftige Verwaltungsakte auch für die ordentlichen Gerichte verbindlich machen.

Kelsen-Wien: Ich bitte um Entschuldigung, wenn ich Sie nochmals mit einem Gegenstand beschäftige, der schon wiederholt Ihre Aufmerksamkeit in Anspruch genommen hat, nämlich mit der Frage der Dispensehen. Ich glaube, es darum tun zu dürfen, weil diese Frage für uns in Österreich eine außerordentliche Bedeutung gewonnen hat; nicht nur, weil das Schicksal vieler Tausender von Menschen von dieser juristischen Frage abhängt und damit auch die Reputation der Juristen, sondern weil diese Frage auch gegenwärtig zu einem schweren Konflikt zwischen Verfassungsgericht und ordentlichen Gerichten und letzten Endes zwischen Verfassungsgerichtshof und Obersten Gerichtshof geführt hat. Ein dritter Grund, der mich veranlaßt, diese Frage nochmals hier vor Ihnen aufzurollen, ist der, daß die beiden aus der letzten Zeit stammenden Erkenntnisse des Verfassungsgerichtshofes, in denen er zu dieser Frage Stellung genommen hat, meiner Überzeugung nach auch vom rechtswissenschaftlichen Standpunkte aus Beachtung verdienen und gerade ich persönlich für sie gerne die Verantwortung übernehme.

Zunächst möchte ich auf eines aufmerksam machen: Unser Verwaltungsverfahren ist schon seit jeher ein justizmäßiges Verfahren oder doch ein Verwaltungsverfahren gewesen, das sich in hohem Maße der Justizmäßigkeit annähert, schon dadurch, daß wir seit 1875 einen Verwaltungsgerichtshof haben, der die Gesetzmäßigkeit der Verwaltung zu kontrollieren in hohem Maße Gelegenheit hatte. Insbesondere ist aber die Justizmäßigkeit des Verwaltungsverfahrens seit dem Jahre 1925 gewährleistet, in dem uns die Verwaltungsreform ein hochentwickeltes Verwaltungsverfahren gebracht hat, das sich von einem Zivilprozeß im wesentlichen überhaupt nicht mehr unterscheidet. Und nun beachten Sie die Rechtslage der sogenannten Dispensehen! Ein katholisch Geschiedener — Mann oder Frau — wünscht wieder zu heiraten. Er verlangt von der Verwaltungsbehörde einen Dispensationsakt, d. h. die Nachsicht vom Ehehindernis des bestehenden Ehebandes. Die Verwaltungsbehörde erteilt die Nachsicht. Ich bemerke, daß die Zuständigkeit der Verwaltungsbehörde zur Erteilung von Dispensationsakten außer Streit steht. Strittig ist nur, ob von dem besonderen Ehehindernis des bestehenden Ehebandes dispensiert werden dürfe. Der andere Ehegatte kann natürlich diesen Dispensationsakt anfechten, er kann bis zum Verwaltungsgerichtshof gehen, der die Möglichkeit hat, einen solchen Dispensationsakt aufzuheben. Warum, meine Herren, glauben Sie, ist noch niemals die Kassation eines dieser zahllosen Dispensationsakte durch den Verwaltungsgerichtshof erfolgt — mir wenigstens ist keine bekannt —? Weil tatsächlich der zweite Ehegatte immer damit einverstanden ist und weil also die Partei, die sich gegen diesen Rechtsakt wegen seiner Rechtswidrigkeit wenden könnte, sich dieses Rechtes begibt, aus Gründen, die wir nicht kennen. Regelmäßig vollzieht sich ja der ganze Vorgang in freundschaftlicher Weise: Der eine der geschiedenen Gatten geht zum anderen und sagt: Bitte, ich möchte noch einmal heiraten, bist du damit einverstanden? Oder er sucht sich mit anderen Mitteln diese Zustimmung zu verschaffen. Tatsache ist, daß unsere Verwaltungsbehörden als Voraussetzung für die Dispensation — es ist das nicht immer so, aber sehr häufig — die Zustimmung des zweiten Teiles verlangen, was juristisch bedeutet: Verzicht auf das Rechtsmittel gegen den Rechtsakt der Dispensation. Beachten Sie also: wenn dieser Akt rechtskräftig wird, so bedeutet dies, daß das hierzu berufene Gericht, nämlich das Verwaltungsgericht, eben durch das Verhalten des anderen Teiles keine Gelegenheit bekommen hat einzuschreiten. Und nun erfolgt die Anfechtung in der Regel in der Weise, daß sich der zweite Teil die Sache anders überlegt. Meist ist es so, daß irgendwelche materielle Interessen entstehen. Wenn z. B. der Betreffende, der die Dispensehe eingegangen ist, ein Staats- oder Gemeindebeamter ist und nun stirbt, so bekommt die Witwe eine Pension. Nun will aber die erste Gattin, trotzdem sie ihre Zustimmung dazu gab, daß sich ihr geschiedener Mann wieder vereheliche, diese Pension. bekommen. Tatsächlich bekommt sie diese Pension in der Weise, daß sie nach dem Tod des Mannes die Dispensehe anficht. Unsere Zivilgerichte geben ihr dazu die Handhabe. Der Mann ist tot — ich weiß nicht, ob es dann noch eine Ehe gibt, wenn er tot ist — aber nichtsdestoweniger wird die Ehe nachträglich für ungültig erklärt und nun verlangt sie als einzig rechtmäßige Witwe die Pension und bekommt sie auch. Solche Fälle kommen in allen möglichen Variationen vor, ich will Sie Ihnen nicht alle hier vorführen. Es ist eine offenkundige Tatsache, daß in der überwiegenden Zahl der Fälle die Partei den vorgeschriebenen Rechtsweg, den Weg zum Verwaltungsgericht, nicht eingeschlagen hat und nun, nachdem sie die Frist versäumt hat, den Weg der ordentlichen Gerichte einschlägt, um ihre Interessen durchzusetzen. Wenn wir vor dem Verfassungsgerichtshof hier einen Kompetenzkonflikt angenommen haben, so haben wir es insbesondere deshalb getan, weil wir uns gesagt haben, daß es sich nicht bloß darum handelt, daß die ordentlichen Gerichte in den Bereich der Verwaltung eingreifen, sondern daß sie in den Bereich der Verwaltungsgerichtsbarkeit eingreifen, und das ist von der allergrößten Bedeutung. Es ist hier nicht ein ungenügender Rechtsschutz vorhanden, im Gegenteil, der Rechtsschutz ist im höchsten Maße vorhanden, es liegt hier einfach nur ein Versuch der Partei vor, den ordentlichen von der Verfassung und den Gesetzen vorgeschriebenen Weg zu umgehen, allerdings ein Versuch, bei dem die Parteien von unseren ordentlichen Gerichten mit dem Obersten Gerichtshof an der Spitze gefördert werden. Nur nebenbei möchte ich bemerken, zu was für geradezu horrenden Konsequenzen diese Praxis führt. Ein Mann läßt sich die Dispensation vom Ehehindernis des bestehenden Ehebandes erteilen, heiratet auf Grund dieser Dispensation, dann wird ihm seine Frau nach ein oder zwei Jahren — das hängt ganz von seinem Temperament ab — unangenehm, lästig, er schreibt eine Korrespondenzkarte an das Zivilgericht, mit der Mitteilung, daß er in einer Dispensehe lebe und die Ehe wird für ungültig erklärt, und er ist seine Frau ohne die geringste materielle Verpflichtung los. Auch eine anonyme Anzeige genügt. Sie können sich vorstellen, zu welch entsetzlichen Zuständen das führt. Erpressungen, unerhörte Racheakte sind die selbstverständliche Folge. Das ist die Situation, in die die Praxis. unserer Gerichte, die juristisch meines Erachtens den Gipfelpunkt des übelsten Formalismus darstellt, das rechtsuchende Publikum gestürzt hat. Von der Kompromittierung der Staats- oder Rechtsautorität gar nicht zu reden: das eine Organ setzt rechtskräftig einen Staatsakt, den das andere Organ desselben Staates ignoriert.

Ich wäre sehr glücklich gewesen, wenn die Verhandlungen hier irgendwie zu einer Einigkeit in bezug auf die Frage geführt hätten, daß die Gerichte, wenn ein justizmäßiges Verwaltungsverfahren besteht, wenn dieses justizmäßige Verwaltungsverfahren überdies der Kontrolle eines Verwaltungsgerichtes unterliegt und wenn nun in diesem Verfahren ein rechtskräftiger Verwaltungsakt gesetzt wird, an diesen selbst dann gebunden sind, wenn dies nicht einmal ausdrücklich im Gesetze steht, wie dies bei uns in Österreich der Fall ist. Unser Verwaltungsverfahrensgesetz enthält die bezügliche Bestimmung, aber die Gerichte halten sich nicht daran, weil es nicht in der Zivilprozeßordnung steht. Das ist für die ordentlichen Gerichte die Magna charta; was nicht in diesem Gesetze steht, das existiert für sie nicht auf der Welt. Die Vorstellung, daß das allgemeine Verwaltungsverfahrensgesetz vom Jahre 1925 der Zivilprozeßordnung — vorausgesetzt, daß diese auf einem anderen Standpunkt stände — derogieren könnte, ist etwas, was unseren Zivil- und Zivilprozeßjuristen nicht eingeht. Da liegt auch der Hauptpunkt, auf den es bei dem ganzen Problem ankommt. Es ist das Gefühl der ordentlichen Gerichte, in einem höheren Maße Verwalter des Rechtes zu sein als die Verwaltung. Wenn aber die Ziviljuristen und die Zivilprozeßjuristen dieser Meinung sind, so sind nicht zuletzt schuld daran die Verwaltungsjuristen, denn sie haben es Jahrzehnte hindurch als ihre wichtigste Aufgabe betrachtet, den Satz zu lehren, daß Verwaltung nicht Rechtsetzung und nicht Rechtsanwendung bedeute, sondern eigentlich etwas vom Recht Verschiedenes sei, daß Verwaltung zum Recht bestenfalls in dem Verhältnis freier Tätigkeit innerhalb der Schranken des Gesetzes stände, während das Gericht das Gesetz anwendet. Das ist die allerletzte Wurzel des Übels, die Vorstellung von der Höherwertigkeit von Zivilrecht und Zivilprozeßrecht gegenüber dem Verwaltungsrecht, das eigentlich kein Recht oder doch nur in einer sehr zweideutigen Weise Recht sei. Letzten Endes geht diese Auffassung auf die Lehre vom Verhältnis zwischen Staat und Recht zurück: auf diesen unglückseligen Dualismus, den ich seit jeher bekämpfe. Täuschen Sie sich nicht darüber, daß die Forderung der Parität der Verwaltung gegenüber den Gerichten die Forderung ist der Parität des Verwaltungsrechtes, der Rechtsnatur des Verwaltungsrechtes, wenn ich diesen entsetzlichen Pleonasmus gebrauchen darf, den ich gebrauchen muß, weil mich die Theorie dazu gezwungen hat, gegenüber der Rechtsnatur des Privatrechtes: Was schließlich nichts anderes bedeutet als: die Rechtsnatur des Staates.

Nawiasky-München: Ich muß zu den interessanten Ausführungen des Herrn Kollegen Kelsen etwas ganz merkwürdiges sagen. Kelsen hat darauf aufmerksam gemacht, wie sonderbar es ist, daß die Gerichte nicht der Frage nähertreten, ob das österreichische Verwaltungsverfahrensgesetz vom Juli 1925 eine derogatorische Kraft gegenüber dem Zivilprozeßgesetz hat. Aber das ist nicht nur eine Schuld der Verwaltungsjuristen von früher, sondern als Schuld könnte man auch den grundsätzlichen Standpunkt ansehen, den Herr Kollege Merkl einnimmt. Denn dieser Standpunkt, den er in der Rechtskraftfrage vertritt, ließe sich in ausgezeichneter Weise auch von Seite der Gerichte verwerten. Wenn Merkl lehrt, daß jeder Verwaltungsakt, daß jeder Staatsakt überhaupt grundsätzlich rechtskräftig sei, das heißt also, daß er nicht geändert werden kann, und wenn man gerade vom Standpunkte der Stufentheorie aus den Verwaltungsakt in die ganze Stufenordnung der Rechtsakte einreiht, so folgt daraus auch, daß der Grundsatz: lex posterior derogat priori nicht gilt. Denn das Staatsgesetz müßte genau so unabänderlich sein wie der andere Staatsverwaltungsakt. Wenn man also zu der Lehre kommt, ein Verwaltungsakt ist rechtskräftig, daher nicht abänderbar, muß man auch zu dem Ergebnis kommen ein Gesetzesakt ist rechtskräftig, daher nicht abänderbar. Also haben die Gerichte vom Standpunkt der Merklschen Lehre Recht!

Auffallender Weise könnte man aber mit genau demselben Recht auch genau das Umgekehrte sagen. Ich kann so argumentieren. Ich gehe vom Gesetz aus. Man sagt, die Rechtsordnung stellt ein Verfahren zur Verfügung, wie Gesetze entstehen. Wenn sie das zur Verfügung stellt, kann es immer wieder angewendet werden. Wenn es das zweite Mal angewendet wird, so entsteht ein neues Gesetz. Daraus schließt man, daß das alte beseitigt wird. Genau so kann ich auf die unteren Rechtsstufen hinleiten und sagen: Wenn von der Rechtsordnung die Möglichkeit zur Verfügung gestellt wird, konkrete Verwaltungsakte zu erlassen, so ergibt sich daraus, daß neue Verwaltungsakte erlassen werden können und die alten beseitigen.

Sie sehen, daß die von Merkl vertretene Methode zu gar keinem Ergebnis führt und führen kann. Das ist aber nicht nur in unserem Spezialfall so, sondern es ist allgemein zu sagen, daß die reine Rechtslehre, insoferne sie ein materielles Problem lösen will, wegen ihres streng formalen Charakters notwendiger Weise versagen muß und daher unbrauchbar wird.

Merkl-Wien: Ich habe aus den letzten Worten Professor Nawiaskys erstmals ersehen, wie gefährlich vermeintlich meine Rechtstheorie für die Rechtspraxis geworden ist. Ich glaube indes, daß Herr Professor Nawiasky diese Gefahr außerordentlich überschätzt. Wenn ich mich mit einem Wort über diese Rechtstheorie verbreiten darf, so möchte ich feststellen, daß sich der Grundsatz der Unabänderlichkeit von Staatsakten auf alle Akte normierender Natur, also auf alle generellen und individuellen rechtsetzenden und rechtsgeschäftlichen Staatsakte erstreckt, daß ich also den für die Justiz ganz unangefochten herrschenden Grundsatz, daß ein späteres Urteil einem früheren Urteil in Zweifel nicht derogiert, auch für die Verwaltungsakte und selbst für die Akte der Gesetzgebung aufstelle. Der Grundsatz: lex posterior derogat priori ist nicht, wie die herrschende Lehrmeinung behauptet, ein rechtstheoretisches Axiom, sondern ist von der Rechtswissenschaft nur als Inhalt positivrechtlicher Sätze zu erkennen. Damit ist aber doch nicht die gewiß unerwünschte Unabänderlichkeit der Staatsakte besiegelt, sondern nur dem Gesetzgeber die Aufgabe gestellt, die erwünschte Biegsamkeit der Staatsakte positivrechtlich herzustellen. Ich habe sogar zu beanstanden, daß der Satz: lex posterior derogat priori, weil man sich der Notwendigkeit seiner positivrechtlichen Einordnung nicht voll bewußt ist, positivrechtlich meist nicht entsprechend zum Ausdruck kommt. Daher kann ich allerdings nicht einsehen, was diese Rechtskraftlehre für einen Schaden in der juristischen Praxis anrichten kann. Ich möchte nur noch darauf hinweisen, daß in Konsequenz dieser theoretischen Auffassung das österreichische Recht die positivrechtliche Anordnung getroffen hat, daß Verwaltungsakte nur unter bestimmten Voraussetzungen aufgehoben werden können. Daß sich diese originelle Neuerung noch nicht ganz eingelebt hat, ist doch nicht Schuld der Rechtstheorie, sondern Schuld der Praxis. Daß gerade die Gerichte die positivrechtliche Verankerung der Rechtskraft der Verwaltungsakte häufig übersehen, kommt wohl auch daher, daß diese Bestimmung des allgemeinen Verwaltungsverfahrensgesetzes noch nicht genügend zum Bewußtsein gekommen ist, ja vielleicht nicht einmal überall bekannt geworden ist.

Ich möchte mir abschließend die Behauptung gestatten: Es ist vielleicht doch ein Erfolg dieser scheinbar so gefährlichen Theorie, daß es endlich zu der originellen Normierung der Rechtskraft der Verwaltungsakte in der österreichischen Gesetzgebung gekommen ist.

Schlußwort **Layer**-Graz: Ich glaube, ich kann mich in meinem Schlußwort sehr kurz fassen. Zunächst muß ich konstatieren, was ich nicht anders erwartet habe, nämlich daß gerade bezüglich der Frage der Überprüfung der Verwaltungsakte durch die ordentlichen Gerichte die Herren aus Österreich einen anderen Standpunkt haben als die Herren aus Deutschland. Der einzige aus Deutschland, der sich unserem österreichischen Standpunkt sehr genähert hat, ist Herr Laun, der, wie Sie wissen, seiner Provenienz nach auf Österreich hinweist. Ich habe mich ja bemüht, die positivrechtlichen Verschiedenheiten in meinem Referat auseinanderzusetzen, die nun einmal unleugbar da sind. Es scheint, daß auf diesem Gebiete die sogenannte Rechtsangleichung sich ungleich schwerer vollzieht als auf anderen Gebieten, speziell auf dem Gebiet des Strafrechtes, die jetzt im Zug ist. Wir finden nicht nur, daß in Deutschland tatsächlich die Gerichte eine viel dominierendere Stellung gegenüber der Verwaltung haben, als dies in Österreich der Fall ist, sondern auch, daß dies in eine prinzipielle Auffassung übergegangen ist, die die Herren aus allgemeinen theoretischen Gründen zu rechtfertigen suchen. Wir in Österreich haben keine unteren Verwaltungsgerichte, aber wir haben mit der Kontrolle des Verwaltungsgerichtshofes keine schlechte Erfahrung gemacht, wir haben bei der Verwaltung gerade so gut Recht gefunden wie bei den Gerichten. Der Zug der Entwicklung — das zeigt gerade die neueste österreichische Verwaltungsreform, diese drei Verwaltungsgesetze, die gewissermaßen den neuesten Stand der Theorie in Österreich ausdrücken — geht dahin, auch formell die Verwaltung auf die gleiche Höhe zu stellen wie die Gerichte, in dem Sinne, daß ihre Tätigkeit gleich bewertet wird; gleich bewertet, weil die Verwaltung mit derselben Genauigkeit arbeitet, mit gleich bindenden Verfahrensvorschriften, mit denselben Rechtskautelen. — Darum ist also, wie ich glaube, unser Standpunkt, der ja übrigens durch die neueste Gesetzgebung ein selbstverständlicher geworden ist, gerechtfertigt, darum sind wir für die Parität von Gerichten und Verwaltungsbehörden. Das Wort Parität hat Anstoß erregt. Ich kann mich gegenüber den Einwendungen des Herrn Richter auf den Kollegen Laun berufen, der sie bereits zurückgewiesen hat, auch auf Herrn Professor Kelsen. Wie gesagt, diese Parität erscheint mir als ein Produkt der Entwicklung, ausgehend von dem Prinzip der Trennung der Gewalten. Es bestand früher auch eine gewisse Parität, aber in einem anderen Sinne, jetzt ist es eine rechtliche Parität, die ein Produkt der immer mehr zunehmenden Durchdringung der Verwaltung mit Rechtsvorschriften und der immer mehr erkannten Funktion der Verwaltung, auch wirklich dem Rechtszwecke unmittelbar zu dienen, darstellt. Darum glaube ich, daß man diese Parität, wo es natürlich nicht die positivrechtlichen Verschiedenheiten unmöglich machen, immerhin als ein Produkt, wenigstens als ein Ziel der Entwicklung — ansehen kann.

Was die weiteren Einwendungen des Herrn Richter anbelangt, so ist schon — ich glaube, Herr Professor Merkl hat darauf reagiert — bemerkt worden, daß eine Verwechslung von

Präjudiz und präjudizieller Wirkung von Entscheidungen unterlaufen sein dürfte. Es ist etwas ganz anderes, ob es sich im casus similis um eine Entscheidung der Verwaltungsbehörde für das der Verwaltungsbehörde eigene Ressort oder ob es sich um die Bindung einer anderen Ressortbehörde an die Vorfrage handelt. Das sind natürlich zwei ganz verschiedene Dinge. Und ebenso ist, glaube ich, nicht entscheidend die Berufung auf die besondere Wirkung der strafgerichtlichen Urteile, daß ihnen nämlich eine solche Rechtskraft zivilrechtlich, insbesondere bei Entschädigungsfragen, nicht zukommt. Das Beispiel ist nicht ganz gut gewählt. Ich habe mich darauf wegen der Besonderheit der Stellung der strafgerichtlichen Urteile überhaupt nicht eingelassen. Ich weiß ganz gut, daß man gerade bei strafgerichtlichen Urteilen von materieller Rechtskraft am allerwenigsten spricht. Im übrigen sage ich das, was man allgemein und überall lesen kann, daß die sogenannte materielle Rechtskraft der strafgerichtlichen Urteile erschöpft ist in dem Satz: Ne bis in idem, in der sogenannten Konsumption. Das war also kein ernst zu nehmender Einwand.

Was die Einwendungen des Herrn Jellinek anbelangt, so sind sie zunächst rein theoretischer Natur, insoferne als sie sich auf die Einteilung der verschiedenen Verwaltungsakte beziehen. Ich will selbstverständlich zugeben, daß man diese Einteilung auch in anderer Weise machen kann, als ich sie getroffen habe. Ich bin da eben jener Einteilung gefolgt, unter deren Gruppen ich die meisten Dinge unterbringen konnte, die sonst leicht übersehen werden. Gerade die Terminologie des Herrn Jellinek aber konnte ich am wenigsten verwerten, denn wenn er ausgeht von überprüfbaren und nicht überprüfbaren Verwaltungsakten, so kann ich eine solche Einteilung nicht an die Spitze einer Untersuchung stellen, durch die erst klargestellt werden soll, welche Akte überprüfbar seien und welche nicht.

Bezüglich der einen Bemerkung wegen des bestrittenen Erkenntnisses: Es handelt sich nicht um ein Erkenntnis des Reichsgerichtes, wie ich vielleicht unrichtig zitiert habe, sondern um ein Erkenntnis des preußischen Obersten Verwaltungsgerichtes vom 23. Oktober 1918, 74. Band, S. 92. Ich konnte leider diese Entscheidung nicht prüfen, weil die Erkenntnisse des preußischen Obersten Verwaltungsgerichtes in Graz nicht vorhanden sind. Der Fall bezieht sich darauf, daß eine Verwaltungsbehörde anders, als es der Grundbuchsstand auswies, über die Eigentumsverhältnisse entschied. Sollte da ein Irrtum vorliegen, so müßte er, glaube ich, in dem zitierten Buch Jellineks liegen, denn ich habe die Stelle genau gelesen. Was die sonstigen Ausführungen anbelangt, so kann ich Jellinek am wenigsten in dem Punkte seiner Ausführungen folgen, daß die Verwaltungen auch die Verwaltungsgerichte, verhältnismäßig schlechten Rechtsschutz gewähren und daß die Gerichte gewissermaßen nachhelfen und den Rechtsschutz ergänzen müssen, den die verwaltungsrechtlichen Institutionen, also insbesondere die Verwaltungsgerichte, nur in ungenügendem Maße gewähren. Darüber läßt sich natürlich de lege ferenda sprechen; de lege lata ergibt sich daraus, daß ein verwaltungsrechtlicher Schutz vielleicht ungenügend ist, daß auch, was die Zusammensetzung der Verwaltungsgerichte anbelangt, vielleicht manche Wünsche unbefriedigt sind, aber es ergibt sich daraus noch keine Kompetenz der Gerichte, solche Verwaltungsakte tatsächlich einer Überprüfung, eventuell dann einer Ignorierung oder gar Aufhebung zu unterziehen. Im übrigen hat ja Professor Laun sich in wesentlichen Punkten auf meinen Standpunkt gestellt, auch Professor Merkl. Ich möchte nur das bemerken: Der von dem letzteren so bezeichnete naturrechtliche Popanz der Gewaltenteilungslehre ist für mich kein Popanz, schon deswegen nicht, weil diese Trennung zwischen Justiz und Verwaltung, dieser Grundsatz, daß Justiz und Verwaltung in allen Instanzen getrennt sind, einfach ein Satz unserer Verfassung ist. Von dem bin ich ausgegangen, nicht von irgend einem naturrechtlichen Postulat, sondern von diesem Satz, und so weit dieser Satz mit den Garantien der positivrechtlichen Gesetzgebung auftritt — dazu gehört die ganze Kompetenzkonfliktgesetzgebung und -regelung — habe ich dieses Prinzip zugrunde gelegt, weil daraus hervorgeht, daß eine Konkurrenz von Gerichts- und Verwaltungsakten nicht möglich ist.

Ich glaube, damit das Wesentlichste erledigt zu haben.

Schlußwort **von Hippel**-Heidelberg: Ich möchte von dem Armensünderrechte des Schlußwortes nur einen kurzen Gebrauch machen. Auf grundsätzliche Einwendungen kann man nur langatmige Antworten erteilen und ich glaube, auf solche legt augenblicklich niemand mehr großen Wert. Im einzelnen hat mein Referat zu Mißverständnissen Anlaß gegeben. Ich hoffe, ein Teil derselben wird sich durch das gedruckte Referat beheben.

Die Form meines Referates hat besonders auch das Verständnis erschwert, es ist vielleicht auch sehr theoretisch erschienen. Ich glaube, daß dies grundsätzlich doch nicht ganz zutrifft. Ich lehne die Methode des Positivismus eben als solche ab und wenn man versucht, neue Wege zu gehen, bekommen die Dinge ein anderes Gesicht. Wegen der Bildersprache, die bei einzelnen Anstoß erregte, bitte ich um Entschuldigung. Mir liegt aber die barocke Art des Humors, wie sie sich bei Theodor Gottlieb von Hippel und Jean Paul findet, irgendwie im Blute, und ich kann sie deshalb selber als befremdlich nicht empfinden.

IV. Verzeichnis der Redner.

V. Verzeichnis der Mitglieder der Vereinigung der deutschen Staatsrechtslehrer.

Gegründet am 13. Oktober 1922.

Vorstand.

1. Thoma, Dr. Richard, ord. Professor der Rechte, Geheimer Hofrat, Bonn, Koblenzerstr. 21.
2. Smend, Dr. Rudolf, ord. Professor der Rechte, Berlin-Nicolassee, Teutonenstr. 1.
3. Nawiasky, Dr. Hans, ord. Professor der Rechte, München, St. Annaplatz 8.

Mitglieder.

1. Adamowich, Dr. Ludwig, ord. Professor der Rechte, Graz.
2. Anschütz, Dr. Gerhard, ord. Professor der Rechte, Geheimer Justizrat, Heidelberg, Ziegelhäuser Landstr. 35.
3. Apelt, Dr. W., Geheimer Regierungsrat, ord. Professor der Rechte an der Universität Leipzig, Sächsischer Staatsminister des Innern, Dresden, Liebigstr. 24.
4. Bilfinger, Dr. Carl, ord. Professor der Rechte an der Universität Halle a. S., Paulusstr. 4.
5. Bornhak, Dr. Conrad, a. ö. Professor der Rechte, Geheimer Justizrat, Berlin SW 61, Blücherplatz 2.
6. Brie, Dr. jur., Dr. theol. ev. h. c., Dr. rer. pol. h. c., Siegfried, ord. Professor der Rechte, Geheimer Justizrat, Breslau, Auenstr. 35.
7. Bruns, Dr. Viktor, ord. Professor der Rechte, Berlin-Zehlendorf-West, Sven-Hedin-Str. 19.
8. Bühler, Dr. Ottmar, ord. Professor der Rechte, Münster i. W., Dechaneistr. 19.
9. Calker, van, Dr. Wilhelm, ord. Professor der Rechte, Geheimer Justizrat, Freiburg i. B., Josefstr. 15.
10. Dochow, Dr. Franz, a. o. Professor, Heidelberg, Leopoldstr. 37.

11. Dyroff, Dr. Anton, ord. Professor der Rechte, Geheimer Rat, München, Viktoriastr. 9.
12. Ebers, Dr. Godehard Josef, ord. Professor der Rechte, Köln-Marienburg, Ulmenallee 124.
13. Finger, Dr. A., ord. Professor der Rechte, Geheimer Justizrat, Halle a. S., Reichardtstr. 2.
14. Fleiner, Dr. Fritz, ord. Professor der Rechte, Geheimer Hofrat, Zürich, Mythenkai 4.
15. Fleischmann, Dr. Max, ord. Professor der Rechte, Halle a. S., Kaiserplatz 14.
16. Frisch, Dr. Hans v., früher ord. Professor an der Universität Czernowitz, jetzt Privatdozent an der Universität Wien VIII, Josefstädterstr. 17.
17. Genzmer, Dr. jur., Dr. phil. h. c. Felix, ord. Professor der Rechte, Ministerialrat a. D., Marburg a. L., Wilhelmstr. 52.
18. Gerber, Dr. Hans, a. o. Professor an der Universität Marburg a. L., Bismarckstr. 16a.
19. Giese, Dr. Friedrich, ord. Professor der Rechte, Konsistorialrat, Frankfurt a. M.-Süd, Waidmannstr. 20. (Vom 1. 4. 1929 an).
20. Gmelin, Dr. Hans, ord. Professor der Rechte, Gießen, Am Nahrungsberg 39.
21. Glum, Dr. F., Privatdozent der Rechte an der Universität Berlin, Berlin-Dahlem, Ihnestr. 14.
22. Heckel, Dr., ord. Professor der Rechte, Bonn, Buschstr. 58.
23. Helfritz, Dr. jur. et. phil., Hans, ord. Professor der Rechte, Geheimer Regierungsrat, Breslau, Eichendorffstr. 63.
24. Heller, Dr. Hermann, a. ö. Professor an der Universität Berlin, Berlin-Schlachtensee, Adalbertstr. 41.
25. Henrich, Dr. phil. jur. et rer. pol.; a. ö. Professor für Rechtswissenschaft an der Deutschen Technischen Hochschule in Brünn, Liliengasse 19.
26. Hensel, Dr. Albert, a. ö. Professor der Rechte an der Universität Bonn, Joachimstr. 14.
27. Herrfahrdt, Dr. Heinrich, Privatdozent an der Universität Greifswald, Karlplatz 18.
28. Heyland, Dr., Privatdozent an der Universität Gießen, Rechtsanwalt, Adresse: Frankfurt a. Main-Süd. Gartenstr. 36.
29. Hippel, Ernst v., Privatdozent der Rechte an der Universität Heidelberg, Beethovenstr. 51.
30. Holstein, D. Dr. Günther, ord. Professor der Rechte, Greifswald, Wolgasterstr. 90.
31. Hübner, Dr. Rudolf, ord. Professor der Rechte, Geheimer Justizrat, Jena, Beethovenstr. 6.

32. Hugelmann, Dr. Karl, a. o. Professor an der Universität Wien, Klosterneuburg, Lessingstr. 5.
33. Isay, Dr. Ernst, Oberverwaltungsgerichtsrat in Berlin. Privatdozent an der Universität Münster i. W. Berlin-Grunewald, Egerstr. 12.
34. Jacobi, Dr. Erwin, ord. Professor der Rechte, Leipzig C 1, Straße des 18. Oktober 17.
35. Jahrreiß, Dr. Hermann, a. o. Professor an der Universität Leipzig N 22, Landsbergerstr. 1.
36. Jellinek, Dr. Walter, ord. Professor der Rechte, Kiel, Esmarchstr. 59. (Ab 1. Mai 1929 Heidelberg, Mozartstr. 15.)
37. Jerusalem, Dr. Franz W., a. ö. Professor der Rechte Jena, Beethovenstr. 15.
38. Kahl, D. Dr. Wilhelm, ord. Professor der Rechte, Geheimer Justizrat. M. d. R., Berlin-Wilmersdorf, Kaiserallee 23.
39. Kaufmann, Dr. Erich, ord. Professor der Rechte in Bonn, Berlin-Nikolassee, Sudetenstr. 54a.
40. Kelsen, Dr. Hans, ord. Professor der Rechte, Mitglied und ständiger Referent des Verfassungsgerichtshofs, Wien VIII, Wickenburggasse 23.
41. Köhler, Dr. Ludwig v., ord. Professor der Rechte, Staatsminister a. D., Tübingen, Hirschauerstr. 6.
42. Koellreutter, Dr. Otto, ord. Professor der Rechte, Oberverwaltungsgerichtsrat, Jena, Schaefferstr. 2.
43. Köttgen, Dr. Arnold, Privatdozent an der Universität Jena, Sophienstr. 1.
44. Kraus, Dr. Herbert, ord. Professor der Rechte, Göttingen.
45. Kulisch, Dr. Max, ord. Professor der Rechte, Innsbruck, Adolf-Pichler-Str. 8.
46. Lassar, Dr. Gerhard, a. ö. Professor an der Universität Hamburg 37, Werderstr. 19.
47. Laun, Dr. Rudolf, ord. Professor der Rechte, Hamburg 37, Isestr. 123 I.
48. Layer, Dr. Max, ord. Professor der Rechte, Wien I, Schellinggasse 5.
49. Liermann, Dr. Hans, Privatdozent an der Universität Freiburg i. B., Thurnsenstr. 17.
50. Lukas, Dr. Josef, ord. Professor der Rechte, Münster i. W., Mauritzstr. 25.
51. Marschall von Bieberstein, Freiherr, Dr. F., ord. Professor der Rechte, Freiburg i. B., Dreisamstr. 11.
52. Menzel, Dr. Adolf, Honorarprofessor der Rechte, Vizepräsident des österreichischen Verfassungsgerichtshofes, Wien 19/15, Windhabergasse 2a.
53. Merkl, Adolf, Dr. a. ö. Professor der Rechts- und Staatswissenschaften, Wien VII, Burggasse 102.

54. Mirbt, Dr. H., a. o. Professor an der Universität Göttingen, Düsterer Eichenweg 22.
55. Nawiasky, Dr. Hans, ord. Professor der Rechte, München, St. Annaplatz 8.
56. Neuwiem, Dr. E., ord. Professor der Rechte, Greifswald, Werderstr. 2.
57. Oeschey, Dr. Rudolf, a. o. Professor an der Universität Leipzig C 1, Haydenstr. 12. Ferienanschrift: München, Schellingstr. 1.
58. Perels, Dr. Kurt, ord. Professor der Rechte, Hamburg, Gustav-Freytag-Str. 7.
59. Peters, Dr. Hans, a. o. Professor, Berlin W 15, Ludwigkirchplatz 11.
60. Pohl, Dr. Heinrich, ord. Professor der Rechte, Tübingen, Waldhäuserstr. 26.
61. Redlich, Dr. Josef, früher ord. Universitätsprofessor Minister a. D., Wien XIX, Armbrustergasse 15.
62. Richter, Dr. Lutz, a. o. Professor an der Universität Leipzig W 31, Rochlitzstr. 1.
63. Rothenbücher, Dr. Karl, ord. Professor der Rechte, München, Kaiserplatz 12.
64. Ruck, Dr. Erwin, ord. Professor der Rechte, Geheimer Justizrat, Basel-Bottmingen, Neuenruck.
65. Sartorius, Dr. Carl, ord. Professor der Rechte, Tübingen, Lustenau.
66. Schmidt, Dr. Richard, ord. Professor der Rechte, Geheimer Hofrat, Leipzig, Sternwartenstr. 79.
67. Schmitt, Dr. Carl, ord. Professor der Rechte an der Handelshochschule Berlin NW 87, Klopstockstr. 48.
68. Schoen, D. Dr. Paul, ord. Professor der Rechte, Geheimer Justizrat, Göttingen, Merkelstr. 5.
69. Schoenborn, Dr. W., ord. Professor der Rechte, Kiel Bartelsallee 6.
70. Schranil, Dr. Rudolf, ord. Professor an der Universität Prag VII 1303.
71. Seidler, Dr. Gustav, Hofrat, Professor an der Universität, Wien XVIII, Hasenauerstr. 53.
72. Smend, Dr. Rudolf, ord. Professor der Rechte, Berlin-Nikolassee, Teutonenstr. 1.
73. Stier-Somlo, Dr. Fritz, ord. Professor des öffentlichen Rechts und der Politik an der Universität, Köln-Marienburg, Marienburgerstr. 31.
74. Strupp, Dr. Karl, a. o. Professor an der Universität, Frankfurt a, M., Kettenhofweg 139.
75. Tatarin-Tarnheyden, Dr. Edgar, ord. Professor der Rechte, Rostock i. M., Moltkestr. 18.

76. Thoma, Dr. Richard, ord. Professor der Rechte, Geheimer Hofrat, Bonn, Koblenzerstr. 121.
77. Triepel, Dr. Heinrich, ord. Professor der Rechte, Geheimer Justizrat, Berlin-Grunewald, Humboldtstr. 34.
78. Vervier, Heinrich, Dr. jur. und rer. pol., Regierungsrat I. Kl., Privatdozent an der Universität Würzburg, Theresienstr. 13.
79. Waldecker, Dr. Ludwig, ord. Professor der Rechte, Königsberg i. Pr., Körteallee 25.
80. Walz, Dr., Oberbürgermeister, ord. Honorarprofessor an der Universität Heidelberg.
81. Wenzel, Dr., Max, ord. Professor der Rechte, Erlangen, Hindenburgstraße 14.
82. Wittmayer, Dr., Leo, Tit. a. o. Professor, Ministerialrat Wien, Schottenhof.
83. Wolgast, Dr., Ernst, Privatdozent an der Universität Königsberg i. Pr., Wrangelstr. 7 II.
84. Wurmbrandt, Dr. Norbert, a. o. Professor, Graz, Glacisstr. 57.

VI. Satzung[1].

§ 1.

Die Vereinigung der deutschen Staatsrechtslehrer stellt sich die Aufgabe:

1. wissenschaftliche und Gesetzgebungsfragen aus dem Gebiete des öffentlichen Rechts durch Aussprache in Versammlungen der Mitglieder zu klären;
2. auf die ausreichende Berücksichtigung des öffentlichen Rechts im Universitätsunterricht und bei staatlichen und akademischen Prüfungen hinzuwirken;
3. in wichtigen Fällen zu Fragen des öffentlichen Rechts durch Eingaben an Regierungen oder Volksvertretungen oder durch öffentliche Kundgebungen Stellung zu nehmen.

§ 2.

Zum Eintritt in die Vereinigung ist aufzufordern, wer an einer deutschen Universität als Lehrer des Staats- und Verwaltungsrechts tätig ist oder gewesen ist und sich der wissenschaftlichen Forschung auf dem Gesamtgebiete dieser Wissenschaften gewidmet hat.

Die Aufforderung geschieht auf Vorschlag eines Mitglieds durch den Vorstand. Ist dieser nicht einmütig der Überzeugung, daß der Vorgeschlagene die Voraussetzungen für den Erwerb der Mitgliedschaft erfüllt, so entscheidet die Mitgliederversammlung.

Als deutsche Universitäten im Sinne des Absatz 1 gelten die Universitäten des Deutschen Reichs, Österreichs und die deutsche Universität zu Prag.

Staats- und Verwaltungsrechtslehrer an anderen deutschen Universitäten außerhalb des Deutschen Reiches können auf ihren Antrag als Mitglieder aufgenommen werden.

Für Lehrer des Staats- und Verwaltungsrechts, die früher an einer deutschen Universität im Sinne des Absatz 3 tätig gewesen sind, aber jetzt bei einer ausländischen Universität tätig sind, gilt Absatz 3 und 4.

---

[1]) Beschlossen am 13. Oktober 1922.

§ 3.

Eine Mitgliederversammlung soll regelmäßig einmal im jedem Jahre an einem vom Vorstande zu bestimmenden Orte stattfinden. In dringenden Fällen können außerordentliche Versammlungen einberufen werden. Die Tagesordnung wird durch den Vorstand bestimmt.

Auf jeder ordentlichen Mitgliederversammlung muß mindestens ein wissenschaftlicher Vortrag mit anschließender Aussprache gehalten werden.

§ 4.

Der Vorstand der Vereinigung besteht aus einem Vorsitzenden, seinem Stellvertreter und einem Schriftführer, der auch die Kasse führt. Der Vorstand wird am Schlusse jeder ordentlichen Mitgliederversammlung neu gewählt[1]).

Zur Vorbereitung der Mitgliederversammlung kann sich der Vorstand durch Zuwahl anderer Mitglieder verstärken. Auch ist Selbstergänzung zulässig, wenn ein Mitglied des Vorstandes in der Zeit zwischen zwei Mitgliederversammlungen ausscheidet.

§ 5.

Zur Vorbereitung ihrer Beratungen kann die Mitgliederversammlung, in eiligen Fällen auch der Vorstand, besondere Ausschüsse bestellen.

§ 6.

Über Aufnahme neuer Mitglieder im Falle des § 2 Abs. 2 sowie über Eingaben in den Fällen des § 1 Ziffer 2 und 3 und über öffentliche Kundgebungen kann nach Vorbereitung durch den Vorstand oder einen Ausschuß im Wege schriftlicher Abstimmung der Mitglieder beschlossen werden. Mit Ausnahme der Entscheidung über die Aufnahme neuer Mitglieder bedarf ein solcher Beschluß der Zustimmung von zwei Dritteln der Mitgliederzahl, und es müssen die Namen der Zustimmenden unter das Schriftstück gesetzt werden.

§ 7.

Der Mitgliedsbeitrag beträgt fünf[2]) Mark für das Kalenderjahr.

---

[1]) Durch Beschluß vom 10. März 1924 fiel der bisherige Satz: „Der Vorsitzende und sein Stellvertreter dürfen innerhalb eines Zeitraums von sieben Jahren nur einmal wiedergewählt werden“, fort.

[2]) Beschlossen am 12. April 1924.

Bei Fragen zur Produktsicherheit wenden Sie sich bitte an:
If you have any questions regarding product safety,
please contact:

Walter de Gruyter GmbH
Genthiner Straße 13
10785 Berlin
productsafety@degruyterbrill.com